2015优秀统计课题集粹

浙江省统计局 编

GLAMOUROUS DATA

数字的魅力

基于统计视野的浙江经济社会发展研究

浙江工商大学出版社
ZHEJIANG GONGSHANG UNIVERSITY PRESS

图书在版编目(CIP)数据

数字的魅力：基于统计视野的浙江经济社会发展研究／浙江省统计局编．—杭州：浙江工商大学出版社，2015.12

ISBN 978-7-5178-1402-3

Ⅰ．①数…　Ⅱ．①浙…　Ⅲ．①区域经济发展－研究－浙江省②社会发展－研究－浙江省　Ⅳ．①F127.55

中国版本图书馆 CIP 数据核字(2015)第 277682 号

数字的魅力

——基于统计视野的浙江经济社会发展研究

浙江省统计局 编

责任编辑　吴岳婷　刘　韵
封面设计　林朦朦
责任校对　何小玲
责任印制　包建辉
出版发行　浙江工商大学出版社
（杭州市教工路 198 号　邮政编码 310012）
（E-mail:zjgsupress@163.com）
（网址:http://www.zjgsupress.com）
电话:0571－88904980,88831806(传真)
排　　版　杭州朝曦图文设计有限公司
印　　刷　浙江云广印业股份有限公司
开　　本　787mm×1092mm　1/16
印　　张　25
字　　数　372 千
版 印 次　2015 年 12 月第 1 版　2015 年 12 月第 1 次印刷
书　　号　ISBN 978-7-5178-1402-3
定　　价　54.00 元

浙江工商大学出版社营销部邮购电话　0571－88904970

编辑委员会

目　录

基于主体功能区分类评价经济社会发展的统计研究……… 李学忠 （001）

推进浙江省四化同步发展统计评价研究………………… 辛金国 （023）

浙江省 R&D 核算与统计体系完善方法研究 ……………… 朱发仓 （044）

实现“四翻番”背景下浙江省有效投资供需分析及预测…… 竺　园 （064）

居民收入增长与经济发展同步的机制研究及统计测度…… 洪兴建 （080）

浙江省城乡划分统计研究……………………………… 左南丁 （111）

长三角城市群工业全要素能源效率增长测算及影响因素研究
……………………………………………………… 邵　帅 （127）

浙江生产性服务业发展研究…………………………… 沈　强 （155）

电子商务统计制度研究………………………………… 陈　骥 （167）

浙江居民服务消费发展状况研究……………………… 方腾高 （187）

浙江外来劳动力的迁移决策研究……………………… 钱雪亚 （203）

浙江未来十年劳动力供给预测及影响性分析…………… 潘强敏 （224）

基于行政记录人口普查方法的国际比较……………… 徐蔼婷 （241）

嘉善县域统计科学发展示范点建设情况……………… 王美福 （262）

国家和地区能耗总量衔接方法研究…………………… 陈　红 （273）

统计指标体系设置的科学性研究……………………… 朱飞飞 （282）

关于更好发挥财政资金服务粮食生产的调研与建议……… 王科跃 （298）

创新驱动浙江制造业产业结构升级的实证分析…………… 陈钰芬 (319)
截面相依面板数据模型的统计推断………………………… 邱　瑾 (335)
城市交通碳排放的动态仿真模拟及低碳交通发展路径优化研究——以杭州为例……………………………………………………… 周银香 (355)

基于主体功能区分类评价经济社会发展的统计研究

2010年,国务院在"十一五"规划纲要中提出主要功能区概念,出台了《全国主体功能区规划》,要求根据不同区域的发展特点及资源环境承载能力,现有开发强度以及未来发展潜力来对区域的功能进行定位。与全国和其他省份相比,浙江省情的主要特征是"人多地少资源缺",需要在经济发展的同时,更加注重资源的集约、高效利用。2013年,浙江省发布了《浙江省主体功能规划》,结合浙江实际,对主体功能区划分进行了细化,以统筹谋划人口分布、经济分布、国土利用和城市化格局。主体功能区思想所强调的空间开发和统筹发展,为观察经济社会不同层次的紧迫问题提供了有用思路。特别是近年来,省委省政府结合主体功能区定位,本着"绿色发展、生态富民、统筹城乡"的思路大力推进以生态经济区为主的26个县加快发展。本课题立足浙江省主体功能定位分类设计指标体系,以期科学衡量我省加快发展和统筹区域发展现状和水平,从而进一步规范空间开发秩序,引导形成合理的空间开发结构。

一、研究背景及意义

(一)浙江国土空间特点对集约开发提出迫切需求

浙江地处我国东南沿海,全省陆域面积10.55万平方公里,占全国的1.10%,是中国陆域面积最小的省份之一。全省陆域国土空间具有以下特点:一是地形地貌复杂。浙江有“七山一水两分田”之称。地势自西南向东北倾斜,西南和西北部多为1000米以上的山峰,中部和东南部以海拔500米左右的丘陵为主,东北部为海拔低于10米的冲积平原。二是资源十分有限。浙江人均耕地面积仅0.57亩;人均水资源量为1844立方米,低于全国平均水平,也低于国际公认的人均2000立方米的缺水警戒线;人均森林蓄积量不到全国平均水平的1/2。三是空间分布不均衡。适宜建设用地主要分布在环杭州湾、温台沿海平原和金衢盆地一带,而水资源储量相对丰富的地方却在浙西南地区,水土资源空间与经济发展不匹配。四是生态环境局部脆弱。全省整体生态环境良好,但局部生态脆弱,主要为水土流失,面积约为1.01万平方公里,分布在浙南、浙西北和浙东等地区。

基于“人多地少资源缺”的省情以及浙江国土空间开发面临的矛盾和问题,主体功能区规划对浙江高效利用、集约利用资源具有特殊意义。相应地,基于主体功能区的划分,分类建立统计指标体系评价浙江区域经济社会发展,进而推进主体功能区建设,有助于克服浙江经济社会发展的资源制约和短板。

(二)基于主体功能区构建分类评价指标体系对促进科学发展具有现实意义

其一,主体功能区的理念与经济转型升级的要求相吻合。主体功能区的基本理念是:根据不同国土空间的自然属性确定不同的开发内容,根据主体功能定位确定开发的主体内容和主要任务,根据资源环境中的“短板”因素确定可承载的人口规模、经济规模以及适宜的产业结构。上述理念正是促进浙江经济转型升级的重要途径和必然要求。经济转型升级落实在空间上,表现为空间资源的集约利用和差异化开发,实现区域发展的优势互补、合理分工、协调有序。

其二,主体功能区的三大基本特征是可持续发展的根本性举措。主体功能区规划具备“开发与保护的大布局,统筹发展大布局,差异性发展大布局”三大主要特征。而这三大特征正是可持续发展的根本性举措。也基于此,按照主体功能区分类开展评价具有重大的现实意义和深远的历史意义。

其三,主体功能区规划突破地区壁垒,有利于形成区域统筹发展的新格局。实行以行政区为单元推动经济发展的方式,可能助长地区间产业趋同和招商引资中的过度竞争,阻碍区域经济的协调发展。主体功能区规划突破地区壁垒和行政分割,促进各种生产要素在全省范围内顺畅流动,推动各地发展各具特色的区域经济,形成地区优势互补、共同发展的区域经济新格局。

(三)基于主体功能区的空间立体式评价,可弥补和丰富相关领域研究

1.现有的评价经济社会发展指标体系的不足

现有的评价指标体系在评价和推动经济发展方面产生积极效果的同时,也存在一定缺陷:一是基于阶段性的发展战略和工作重点为思路的评价是一种平面式的评价,没有从空间的视角进行设计,不利于引导形成科学合理的国土空间格局。二是仅仅以行政区为单位进行制定,没有考虑到行政区内部差异。从主体功能区角度来分类研究和评价区域发展的研究几乎空白。三是各种评价指标体系内容多、形式杂、重复性高、变化性大,存在时间、内容多方面的冲突和重复。

如何基于主体功能区思想,从空间视角结合地区差异分类设置立体式指标体系,合理评价区域经济协调发展是当前面临的一个重要课题。

2.已有的研究综述及本研究的拓展

查阅相关文献,最近几年学术界开始对主体功能区的研究,但基于主体功能区评价指标体系的研究不多。钱龙和邹军新(2010)提出对于不同的主体功能区应该采用不同的考核方案。王向冀(2010)从区域环境承载能力的角度出发,探讨了钦州市主体功能区划指标体系的构建。程克群等(2010)在结合国家主体功能区指标体系对安徽省主体功能区进行了基本定位。张帆、吴倩宇和邓楚雄(2011)基于美国土地评价,依据不同类型主体功能区的不同发展目标,建立了评价指标体系。王利等(2011)依据辽宁省的自身情况对全省主体功能区的指标体系进行了优化,运用 SPSS 软件的 K-聚类分析方法对辽宁省进行了实证分析。

以往研究虽不多,但也为本课题提供了借鉴。那么,对既是经济大省又是资源小省的浙江来说,基于主体功能区分类评价的指标体系如何确定?各区域的特色和侧重点在哪里?如何设置来助推统筹发展和结构转型?这一系列问题的研究无论在理论上还是实践上都是一个开创性的探索。

二、分类评价指标体系的设计思路和原则

(一)浙江省主体功能区的划分界定

按照《全国主体功能区规划》和《浙江省主体功能规划》,浙江省主体功能区主要分为如下四大类。

1. 优化开发区

优化开发区是指国土开发强度已较高、经济比较发达、人口比较密集、资源环境承载能力开始减弱,从而应该优化进行工业化、城镇化开发的城市化地区。具体包含以下 30 个县(市、区):上城区、下城区、江干区、拱墅区、西湖区、滨江区、萧山区、余杭区、富阳区、海曙区、江东区、江北区、北仑区、镇海区、鄞州区、余姚市、慈溪市、南湖区、秀洲区、嘉善县、海宁市、桐乡市、吴兴区、南浔区、德清县、长兴县、越城区、柯桥区、上虞区、定海区。

2. 重点开发区

重点开发区是指有一定经济基础、资源环境承载能力较强、发展潜力较大、集聚人口和经济条件较好的区域,从而应该重点进行工业化城镇化开发的城市化地区。优化开发和重点开发区域开发内容总体相同,开发强度和方式不同。包含以下 30 个县(市、区):鹿城区、瓯海区、龙湾区、洞头县、平阳县、苍南县、瑞安市、乐清市、象山县、宁海县、奉化市、诸暨市、嵊州市、婺城区、金东区、兰溪市、义乌市、东阳市、永康市、普陀区、岱山县、柯城区、椒江区、黄岩区、路桥区、玉环县、温岭市、三门县、临海市、莲都区。

3.限制开发区

限制开发区是指资源环境承载能力较弱、大规模集聚经济和人口的条件不够好并关系到较大区域范围生态安全的区域。包括以下30个县(市、区):淳安县、桐庐县、建德市、临安市、平湖市、海盐县、安吉县、新昌县、文成县、泰顺县、永嘉县、磐安县、武义县、浦江县、衢江区、龙游县、江山市、开化县、常山县、嵊泗县、天台县、仙居县、遂昌县、云和县、庆元县、景宁畲族自治县、龙泉市、青田县、缙云县、松阳县。

4.禁止开发区

禁止开发区是指依法设立的各类自然保护区域。要依据法律法规规定和相关规划实行强制性保护,控制人为因素对自然生态的干扰,严禁不符合主体功能定位的开发活动。我省禁止开发区域总面积9724平方公里,分布于优化开发区域、重点开发区域和限制开发区域内。

鉴于禁止开发区域仅限于旅游、科研等有限度的活动,本研究对优化开发、重点开发、限制开发三大类评价指标体系进行探索。

(二)评价指标体系的设计思路和原则

主体功能区建设的总体要求和原则是优化结构、保护自然、集约发展、协调开发、海陆统筹。因此,本研究的分类评价指标设计的总体思路是,建立“三个加快发展”和“一个统筹发展”的评价指标体系,即三个功能区围绕“优化发展”“重点发展”“生态发展”分类建立三个评价指标体系,在此基础上,提出全省“统筹发展”评价指标体系。主要设计原则如下。

1.需充分体现“加快发展”和“统筹发展”的内容

加快发展是统筹发展的个性体现,加快发展是优化发展的特性体现,加快发展是统筹发展的带动先行。因此,指标体系设计需要充分体现“加快发展”和“统筹发展”的内容,即过程性评价以“发展”为主线,结果性评价以“统筹”为目标。

2. 需体现创新发展，体现经济“新常态”下“以转型求发展”的导向

在“经济增速放缓、结构调整加快、发展动力转移”为主要特征的经济“新常态”下，浙江各种发展规划都更加关注创新驱动、工业与信息化深度融合、先进制造业和现代服务业互动发展，信息、环保、健康、旅游、时尚、金融和高端装备等一批新的万亿产业的培育等等。因此，分类指标体系的设置应突出结构优化的目标导向。

3. 需采取差异化策略，关注区域特色和功能的发挥

各类主体功能区，在经济社会发展中具有同等重要的地位，但是主体功能不同，开发方式不同，保护内容不同，发展首要任务不同，国家支持重点不同。不能简单地用同一指标体系、相同的标准和方法来对各类主体功能区进行无差别化的评价。

4. 需本着浙江省情，关注“集约发展、绿色发展、生态发展”的导向

特别是限制功能区，整体生态环境良好且重要，但存在局部生态敏感脆弱区。在对这类地区进行指标设计时，需要优先考虑生态环境内容。

在考虑指标设置的目标导向作用的同时，还要考虑指标的可获性和可操作性。尽可能选取易获得、易计算、数据质量较高、横向可比的指标，保证指标体系的简便和可操作性。

三、三大分类指标体系的构建

主体功能区是依据划分的标准，将不同区域的功能进行定位。因此针对不同的主体功能区在资源禀赋、发展基础、发展水平的差异，针对不同主体功能区开发方式、保护内容、发展任务、目标的差异，我们选取的评价指标的侧重点也当有所不同，评价方法也有所区别。

(一)加快优化发展评价指标体系的构建

1.优化发展区的定位和发展方向

根据《浙江省主体功能区规划》,优化开发区的功能定位是:带动全省经济社会发展的龙头区域,提升地区竞争力的核心区域,集聚人口和经济的重要区域。

优化开发区的开发强度已较大,资源承载能力正逐步减弱,环境压力较大,其开发方向:一是转变发展方式,把提高经济增长质量和改善生态环境放在首位,改变依靠大量占用土地、消耗资源和排放污染的发展模式;二是强化创新驱动,把创新驱动发展摆在核心战略位置,坚持以优化产业结构为主攻方向打造浙江经济“升级版”;三是优化产业结构,推动产业结构向高端、高效、高附加值转变,加快构建现代产业体系,增强战略性新兴产业、先进制造业、高新技术产业和现代服务业对经济增长的带动作用。

2.评价内容和指标选择

按照上述功能定位和发展方向,我们对优化开发区进行评价时,侧重经济发展方式转变的评价,强化经济结构、资源利用率、创新能力以及环境保护相关指标的评价作用,弱化经济规模扩张、城市扩张等指标的评价。与重点开发区相比,取消 GDP 增长率和城镇人口比重指标,强化结构转型指标。评价指标体系的内容和指标如下:

(1)经济发展。主要从经济规模、结构转型、人口集聚等角度来选取具有代表性的指标。结构转型指标是反映区域经济的核心内容。

(2)增长质量。采用人均财政收入、单位GDP建设用地、城乡居民人均收入、城乡居民人均收入比、城乡居民人均消费支出差异度、投资效率来衡量。

(3)公共服务。从医疗卫生、文化教育等角度选取指标。采用城乡生均教育事业费比率、每千人卫技人员数、城乡居民养老医疗保险水平比、文化发展指数等指标来衡量。

(4)社会治理。从法制建设、平安建设两个角度,选取法治浙江建设、平安浙江建设两个复合性指标来衡量。

(5)资源环境。从资源利用、生态保护、环境治理等角度来选取指标。

表1　优化发展区评价指标体系

评价内容	具体指标	
经济发展 (与重点发展区相比,取消增长率指标,强化结构转型)	经济规模	人均 GDP
	结构转型	信息经济占比
		R&D 经费投入强度
		服务业增加值比重
		消费率
	人口集聚	城市化质量指数
增长质量	人均财政收入	
	投资效率(总资产贡献率)	
	单位 GDP 建设用地	
	城乡居民人均收入	
	城乡居民人均收入比	
	城乡居民人均消费支出差异度	
公共服务	城乡生均教育事业费比率	
	每千人卫技人员数	
	城乡居民养老医疗保险水平比	
	文化发展指数	
社会治理	法治浙江(政府建设)评价	
	平安浙江建设评价	
	资源环境	
	单位 GDP 能耗	
	单位 GDP 水耗	
	城市建成区绿化覆盖率	
	环境质量综合评分	
	环境污染治理投资总额占 GDP 比重	
	城乡污水集中处理率	
	城乡生活垃圾无害化处理率	

(二)加快重点发展评价指标体系的构建

1.重点开发区的定位与发展方向

重点开发区的功能定位:支撑全省经济持续发展的新增长极,建设浙江海洋经济发展示范区的主平台,打造全省先进制造业、高新技术产业和现代服务业的重要基地,承接人口和产业转移的重要区域。

由于重点开发区的环境承载力较强,经济开发密度不大,开发潜力巨大。因此,其开发的方向是以经济驱动为主:一是构筑现代产业体系。着力推进产业转型升级,培育发展战略性新兴产业,加快发展先进制造业,大力发展现代服务业,建设一批国际化现代产业集群,增强产业竞争力。二是提升城市功能。增强中心城市综合服务功能,加快构建都市区,积极推进小城市和中心镇培育进度,提高城市集聚和辐射能力。三是促进人口合理集聚。完善城市基础设施和公共服务,加强现代产业体系建设与人才结构优化互动,进一步提高城市的人口承载能力。

2.评价内容和指标选择

鉴于重点开发区主要是扩大经济规模,加快工业化和城市化进程,完善重大基础设施,加快人口、经济要素集聚,加强吸纳对限制和禁止开发区的剩余劳动力。所以在对重点开发区进行评价时,要综合评价经济增长速度和效益、新型工业化、新型城镇化水平以及三废排放量和控制率等指标。

评价的内容也是经济发展、增长质量、公共服务、社会治理、生态环境五个方面,但与优化发展区相比,指标侧重点有所不同,具体表现在两个方面:一是经济发展方面,增加人均GDP增速、投资增速、高新技术产业比重、城镇人口比重等指标。二是增长质量方面,增加税收占比指标,删除城乡居民人均消费支出差异度。

表 2　重点发展区的指标体系

评价内容	具体指标	
经济发展（经济增长可加大权重，强化经济增长的速度及效益）	经济规模	人均 GDP
		人均 GDP 增长率
	结构转型	R&D 经费投入强度
		高新技术产业比重
		服务业增加值比重
		投资增长率（制造业投资增长率）
	人口集聚	城镇人口所占比重
增长质量	税收占比	
	投资效率（总资产贡献率）	
	城乡居民人均收入	
	城乡居民人均收入比	
公共服务	城乡生均教育事业费比率	
	每千人卫技人员数	
	城乡居民养老医疗保险水平比	
	文化发展指数	
社会治理	法治浙江（政府建设）评价	
	平安浙江建设评价	
资源环境	单位 GDP 能耗	
	单位 GDP 水耗	
	城市建成区绿化覆盖率	
	环境质量综合评分	
	环境污染治理投资总额占 GDP 比重	
	城乡污水集中处理率	
	城乡生活垃圾无害化处理率	

(三)加快生态发展评价指标体系的构建

1.限制开发区的定位与发展方向

根据《浙江省主体功能规划》,限制开发区划分为农产品主产区、生态功能区和生态经济区。

农产品主产区的功能定位是:保障农产品供给安全的重要区域,社会主义新农村建设的示范区,农村居民安居乐业的美好家园。开发方向:调整农业开发方式。控制开发强度,优化农业生产布局,加大农业基础设施建设。

生态功能区功能定位:提供多种生态服务功能的重要区域,保障全省生态安全的重要屏障。开发方向:提高水源涵养能力,维护生物多样性,发展适宜产业。

生态经济区的功能定位:适度推进工业化城市化的地区,重点发展生态经济的地区。开发方向:积极发展生态产业,有序引导人口转移,改善公共服务设施。

2.评价内容和指标选择

按照“限制发展、优先保护”的发展模式,在设计指标时要坚持农业发展和生态保护优先的原则:一要加大对现代农业综合生产能力、农村居民纯收入的指标评价。二要增加对乡村教育、医疗、文化等公共服务设施建设情况的评价。三要侧重对资源、生态和环境的评价,主要评价森林覆盖率、断面水质、空气优良情况等指标。具体评价内容和指标见表3。

与优化开发区和重点开发区相比,指标的区别在于:在经济发展方面,取消经济增长和经济规模指标,强化现代农业发展水平、信息经济占比、旅游产业占比、高新技术产业比重等指标;在公共服务方面增加了公共文化服务指数、行政村客班线通达率;在生态环境方面增加了森林覆盖率、断面水质、空气优良天数等指标。

表 3　生态发展区的指标体系

评价内容	具体指标		
经济发展（取消经济增长指标，强化结构转型，强化现代农业发展水平）	结构转型	现代农业发展水平	一产比较劳动生产率
			农业产业化组织带动农户比重
			适度规模经营水平
		信息经济占比	
		旅游经济占比	
		高新技术产业比重	
	人口集聚	中心镇、中心村人口比重	
增长质量	投资效率（总资产贡献率）		
	城乡居民人均收入		
	城乡居民人均收入比		
公共服务	公共文化服务指数		
	城乡生均教育事业费比率		
	每千人卫技人员数		
	城乡居民养老医疗保险水平比		
	行政村客运班线通达率		
社会治理	法治浙江（政府建设）评价		
	平安浙江建设评价		
生态环境（强化这部分的评价，权重加大）	森林覆盖率		
	断面水质		
	空气优良天数（PM2.5 达标天数）		
	环境质量综合评分		
	城乡污水集中处理率		
	城乡生活垃圾无害化处理率		

（四）统筹发展评价指标体系的设计

在分类评价的基础上，进一步从全省层面设计统筹发展指标体系。统筹发展指标体系的设计需要统筹考虑人口分布、经济发展、资源利用和城镇化格局，从而引导区域经济持续健康科学发展。

结合我省经济发展的目标导向和发展状况，本着指标精简、指标信息量充分和可获性原则，本研究从经济发展、人民生活、社会服务、生态环境等四大领域构建几个核心指标，以期反映各地经济、社会、人口、生态环境等各方面的统筹协调发展水平。指标体系如表 4(共 10 个指标)。

表 4　区域统筹发展评价指标体系

评价内容	具体指标
经济发展	人均 GDP 地区差异度
	人均财政收入地区差异度
	城市化率地区差异度
人民生活	城乡居民人均收入比地区差异度
	城乡居民养老保障水平地区差异度
社会服务	文化发展指数地区差异度
	平安浙江建设地区差异度
	城乡生均教育事业费比率地区差异度
生态环境	生态文明指数地区差异度
	环境质量综合得分地区差异度

四、全省统筹发展水平评价的实证分析

收集 2010—2014 年全省和 11 个市的基础数据测算表 4 中 10 个指标地区差异度，进而采用综合评价法测算全省统筹发展水平。

(一)单项指标地区差异度的测算和结果

各指标地区差异度采用离散系数来反映。离散系数通常包括全距系数、平均差系数和标准差系数，这里采用标准差系数来衡量。标准差系数是标准差与其相应的平均值相对比得到的相对指标。其计算公式如下：

$$V_{\sigma}=\frac{\sigma}{\mu}\times 100\%$$

其中，V_{σ} 为离散系数，σ 是标准差，μ 为均值。

$$\sigma=\sqrt{\frac{1}{N}\sum_{1}^{N}(\chi_i-\mu)^2}$$

离散系数大，说明某指标值的地区差异程度大。离散系数小，说明某指标值的差异程度小。

离散系数计算结果见表 5。从表中数据可以看出：

1. 2010—2014 年 5 年间，离散系数大体呈由高走低的态势

有的指标的离散系数有波动，经历了先走高、再走低的变动轨迹。但从总体上看，相对于其他年份，2014 年各指标的离散系数明显减小，即各指标的地区差异度明显减小。

2. 从四大领域看，经济类指标的地区离散程度大于社会类和生态环境类指标

经济类指标的离散系数 5 年均值约为 0.34，远大于人民生活类（0.16）、社会服务类（0.16）和生态环境类（0.11）。可见，缩小地区经济发展差距仍是当前统筹发展的重要任务。

3. 从 10 个单项指标看，人均财政收入地区离散系数最大，其次是人均 GDP

人均财政收入和人均 GDP 的离散系数 5 年均值分别为 0.48 和 0.39，远高于其他指标离散系数的 5 年均值。其他指标 5 年均值多数在 0.1—0.2 之间，而平安浙江建设和生态文明指数的离散系数最小，都在 0.1 以下。可见，人均财政收入和人均 GDP 的地区差异度还存在较大的缩小空间，当前提高欠发达地区人均财政收入和人均 GDP，对于提高现阶段全省统筹发展水平有着重要意义。

表5 各指标离散系数(采用标准差系数)

年份	2014	2013	2012	2011	2010	平均
人均GDP地区差异度	0.27	0.43	0.43	0.42	0.40	0.39
人均财政收入地区差异度	0.39	0.48	0.52	0.49	0.50	0.48
城市化率地区差异度	0.12	0.12	0.13	0.14	0.15	0.13
城乡居民收入差异比地区差异度	0.11	0.11	0.15	0.15	0.16	0.14
城乡居民养老保障水平地区差异度	0.11	0.11	0.15	0.15	0.16	0.18
城乡生均教育事业费比率地区差异度	0.18	0.18	0.19	0.19	0.21	0.19
平安浙江建设地区差异度	0.08	0.05	0.05	—	—	0.06
文化发展指数地区差异度	0.11	0.16	0.15	0.15	—	0.15
生态文明指数地区差异度	—	0.05	0.04	0.04	0.05	0.04
环境质量评分地区差异度	0.16	0.18	0.14	0.15	0.16	0.16

(二)统筹发展指数的测算过程及基于主成分分析法确定权重

由于各指标地区差异度难以确定目标值,目前相关研究也没有这方面的参照值。因此,这里不测算统筹发展指数的绝对水平,而是设定2010年的地区差异度为基期值,计算各年统筹发展的相对指数,以大致考察我省统筹发展水平在时间上的变动程度。

1.测算步骤

统筹发展总指数的测算分为四个步骤进行:

第一步,缺失值预处理。少数指标的个别年份数据不全,则采取回归法或均值法予以插补。

第二步,相对化处理。对每个指标以2010年为基期进行相对化处理(2010=1),用离散系数表示的单项指标是逆指标,相对化处理值为实际值除以基期值的倒数。

第三步,采用主成分的方法,分别计算出各个分类指数的权重,再结合专家知识最终确定分类指数的权重。

第四步,通过加权计算出各个分类指数和总指数。

具体计算公式如下：

$$TDI=\sum_{i=1}^{n}W_i(\sum_{j=1}^{m}W_{ij}P_{ij})$$

其中，TDI 为地区统筹发展指数的数值，n 为统筹发展指数分类的个数，m 表示统筹发展水平第 i 类指数的指标个数。W_i 为第 i 类指数在总指数中的权重。P_{ij} 为第 i 类的第 j 项指标标准化后的值。W_{ij} 为第 j 个指标在第 i 类指数中的权重。

2. 基于主成分分析法确定权重

主成分分析结果见表 6 和表 7。若按照特征值为 1 提取，程序自动提取 3 个因子。考虑到本研究从理论上构建的统筹发展评价体系的 4 个层面，在主成分分析时特意提取 4 个因子。4 因子的累计贡献率刚好为 100%。从图 1 的提取主成分碎石图看，前 4 个因子的特征值变化显著，而到第 5 个因子后几乎无变化，曲线基本呈一条直线，这说明提取 4 个因子具有合理性。

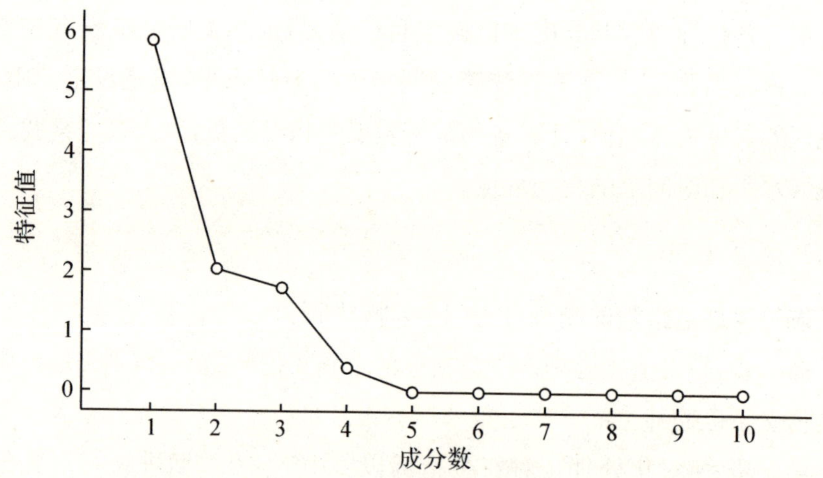

图 1　提取主成分碎石图

从表 7 可以看出，旋转后 4 因子代表的含义也基本与我们预定的相吻合。即：

第一主成分为经济发展因子。人均 GDP 地区差异度和人均财政收入地区差异度在此层面有较高的负荷。

第二主成分为生态环境因子。生态文明地区差异度、环境综合评价得分地区差异度在此层面上有较高的负荷。

第三主成分为人民生活因子。城乡居民收入比地区差异度在此层面上有较高的负荷。

第四主成分为社会服务因子。城乡生均教育费支出比率地区差异度、平安浙江地区差异度在此层面上有较高的负荷。

从表6可以看出,4个因子的方差贡献率分别为43.92%、18.80%、18.72%和18.56%。可见,在四个分类指数中,经济发展指数对全省统筹发展的解释力最强,权重也最大,其他三类差别不大。

表6 因子提取结果:旋转后的特征值与主成分贡献率

成分	合计	方差的 %	累积 %
1	4.39	43.92	43.92
2	1.88	18.80	62.72
3	1.87	18.72	81.44
4	1.86	18.56	100.00

表7 因子旋转结果(旋转成分矩阵)

	1	2	3	4
人均GDP地区差异度	0.996	0.052	0.068	−0.011
人均财政收入地区差异度	0.969	−0.064	0.239	0.024
城市化率地区差异度	0.683	0.087	0.441	0.676
城乡居民收入比地区差异度	0.572	−0.258	0.640	0.444
城乡养老保障水平地区差异度	0.202	0.026	0.902	0.380
城乡生均教育费支出比率地区差异度	0.017	−0.045	−0.318	−0.947
平安浙江建设地区差异度	−0.325	−0.264	−0.352	−0.855
文化发展指数地区差异度	0.881	0.123	0.098	0.041
生态文明指数地区差异度	0.304	0.897	0.289	0.142
环境质量得分地区差异度	−0.087	0.961	−0.257	−0.058

提取方法:主成分。旋转法:具有 Kaiser 标准化的正交旋转法。旋转

在 5 次迭代后收敛。

当然主成分分析中也有出现与我们最初分类不完全一致的地方，如第一主成分纳入信息很多，不仅人均 GDP、人均财政收入在第一主成分有较大负荷，且城市化率、文化产业发展指数、城乡居民收入比都在此层面有较大的负荷。同时，城乡居民收入比和城市化率分别在第三主成分和第四主成分也有较大的负荷。而按照我们最初的分类，文化产业发展指数属于社会服务领域，城市化率属于经济发展领域，这更符合理论知识。可见主成分分析法确定权重只能作为一个参考，不能完全照搬。

咨询专家意见，结合定性分析，保留原来的单项指标分类，对上述权重进行调整。兼顾单项指标的个数，每个分类中的单项指标权重基本采用平均赋权法。最终确定经济发展、人民生活、社会服务、生态环境分别为 35、20、25、20(总权重 100)。

(三)统筹发展水平综合测算结果

测算结果见表 8，可以看出 2010—2014 年浙江省统筹发展的基本特征和变动态势：

1. 2014 年浙江省统筹发展水平大幅提高

经测算，2014 年全省统筹发展总指数为 1. 21，大大高于前 4 年的统筹发展指数。前 4 年的统筹发展指数不高、变化不大且到 2012 年有所回落。应该说，2014 年的实质性变化与浙江省转型升级成效逐步显现有关。最近两年浙江省各级党委政府针对制约浙江发展的一系列突出问题，强力打出了一套以治水为突破口，以浙商回归、“五水共治”、“三改一拆”、“四换三名”、“四边三化”、“一打三整治”、创新驱动、市场主体升级、小微企业三年成长计划、七大产业培育为主要内容的转型升级组合拳，协调推进地区和城乡统筹发展。从 2014 年全省统筹发展指数显著提升来看，这些组合拳和举措已显成效。

2. 从四类分项指数值看，除社会服务指数外，2014 年其他三类指数都较前 4 年有大幅提高社会服务指数近5年变动程度不大，这就动态性考察并不能说明浙江省社会服务方面的统筹水平比其他三类低。从前面单项指标的离散系数看，社会发展类部分指标的离散系数低于经济发展和人民生活类指标。但社会发展类指标有分化现象，城乡居民养老保障水平地区差异度和城乡生均教育事业费地区差异度明显高于平安浙江建设地区差异度。

3. 经济发展地区差异的缩小对我省统筹发展水平提高的贡献最大

从表8知，2014年统筹经济发展指数的提高幅度最大，其次是人民生活和生态环境指数。前面的分析中，经济发展因子的特征值贡献率达43.92%，远高于其他三个因子。这意味着2014年我省统筹发展水平的提高主要是由经济发展统筹水平的提高带动的。从表5知，经济发展的离散程度虽然大大减小但仍然较高，还有较大的改善空间。

表8　浙江省近5年来统筹发展指数值(2010年的=1)

年份	统筹发展总指数	经济发展指数	人民生活指数	社会发展指数	生态环境指数
2014	1.21	1.37	1.19	1.04	1.18
2013	1.04	1.04	1.12	1.04	1.00
2012	0.99	0.99	0.96	0.98	1.28
2011	1.06	1.00	1.06	1.07	1.16
2010	1.00	1.00	1.00	1.00	1.00

注：此表数据是相对于2010年的相对值，并不是统筹发展的绝对值水平。因此各指标在纵向可比，横向不可比。

(四)测算结果带来的思考

1. 我省统筹发展工作取得明显成效，但经济发展领域的“短板”问题仍然存在，欠发达地区财政收入压力较大

从统筹发展指数看，2014年提升幅度最大，特别是经济发展领域，提升幅度比其他三类领域大得多，这表明我省统筹区域发展的相关政策举措取得成效。近年来，浙江为欠发达地区，特别是26个县的赶超式发展建立和

实施了一系列扶贫政策和措施，推动全省走出了农业现代化、新型工业化、新型城市化、信息化快速发展条件下城乡统筹、区域协调、共创共富的发展路子。26 个欠发达县爬坡过坎，发展提升，经济社会发展取得了明显成效。2014 年，26 个县经济总量、财政收入、居民收入等主要经济指标均超过全国县级平均水平，居民养老保险、最低生活保障标准等指标也高于全国平均水平。

尽管全省统筹水平取得成效，但从单项指标的离散系数看，经济发展领域的各项指标在四大领域中的地区差异度仍然最大。2014 年，我省人均 GDP 最高的杭州（103757 元）是人均 GDP 最低的温州（47115 元）的 2.2 倍。而人均财政收入的地区差异更大，最高的杭州（11553 元）为最低的衢州（3782 元）的 3.05 倍。从 26 个县看，2014 年 26 个县人均地区生产总值、人均财政总收入、人均公共财政预算收入分别为 37635 元、4078 元和 2472 元，虽然高于全国县平均水平，但仍明显低于全省平均水平。其中 26 县城镇居民人均可支配收入为 30520 元，仅为全省平均（40393 元）的 75.6%；农村常住居民人均可支配收入为 14637 元，仅为全省平均（19373 元）的 75.6%。进一步比较本研究测算的表 5 中各年的离散系数也可以看出，财政收入地区差异度比其他指标都大，意味着欠发达地区财政收入的制约障碍依然存在。随着经济发展进入"新常态"化，政府财政收入高速增长难以维持，统筹区域发展的投入任务仍然艰巨。

2. 生态环境统筹水平得到明显改善，但环境治理工作任重道远

从统筹发展指数看，生态环境统筹水平得到明显改善。这与我省生态省建设和"五水共治"初见成效密切相关。据省控断面监测数据，水环境质量有所改善。2011－2014 年，地表水水质达到Ⅲ类以上断面比例分别为 62.9%、64.3%、63.8% 和 67.5%，Ⅴ类和劣Ⅴ类占比分别为 24.4%、18.5%、20.8%和 18%。虽然全省生态环境治理取得了成效，但地区之间仍然发展不平衡，从表 5 全省各地环境综合评价得分的地区差异度可以得到验证。相关研究也指出，部分地区环境质量不容乐观，污染依然较重，Ⅴ类和劣Ⅴ类水断面、霾天数、PM2.5 浓度、酸雨率仍占有一定比例。近岸海域

四类和劣四类海水比重过半，近海水质状况均为差。近年生态环境质量公众满意度仍在70%以下，我省环境治理工作任重而道远。

3.养老保障和教育水平还有待进一步提升

虽然社会服务类的地区差异度比经济发展类小，但需要关注的是，其领域内的单项指标有分化现象，即城乡居民养老保障水平和城乡生均教育事业费的地区离散系数明显高于平安浙江建设离散系数。近几年，浙江围绕以促进人的全面发展为核心，以保障和改善民生为出发点和落脚点，先后出台了一系列加大教育投入和社保投入的政策措施。2014年全省教育经费总投入1738亿元，其中财政性经费1338亿元，比2010年分别增长51.7%和63.8%。全省城乡养老保险支出总金额1216.7亿元，比2010年增长144%。尽管财政投入水平大幅提高，2014年教育经费支出占GDP的比重为4.32%，城乡养老保险支出占GDP比重为3.03%，但仍低于世界发达国家支出水平。显然教育事业和社保事业的投入问题，仍然是制约城乡、地区均衡发展的瓶颈性问题。

五、本研究的突破及努力方向

相对于传统的基于行政区的平面式评价，本研究基于主体功能区的空间立体式评价是一种新的探索。同时测算主要指标5年来的地区差异度，进而利用主成分客观赋值法和专家主观赋值法相结合的方法测算统筹发展指数，在方法上有一定突破。但本研究还存在不足：一是实证分析不够全面。主要限于理论层面的探索，实证分析虽有展开，但仅局限于从全省层面考察统筹发展水平，对三个不同主体功能区的分类评价还需要进一步作实证分析。二是指标体系还需优化。还需多渠道收集大量截面数据和时序数据，利用实证结果进一步完善和修改指标体系，使之更为合理。

课题负责人:李学忠
课题组成员:王　杰　王美福　傅吉青
　　　　　杜国忠　潘　佶　张欣南
执　笔　人:黄洪琳

[参考文献]

[1] 国务院. 全国主体功能区规划. 国发〔2010〕46 号.

[2] 浙江省人民政府,浙江省主体功能规划,浙政发〔2013〕43 号文件.

[3] 李强. 实施主体功能区战略的对策研究[J]. 浙江政研,2014(3).

[4] 王美福、傅吉青、毛惠青. 城乡统筹一体化发展水平综合评价,2014.

推进浙江省四化同步发展统计评价研究

一、研究背景与意义

党的十八大中把“四化”问题上升到了一个新的高度。“新四化”加入了中国特色元素，一定要走有中国特色的工业化、信息化、城镇化与农业现代化道路。报告对“四化”同步发展的认可和支持，为中国新时期新挑战下的经济发展指明了方向，为现阶段的政策制定与修改提供了更为深入细致的引导，在我国特色社会主义现代化建设中起到至关重要的作用。

浙江省委省政府高度重视四化同步发展，夏宝龙书记指出：“要统筹谋划，统一部署，推动新型城市化与工业化、信息化、农业现代化同步发展。”在这个特殊的发展阶段，一方面，浙江省“四化”同步发展的协调性有所增强，但按照同步发展的要求还存在明显的缺陷，“四化”同步之间还有待进一步提升；另一方面，浙江省“四化”已经具备了同步发展的基础条件；通过相互协调、相互融合、相互促进中形成新的发展合力。而当前关于浙江省“四化”发展水平如何，“四化”之间是否同步，如何推动“四化”同步发展等方面的研究较少，且大多都是基于定性或理论分析，并未涉及“四化”同步发展的统计监测评价体系，以及如何判断“四化”是否同步等问题。因此，开展推进“四化”同步发展的浙江省统计监测评价体系研究具有重要的理论价值和实践意义。

二、国内外相关研究文献的回顾

（一）“四化”发展水平的评价研究

国外学者，美国的克里夫特·厄斯（1982）运用三因子多参数模型分析了发展中国家的信息活动与社会经济发展的相关性。Vijay·S 和 William·R·K 以企业为经济主体，从获得竞争优势的角度出发，构建了评价企业信息化的指标体系（包括 7 个因素共 29 项指标），其中主要活动的效率、辅助活动的效率、资源管理的有效性、资源获得的有效性、谈判能力、优先权和协同效应等三个因素。

国内学者，主要采用构建指标体系法展开分析。如，黄安胜和许茄贤（2013）基于目标、功能和指标三个层面构建了工业化、信息化、城镇化、农业现代化、发展水平的评价指标体系，功能层包括工业化发展、信息化发展、城镇化发展和农业现代化发展等四个指数，分别反映四化四个组成部分的发展状况。喻金田、娄钰华、李会涛（2014）采用多指标描述的方式，构建农业现代化、工业化和城镇化发展水平评价指标，测度中部地区农业现代化、工业化和城镇化的发展水平。

（二）“四化”协调同步发展的评价研究

周建群（2013）运用系统耦合理论，从产业耦合、要素耦合、市场耦合三个层面，对工业化、城镇化、农业现代化协同发展进行了学理分析。实证表明，在研究期内，我国工业化与城镇化基本上协同发展，但是农业现代化发展严重滞后。钱丽、陈忠卫和肖仁桥（2012）在构建工业化、城镇化、农业现代化耦合协调度评价模型和指标体系基础上，分析 1996—2010 年中国的工业化、城镇化、农业现代化耦合协调度的时空变化差异，指出考察期内中国工业化、城镇化、农业现代化耦合协调度差异不明显，仍处于初级协调状态，而农业现代化发展滞后是制约协调发展水平提升的主要因素。

(三)“四化”相互间关系程度的评价研究

大部分学者主要通过构建向量自回归模型对工业化、信息化、城镇化、农业现代化的两两关系进行检验。具体通过建立 VAR 模型、采用协整检验、脉冲响应、方差分解等方法来实现(郭庆然,2013;贾云簧,2012;周战强和乔志敏,2012;苏发金,2012)。石安杰和符亮(2013)通过构建回归模型,分析了工业化与城镇化的关系,研究发现工业化对城镇化变动的影响更大,而城镇化对工业化的贡献度不明显。

(四)“四化”综合发展水平的评价研究

黄安胜和许茄贤(2013)在测度四化各自发展水平的基础上,通过熵值法确定它们的权重来评估四化的综合发展水平。徐维祥、舒季君、唐根年(2014)通过对中国工业化、信息化、城镇化和农业现代化同步发展水平进行推测,构建了完整的评价指标体系,并采用 PLS 通径模型和空间距离测度模型以 2010 年 287 个地级及以上城市为研究对象,对我国“新四化”同步综合发展水平进行测量和评价。

(五)现有文献的综合评述

综上所述,国内外学者讨论了工业化、信息化、城镇化、农业现代化的概念,信息化与工业化的关系、工业化与城镇化的关系、城镇化与农业现代化的关系,以及城镇化、工业化与农业现代化三者的关系等问题,并进一步关注了推动工业化、信息化、城镇化、农业现代化的发展政策等问题。但对于以下一些问题的研究还比较缺乏,需要深入研究:(1)“四化”同步发展内在机理问题的研究比较薄弱;(2)浙江省“四化”同步发展缺乏较为系统又具可操作性的统计监测评估指标体系;(3)具有浙江特点的“四化”同步发展水平与质量动态评价还是空白。因此,本研究通过分析“四化”的理论模型,构建一套评价“四化”同步发展的体系,针对“四化”同步发展现状,运用特征选择进行指标的筛选,然后构建“四化”同步发展的耦合模型进行分析,接着运用灰色关联中的 GM 模型,对“四化”驱动情况进行分析,提出加快浙江省“四化”同步发展的对策，具有一定的实践指导价值。

三、推进浙江省“四化”同步发展评价研究

（一）“四化”之间的互动关系

认清和把握四化相互之间的互动关系，是探讨四化同步发展内在机理的重要基础，也是阐述四化同步发展相关问题的重要一环。四者之间的互动关系是“四化”同步发展的本质，它是一个整体系统，既是四者之间整体的同步，也包括两两之间和一化与其他三化之间的同步和协调发展。它们之间的关系详见图 1 所示。

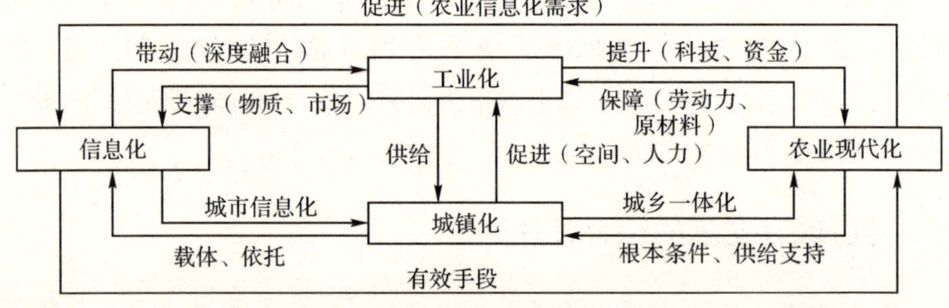

图 1 “四化”同步发展关系图

“四化”之间的互动关系：信息技术的萌芽是由工业革命催生的，而且工业化也为信息技术的发展提供了资金和市场，在工业化发展的刺激下，各行业将增加对信息科技及应用和服务的需求，进而使整个社会运用信息化科技的能力得到提升。工业化不仅带来规模经济，而且能够产生范围经济，实现产业劳动力和资本在地域空间的聚集，这是城镇化的原动力。此外，工业化为城镇化带来资本、就业岗位、税收、生产生活用品。伴随工业生产规模的扩充、产业聚集效应的递增，造成城镇规模不断扩大、服务功能不断完善的现状。伴随工业化的发展，大量剩余的农村劳动力将流向城镇，必然促进农业生产逐渐走向集约化与专业化，有效提高农业的生产效益。同时工业

化促使农业分工日趋精细化、专业化与合理化，这将加速农业化结构调整，农产品生产效益和价值得以提升。

通过对“四化”同步相互关系的梳理，我们可以得到：第一，工业化、信息化、城镇化和农业现代化联系密切，形成良性互动，缺一不可，构成完善的结构体系。第二，“四化”同步发展是协调性发展的基本内容。把工业化发展速度、信息化程度、城镇化质量以及农业现代化效率四者协调统筹起来，以求“四化”同步协调发展的实现。

(二)“四化”同步发展评价体系与模型构建

1. 基于特征选择方法筛选评价指标体系

本研究在借鉴相关学者研究成果的基础上，围绕“四化”的内涵和特征，根据浙江省的实际情况和指标数据的可获取性，依据上述评价指标体系的设计基本原则，初选了包括工业化、信息化、城镇化和农业现代化的 4 个一级指标、35 个二级指标的“四化”同步发展水平评价指标体系。

接着，按照特征选择算法原理，当 $p \geqslant 0.9$ 时，该特征选择迭代结果为重要；当 $0.8 \leqslant p < 0.9$ 时；该特征为一般重要；$p < 0.8$ 时，该特征为不重要。迭代结果显示，有 21 个为重要，10 个为重要，4 个为不重要。本研究接下来选择重要和一般重要的 31 个特征作为特征子集，针对浙江省“四化”同步发展进行综合评价，最终构建的指标体系见表 1。

表 1 “四化”同步发展水平评价指标体系

	一级指标	二级指标
浙江省四化同步发展指标体系	工业化	人均 GDP(元)
		非农产业增加值占 GDP 比重
		非农产业从业人员占全部从业人员比重
		三废综合利用产品产值(万元)
		国内发明专利授权数(项)
		研发人员全时当量(人)
		大中型工业企业数占工业企业和生产单位数比重
		工业废水排放达标率

续 表

	一级指标	二级指标
浙江省四化同步发展指标体系	信息化	电话普及率(部 /百人)
		移动电话普及率(部 /百人)
		电视节目综合人口覆盖率
		广播节目综合人口覆盖率
		电子信息产业制造业工业增加值(亿元)
		电子信息产业制造业从业人员数(万人)
		电子信息产业制造业利润总额(亿元)
	城镇化	城镇人口比重
		城镇登记失业率
		城镇居民家庭恩格尔系数
		城镇居民家庭人均可支配收入(元)
	城镇化	城市人均拥有道路面积(平方米/人)
		城市每万人拥有公交车辆(标台/万人)
		普通高等学校在校生数(万人)
		城市用水普及率
		每万人医疗床位数(张)
		城市每人居住面积(平方米)
	农业现代化	农用机械总动力(万千瓦)
		有效灌溉面积(千公顷)
		化肥施用量(万吨)
		农村用电量(亿千瓦时)
		乡村办水电站装机容量(万千瓦)
		农作物总播种面积(千公顷)
		人均粮食产量(公斤/人)
		谷物单位面积产量(公斤/公顷)
		第一产业从业人员占全部从业人员比重
		第一产业增加值占 GDP 比重

2."四化"同步发展水平的评价方法

本研究主要采用熵值法确定指标权重,求出四化各自的发展水平指数,进而计算出"四化"综合发展水平指数。

3."四化"同步发展的耦合协调模型分析

参考物理学中容量耦合系数模型,通过推广演绎从而可以得出多个系统之间的耦合度模型:

$$C=m\left[\frac{\mu_1 \cdot \mu_2 \cdot \cdots \cdot \mu_m}{\pi(\mu_i+\mu_j)}\right]^{1/m} \tag{1}$$

本研究涉及的问题是由四个子系统构成的,则耦合度模型中 m 的值取 4,上式可演变为:

$$C=4\left[\frac{I \cdot N \cdot U \cdot A}{(I+N+U+A)^4}\right]^{1/4} \tag{2}$$

上式中 C 代表耦合度,I 代表工业化发展水平,N 代表信息化发展水平,U 代表城镇化发展水平,A 代表农业现代化发展水平。

针对多个子系统研究的情况下,仅仅依赖耦合度的值描述四化同步很有可能产生误差,可能导致依据模型得出的结论在解决现实问题上的指导意义不强。因此,需要构建"四化"同步的耦合协调函数,以便于评价"四化"之间交互耦合的协调发展程度,按照下列公式计算:

$$D=\sqrt{C * T} \tag{3}$$

公式(3)中 D,代表耦合协调度,C 代表耦合度,T 代表"四化"综合发展水平。

T 的计算公式为:

$$T=\alpha I+\beta N+\gamma U+\eta A \tag{4}$$

公式(4)中 α、β、γ、η 为待定权重,且满足 $\alpha+\beta+\gamma+\eta=1$。

耦合协调度是衡量"四化"之间同步发展程度的重要指标,模型中的耦合协调度 D 介于 0~1 之间。根据不同取值范围,耦合协调发展水平的度量如表 2 所示。

表 2 “四化”之间耦合协调发展水平

D	0～0.39	0.40～0.49	0.50～0.59	0.60～0.69	0.70～0.79	0.80～0.89	0.90～1
耦合协调发展类别	失调	濒临协调	勉强协调	初级协调	中级协调	良好协调	优质协调

4.“四化”同步发展的驱动力模型分析

浙江省“四化”同步发展是一个复杂庞大的系统，具有内涵清晰但外延信息不完全的特征。因此，本研究通过 GM(1,N)动态模型来对浙江省“四化”同步发展存在的主要问题进行分析。GM (1,N)模型一般是描述多元一阶线性动态过程，并对多因子的系统作整体的、全局的、动态的分析。

5.“四化”同步发展关联度模型分析

根据灰色关联分析，我们在进行“四化”时首先要弄清楚四个子系统之间的关联关系以及子系统中指标的关联关系，这样才能在分析的时候，分清哪些是主流因素，哪些是潜在因素，那样才可以分离出优势因素的积极作用。所以在对“四化”进行灰色关联度分析时，首先要找出“四化”系统的时间序列，然后进行关联度的计算，这样更好地对量化的因素进行判别、优劣分析，找出影响浙江省“四化”同步发展的各种因素，并将各因素对浙江省“四化”同步发展的影响程度进行排序，为政府决策提供依据。

四、浙江省“四化”同步发展评价实证分析

(一)数据来源

浙江省“四化”同步发展数据收集主要分为两种方式:一是从相关网站下载浙江省统计年鉴。主要下载了 1986—2013 年份的《浙江省统计年鉴》。二是在中国知网《中国经济与社会发展数据库》搜索相关指标。此外，还参考了浙江省统计信息网，浙江省统计数据库以及相关网页信息等。

(二)浙江省综合发展水平分析

根据熵值法进行指标权重的计算,结果如表 3 所示。

表 3 工业化、信息化、城镇化、农业现代化指标权重

	一级指标	二级指标	二级指标权重	一级指标权重
浙江省四化同步发展指标体系	工业化	人均 GDP(元)	0.132024	0.283408
		非农产业从业人员占全部从业人员比重	0.083032	
		三废综合利用产品产值(万元)	0.235800	
		国内发明专利授权数(项)	0.257553	
		研发人员全时当量(人)	0.180123	
		大中型工业企业数占工业企业和生产单位数比重	0.088357	
		工业废水排放达标率	0.023112	
	信息化	电话普及率(部/百人)	0.171256	
		移动电话普及率(部 /百人)	0.230219	
		电视节目综合人口覆盖率	0.038826	
		电子信息产业制造业工业增加值(亿元)	0.218487	0.252988
		电子信息产业制造业从业人员数(万人)	0.119850	
		电子信息产业制造业利润总额(亿元)	0.221362	
	城镇化	城镇人口比重	0.090208	
		城镇登记失业率	0.038951	
		城镇居民家庭恩格尔系数	0.087488	
		城镇居民家庭人均可支配收入(元)	0.158796	
		城市人均拥有道路面积(平方米/人)	0.033155	0.193105
		城市每万人拥有公交车辆(标台/万人)	0.134565	
		普通高等学校在校生数(万人)	0.238903	

续 表

	一级指标	二级指标	二级指标权重	一级指标权重
浙江省四化同步发展指标体系	城镇化	每万人医疗床位数(张)	0.086917	
		城市人均居住面积(平方米)	0.131017	
	农业现代化	农用机械总动力(万千瓦)	0.049815	
		有效灌溉面积(千公顷)	0.323380	
		农村用电量(亿千瓦时)	0.122783	
		乡村办水电站装机容量(万千瓦)	0.165338	
		人均粮食产量(公斤/人)	0.084663	0.270499
		谷物单位面积产量(公斤/公顷)	0.098361	
		第一产业从业人员占全部从业人员比重	0.091383	
		第一产业增加值占GDP比重	0.048440	
		化肥施用量	0.015837	

接着,计算出浙江省“四化”发展水平指数,指数值详见表4。

表4 浙江省工业化、信息化、城镇化、农业现代化发展水平指数

年份	工业化		信息化		城镇化		农业现代化	
	发展指数	排序	发展指数	排序	发展指数	排序	发展指数	排序
1985	0.059221	28	0.044166	27	0.265054	28	0.411635	28
1986	0.067846	27	0.042763	28	0.282940	27	0.519254	20
1987	0.071499	26	0.047091	26	0.294380	26	0.527371	18
1988	0.076282	25	0.048864	25	0.312954	25	0.534117	16
1989	0.077154	24	0.054361	24	0.330985	22	0.534388	15
1990	0.079876	23	0.055913	23	0.328374	23	0.438033	27
1991	0.085921	22	0.060494	22	0.327158	24	0.441636	26
1992	0.092682	21	0.065855	21	0.342634	21	0.454164	25
1993	0.104148	20	0.071683	20	0.361203	20	0.488608	24
1994	0.111100	19	0.081682	19	0.375571	19	0.498229	23
1995	0.124453	18	0.091106	18	0.419682	18	0.502666	21

续 表

年份	工业化		信息化		城镇化		农业现代化	
	发展指数	排序	发展指数	排序	发展指数	排序	发展指数	排序
1996	0.132578	17	0.095188	17	0.444897	17	0.500747	22
1997	0.137315	16	0.117368	16	0.460350	16	0.519493	19
1998	0.181510	15	0.126345	15	0.489075	15	0.532865	17
1999	0.194347	13	0.158683	14	0.511894	13	0.545460	14
2000	0.194139	14	0.221328	13	0.552165	12	0.587451	13
2001	0.216815	12	0.271056	12	0.508985	14	0.619379	12
2002	0.223680	11	0.318944	11	0.567200	11	0.651205	11
2003	0.266828	10	0.380471	10	0.610603	10	0.683215	10
2004	0.284116	9	0.438268	9	0.666319	9	0.703508	9
2005	0.317609	8	0.452719	8	0.707370	8	0.719225	8
2006	0.429621	7	0.548208	7	0.749736	7	0.760866	7
2007	0.528112	6	0.615253	6	0.786625	6	0.790115	6
2008	0.582738	5	0.709955	4	0.836028	5	0.796566	5
2009	0.648322	4	0.685674	5	0.846053	4	0.801390	4
2010	0.767407	3	0.898873	3	0.883907	3	0.803138	3
2011	0.893591	2	0.944566	2	0.923183	2	0.885376	2
2012	0.988868	1	0.981852	1	0.957889	1	0.897468	1

由表 4 可以看出，浙江省“四化”的发展水平，在 1985－2012 年间，工业化水平持续快速增长；城镇化发展一直是平稳上升的，但是与工业化和信息化相比，其发展速度相对较慢，农业现代化发展水平也相对缓慢。

(三)浙江省“四化”耦合协调发展评价

根据耦合协调模型，测算出四化耦合协调度，我们绘制出浙江省四化耦合协调度变化趋势图(详见图 2)。

根据图 2 中的耦合协调度指数，对照表 2 协调发展等级类型划分，我们可以得到 1985－2012 年浙江省“四化”协调发展类型动态变化状况。浙江

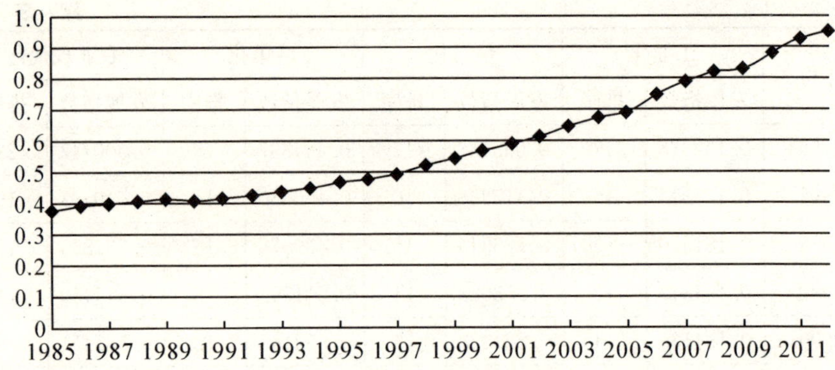

图 2 耦合协调度趋势图

省耦合协调发展水平在 1987 年之前处于失调状态，1988－1997 年处于濒临协调状态，1998－2001 年处于勉强协调状态，2002－2005 年处于初级协调状态，2006－2007 年处于中级协调状态，2008－2010 年处于良好协调状态，2011 年至今处于优质协调状态。在这 28 年间，浙江省"四化"同步发展经历了全部的七个协调发展阶段，表明浙江省"四化"同步发展不断向前推进，四者呈现向良性发展的趋势。

同时，我们利用前面计算得到的浙江省"四化"发展水平指数，计算得出了 1985－2012 年浙江省"四化"耦合度指数。根据测算出来的耦合度指数，我们绘制出浙江省"四化"耦合度变化趋势图(详见图 3)。图 3 告诉我们，浙江省"四化"耦合度整体虽呈现上升态势，尽管前期有下降趋势，但 1986 年以后耦合度呈现稳步上升趋势。

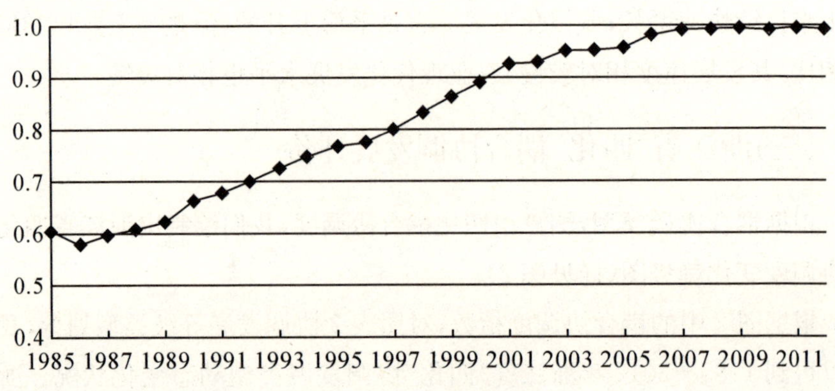

图 3 耦合度趋势图

我们知道耦合度只是反映各子系统之间的相互关联、影响程度，它与耦合协调度是完全不同的两个概念。系统间耦合强度高并不表示协调性强，反之亦然。因此，只有把耦合度和耦合协调度结合起来，才能全面反映“四化”之间的协调程度。通过计算发现两者整体均是上升态势，而且 2008 年之后两者都在 0.8 之上，表明浙江省“四化”同步正在向高度协调、高强度的理想状态演化，从而推动浙江经济和社会不断发展。

(四)浙江省“四化”同步发展驱动力分析

明确了浙江省“四化”同步发展度指数水平后，需要进行驱动力分析，以便进一步了解浙江省“四化”同步发展的驱动因子与制约因子。

本研究选择运用 DPS（数据处理系统）进行驱动力分析，得出浙江省“四化”协调发展 GM (1,N)动态模型的系数向量(详见表 5)。

表 5　浙江省“四化”协调发展 GM (1,N)模型系数向量

系数 / 区域	a	b_1	b_2	b_3	b_4
浙江省	1.56563	0.25954	−0.20811	0.74509	0.83241

接着，根据 1985－2012 年浙江省“四化”同步发展 GM (1,N)动态模型的系数向量，可以确立浙江省“四化”同步发展 GM(1,N,4)动态模型：

$$T_1^{(0)}(k)+1.56563Z_1^{(1)}=0.25954I_1^{(1)}(k)-0.20811N_1^{(1)}(k)+0.74509U_1^{(1)}(k)+0.883241A_1^{(1)}(k)$$

通过分析可以发现，1985－2012 年期间，“四化”中的工业化、农业现代化和城镇化起驱动作用，其中工业化驱动系数为 0.25954，农业现代化驱动系数为 0.83241，城镇化驱动系数为 0.74509，农业化是主要驱动力；其制约因子是信息化，其驱动系数为－0.20811。

为了深入分析浙江省“四化”同步发展驱动力，还需将影响浙江省工业化、信息化、城镇化和农业现代化发展的因素作为因子变量，分析其对浙江省“四化”同步发展驱动力大小。为此需要建立相应的影响因素驱动力模型，模型中行为变量为“四化”同步协调发展度，因子变量为前面我们提出的考察工业化、信息化、城镇化和农业现代化发展的31个指标，分别用下列公式表示：

$$T_1^{(0)}(k)+aZ_1^{(1)}=\sum_{i=2}^{N}b_i x_i^{(1)}(k) \quad (5)$$

公式(5)中，a 表示浙江省工业化、信息化、城镇化和农业现代化四个子系统对耦合协调发展的驱动系数，b_i 表示工业化发展影响因素、信息化、城镇化发展影响因素和农业现代化发展影响因素的驱动系数。通过 b_i 大小可以判断因子变量对行为变量的驱动程度。

根据影响因素驱动力分析模型，可以计算出1985－2012年浙江省“四化”发展影响因素对“四化”耦合协调发展GM(1,N)动态模型的系数向量(详见表6)。

表6　浙江省“四化”发展影响因素对协调发展的动态模型系数向量系数

指标 系数	工业化	信息化	城镇化	农业现代化
a	2.10402	2.22954	－1.52611	1.69581
b_1	－0.31435	0.43278	0.59302	0.76804
b_2	1.33062	0.07916	－0.28197	0.18070
b_3	0.21527	1.13850	－0.22729	－0.27670
b_4	－0.17406	1.28847	－0.30542	0.55663
b_5	0.61788	－0.11323	－0.09869	0.12129
b_6	0.12633	－0.71667	0.06112	－0.03227
b_7	0.15817		0.16994	0.28272
b_8			1.10898	0.04299
b_9			0.30192	0.22611

根据表6中的向量系数，可以得出工业化影响因素、信息化影响因素、城镇化影响因素以及农业现代化影响因素对浙江省“四化”同步发展的驱动力模型计算式：

(1) 浙江省工业化发展影响因素 $GM(1,N,7)$ 动态模型：

$$T_1^{(0)}(k)+2.10402Z_1^{(1)}=-0.31435x_1^{(1)}(k)+1.33062x_2^{(1)}(k)+0.21527x_3^{(1)}(k)$$

$$-0.17406x_4^{(1)}(k)+0.61788x_5^{(1)}(k)+0.12633x_6^{(1)}(k)+0.15817x_7^{(1)}(k)$$

(2) 浙江省信息化发展影响因素 GM(1,N,6)动态模型：

$$T_1^{(0)}(k)+2.22954Z_1^{(1)}=0.43278x_1^{(1)}(k)+0.07916x_2^{(1)}(k)+1.13850x_3^{(1)}(k)+1.28847x_4^{(1)}(k)-0.11323x_5^{(1)}(k)-0.71667x_6^{(1)}(k)$$

(3)浙江省城镇化发展影响因素 GM(1,N,9)动态模型：

$$T_1^{(0)}(k)-1.52611Z_1^{(1)}=0.59302x_1^{(1)}(k)-0.28197x_2^{(1)}(k)-0.22729x_3^{(1)}(k)-0.30542x_4^{(1)}(k)-0.09869x_5^{(1)}(k)+0.06112x_6^{(1)}(k)+0.16994x_7^{(1)}(k)+1.10898x_8^{(1)}(k)+0.30192x_9^{(1)}(k)$$

(4)浙江省农业现代化发展影响因素 GM(1,N,9)动态模型：

$$T_1^{(0)}(k)+1.69581Z_1^{(1)}=0.76804x_1^{(1)}(k)+0.18070x_2^{(1)}(k)-0.27670x_3^{(1)}(k)+0.55663x_4^{(1)}(k)+0.12129x_5^{(1)}(k)-0.03227x_6^{(1)}(k)+0.28272x_7^{(1)}(k)+0.04299x_8^{(1)}(k)+0.22611x_9^{(1)}(k)$$

根据上述分析模型可知，在 1985—2012 年浙江省“四化”同步发展过程中，工业化、信息化和农业现代化三个系统对“四化”同步发展的驱动系数都为正数，有利于浙江省“四化”同步发展水平的提高，而城镇化系统对浙江省“四化”同步发展的驱动系数为负数，制约了浙江省“四化”同步的发展。

另外我们根据系数的大小，来评判驱动因子与制约因子的影响程度，结果如下：

浙江省工业化发展影响因素中，驱动因子影响强弱的顺序为：非农产业从业人员占全部从业人员比重＞研发人员全时当量＞三废综合利用产品产值＞工业废水排放达标率＞大中型工业企业数占工业企业和生产单位数比重。制约因子的影响强弱顺序为：人均 GDP＞国内发明专利授权数。

浙江省信息化发展影响因素中，驱动因素影响强弱的顺序为：电子信息产业制造业工业增加值＞电视节目综合人口覆盖率＞电话普及率＞移动电话普及率。制约因子的影响强弱顺序为：电子信息产业制造业利润总额＞电子信息产业制造业从业人员数。

浙江省城镇化发展影响因素中，驱动因子影响强弱的顺序为：每万人医疗床位数＞城镇人口比重＞城市人均居住面积＞普通高等学校在校生数＞

城市每万人拥有公交车辆。制约因子影响强弱的顺序为:城镇居民家庭人均可支配收入>城镇登记失业率>城镇居民家庭恩格尔系数>城市人均拥有道路面积。

浙江省农业现代化发展影响因素中,驱动因子影响强弱的顺序为:农用机械总动力>乡村办水电站装机容量>第一产业从业人员占全部从业人员比重>化肥施用量>有效灌溉面积>第一产业增加值占 GDP 比重。制约因子影响强弱的顺序为:农村用电量>人均粮食产量。

(五)浙江省“四化”同步发展关联度分析

根据灰色关联的理论方法,计算出耦合协调度与各因素的关联度(详见表 7)。

表 7 浙江省“四化”同步发展水平灰色关联度

一级指标	二级指标	关联度
工业化	人均 GDP(元)	0.941525
	非农产业从业人员占全部从业人员比重	0.869808
	三废综合利用产品产值(万元)	0.753879
	国内发明专利授权数(项)	0.768945
	研发人员全时当量(人)	0.807069
	大中型工业企业数占工业企业和生产单位数比重	0.879042
	工业废水排放达标率	0.948055
信息化	电话普及率(部/百人)	0.667109
	移动电话普及率(部/百人)	0.635276
	电视节目综合人口覆盖率	0.874270
	电子信息产业制造业工业增加值(亿元)	0.666567
	电子信息产业制造业从业人员数(万人)	0.787954
	电子信息产业制造业利润总额(亿元)	0.672136
城镇化	城镇人口比重	0.9039255
	城镇登记失业率	0.7851983
	城镇居民家庭恩格尔系数	0.6581976

续 表

一级指标	二级指标	关联度
城镇化	城镇居民家庭人均可支配收入(元)	0.6610366
	城市人均拥有道路面积(平方米/人)	0.8106586
	城市每万人拥有公交车辆(标台/万人)	0.7894777
	普通高等学校在校生数(万人)	0.5664035
	每万人医疗床位数(张)	0.8537024
	城市人均居住面积(平方米)	0.8944376
农业现代化	农用机械总动力(万千瓦)	0.9003554
	有效灌溉面积(千公顷)	0.7302267
	化肥施用量(万吨)	0.7708867
	农村用电量(亿千瓦时)	0.6596916
	乡村办水电站装机容量(万千瓦)	0.6594441
	人均粮食产量(公斤/人)	0.5877577
	第一产业从业人员占全部从业人员比重	0.5961873
	第一产业增加值占 GDP 比重	0.5573418

由表 7 我们可以得出,工业化方面,驱动力最强的是非农产业从业人员占全部从业人员比重,制约力最强的是人均 GDP,工业废水排放达标率是关联度最高的。信息化方面,驱动力最强的是电子信息产业制造业工业增加值,制约力最强的是电子信息产业制造业利润总额,电视节目综合人口覆盖率是关联度最高的。城镇化方面,驱动力最强的是每万人医疗床位数,制约力最强的是城镇居民家庭人均可支配收入,城镇人口比重是关联度最高的。农业现代化方面,驱动力最强的是农用机械总动力,制约力最强的是农村用电量,农用机械总动力是关联度最高的。

通过对浙江省"四化"发展影响因素的驱动力分析,以及与"四化"同步发展的关联度分析,我们可以得出如下结论:

(1)在浙江省"四化"同步发展过程中,工业化、城镇化和农业现代化起推动作用,信息化为浙江省"四化"同步发展的制约因子。

(2)根据浙江省"四化"同步发展的驱动力模型,我们发现除了城镇化系统对浙江省“四化”同步发展的驱动系数为负数外，其他三个系统的系数都是正向的。

五、结论及对策建议

（一）浙江省“四化”各自发展水平较快，但存在差异

浙江省“四化”发展水平呈现逐年递增之势，工业化发展指数从0.059221增加到0.988868，信息化发展指数从0.044166增加到0.981852，两者的增幅较大。特别是在2006年以后，两者上升幅度更快。浙江省城镇化水平也逐步上升，其上升的幅度优于农业现代化水平。农业现代化水平在1990年出现大的下降，后来虽有稳步上升，但相对而言，上升的幅度一直不大，在四者中处于落后地位。

（二）浙江省“四化”同步发展水平较高，可仍存在问题

从耦合模型分析得知，浙江省“四化”同步耦合已进入优质协调阶段，各子系统间呈现优质耦合状态，并处于逐年递增时期，表明浙江省“四化”之间呈现良好的相互促进、相互影响。但是通过对浙江省“四化”同步发展的驱动力分析，在“四化”同步发展过程中，仍存在一些问题省待解决。

1. 浙江省工业化发展速度较快，但对“四化”同步作用不突出

一个地区的发展主要靠工业来带动，政府把提高工业化发展水平摆在了突出位置。到目前为止，浙江省工业化水平是四者中发展最快的，处于领先地位。但是，驱动力分析的结果显示，驱动力因素中，农业现代化的作用最强，其次是城镇化，最后才是工业化。表明工业化的发展水平，没能有效地促进浙江省“四化”同步发展的需求。

2. 浙江省信息化水平提高迅速，但不能有效支撑浙江省“四化”同步发展的需要

随着网络信息技术基础建设投入的增加，信息传播速度的加快，信息资源数据的增加，以及信息产业发展的加快，使得浙江省信息化水平不断提升。浙江省信息化水平已超越农业化和城镇化水平，可以说，信息化跟上了发展的脚步。然而，根据我们对浙江省 1985—2012 年“四化”同步发展驱动力的测算发现，信息化发展因子的系数为负，是“四化”同步发展的制约因子，而不是驱动因子，表明其不能有效地支撑浙江省“四化”同步的发展。

浙江省要深化信息技术在工业化中的应用与实践，推动智能工业发展。在信息化与工业化融合不断加深的着力点上，要加快信息技术产业的应用。可以借助信息技术的应用，使得传统工业的生产制造流程向自动化、智能化和高效化发展，实现工业结构的优化升级。深化信息软件的研发和使用，实现信息和数据的传输与共享，提升企业生产控制管理、提升信息化的配套服务，推动新型工业化持续健康发展。在农村地区应加大信息网络基础设施的投资力度，加强信息基础设施建设，不断扩大广播电视、移动宽带网络的覆盖范围，形成以政府部门为主导、信息技术企业和电信企业积极参与，按照“集中、统一、规范、效能”的原则，集中建设有关农业信息化的基础设施。这些设施的建立可以达到统一兼容、资源共享、高效适用的目的，逐步培育农村信息化市场；使农村信息化的内容不断得到更新。建立起相应的农业空间信息资源，对自然资源和环境进行动态监测，开展农业气象服务和农业发展趋势预测，为农民提供可靠便捷的信息服务，充分发挥信息化引领农业现代化发展作用。

3. 完善城乡服务体系和制度建设，促进浙江省城乡统筹发展

从前面测算的浙江省“四化”发展水平指数看，虽然浙江省城镇化水平稳步上升，但其发展水平逐渐落后于工业化和信息化水平，发展幅度相对较低。从城镇化发展影响因素的动态模型看，城镇化系统对浙江省“四化”同步发展的驱动系数为负数，表明城镇化的发展对浙江省“四化”同步有制约效应。只有加快浙江省城镇化的发展速度，才能更好地推进浙江省“四化”

同步发展。同样，浙江省农业现代化水平发展也落后于工业化和信息化的发展速度。因此，要想使浙江省“四化”同步发展水平不断提升，促进农业现代化的发展势在必行。因此，根据浙江省发展的现状，对城镇和农村发展体系进行科学系统的规划，在农业现代化的发展中凸显城镇化的带动能力。依据浙江省城乡发展的空间差异化原则，并结合农村人口向城镇转移的现实需要，依靠大城市的发展，重点发展中小城市，使乡镇发展起到纽带作用，使县域村镇的发展体系科学化，逐渐形成城市群，推进浙江省所有城市、乡村一体化发展。与此同时，要合理调整农产品结构，因地制宜地发展地区特色和支柱产业，政府积极引导农村的第二、三产业良性发展，促进小城镇发展和解决农村剩余劳动力就业问题，尽可能增加农村居民的可支配收入，促进城镇与乡村的协调发展，有力地提升城镇化发展对农村经济的辐射作用和带动能力。

课题负责人：辛金国
执　笔　人：辛金国　张超华

［参考文献］

［1］Fridolin Krausmann. Land use and industrial modernization：an empirical analysis of human influence on the functioning of ecosystem in Austria 1830—1995［J］. Land use policy，2001，18(1)：17—26.

［2］Steven Archambault. Ecologic modernization of the agriculture industry in southern Sweden：reducing emissions to the Baltic Sea［J］. Journal of cleaner production，2004，12(5)：491—503.

［3］Barney Cohen. Urbanize action in developing countries：current trends，future projections and key challenge for sustainability［J］. Technology in Society，2006，28(1)：63—80.

［4］黄安胜，许佳贤. 工业化、信息化、城镇化、农业现代化发展水平评价研究［J］. 福州大学学报，2013(6)：18—21.

[5] 喻金田,娄钰华,李会涛. 中部地区“三化”协调发展评价模型构建及其分析——基于农业现代化、工业化和城镇化的考察[J]. 企业经济,2014(2):165—168.

[6] 李琼. 湖南省新型工业化发展评价研究与实证分析[J]. 统计与决策,2013(19):112—114.

[7] 周建群. 我国新型工业化、城镇化和农业现代化“三化”协同发展理论与实证研究[J]. 科学社会主义,2013(2): 110—115.

[9] 郭庆然. 中部地区城镇化、农业现代化与农民收入增长的实证分析[J]. 统计与决策,2013(23).

[10] 苏发金. 工业化、城镇化与农业现代化:基于 VAR 模型的分析[J]. 统计与决策,2012(11).

[11] 中国信息化水平评价研究课题组. 中国信息化水平评价研究报告[J]. 统计研究,2006(2): 3—10.

浙江省 R&D 核算与统计体系完善方法研究

引 言

党的十八大以来,党中央提出更加坚定不移地实施创新驱动发展战略,并且提出各地政绩考核不以 GDP 总量及增长速度为唯一考核指标,将考核方向转向资源消耗、生态保护、科技创新和人民生活质量的提高。这些改变将会对各级政府的规划目标和内容产生巨大的影响,也会对企业开展创新活动产生非常积极的导向作用。那么,作为创新核心组成部分的研究与开发(Research and Development,R&D),其形成的无形资产价值几何?它对浙江经济发展的贡献有多大?这是经济增长理论研究和政府制定发展规划必须要明确的。那么 R&D 活动产生的知识产权产品(以前称为无形资产)是多少,相应地 R&D 统计应该怎么完善,这是理论界和相关政府必须面临的问题。本研究以浙江省 R&D 核算与统计体系完善为题,以期找出完善方法。

一、R&D资本核算的方法

(一)R&D资本化核算的基本问题

1.如何确定所有权

对于市场生产者,认为其希望获得所有R&D经济利益是合理的,但对于政府和非营利机构是否能够获得经济利益以及获得多大的经济利益,是件相对比较困难的事。SNA2008认为,如果机构或个人通过某种途径,如申请专利和公开发表等,能有效管理和控制R&D成果,他就是R&D成果的产权所有者。但由于费用过高,申请专利会导致泄密等原因,并非所有的R&D都会申请专利,因此不受法律保护。在法律保护缺失的情况下,SNA2008从实践的角度规定如下:购买者就是所有者(发生交易时),或者自给性R&D的生产者就是其所有者。

2.如何确定计价方式

相对于SNA1993,SNA2008对于生产范围增加的内容是"生产者为了自身的最终消费或资本形成所保留的知识载体产品的自给性生产"(第6.27段)。这就把研发和软件等知识产权产品界定为为了自用而进行的生产,进而包含在生产边界之内。

SNA2008建议,如果R&D被购买(外包),则其产出应当按照市场价格进行估价;对于专门从事研发活动机构的R&D,应当以销售、合同、佣金、费用等的收入进行估价。由政府、高校以及非营利研究机构等进行的R&D活动属于非市场生产,应当按照发生的总成本进行估价。

对于自给性R&D的产出,理论上应该以这些货物和服务如果在市场上销售所能得到的基本价格来估价。为此,同类货物或服务在市场上必须拥有足够多的买卖量，以计算用于估价的可靠的市场价格①。很显然，R&D具有新颖性，每一个R&D都是独特的，不可能存在足够多的买卖量。因此，SNA2008建议在“无法获得可靠的市场价格时，可以使用次优方法来计算：为自身最终使用而生产的货物或服务的产值等于其生产成本之和，也就是下列各项之和：中间消耗、雇员报酬、固定资本消耗、固定资本净收益、其他生产税（减生产补贴）”。

3. 跨时期核算问题

R&D产出还涉及跨时期核算问题，一般来说，完成R&D项目需要相当长时间②，首先应该由存货通过在建工程积累，待项目完工时，存货转为固定资本形成。但是R&D资本是知识资本，一旦获得了一定量的知识，可以说这就是固定资本形成。这意味着在R&D项目实施的中间过程，就可以立即记录为固定资本形成，不需要一直等待项目完全完成才确认。③

4. R&D资本存量的测算问题

R&D资本存量是研究其对经济增长时所必须的指标，物质资本常规使用永续盘存法计算存量，但是应用永续盘存法计算R&D资本存量时必须面对R&D初始存量、R&D价格指数、R&D资本衰减模式、R&D折旧率、R&D滞后期等很多问题，这些参数的确定方法和大小是影响结果的重要因素。④

---

① “在市场上”，是指在货物和服务生产的某一时间和地点，价格是在有意愿的买卖双方之间起支配作用的因素。

② R&D涉及两个类型的滞后：培育滞后（gestation lags）和应用滞后（application lags），前者是实施R&D项目的时间，后者是指R&D项目完工到初次商业化应用的时间。在核算R&D固定资本形成时，仅考虑前者。

③ 在这一点上，R&D与重大建设、大设备制造（如造船）的处理方法类似。

④ 再加上，浙江省的科技统计数据积累较弱，时间序列较短，所以本项目暂没有估计R&D固定资本存量。

(二)以R&D固定资本形成核算思路

1. R&D资本的供给

从R&D资本供给和使用的角度可以看出R&D固定资本形成的过程。

(1)R&D资本供给。R&D产出和进口之和可以得到R&D总供给(对于浙江省的核算来讲,还包括从国内其他省份的净流入)。R&D产出可以分为三类:供自己使用、定制的、投机生产。其中,供自己使用的R&D是内部生产(用FM中的术语是"实施")内部使用,不考虑资金来源(不论资金来自内部或者外部)。定制的R&D通常是依据合同为另一个单位进行研发。投机生产的R&D是指自筹经费进行研发,不供内部使用,也没有提前预定有保证的买家。原则上,投机R&D的产出和定制R&D的产出在到最终使用者手里之前应记录为存货(已完成的或在制品R&D)。

上述三个类别R&D的主要数据来源是基于FM的R&D调查数据,在通常的行业经济调查和国际贸易服务调查中,也部分反映了定制R&D、投机R&D的交易,实际上是交易价格记录的交易额。需要注意的是,基于FM的R&D调查数据是用于现在或者未来执行R&D,而不是过去实施的R&D。因此投机R&D的开发费用并不包含在实施者的报告经费中,而应包含在购买者的内部经费中(前提是购买者也实施R&D活动并包括在R&D调查范围内)。

(2)R&D进口。上面三种类型的R&D产出中只有两种与购买、转让(礼物)或许可交易有关:定制和投机的R&D。更具体地说,定制R&D的进口包括购买原件,而投机R&D的进口(用SNA的术语是购买、使用许可或复制许可,或以礼物的形式得到)可能包括原件或副本。其中一些进口交易尤其是与附属公司之间的交易(或包含转让或礼物形式的交易)可能不会被记录,或者难以与公司的其他活动区分开,但是在行政管理机关(如税务机关、海关)或统计调查都有记录。

2. R&D使用

产品的使用一般包括最终消耗、中间消耗、出口、固定资本形成和存货变动。为了获得分部门的剩余固定资本形成总额，国内各个部门之间购买R&D产出都应记录。

R&D最终消耗。R&D最终消耗主要是指居民消费（现实中可以忽略不计）以及和任何形式的政府和非营利机构不记录为固定资本形成的R&D支出，但是目前各国的供给和使用表并未单列此项目，一般来讲，这部分并不大，因此从实务的角度将此视为零是合理的。

R&D生产中使用的R&D服务的中间消耗。理论上，R&D生产过程中肯定使用了过去的R&D，但是目前各国关于R&D资本存量的估计尚处于探索中。我国关于物资资本存量的国家官方层面核算还十分欠缺，要计算R&D生产过程中对于R&D的消耗是十分困难的，从各国的经验来看，将其视为零也是通行的做法。

国内部门之间的R&D净购买。国内部门之间的R&D产出的净购买，构成R&D固定资本形成，需要进行记录以显示用途，而不是显示各部门的R&D产出。如果资金数据无法在部门间进行分解，那么一种实际的解决办法是，假定购买R&D主要是非政府的实施者，政府实施者购买R&D的支出几乎为零。

R&D存货和在制品。就R&D的开发时间来看，无论是供自己使用、定制还是投机生产R&D，通常需要超过一年时间，因此在R&D完成之前会存在一些在制品。SNA2008建议，供自己使用的资产的生产在发生时应记录为固定资本形成。如果R&D的生产明显是用于出售，那么在生产过程中应记录为存货。这对跨国公司的子公司生产R&D的情况是特别重要的，R&D产品可能最终被出口。

R&D出口。出口可能被归类为定制和投机的R&D的跨境销售和对外R&D转移，与进口的情形相似，定制和投机的R&D往往作为一个整体包含在国际贸易调查中。

上述R&D供给与使用的差额就是R&D固定资本形成（R&D gross fixed capital formation，RDGFCF）。

(三)以 R&D 内部支出为起点估计 R&D 固定资本形成的估计思路

简单来看,RDGFCF 就是国内生产加上净进口,估计 R&D 生产的产出是关键所在。幸运的是,R&D 内部支出中包含了估计其产出的大部分信息。如前文所述,企业执行的 R&D 大都为了自身最终使用,不存在市场交易,因此也就没有可靠的市场价格。SNA2008 的建议,用 R&D 活动总成本估计其产出。

按照“总成本”的概念,需要找出相应构成项。从费用构成上,R&D 内部支出可分解为:

R&D 内部支出=日常支出+资本性支出(1)

其中,日常支出又可分为人员劳务费和其他日常支出,折旧相当于劳动者报酬和中间消耗,资本性支出是对土地建筑物和仪器设备的购置,需要估计对资本性支出的资本消耗再加上资本收益与生产税净额。Gavin Wallis(2007)在估计英国的 R&D 资本形成时认为,与 R&D 相关的生产税难于判断,相对于其他支出项,数额不大,因此可以假设为 0。这样企业部门 R&D 产出的固定资本形成(GFCF)为:

$$GFCF_t^{CP}=(C_t+\sum_a I_{at}^{CP})-\sum_a I_{at}^{CP}+\sum_a COFC_{at}+\sum_a R_{at}\ (2)$$

C_t 为当前 $R\&D$ 日常支出,I_{at}^{CP} 是用于 R&D 生产过程中资产 a 的当年价投资。$\sum_a I_{at}^{CP}$ 则为资本性支出,$COFC_{at}$ 是 R&D 生产过程中对资产 a 的消耗,R_{at} 是生产过程中使用的资产 a 的假定收益。

二、浙江省 R&D 资本化核算实证分析

(一)浙江省科技发展特征分析

1. 经济快速增长

从图 1 可知,1978 年以来,浙江省 GDP 增长迅速,进入 21 世纪后更是

呈现明显的高涨态势，2013 年当年价 GDP 达到 37568.49 亿元，折算为 1978 年不变价为 7790.28 亿元，年均增长速度分别为 18.05%和 12.66%，说明浙江省经济发展趋势迅猛，势头良好。

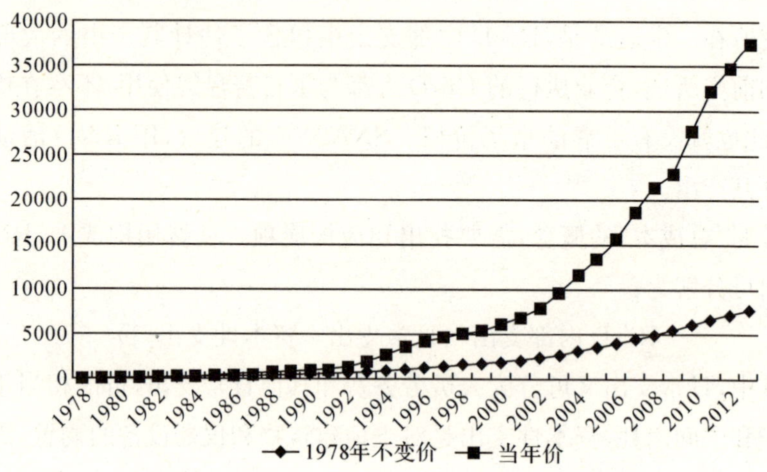

图 1　1978—2013 年浙江省 GDP 增长趋势图

2.第三产业贡献较大

如上所述 2013 年浙江省生产总值达 37568.49 亿元，比上年增长 8.2%。其中，第一产业增加值 1784.6 亿元，占比 4.75%，环比增长 0.4%，对浙江省经济发展的贡献率为 4.02%；第二产业增加值 18446.7 亿元，占比 46.15%，环比增长 8.4%，贡献率为 38.93%；第三产业增加值 17337.19 亿元，占比 49.10%，环比增长 8.7%，贡献率为 57.05%。

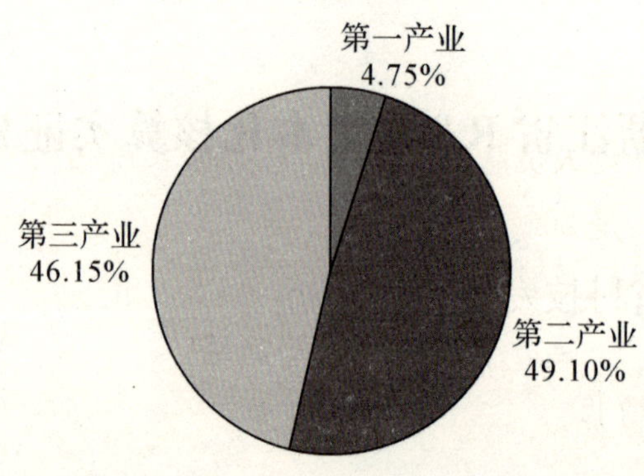

图 2　2013 年浙江省三次产业占比图

3.科技投入不断提高

从图3可知,浙江省的科技投入持续增长,2012年科技活动经费投入和R&D经费内部支出分别达1143.83亿元和722.59亿元,1990年以来的年均增长速度分别为24.9%和30.6%。这些投入是促进经济增长、推动经济转型升级的重要手段。据浙江省省长李强在全省科技大会上讲话数据表明,2014年浙江省区域创新能力居全国第五位,企业技术创新能力居全国第三位,全社会研发投入占GDP比重达2.2%,科技进步贡献率提高到55.3%,在国家科技成果奖中,浙江省单位组织和参与的特等奖和一等奖共有5项,均达到历史新高。

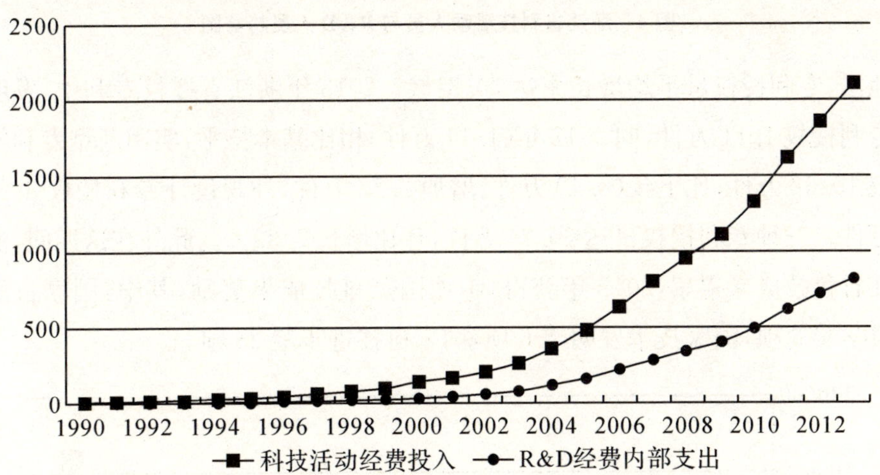

图3 1990—2013年科技活动经费投入和R&D经费内部支出趋势图

4.科技研发人员队伍不断壮大

浙江省科技活动人员队伍不断壮大。从图4可知,2013年科技活动人员达到645070人,是2000年的4.2倍,R&D人员达到311042人,是2000年的10.9倍。逐步扩大的研发队伍为浙江省科技发展提供了丰富的人力资源血液。

5.科技产出成果增多,绩效显著

从专利情况看,2000—2013年,浙江省专利授权量一直处于全国领先

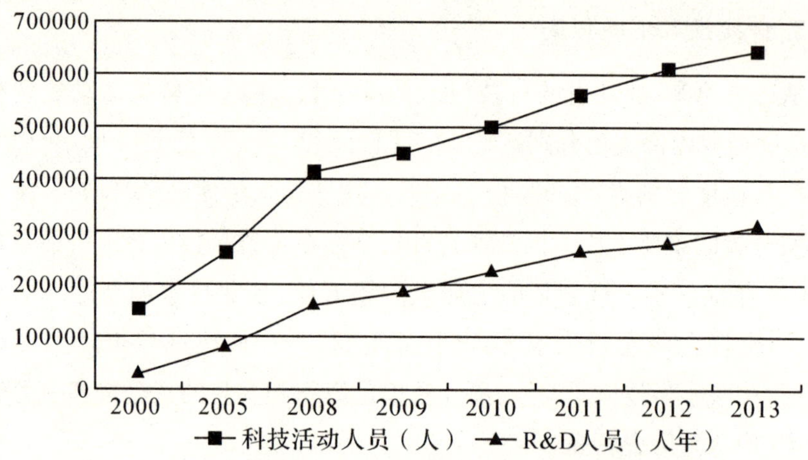

图 4　浙江省科技活动人员与 R&D 人员趋势图

地位，专利授权量平均增长率达 70.31%。2013 年浙江省授权专利中，发明专利授权 1.11 万件，同 2012 年(1.14 万件)相比基本持平，实用新型专利授权 10.62 万件，比上年(8.49 万件)增加 2.13 万件，外观设计专利授权 8.50 万件。三种专利授权量达 20.24 万件，环比增长 7.39%。此外在这期间，浙江省科技成果累累，2012 年获得 31 项国家科技成果奖励，其中：国家自然科学奖 3 项，国家技术发明奖 6 项，国家科技进步奖 23 项。

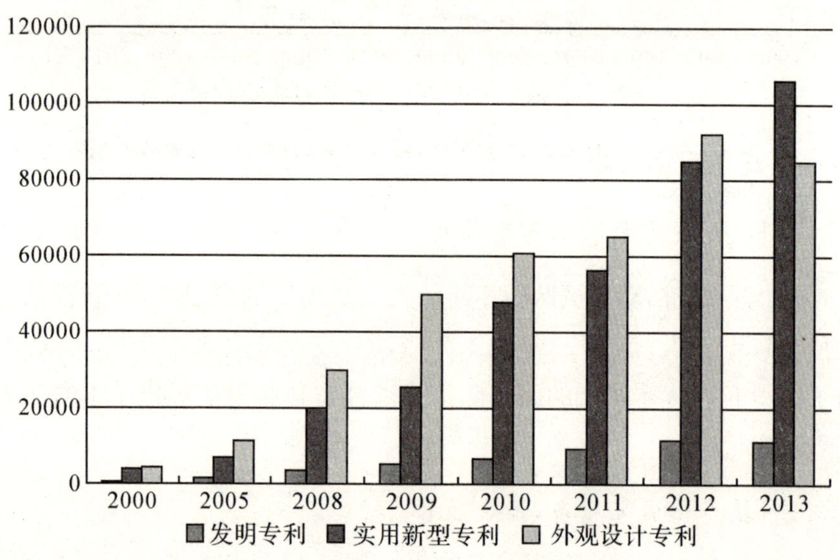

图 5　2000—2013 年三类专利授权量比较图

从高新技术企业情况看，近年来，科技发展对浙江省社会经济的推动作用持续增强。截至 2013 年，浙江省高新技术企业共计 5137 家，特色产业基地 95 个，园区（开发区）28 个。2013 年浙江省高新技术企业工业技工贸总收入达到 12931 亿元，总产值 12930 亿元，销售收入 12288 亿元，实现利税总额 1696 亿元，均为历史新高；表明经济增长方式已经转变到以创新为主要驱动力的发展方式上来。

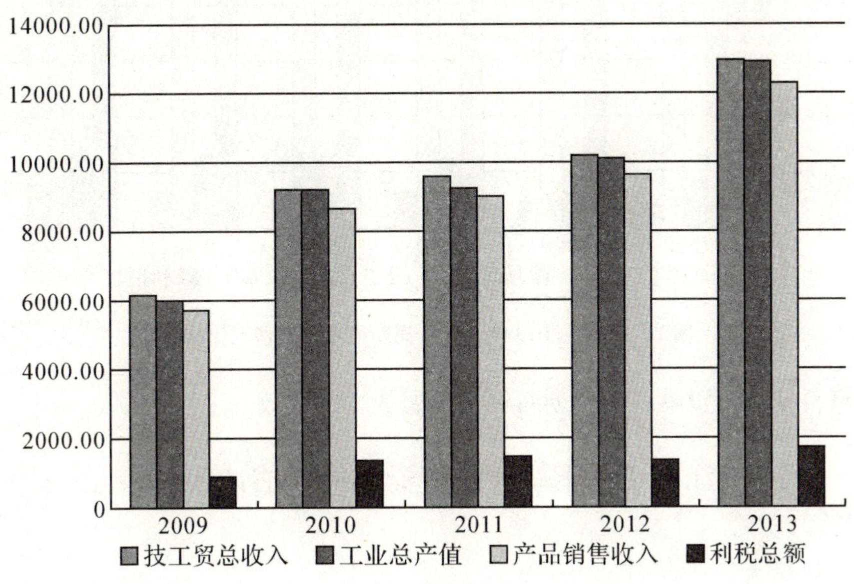

图 6　2009—2013 年浙江省高新技术企业情况比较图

从高新技术产业情况看，鉴于 2008 年实行新的高新技术企业分类制度，2013 年浙江省高新技术产业总产值 16412 亿元，增加值 2993 亿元，占 GDP 的 8%，主营业务收入 16275 亿元，实现利税总额 1588 亿元，四项指标年均分别增长 13.6%、12.1%、14.5%和 17.2%。

上述各图分析表明，近年来浙江省经济发展迅速，科技投入和产出增长较快。促进经济增长的无形性因素的作用越来越大，但是从中也可以看出，能够反映科技产出的指标还限制于实物性指标，如专利，还有论文，以及间接性的指标，如高技术企业、高新技术产业等，这些均不是直接反映科技活动，特别是研发产生直接经济效益的指标，缺乏研发产生“无形资产”价值的直接测度，从而不能完全反映研发对浙江省经济发展的贡献，也就不能准确

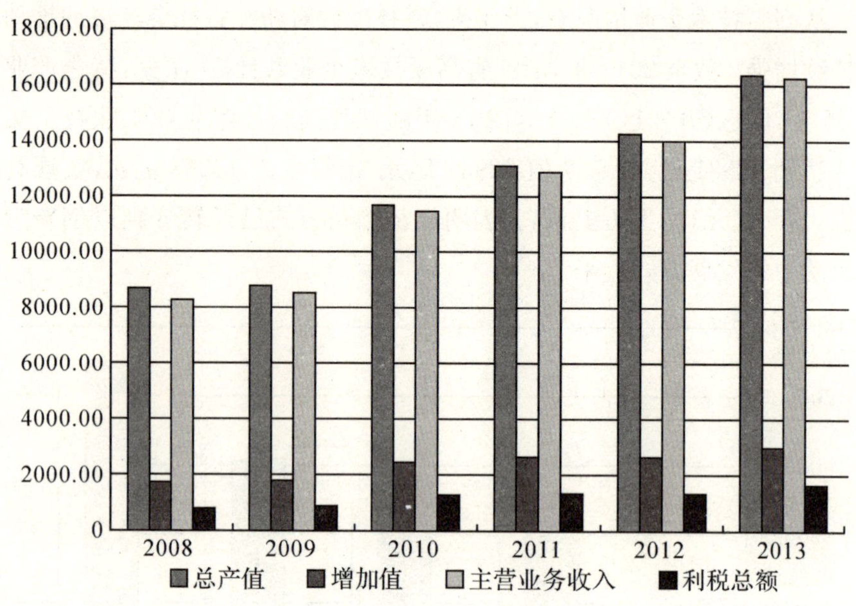

图 7　2008—2013 年浙江省高新技术产业情况比较图

测算科技进步贡献率以及创新驱动发展战略的成效。

(二) 浙江省工业 R&D 固定资本形成估计

1. 缺失数据估计

利用总生产成本之和法估计工业企业 R&D 产出及固定资本形成时，也就是要估计中间消耗、雇员报酬、固定资本消耗、固定资本净收益以及其他生产税(减生产补贴)之和，幸运的是从 R&D 内部支出。我国的科技统计起步较晚，数据积累基础较差，从 2009 年才有 R&D 内部支出的费用构成分类数据。因此，需要估计之前年份的构成数据。

(1)规模以上工业企业 R&D 内部支出的估计

公开数据中有 2009—2012 年的规模以上工业企业 R&D 内部支出，本项目以企业科技活动经费内部支出占全省科技活动经费支出的比重为权重，估计 1991—1997 年的 R&D 内部支出，公式为：

规模以上工业企业 R&D 内部支出 $=\frac{\text{企业科技活动经费支出}}{\text{全省科技活动经费支出}}\times$ 全省

R&D经费内部支出

(2)R&D内部支出的构成估计

相应地，得到企业部门R&D内部支出后，还需要进一步估计其构成，方法如下：

R&D资本性支出$=\frac{\text{科技活动经费中固定资产购建费}}{\text{科技活动经费支出}}\times$企业R&D内部支出

日常性支出就等于企业R&D内部支出减去R&D资产性支出。

企业R&D人员劳务费$=\frac{\text{科技活动劳务费}}{\text{科技活动内部支出}}\times$企业R&D经费内部支出

2. R&D投入缩减价格指数的构建

本文首先根据计算估计出人员劳务费，进而构造R&D人员劳务费指数，记为P_1；鉴于R&D经费的其他日常支出与原材料、燃料、动力购进的内容大体一致，因此可作为其他日常支出的替代指标，记为P_2；价格指数的替代指标，仪器设备工器具购置指数基本上反映了仪器设备类资产购置价格变动情况，比较符合R&D活动的仪器设备费的概念，因此可作为R&D经费中资本支出的替代指标，记为P_3。最后，用三种费用支出占比λ_i作为权重，加权合成R&D投入指数$P=\sum\lambda_i P_i$。

3. R&D资本性支出的资本收益估计

R&D资本性支出的资本收益估计是建立在测算其资本存量的基础上的。文献中基本采用永续盘存法估计资本存量。t时期资产a的固定资本消耗$COFC$是：$COFC_{at}=k_{at}\delta_a$，k_{at}、δ_{at}是时间t资本a的净存量以及折旧率。使用PIM方法计算每类资产的净存量$k_{at}=\sum_{\tau=0}^{\infty}(1-\delta_{a,t-\tau})^{\tau}.\ I_{a,t-\tau}$，$I$是对资产$a$的不变价投资。初始年份的净资本存量是$k_{a0}=I_{a0}/\delta_a$。需要说明的是，关于物质资本的存量核算已有很多成果，本文注重R&D资本，因此，将会引用相关学者关于物质资本的研究结果，最后，还需要估计R_{at}，澳大利亚统计局假设R&D生产过程中使用的资本收益是5%：$R_{at}=0.05k_{at}$，英国等也采用了该结果，本文拟采用该数值。

（三）估计结果及影响分析

由前文分析，高等院校与科研院所进行的大部分是基础性研究，基础研究的经济目标并不明确，所以我们以规模以上工业企业为例，核算其 R&D 固定资本形成，并分析对核心指标的影响。结果发现：

1. 近年来浙江省 R&D 资本形成总额大幅度提升

2013 年规模以上工业企业 R&D 固定资本形成总额 646.8 亿元，是 2005 年的 4.1 倍，年均增长 19.5%，趋势图如图 8。

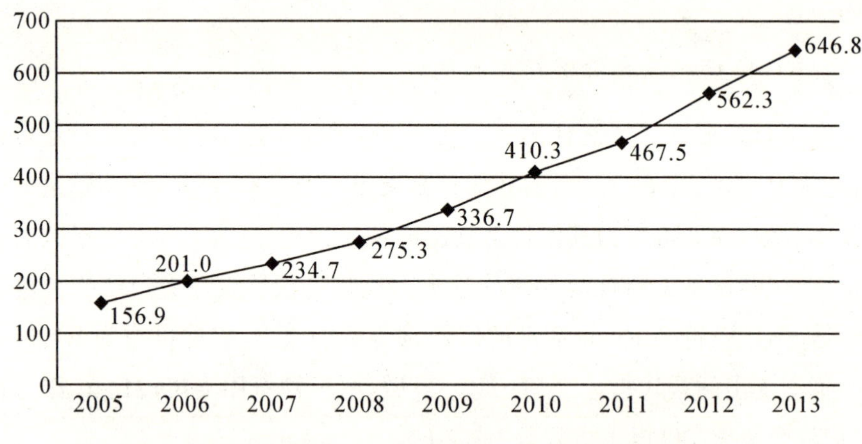

图 8　浙江省规模以上工业 R&D 资本形成总额趋势图（亿元）

2. 对 GDP 总量有一定的影响，使 GDP 总量增加了 1.63%

根据增加值核算原理，固定资本形成是直接计入增加值的。因此，规模以上工业 R&D 资本化使 2013 年的 GDP 总量增加了 613.54 亿元，增加 1.63%，2005 年以来使 GDP 增加的百分点数见图 9。2013 年资本化后 R&D 强度为 2.14%，将资本化前的 2.18%降低了 0.04 个百分点。对 GDP 年均增长速度也有影响，资本化后，2005—2013 年年均增长速度为 13.87%，提高了 0.14%。

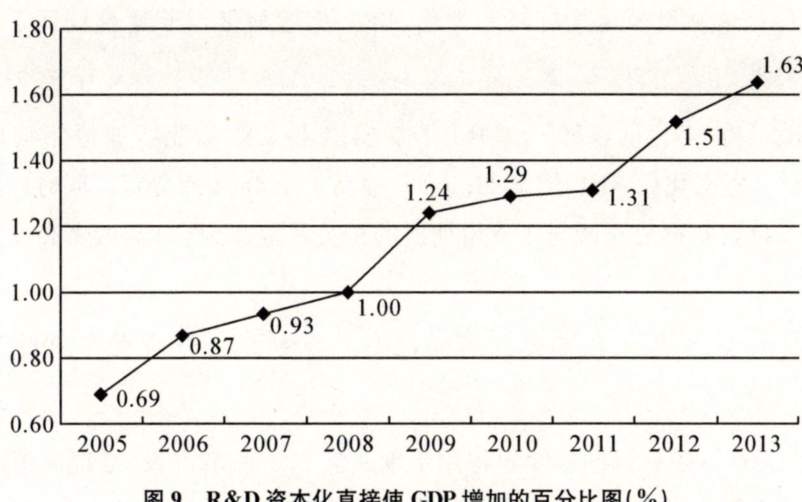

图 9　R&D 资本化直接使 GDP 增加的百分比图(%)

3. 对工业增加值总量有显著影响,2013 年使工业增加值总量增加 5.2%

R&D 资本化后,2013 年规模以上工业企业增加值由 11700.7 亿元增加到 12314.2 亿元,总量增加了5.2%。历年来直接使工业增加值增加的百分比见图 10。

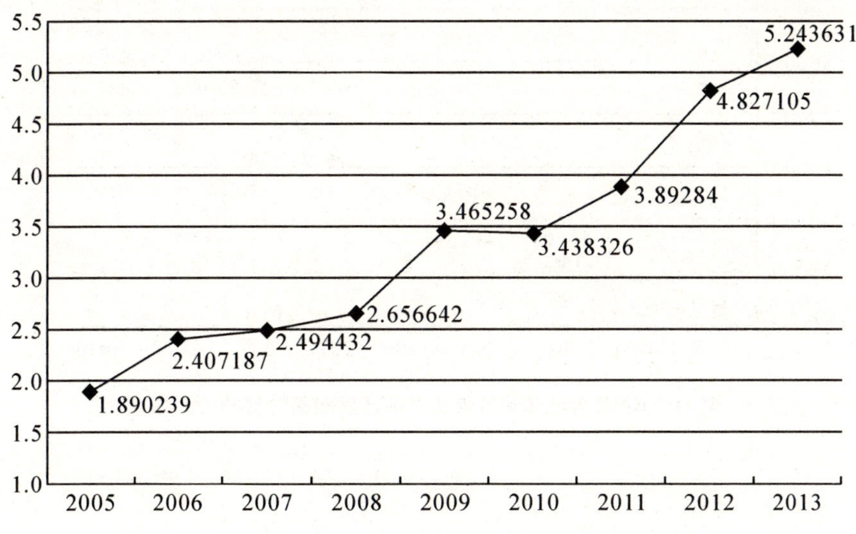

图 10　R&D 资本化直接使工业增加值增加的百分比图(%)

4. 对工业增长速度有较大影响，使工业增加值增长速度提高了 0.3 个百分点

R&D 资本化前，2005－2013 年规模以上工业企业增加值年均增长 11.48%，资本化后，年均增长 11.93%，提高了 0.45 个百分点。同时计算发现，R&D 资本形成总额与工业增加值的相关系数达到 0.95，两者高度显著相关。

5. 对劳动生产率有较大影响，2013 年使工业劳动生产率增加了 8528.1 元/人

从 R&D 中获得的新知识将用于新工艺新产品的开发，是提高劳动生产率的重要途径。因此 R&D 资本化较为真实地反映了劳动生产率状况，结果表明 2013 年 R&D 资本化后使劳动生产率提高 8528.1 元/人（由 162638.1 元/人提高至 171166.2 元/人）。历年来使生产率提高的情况如图 11。

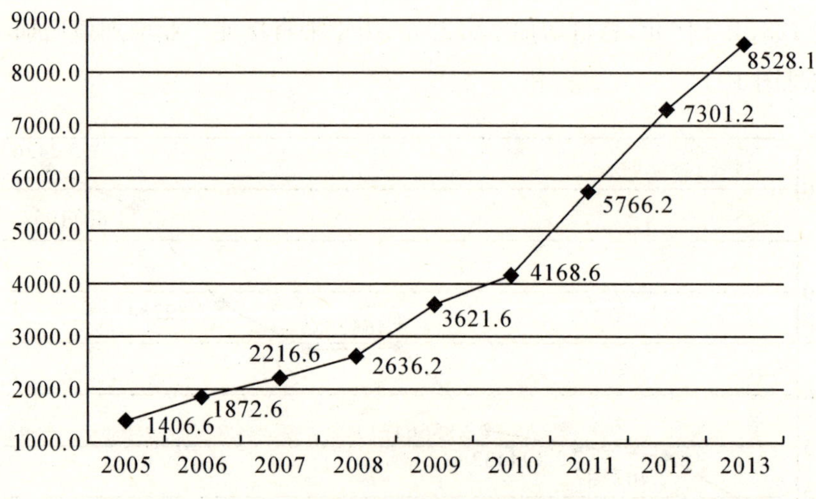

图 11　R&D 资本化使劳动生产率直接提高情况图(元/人)

三、结论与建议

科技创新是促进经济发展的重要引擎，是重要的生产投入要素，R&D核算方式的变化体现了我们探索经济增长推动力的努力，更是经济发展阶段的需要。R&D核算处理方式由中间消耗变为固定资本形成涉及国民账户体系的根本性变化，对于R&D本身来讲可称为一场“革命”。

(一)实证研究结论

在传统GDP核算中，R&D被作为中间消耗而不是作为投资，这不仅低估了GDP，还忽略了R&D对GDP的直接贡献，同时也扭曲了R&D对经济增长的促进作用。本文论述了将R&D核算为资本的相关概念，并以浙江省规模以上工业增加值为例进行测算结果表明，R&D核算为资本后影响较大，使2013年GDP总量增加1.63%，规模以上工业增加值总量增加5.2%，劳动生产率增加8528.1元/人，R&D强度下降0.03%；2005—2013年GDP和规上工业增加值年均增长速度分别提高0.14个和0.45个百分点。

(二)完善R&D统计体系的建议

从前文的研究内容可知，R&D资本化核算不仅涉及R&D统计制度本身，还涉及价格、进出口、成本费用结构等相关调查制度，这就对目前的科技统计制度以及相关的统计制度提出更新更高的要求。本文认为要从以下几个方面进行改进和完善。

1.深入研究R&D活动类型及特征

国际R&D统计标准FM和SNA倡导的R&D资本化，有三种类型：基础研究、应用研究和试验发展，而我国除了上述三类，还有相当一大部分是R&D成果应用和涉及R&D活动的服务。R&D成果应用是指为了使

R&D阶段产生的新产品、材料和装置，建立新工艺、系统和服务，以及作实质性改进后的上述各项投入能够投入生产或者在实际中运用而进行的系统的活动。其特点：一是为了使R&D成果用于实际；二是运用已有知识和技术；三是成果形式是为生产或实际使用而设计的或者制定的带有技术、工艺参数规范的图纸、技术标准、操作规范等，比如农业领域的新品种区域试验、工业领域中为扩大新产品的生产规模而进行的工业性试验、仿制技术先进的企业的新产品而进行的设计与试制工作、引进新方法所进行的设计与试制工作、为解决试验发展阶段新产品、新装置、新工艺能投入生产而进行的定型设计与试制工作。严格来讲，这些活动与国际统计标准所界定的R&D活动有很大的差异，这些活动是否构成国民账户中资产还需要探讨。因此，需要进一步加强对我国R&D统计的口径范围界定，以准确反映SNA2008中R&D的所有范围，具备国际可比性，又能切实反映我国的实际情况。

2. 整合统计业务部门

我国目前的R&D统计工作是按照R&D活动的执行部门设置，统计体系是以统计部门牵头部门型统计，统计局紧紧掌握工业、建筑业的一手数据，科研机构的R&D统计依托于科技部门，高等院校的R&D统计依托于教育部门，此外还有国防部门，最后由统计部门汇总成全社会数据，典型特征是地方为主、部门为辅、条块相结合，这就会造成区域之间指标不统一、核算口径各成体系，特别是省与省之间R&D数据的可比性问题。因此R&D的资本化核算需要跨部门沟通和整合业务，建议建立专门机构，协调R&D核算过程中的各主管业务部门数据共享和核算方法。

3. R&D费用调查要围绕“总成本”口径

SNA2008建议自产自用的R&D用其总成本估计其产出。因此R&D费用调查中总成本的构成是后续资本化核算的关键点之一。我国的R&D经费支出即包括用于R&D项目(课题)活动的直接支出，如劳务费、原材料费、设备购置费、其他日常支出、外协加工费，也包括间接用于R&D活动的管理费、服务费、与R&D有关的基本建设支出以及外协加工费等。具体的计算方法是：对于在财务上单独核算研究开发费或技术开发费的企业，直接抄取相应会计科目当年实际发生额;对于未对研究开发费或技术开发费进行单独核算的企业,则分项目归集整理,即按项目人员劳务费、原材料费、其他费用等支出,再加上未列入项目经费的相关人员工资、管理和服务费用等支出加总取得。由此可见,现有的 R&D 统计工作基础与 SNA2008 要求的总成本还有一定的距离,需要加强总成本范围构成调查指导,推动 R&D 项目在企业会计核算系统中按项目核算,加强会计的项目核算基础,降低归集整理带来的偏误。

4. 在价格、成本相关调查制度中增加反映 R&D 价格变化的内容

价格指数是影响 R&D 资本化结果的重要因素,但是异质性和自产自用性这两个特征使得很难编制产出价格指数。因此,目前大多数国家普遍采用的是 R&D 投入价格指数。编制 R&D 投入价格指数需要相应构成的价格变化资料,需要在相应的调查体系中加入对应的内容,具体表现在:一是开展 R&D 人员的薪酬变化调查,应该根据不同类型的 R&D 人员,如按照职业分的研究人员、技术人员和同等人员、其他辅助人员,按照学位资格水平分的本科以下、本科至硕士、硕士以上,按照专业分的工程技术人员、农业科技人员、科学技术人员、卫生技术人员、教学人员及其他人员,按照职称分的高级人员、中级职务人员、处级职务人员,应该在薪酬工资调查中加入反映这些人员的薪酬变化。二是在价格指数调查中,特别是工业生产者购进价格指数中,针对各行业增加企业开展 R&D 活动所消耗直接投入的价格变化。三是在固定资产投资价格指数调查中增加科研仪器设备固定资产投资价格调查。

5. 开展 R&D 资本寿命专项调查

R&D 资本服务寿命是影响 R&D 资本服务量核算的重要因素,尽管专利更新法和计量经济学方法已被广泛使用,通常表示资本服务寿命介于 10 年和 20 年之间,但不同行业之间有很大的差异,但是这两种方法都存在严重的不足。研究表明,服务寿命长度与 R&D 项目的困难程度和持续时间有关,近年来 R&D 资本服务寿命长度一直在变化,在一些行业中变得更短。这意味着需要定期采集服务寿命长度数据(至少每隔几年进行一次)。

因此，需要针对重要部门，特别是工业部门，如软件业、生物医药、半导体、监控设备、化工等行业，向R&D项目负责人、财务主管、管理专家、风险投资基金代表进行调查，调查内容包含：在R&D研发/使用过程中，不同阶段的、不同类型的R&D的服务寿命长度（研发滞后、应用滞后和生产用时长度），自行研发自行使用R&D的寿命、购买的R&D的寿命等。

6. 编制R&D资本卫星账户

建议加强对R&D及其他无形投入的核算研究，修正对GDP的核算方法，切实直接反映R&D的作用。在国家统一的国民账户体系修订之前，为切实反映浙江省的R&D资本形成情况，在不改变核心账户体系、概念、范围的前提下，可构建浙江省R&D资本卫星账户，这样既可以说明R&D活动与原账户之间的关系，又可以为编制国家层面的R&D卫星账户奠定实践基础。但编制卫星账户需要进行R&D资本效率衰减模式、折旧率、服务寿命等多项专项调查，需要建立联合理论界、统计业务系统和科技管理系统等多部门的课题组进行攻关。

课题负责人：朱发仓
课题组成员：秦　岭
执　笔　人：朱发仓

［参考文献］

［1］ZVI GRILICHES. R&D and Productivity：the Econometric Evidence［M］. Chicago：University of Chicago Press，1998：1—14.

［2］Ahmad，Nadim (2004a)，The Treatment of Originals and Copies in the National Accounts，Canberra II issues paper，SNA/M2. 04/06 UNSD website.

［3］Copeland，M，Gabriel W，and Carol A. (2007)，Estimating Prices for R&D Investment in the 2007 R&D Satellite Account，Bureau of Economic Analysis，2007 R&D Satellite Account Background Paper.

[4] Galinda-Reuda，Fernando 2007，Developing an R&D Satellite Account for the UK：a preliminary Analysis，Economic &Labour Market Review，Volume 1，No 12.

[5] Myrian，Murat，mark，R&D satellite Accounts in the Netherlands，www. cbs. nl.

[6] 刘伟. SNA2008 对非金融资产的修订及影响分析[J]. 统计研究，2010(11).

[7] 徐宪春，彭志龙，吕峰. SNA 的修订及对中国国民经济核算体系改革的启示[J]. 统计研究，2012(6)：3—9.

[8] 魏和清. SNA2008 关于 R&D 核算变革带来的影响及面临的问题[J]. 统计研究，2012(11)：21—25.

[9] 杨仲山，何强. 国民经济核算体系(1993SNA)的修订、影响及启示[J]. 统计研究，2008(9)：64—70.

[10] 曾五一，王开科. 美国 GDP 核算最新调整的主要内容、影响及其启示[J]. 统计研究，2014(3)：9—15.

实现“四翻番”背景下浙江省有效投资供需分析及预测

一、浙江省有效投资供需发展情况分析

(一)浙江省有效投资发展历程和现状

改革开放初期,浙江省全社会固定资产投资总量较小。1978 年浙江省全社会固定资产投资仅为 26 亿元,到 1985 年全社会固定资产投资才达到 3 位数为 102 亿元。1993 年达到了 684 亿元,与上年增长 89.3%,也是历史期间内固定资产投资增长最快的一年。2009 年,浙江全社会固定资产投资总额突破万亿元,即达到 10742 亿元,比上一年增长 15.2%。近几年,浙江通过实施扩大有效投资的一系列重大举措,实现了固定资产投资实现较快增长。“十二五”前四年,浙江固定资产投资年均增长 19.8%,比“十一五”年均增长加快 6.5 个百分点。2013 年,全省有效投资突破 2 万亿元大关,为 20194 亿元。2014 年,全省有效投资达到 23555 亿元,比上年增长 16.6%。

(二)浙江省有效投资与经济发展的周期性波动分析

从改革开放以来浙江发展历程看,固定资产投资增长与经济增长具有基本相同的周期性波动规律,表现出较强的相关性(见图 1)。同时也表明,浙江省投资增长更多地表现在对当期经济增长的拉动,投资的持续效应并

不是特别明显，投资和经济增长基本上表现出同步性。1985 年、1993 年和 2003 年三个投资增长速度相对较快的年份，也是 GDP 增长较快的年份。并且，随着第二年投资速度的回落，GDP 增速也马上回落。改革开放以来，投资增速快于 GDP 增速的年份较多，GDP 年均增长 12.9%，最高年份和最低年份增速相差 22.6 个百分点；固定资产投资平均增长 21.3%以上，最高年份和最低年份增速相差 94.3 个百分点。如，1984－1985 年、1992－1995 年、2002－2004 年，其间 GDP 增长也较快，而在 1989 年、1990 年，GDP 与投资一样，增长都陷入低谷。同时，从图 1 也可以看出，投资增长波动幅度要远远超过 GDP 增长波动幅度，投资波动直接引发和决定了经济增长的波动，投资增长的大起大落是造成 GDP 增长大幅波动的主要原因。由此可见，保持适度的投资规模、稳定的增长态势，可以增强经济发展的潜力和后劲，提升和优化经济结构，是我省转变经济发展方式的最重要途径。

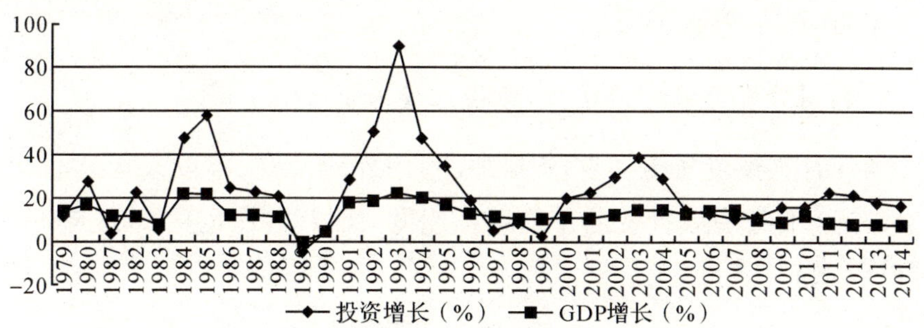

图 1　1979－2014 年浙江 GDP 和投资增长情况图(%)

(三)浙江省有效投资供给结构分析

根据浙江省投资统计制度变动实际情况，本部分采用 2003 年以来浙江省固定资产投资资金本年来源的分类数据进行固定资产投资供给结构分析。资金来源主要分为国家预算内资金、国内贷款、债券、利用外资、自筹和其他资金等六类，呈现以下变动特点。

1. 国家预算内资金显著上升

国家预算内资金从 2003 年的 79 亿元上升到 2014 年的 1048 亿元，

2004年以来年均增长率29.9%，在各类资金来源中最高。其占本年资金来源的比重逐年提高，由2003年的1.7%提高到2004年的5.4%。

2. 国内贷款总量逐年提高，但其占比总体呈现下降趋势

2003年浙江省固定资产投资本年资金来源中，国内贷款金额为1248亿元，2014年达到3615亿元，2004年以来年均增长为10.1%，远小于同时期固定资产投资年均增速17.0%的水平。从占比情况看，从2003年的27.1%下降到2014年的13.9%。表明银行等金融机构对我省固定资产投资的资金支持力度出现一定程度的弱化现象。

3. 债券融资规模有所扩大，但总量在资金来源中微乎其微

2003年浙江省有效投资资金本年来源中债券仅为2.6亿元，占比仅0.06%，2014年达到9亿元，但占比也只有0.03%。在各类固定资产投资资金来源中一直是最小的。

4. 利用外资总量增长缓慢，所占比重降低

浙江有效投资资金本年来源中，利用外资2004年以来年均仅增长2.5%，远远低于有效投资的年均增长速度。而其占比也从2003年3.6%下降到2014年的0.8%。

5. 自筹资金一直是资金供给的最主要来源，占比继续提高

从规模看，浙江省资金来源中自筹资金总额远远高于其他资金来源。2003年浙江省投资资金本年来源中自筹资金为2236亿元，到2014年达到16232亿元，2004年以来年均增长率达到19.7%。从所占比重来看，浙江自筹资金比重也基本呈现逐步提高的态势，由2003年的48.5%提高到2014年的62.5%，在投资资金本年来源中占有极其重要的地位。

6. 其他资金来源占比变动总体平稳，占据重要地位

从投资资金本年来源所占比重看，2003年以来其他资金占比基本在20%左右波动，但在2014年出现下降，为17.3%。该部分资金占比仅低于自筹资金，为浙江省有效投资增长提供了重要支持。

从目前浙江省投资资金来源看，本年资金来源均超过固定资产投资额，投资资金来源问题并不突出，但是从投资的结构看，浙江省沉淀在民间丰厚的资金为自筹资金、其他资金的获取提供了坚实的基础。目前自筹资金来源占比还在加大，银行等信贷资金支持在弱化，这表明来自金融市场的支持并不充分。

二、浙江省有效投资需求预测分析

浙江省委十三届二次全会提出实现“四个翻一番”的发展目标，即全省生产总值、人均生产总值、城镇居民人均可支配收入、农村居民人均纯收入到2020年分别比2010年翻一番。在目前固定资产投资仍然是我国经济最重要驱动力的阶段，只有保持一定的投资规模和增速才能促使我省“四翻番”的发展目标顺利实现。本部分将就有效投资适度增长的相关测算问题进行较为详细的预测分析。首先根据全省GDP历史数据，利用H-P滤波方法测算得到浙江省潜在经济产出并建立潜在经济产出的自回归方程，预测得到2015年至2020年间潜在经济产出；最后建立潜在经济产出与有效投资间的回归方程，测算出该期间的有效投资总量。

(一)浙江省经济产出的H-P滤波分解

一般说来，潜在经济产出和产出缺口是分析一国或地区经济总需求和总供给状况的重要工具。潜在经济产出是指在合理价格水平下，使用最佳技术、最低成本、最优资本及充分就业情况下的经济产出。实际产出和潜在产出的差值为产出缺口。如，产出缺口为正，表明经济发展高涨，存在通货膨胀风险；如缺口为负，表明经济发展缓慢。经济运行应使实际产出尽可能接近潜在产出。

潜在产出的测度方法主要有峰值趋势法、线性趋势法和滤波法。本文采用Hodrick-Prescott(H-P)滤波方法测算潜在经济产出(潜在GDP)。该方法能将GDP分解为趋势分量GDPT和循环分量GDPC，其中趋势分量GDPT被定义为潜在产出，循环分量GDPC被定义为绝对量的产出缺口，而其相对产出缺口如以下公式所示。

$$GAP_t = 100\frac{GDP_t - GDPT_t}{GDPT_t}.$$

利用 Eviews6.0 软件对浙江省 2003 年至 2014 年的地区生产总值进行 H-P 滤波分解,依次得到趋势分量 GDPT 和循环分量 GDPC,如图 2 所示。

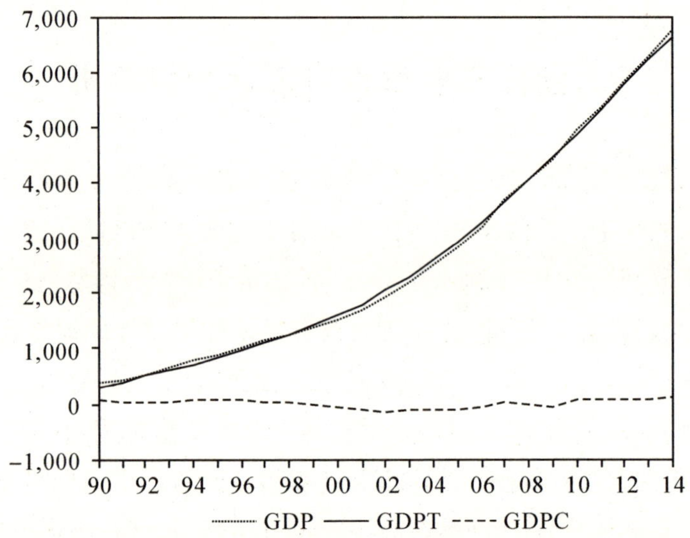

图 2　1990 年以来浙江地区生产总值 H-P 滤波分解情况图(单位:亿元)

然后利用上述公式计算得出该时期全省的相对产出缺口 GAP,如图 3 所示。图 1 可知,自 1990 年以来,浙江的潜在产出 GDPT 和实际产出 GDP 的变化趋势基本一致,都呈逐年增长趋势。而图 2 相对产出缺口序列 GAP 显示,自 1990 年至 1998 年浙江的实际产出高于潜在产出,出现了正产出缺口,表明这段时间存在较为显著的产能过剩,原因在于这段时期投资增长迅速,导致供给的增长速度超过了需求增长速度。这种正的产出缺口持续到 1998 年,由于受亚洲金融危机的影响导致实际产出迅速减少,转变为负产出缺口,此次负产出缺口持续了近十年。2007 年后基本为正产出缺口,说明现阶段浙江的生产能力存在一定程度的过剩现象。因此,如果依据实际 GDP 对固定资产投资需求进行预测,可能会出现高估的情况。基于此,本文采用潜在经济产出对未来的固定资产投资需求进行预测。

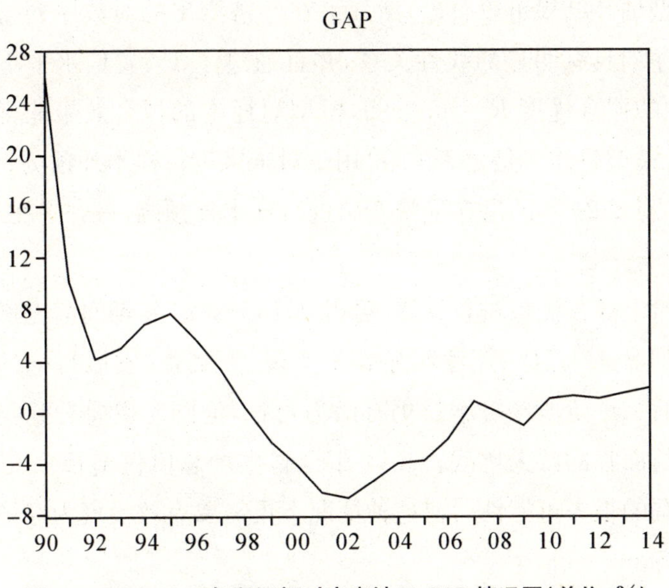

图3　1990—2014年浙江相对产出缺口GAP情况图(单位:%)

(二)浙江省潜在经济产出预测

为了准确地预测出浙江省未来的固定资产投资需求,首先需要预测未来潜在经济产出的情况。在这一节中,利用HP滤波方法得到的潜在经济产出序列(GDPT)预测2015年到2020年浙江省潜在经济产出值。经过对数据序列的反复研究和试验,选择潜在产出序列的对数序列建立二阶自回归模型较为适宜,进而对浙江省的潜在产出进行预测。二阶自回归基本模型如下述公式所示。

$$LGDPT_t=\beta_0+\beta_1 LGDPT_{t-1}+\beta_2 LGDPT_{t-2}+\mu_t \quad t=1,2\cdots\cdots T$$

其中,自变量$LGDPT_{t-1}$和$LGDPT_{t-2}$分别为因变量$LGDPT_t$的一阶滞后变量和二阶滞后变量。T表示观测时期总数,μ_t为随机扰动项。利用Eviews6.0软件得到如下预测模型。

$$LGDPT_t=1.772775LGDPT_{t-1}-0.770121\mathrm{LGDPT}_{t-2}$$

s.e=(0.024808)　　　(0.025227)

t=(71.45957)　　　(−30.52782)

P值=(0.0000)　　　(0.0000)

从模型估计结果可以看出，浙江潜在经济产出的对数序列与其一阶和二阶滞后序列具有明显的线性关系，并且通过了1%置信水平下的显著性检验，模型的拟合优度 $R^2=0.9999$，模型对样本的拟合效果非常理想。各参数表明，模型整体上是显著的，可用于对未来进行样本外预测。因此可以对2015年到2020年的潜在经济产出进行样本外预测，得到潜在GDP的预测值。

通过对上述预测值进行计算，可得2015—2020年期间潜在产出年均增长可以达到8.9%，这一速度明显高于实现“四翻番”发展目标的需要。表明浙江今后一个阶段经济增长仍有潜力可挖，但同时也要看到实现经济平稳较快增长面临的巨大挑战。2014年全省生产总值仅增长7.6%，仍然面临继续下调的很大可能性。在这种情况下更需要有效投资为经济增长提供更大的支持。

（三）浙江省固定资产投资需求预测结果

根据预测得到的浙江省潜在产出（GDP）和有效投资之间存在某种数量关系的实际情况，利用Eviews6.0软件经过反复试验和分析，建立如下回归方程，利用潜在经济产出预测值对未来浙江省有效投资需求进行预测。

$$LTZ_t=0.271283LGDPT_t+0.767336LTZ_{t-1}$$

$$s.e=(0.048315) \qquad (0.045606)$$

$$t=(5.614918) \qquad (16.82538)$$

$$P\text{值}=(0.0000) \qquad (0.0000)$$

其中 LTZ_t、LTZ_{t-1} 分别表示有效投资当期和滞后一期的数序列。模型运行的结果显示，模型的拟合优度 $R^2=0.993716$，并且通过了1%置信水平下的显著性检验，对数回归模型的设定基本正确，各项拟合指标均比较显著，满足计量经济学建模的基本要求。

通过上述模型，我们可以计算得到2015—2020年各年有效投资的预测值，同时根据前5年平均固定资产投资价格指数对上述测算数据进行调整，得到更加符合实际的2015—2020年期间各年投资预测值，并测算得到6年年均增长为11.8%。也就是说，为了实现“四翻番”的既定发展目标，全省有效投资要保持一定的规模和速度，年均增长11.8%左右是必要的。

表1 浙江2015—2020年固定资产投资规模和增长情况测算表

指标	2015年	2016年	2017年	2018年	2019年	2020年	2015—2020年
投资总量（亿元）	27499	30131	33235	36866	41122	46101	214954
增长（%）	11.8	16.7	9.6	10.3	10.9	11.5	12.1

三、浙江省有效投资供给预测分析

本部分基于2003年以来浙江省投资资金来源各渠道的历史数据，利用指数平滑方法对2015年到2020年浙江省固定资产投资资金供给分来源渠道进行预测，进而进行分析研究。

（一）浙江省有效投资供给预测方法

按照浙江省固定资产投资资金来源情况，分别对国家预算内资金、国内贷款、债券、利用外资、自筹资金、其他资金等六个渠道采用指数平滑方法进行预测，六部分资金预测值加总即可以得到2015—2020年间投资资金供给的预测值。指数平滑是可调整预测的方法，当只有少数观测值时这种方法在诸多预测方法中为最有效。本节选取Holt-Winters无季节性指数平滑模型，时间序列数据y_1平滑后的序列$\hat{y}$由下式给出：$\hat{y}_1+k=a_t+b_tk$。其中a_t表示截距，b_t表示斜率，$\kappa>0$表示趋势。a_t和b_t这两个参数由如下递归式定义：

$$a_t=a\cdot y_t+(1-a)\cdot(a_{t-1}+b_{t-1})$$

$$b_t=\beta\cdot(a_t-a_{t-1})+(1-\beta)\cdot b_{t-1}$$

其中a、β在0—1之间，称为阻尼因子。预测值计算如下：

$y_{t+k}=a_T+b_Tk$

这些预测值具有线性趋势，截距为 a_1，斜率为 b_1，T 是估计样本的期末值。与使用固定系数的回归预测模型不同，回归预测模型使用过去的预测误差进行调整，而指数平滑法根据阻尼因子进行调整。考虑固定资产投资供给的影响因素，反复设定阻尼因子 a，β 值进行预测，以使得指数平滑法的预测结果尽可能拟合历史数据。

(二)浙江省有效投资供给预测

选用上述指数平滑模型分别对国家预算内投资、国内贷款、债券、利用外资、自筹资金、其他资金等的时间序列利用 Eviews6.0 建立相应的指数平滑模型，经反复试验，模型预测的系数见表 2。

表 2　浙江有效投资各资金来源情况预测模型系数情况表

评价指标	国家预算内资金	国内贷款	债券	利用外资	自筹资金	其他资金
α	1.00	1	0.00	1.00	1.00	0.16
β	0.59	0.45	0.00	0.00	1.00	0.05
残差平方和	68852.49	180289.4	296.1173	33532	1210416	2031177
均方根误差	75.74766	122.5729	4.967539	52.86145	317.5972	411.418

由于债券融资规模极小，历史数据波动很大，导致预测效果一般。其余五类资金来源模型拟合效果都比较好，由此得出的预测值具有一定的理论和现实意义。应用预测模型可以运算得到浙江省 2015 年至 2020 年固定资产投资分来源渠道的预测值如表 3 所示。

表3　2014—2020年浙江省固定资产投资资金来源情况预测表

指标 年份	国家预算内资金(亿元)	国内贷款(亿元)	债券(亿元)	利用外资(亿元)	自筹资金(亿元)	其他资金(亿元)	合计(亿元)
2015	1635	3968	12	229	18736	5157	29736
2016	1861	4321	13	242	21240	5529	33206
2017	2088	4673	13	255	23744	5901	36675
2018	2315	5026	14	268	26248	6273	40144
2019	2541	5379	15	281	28752	6645	43614
2020	2768	5732	16	294	31256	7017	47083
2015—2020	13208	29099	83	1569	149976	36523	230458

(三)浙江省有效投资资金来源预测结果分析

2015—2020年，浙江省有效投资供给总计230458亿元，年均增长10.1%，远低于"十二五"前四年浙江省固定资产投资的年均增长率19.8%，也低于同时期固定资产投资的需求增长。六年间，国家预算内投资、国内贷款、债券、利用外资、自筹资金、其他资金等资金来源规模均呈现不断扩大的发展态势，供给合计分别达到13208亿元、29099亿元、83亿元、1569亿元、149976亿元和36523亿元。

表4　2014—2020年浙江省有效投资资金供给来源占比情况表

指标 年份	国家预算内资金(%)	国内贷款(%)	债券(%)	利用外资(%)	自筹资金(%)	其他资金(%)	合计(%)
2015	5.50	13.34	0.04	0.77	63.01	17.34	100
2016	5.61	13.01	0.04	0.73	63.97	16.65	100
2017	5.69	12.74	0.04	0.70	64.74	16.09	100
2018	5.77	12.52	0.04	0.67	65.38	15.63	100
2019	5.83	12.33	0.03	0.64	65.92	15.24	100
2020	5.88	12.17	0.03	0.62	66.39	14.90	100

但是从各个组成部分占比情况看，自筹资金仍然是我省投资资金供给

的最主要渠道，并且继续处于扩大的趋势，到了 2020 年这部分资金占比更是高达 66.4%；来源于金融体系的资金主要还是国内贷款，继续延续以前年度逐步下降的局面，债券融资也没有得到较好的发展，占比仍然极小；其他资金来源也出现一定程度的下降；而利用外资虽然降低，但幅度很小；而来自政府的投资资金国家预算内资金占比则继续呈现小幅提高。

四、研究结论及存在的问题分析

本部分对实证研究结果做进一步的分析，来揭示今后一段时期有效投资需求与供给的变动趋势及存在的一些问题，以便为浙江省有效投资平稳适度增长服务。

(一)浙江省有效投资需求和供给预测结果对比分析

在国际和国内经济社会发展环境没有重大改变的情况下，对历史数据以及 2015 年以后的预测数据结合起来进行分析可以看出，总的说来，浙江固定资产投资的供给基本大于需求，即没有出现所谓的“资金缺口”问题。但是在 2003 年到 2014 年期间，固定资产投资供给与需求的平均比例为 114.3%，但预测期间(2015－2020 年)投资供给与需求的平均比例只有 107.6%。根据经济发展目标的，要求 2015—2020 年这一阶段，有效投资需求的预测值年均增长 11.8%，而资金供给预测值年均增长 10.1%，供给落后于需求增长。同时从 2015 年后的预测数据看，投资供给与需求的比例整体下降态势比较明显，到了 2020 年，这一比例仅为 102.1%。这表明，未来一段时期浙江省投资资金来源将面临比较大的压力，充分挖掘各方面的资金来源是做好浙江省有效投资工作的重要手段。另外，从 2010 年以来各资金来源占比的变动情况看，各部分基本都呈现同样的变动特征，一直延续到 2020 年。

表 5　2003—2020 年浙江有效投资供需对比情况表

年份＼指标	固定资产投资(亿元)	增长(%)	本年资金来源(亿元)	增长(%)	投资供给与需求的比例(%)
2003	4180		4611		110.3
2004	5384	28.8	6131	33.0	113.9
2005	6138	14.0	6634	8.2	108.1
2006	6964	13.5	7820	17.9	112.3
2007	7705	10.6	9095	16.3	118.0
2008	8551	11.0	9667	6.3	113.1
2009	9906	15.8	12266	26.9	123.8
2010	11452	15.6	14062	14.6	122.8
2011	14077	22.9	16008	13.8	113.7
2012	17096	21.4	18695	16.8	109.4
2013	20194	18.1	23393	25.1	115.8
2014	23555	16.6	25977	11.0	110.3
2015	27499	16.7	29736	14.5	108.1
2016	30131	9.6	33206	11.7	110.2
2017	33235	10.3	36675	10.4	110.4
2018	36866	10.9	40144	9.5	108.9
2019	41122	11.5	43614	8.6	106.1
2020	46101	12.1	47083	8.0	102.1

(二)浙江省有效投资需求有适度降低增速内在要求

第二部分实证研究结论表明，今后一段时间，浙江省有效投资增速预测值较前些年出现明显回落。经分析，这种回落和当前中国经济发展的时代背景相吻合，也和浙江省经济发展的阶段特征相适应，符合产业结构调整和经济发展方式转变的内在需求。在当前阶段，浙江省有效投资发展面临越来越多的问题，比如近几年浙江省投资效率的明显下降问题，投资结构调整进展缓慢，等等。在浙江经济发展进入新常态形势下的现在，中国经济面临的现实和相关模型的预测均表明，浙江经济增长稳中趋缓不可避免，这就更需要有效投资在保持适度增长的情况下，重点关注投资结构的调整和投资效率的提高。

（三）浙江省有效投资的供给趋缓，投资资金来源结构有待调整

从2015年以后几年浙江省有效投资本年资金来源情况看，增速逐步下降，尤其是2018年以后有效投资供给与需求的比值明显下降，表明投资的资金紧张状况愈加明显。各部分占比的变化也预示着未来浙江省投资资金来源面临的不确定性加大，投资资金来源结构有待调整。占比超过六成的自筹资金不断上升，其他资金来源呈现继续下降，二者合计占比仍在不断上升，2020年将达到81.3%。这部分资金主要来自企业自身，容易受到社会经济重大变化的影响；尽管利用外资规模逐步增大，但是占比还在降低，外资资金对于浙江省投资结构的优化，经济转型升级具有重要意义；随着我国金融市场的逐步完善，多层次资本市场的逐步建立，浙江省投资资金来源中主要来自金融市场的资金还没有完全得到释放，国内贷款占比仍然呈现下降态势，债券的规模仍然极小。如何更好地利用金融体系庞大的资金规模更好地为浙江省有效投资服务，成为今后必须要解决的课题；随着浙江省民生工程、生态环境保护等项目的加快，来自国家预算内资金的力度不断加大，占比稳步上升，其为改善人民生活条件做出了重要贡献。

五、促进浙江省有效投资发展的对策建议

（一）保持有效投资适度增长，促进投资结构优化调整

1. 实现“四翻番”经济发展目标，必须确保投资适度增长

近几年，浙江省经济发展面临前所未有的压力。从国际环境看，世界经

济增长的不确定性加大，复苏漫长曲折，外需不足是制约以外向型经济为主的浙江省经济发展的关键因素。同时，由于竞争激烈，国内需求也很难替代出口不足。同时相关实证研究也表明，目前投资在浙江经济增长各要素中仍然占据最重要的地位，是地区经济增长的主要引擎。也就是说，短期内浙江投资型经济的特征不会改变，尤其是在经济困难阶段，投资更是充当经济发展的第一重任。本文实证研究结论表明，未来几年浙江省有效投资年均增速必须要保持在10.9%以上的水平，才能更好地促使省委“四翻番”经济发展目标的顺利实现。

2. 切实转变投资结构，提高投资效率

从目前浙江经济发展所处的历史阶段看，仅仅依靠投资的数量已经不能实现浙江经济更好地发展。当务之急浙江经济要实现发展方式转变，关键在于不断提高投资效率和投资结构的不断优化发展。今后投资的重点工作应该是进一步优化调整投资结构，限制高能耗、高物耗、污染重行业投资的过快增长，重点支持装备制造业、高新技术行业、战略性新兴产业等行业投资的发展。坚决制止盲目投资和低水平重复建设，努力提高投资效率，实现经济的转型升级。

(二)切实增加有效投资供给，不断优化资金来源结构

从上面部分的分析可以看出，未来几年浙江省有效投资资金来源面临的压力不断增大，需要采取多种途径积极挖掘有效投资资金来源各渠道的供给能力。通过市场建设、制度建设、信用建设，挖掘各渠道资金供给潜力，保证资金的顺畅有效流动，以满足经济发展对有效投资资金的需求，保证有效投资的适度增长，推动未来经济发展目标的顺利完成。

1. 继续深化金融体系改革，为有效投资提供更多的金融支持

从国内贷款看，目前在投资资金来源中的占比呈现不断降低的趋势。今后相关部门要继续深化金融体系，尤其是银行体系改革，简化融资程序，为各类企业尤其是民营企业开展项目投资提供更大的资金支持。从债券这一企业直接融资模式看，用于项目投资的比例还极低，发展空间还非常大，

以后要建立多元化的资本市场融资机制。鼓励企业运用发行债券和股票等多种手段进行直接融资，同时尝试建立符合浙江省实际的多层次资本市场体系，为企业提供以发行企业债为主的多种融资形式。

2. 进一步发挥国家预算内资金的带动和导向作用，促进民间资本的有序投资

国家预算内资金源于财政资金，财政资金是固定资产投资的重要资金来源渠道之一，可以对市场上的资金配置起重要的引导和示范作用。浙江省有效投资资金需求巨大，单靠政府财政投入无疑是杯水车薪。同时，浙江是民间资本大省，民间有大量的资本存量。今后要重点、充分地利用财政投资加强对民间投资的带动和引导，促进民间投资的有序发展。在当前转型升级的关键阶段，可以通过科技创新资金的投入，带动相应民间投资的跟进。通过财政扶持力度的不断加强，引导民营企业加快融入新兴产业发展。

3. 保持自筹及其他资金供给平稳发展，适度降低自筹资金占比

目前，浙江省自筹资金和其他资金来源占比已经达到 80%，其中最大部分为企业自有资金。这部分资金和市场经济的关联更加紧密，尤其是对于民营企业而言更是如此。鉴于这部分资金占比已经过高，为了优化有效投资资金供给结构，这两种渠道的融资不宜再做过度挖掘，即使保持自然的增速，这部分的融资规模已经足够大。但是其中的自筹资金占比，可以适度降低其供给比例，便于资金来源结构的优化调整。

4. 保持一定的外商投资比例，发挥其对产业转型升级的带动作用

利用外资是筹集固定资产投资资金的重要渠道，然而近年来浙江省利用外资占全部资金来源已经不足 1%，占比很低。因此，在未来的经济发展中，浙江省应积极利用国外市场，吸引外资进入，充分挖掘利用外资的潜力。政府在引入投资方面，不应仅仅采取靠优惠政策、补贴等让步的方式吸引资金，更应从改善投资环境、提高资金的主动进入方面下功夫。通过改善硬环境、提升软环境，才能吸引一些代表国际先进生产力的重大投资项目向浙江聚集，充分发挥外资对产业转型升级的带动作用。

课题组负责人:竺　园
课题组成员:黄则钏　季　南
沙培锋　杨士鹏
执　笔　人:杨士鹏

［参考文献］

[1] 浙江省统计局. 浙江省统计年鉴 2014 年[M]. 北京:中国统计出版社,2014.
[2] 爱德华. 经济发展中的金融深化[M]. 上海:上海三联书店,1998.
[3] [美]古扎拉蒂. 计量经济学[M]. 北京:中国人民大学出版社,2002.
[4] 孙敬水. 计量经济学[M]. 北京:清华大学出版社,2004.
[5] 易丹辉. 数据分析与 EVIEWS 应用[M]. 北京:中国统计出版社,2008.
[6] 王军,杨旭鹍. 投资的需求效应和供给效应分析[J]. 财经科学. 2001(4):8—11.
[7] 李诗源. 青海省固定资产投资供求预测与平衡设计[J]. 北方经贸. 2011(8):49—50.
[8] 施祖辉,邓刚,陈宇剑. 上海"十五"期间固定资产投资预测研究[J]. 财经研究,2001(1):37—45.
[9] 应雄. 民间投资:浙江经济率先回升的关键[J]. 浙江经济,2009(12):10—13.
[10] 石美娟. ARIMA 模型在上海市全社会固定资产投资预测中的应用[J]. 数理统计与管理,2005(1):69—74.

居民收入增长与经济发展同步的机制研究及统计测度

一、引　言

改革开放以来，我国经济连续三十多年保持快速增长，人民生活水平显著提高，生活条件得到极大改善。但值得注意的是，在经济高速增长的这段时期，绝大多数年份的居民收入增长速度慢于经济增长速度，两者的累积差距不断扩大。居民收入增长步伐跟不上经济发展的速度，这不仅影响居民消费水平，导致消费与投资的不平衡，而且容易引发各种社会矛盾，不利于社会的和谐与稳定，更不利于经济与社会的可持续发展。为此，党的十八大和十八届三中全会均重点提出在经济发展平衡性、协调性、可持续性明显增强的基础上，提高居民收入在国民收入分配中的比重及劳动报酬在初次分配中的比重，努力实现居民收入增长和经济发展同步、劳动报酬增长和劳动生产率提高同步。这一提法意味着我国在建设社会主义市场经济和富强国家的同时，也着力使居民的生活水平得到普遍提高，共享经济发展成果。因此，对居民收入增长与经济发展的同步进行深入探究，使这一设想真正落到实处，对我国实现全面小康社会的宏伟目标具有重大的历史意义。

然而，当前我们对居民增长与经济发展同步的认识还比较模糊，有很多问题还有待进一步理清。比如，居民收入增长与经济发展如何测度最为适宜？同步包括哪些情形以及如何测定？实现同步的保障机制有哪些？我国是否具备这些保障机制？如何改革体制和制度来实现两者的同步？只有上述理论明晰了，据此制定的政策才更有效。特别地，此处同步增长并不能简单理解为居民收入与经济发展的增速相等。诚然，强调同步很大程度上是由于长期以来我国居民收入增长落后于经济发展，但是在如今的新常态下，转方式和调结构使得经济增速放缓，而扩大内需和一系列惠民工程使得居民收入稳步增长，从而居民收入增速具有超过经济增速的有利条件，实际上2014年城乡居民人均收入的增速就高于GDP增速。因此，多维度、多视角来界定居民收入增长与经济发展同步的内涵和标准，提出适宜的测度方法，深入探究居民收入增长与经济发展同步的保障机制及实现路径具有重大的理论价值和现实意义。

二、居民收入增长与经济发展同步的机制保障

(一)经济发展影响居民收入增长的作用机制

持续稳定的经济发展，不仅能为提高居民收入奠定坚实的物质基础，而且经济发展和经济结构的优化升级还通过增加劳动就业、产业结构调整升级、技术进步和人力资本提升、转移支付力度加大、分配制度改善等方式，促进居民收入增长，具体的传导路径如图1所示。

第一，经济发展通过扩大就业效应增加劳动力的需求，从而增加居民收入。经济发展是扩大就业的原动力，其速度和规模决定了劳动力的需求水平及素质水平。一般情况下，经济发展表现为行业的繁荣和兴旺，从而带动就业，并进一步增加居民收入。

第二，经济发展促进产业结构调整升级，改善收入分配结构。经济发展要求产业结构演进升级，而产业结构高度化演进会引起国民收入递增效应和就业结构转换效应，成为经济增长改善收入分配状况的重要条件。

第三，经济发展通过收入分配政策改善和转移支付，提高居民的收入水平。随着经济的快速发展，政府通过税收取得了强大的财力支持，运用转移支付手段可以改善低收入人群的经济状况时，经济稳定发展需要促成合理

的收入分配政策，使社会的每个成员都能分享到经济发展的成果，实现效率与平等、发展与分配的有机统一。

第四，经济发展通过教育和人力资本提升使居民获得更好的就业机会，从而增加收入。随着国家经济的大力发展，国家财力不断增加，教育、医疗、卫生等公共服务支出不断扩大，居民获得教育和提升自身素质的机会大大增加，通过个人人力资本素质的提升，获得更好的就业机会，进而间接改善收入水平。

第五，经济发展通过技术进步提高劳动者的生产效率，促进居民收入增加。技术进步通过合理利用资源、创造新产业、提高生产效率等渠道，提高技术劳动者的收入水平。

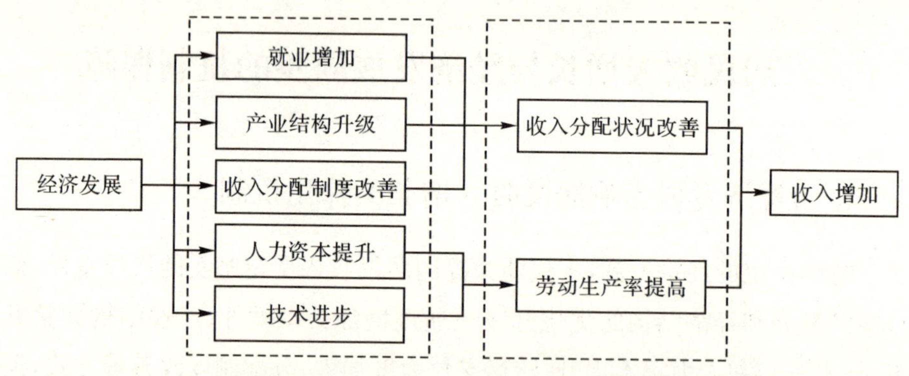

图1　经济发展对收入增加的传导路径图

(二)居民收入增长对经济发展的传导机制

随着经济的不断增长和国内国际发展环境的不断变化，我国经济发展主要依靠投资和出口规模正向增长的作用机制逐渐消失，未来经济的可持续发展正逐渐转向居民收入增长引领下的内需增长型模式。居民收入增长通过扩大消费、投资和社会稳定环境等渠道对经济发展产生深刻影响，具体传导路径见图2。

第一，居民收入增长，一方面通过边际消费倾向增加消费需求，另一方面储蓄增加后，投资需求的意愿也增加，包括通过增加教育投资提升人力资本存量和质量，促进经济发展。

第二,居民工资性收入是劳动力供求平衡时的价格,居民工资性收入变化引起劳动力结构的调整效应,从而影响产业结构调整升级,促进经济发展。

第三,居民收入增长势必提高出口商品的劳动力成本,降低外贸依存度,促进经济增长转向内需引领型增长模式。我国出口之所以能高速增长,其中一个重要的因素就是国内劳动力成本低廉的资源禀赋优势,如果提高劳动力报酬,势必增加出口成本降低商品的国际竞争力,造成出口的下滑,从而可以降低对外贸易依存度,培育国内需求的经济增长模式。

第四,居民收入增长通过社会保障和社会公平,促进经济稳定增长。一个社会中,合理的收入分配格局和稳定的居民收入增长,是关系社会和谐稳定的重大全局性问题,更是我国经济能否继续稳健前行的基石。

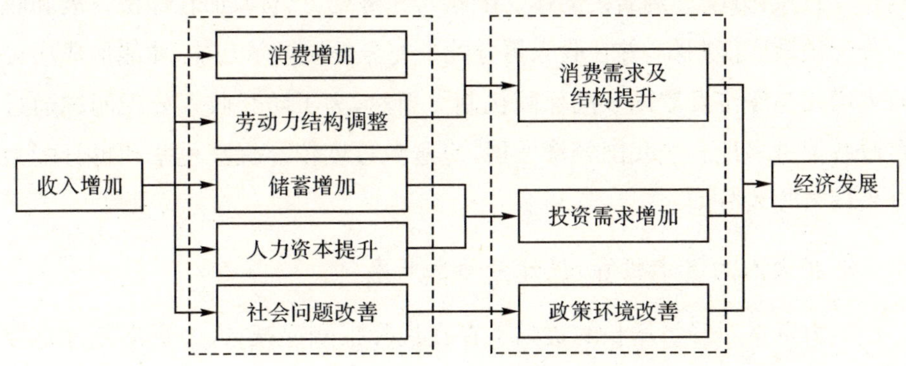

图 2　收入增长对经济发展的传导路径图

(三)居民收入增长与经济发展同步的保障机制

居民收入增长与经济发展的互动机理表明,经济的健康快速发展有利于增加居民收入,而居民收入水平的快速提高和收入分配的不断改善能促进经济的良性发展。要实现居民收入增长与经济发展同步,还需理顺二者同步的保障机制。

1. 充分发挥市场机制作用,提高经济运行效率

经济发展和创造财富无疑是分配的前提,而真正的财富创造源自市场,竞争权利的充分保障以及竞争格局的普遍形成是构成市场机制基础地位的

核心。经济发展的要素投入组合是市场竞争的结果，体现的是效率原则，过度干预对于市场效率会造成较大负面影响。目前，劳动作为经济发展的最基本生产要素，在分配中居于相对弱势地位，给经济发展和收入分配领域带来许多问题。只有政府在经济发展和初次分配的市场机制中充分放权，引入市场经济的竞争机制，着力消除非市场因素对经济发展和收入分配的负面影响，才能在缓解收入分配问题的同时提升市场经济运行效率。

2. 适度发挥财政政策的调节作用，纠正市场失灵

政府的财税政策会通过影响消费和投资决策来影响经济增长，而且税收和转移支付政策会通过对市场分配机制的干预影响居民的初次分配收入，并通过再分配影响居民的可支配收入。可见，只有政府在经济发展和收入分配领域职能归位，并在收入再分配中充分发展调节功能，才能形成居民收入增长与经济发展同步的保障机制。当然，为了防止收入分配问题通过财政政策过多地影响我国经济发展，应避免过度依靠提高税率和再分配力度来调节收入分配。

3. 扩大人力资本投资，提升劳动生产率

人力资本对经济增长的贡献不存在边际报酬递减，人力资本差异是导致各国经济发展水平非收敛的重要原因。收入更为均等的国家，个人进行人力资本投资的能力更强，这有利于经济增长。(Galor & Zeira，1993)人力资本也是居民收入增长的重要促进机制，而且 Benabou(1996)发现人力资本的这一传导机制还具有代际特征，个体之间的财富差异直接表现在后代所获得的教育水平上，进而可能产生贫困的代际转移。为防止居民收入增长和经济发展通过人力资本中介的传导机理产生负面影响，政府应在经济发展的同时关注国民教育的发展，促进教育公平，大力提升人力资本对经济发展和居民收入增长的驱动效应。

4. 完善社会保障体系，构建和谐稳定的社会环境

完善的社会保障体系和稳定的社会环境有利于经济增长，贫困和收入差距过大会让部分民众丧失公平感，对社会和政治的不满程度上升，表现为

犯罪率上升、社会骚乱和罢工事件增加等，进而对经济增长产生负面影响。同时，社会保障体系的不完善也使人们对未来预期充满不确定性，导致消费不足和储蓄率过高。加快完善社会保障体系和解决教育、医疗卫生、住房等领域的突出问题，可增加民众对于市场风险的抵抗能力，减轻居民的后顾之忧，释放消费能力，促进经济增长。

三、居民收入增长与经济发展同步的内涵及测度方法

（一）居民收入增长与经济发展同步的内涵

"同步"通常指的是几个随时间变化的量在变化过程中保持协调、一致的相对关系。目前，国内学者对"同步"内涵理解尚有争论，其中最主流的观点为"速度论"，强调居民收入与 GDP 的增长速度应同步。速度固然重要，但由于当前我国经济总体正步入增长率放缓和结构调整的"新常态"阶段，绝不能简单地将"同步增长"理解为居民收入与 GDP 绝对增速的同步，而应该更加重视质量和结构，将"同步增长"解读为"协调发展"，即居民通过参与经济活动或其他间接途径所获得的收入与经济发展水平在数量和质量上处于一种相互依存、良性循环、共同发展的状态和过程。处于这种状态下的经济发展能促进居民收入的稳定增长，同时居民收入增长也有助于经济的可持续增长和社会的公平稳定。为此，需要从宏观与微观、总量与结构、过程与结果等多维度、多视角来界定居民收入增长与经济发展同步的内涵及判断标准。

首先，按照科学发展观的要求，现在的关注点正在从经济总量和速度扩张逐步转变到经济结构合理、产业结构优化、资源节约、环境友好及社会福利增加等更多质量问题。因此，界定"居民收入增长与经济发展同步"的内涵，应考虑经济发展的特点，从总量与结构、速度与效率、增长与协调等角度进行综合分析。

其次，"同步"应充分体现经济发展带来的居民生活质量的改善。界定

居民收入增长与经济发展同步，需要在动态中分析居民实际收入增长与实际经济增长、职工平均工资增长和劳动生产率增长、收入差距缩小与社会福利水平提高等体现质量方面的同步。

第三，鉴于我国居民收入具有不同的统计口径和统计层次，在界定两者同步的内涵时应考虑统计口径的一致性和多样化，可以分别从城镇居民、农村居民及城乡一体化三方面进行考量。

（二）居民收入增长与经济发展同步的统计测度方法

1. 居民收入与经济发展的增长速度分析

增长速度可从总量指标增长速度、人均指标增长速度及结构指标增长速度等视角分别进行测度。其中，总量指标主要包括居民初次分配总收入、可支配总收入、GDP、居民货币收入与国民总收入等，可以从实际数值及名义数值两方面进行分析；人均指标主要有人均收入、城镇居民人均可支配收入、农村居民人均纯收入、人均 GDP、职工平均工资和劳动生产率等指标；结构指标主要为劳动报酬在国内生产总值中所占的份额和居民可支配收入占国民可支配收入的比重。此外，人均收入没有顾及收入差距对社会福利的不利影响，人均 GDP 也没有考虑到经济结构优化以及经济增长对环境的负面影响等，因而需要构造居民收入综合指数和经济发展综合指数，并分析两者之间的一致性。

2. 居民收入与经济发展的回归分析

对于居民收入和经济发展，我们还可以选择相对独立的、有代表性的指标构建回归模型，用以反映两者之间存在较为稳定的关联性或协同变动规律，通过对这些指标的长期均衡关系进行分析，可大致判定居民收入与经济发展的同步程度。

3. 居民收入与经济的协调发展性测度

“协调”体现的是子系统之间的相互关联，“发展”则更强调子系统各自的演化进展。根据范柏乃等(2013)对协调发展的阐述，居民收入与经济之间的协调发展类型可见于图3所示。图3中，横、纵轴分别代表经济发展和居民收入增长两个子系统，该坐标系的45°线视为二者协调发展的理想状态线。其中A点表示经济发展和居民收入增长两个子系统呈现出完全协调状态但发展水平较低，属于低效协调；B点的经济发展水平远高于收入增长水平，此时收入增长滞后于经济发展，二者处于失调状态；C点的经济发展与收入增长都处于较高发展水平，且处于完全协调，此时的状态是二者协调发展的理想状态；D点的收入增长水平高于经济发展水平，二者也处于不协调状态。图3同时表明，随着经济的不断发展，居民收入水平也应不断提高，发展也是二者"协调发展"的重要内容之一，脱离了发展尤其是综合发展观的协调并不可取，低层次的协调只能是不思进取。

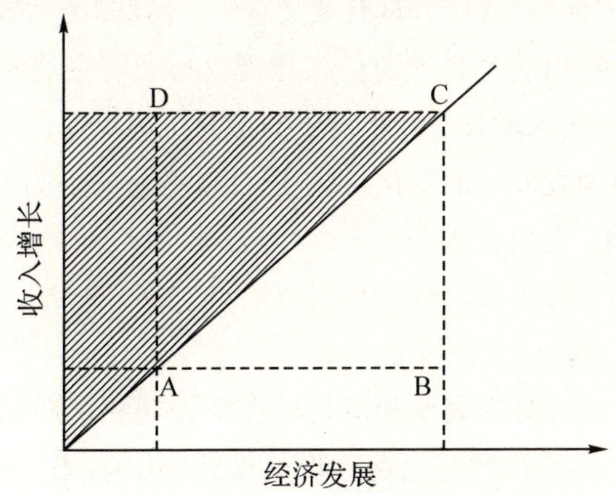

图3　经济发展与收入增长协调发展的类型图

由于基尼系数G具有一系列优点，如$0 \leqslant G \leqslant 1$，满足庇古一道尔顿转移性公理和众数转移敏感性公理等[①]，因此利用基尼系数刻画不同系统之间的发展差异非常合适。假设n个系统分别为$X_1, X_2, \cdots, X_n$，权重分别为a_1，

① 庇古一道尔顿转移(Pigou-Dalton Transfer)公理指的是在不改变收入排序的情况下，收入较高者转移部分收入给较低者后，收入不平等将降低；相反，从收入较低者向收入较高者的收入转移将加剧不平等。在转出者和接受者的收入间距一定的情形下，两者越处于众数附近，收入不平等变化的幅度越大，此即众数转移敏感性公理。要说明的是，庇古一道尔顿转移公理是测度收入不平等的基石，任何违背这一公理的测度指标都应被摒弃。

$a_2,\cdots,a_n$,则 n 个系统发展差异的基尼系数为 $G=\frac{\sum\sum\alpha_i\alpha_j\,|f(X_i)-f(X_j)|}{2\sum\alpha_i f(X_i)}$,从而系统协调度为:

$$C=1-G=1-\frac{\sum\sum\alpha_i\alpha_j\,|f(X_i)-f(X_j)|}{2\sum\alpha_i f(X_i)} \tag{1}$$

由于发展度为所有系统的加权平均,即为:

$$D=\sum\alpha_i f(X_i) \tag{2}$$

因此多个系统协调发展度的指标为:

$$\Delta S=D_1C_1-D_0C_0=(D_1-D_0)C_0+(C_1-C_0)D_0+(D_1-D_0)(C_1-C_0) \tag{3}$$

协调发展度越大表示协调发展的程度越高。改进后的测度方法在兼顾协调、发展两个方面的基础上,具有意义直观、计算简便和刻画准确等优点。如果我们分别计算出居民收入增长综合指数与经济发展综合指数,就能按照式(3)测度居民收入增长与经济发展的综合协调程度。

对于两期协调发展度的变化,我们还可以将它分解为发展度 D 和协调度 C 各自的影响。分解公式为:

$$\Delta S=D_1C_1-D_0C_0=(D_1-D_0)C_0+(C_1-C_0)D_0+(D_1-D_0)(C_1-C_0) \tag{4}$$

其中下标 1 和 0 分别表示相应指标在报告期和基期的数值。式(4)右边第一项表示发展度 D 的变化对协调发展度的影响,第二项为协调度 C 的变化对协调发展度的影响,第三项为 D 和 C 的共同变化对协调发展度的影响,将这三项分别除以 ΔS 即为三者对协调发展度变化的贡献率。

四、我国居民收入增长与经济发展同步的实证分析

(一)居民收入增长与经济发展的速度比较

1. 总量指标增长速度比较

(1)居民总收入增长率与 GDP 增长率的对比。改革开放以来,我国经

济快速增长的同时居民总收入相应增加，但呈现出一定的同向异步特征。从图 4 可知，大部分年份的名义 GDP 增速大于初次分配收入增速和可支配总收入的增速。其中，2000 年由于企事业单位职工工资改革等原因，居民收入增长率比 GDP 增长率高出一定幅度。当然，名义收入和名义 GDP 反映的是当期价格计算的货币收入和生产量，实际收入和实际 GDP 才能反映居民的购买力和经济增长的实际量。在 1979—2013 年的 35 年里，除了 1998 年、1999 年和 2009 年三年之外，其他年份城镇居民人均收入和农村居民人均纯收入的实际增幅要明显低于名义增幅，但价格平减后的实际人均收入与实际人均 GDP 增速的差距与名义差距基本一致。

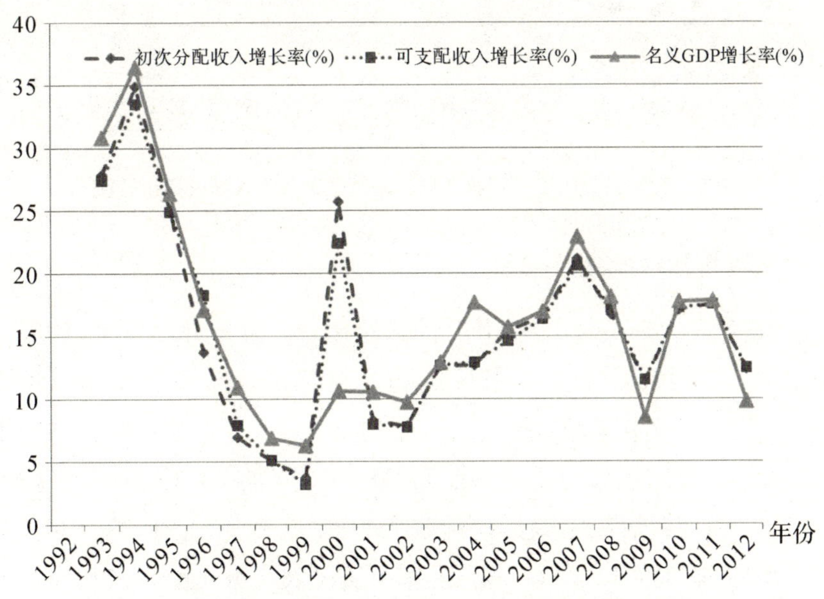

图 4　居民收入增长率与名义 GDP 增长率比较图

(2)城镇职工工资收入增长率与国民总收入增长率的对比。我国城镇职工工资总额与国民总收入(GNI)的增长情况如图 5 所示。不难看出，2000 年以前城镇职工工资总额增长慢于 GDP 增长；但进入 21 世纪直至 2008 年，我国城镇职工工资与国民总收入的增长率趋势大体一致，呈现出一定的趋同性，其中二者皆因 1997 年的亚洲经济危机和 2008 年的金融危机而出现下降趋势。但在 2010 年以后，二者的变动趋势有所不同，城镇职工工资增长率呈现出曲折上升的情况，国民总收入的增长率却呈现出下降趋势。这在一定程度上与我国经济增长有意识的放缓有关。

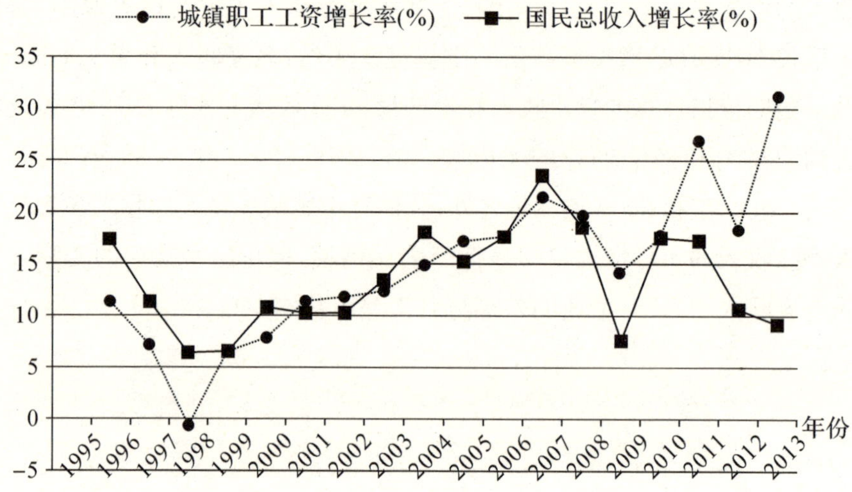

图 5　我国城镇职工工资收入增长率与国民总收入增长率比较图

2. 人均指标增长速度比较

(1)城乡人均收入与人均 GDP 的增速比较。改革开放以来，我国人均 GDP 和城乡居民人均收入增长迅速。至 2013 年，我国人均 GDP 达 41907.59元，为 1978 年的 109.93 倍，年均增长 14.37%；同时，我国城镇居民家庭人均可支配收入为 26955.1 元，是 1978 年的 78.49 倍，年平均增长率为13.28%；农村居民家庭人均纯收入为 8895.9 元，是 1978 年的 66.59 倍，年均增长速度为 12.74%。可见，城镇居民人均可支配收入和农村居民人均纯收入的平均增长速度均慢于人均 GDP 的增长速度。

从图 6 可以得到：(1)改革开放初期，由于农村家庭联产承包责任制的实施，农村居民家庭人均纯收入增长较快，大于城镇居民人均可支配收入和人均 GDP 增长率，但 1984 年后农村居民人均收入增长放缓而城镇居民和 GDP 增长率则加快，1988 年之后三者增速明显趋同。(2)多数年份农村居民人均收入和城镇居民家庭人均可支配收入增长速度低于人均 GDP 增长速度。尤其是进入 21 世纪，人均 GDP 快速增长但城乡居民的收入并未同步增长，而且差距在不断拉大。可喜的是，这一现象在最近几年有所减缓。

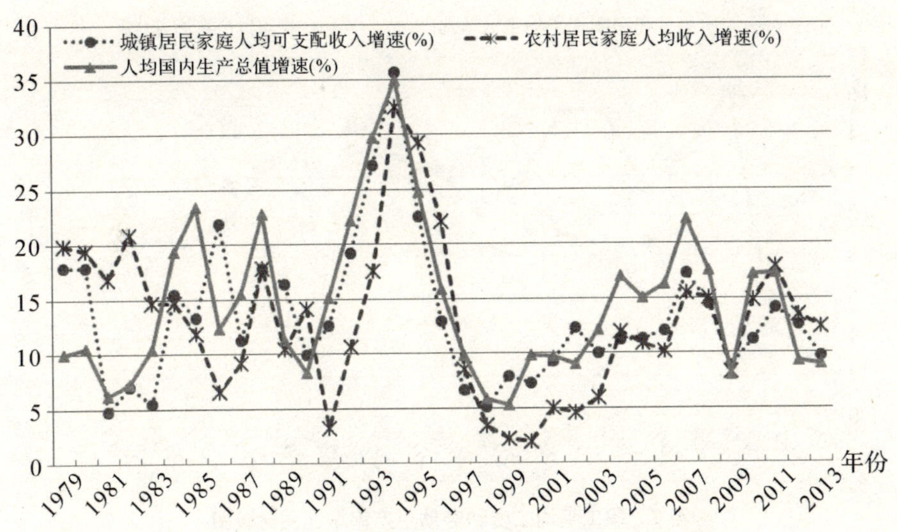

图 6　我国人均居民收入增长与人均 GDP 增长变动趋势图

(2)职工平均工资增长速度和劳动生产率增长速度比较。劳动生产率和职工工资之间存在长期均衡的关系,劳动生产率的提高能促进效率工资的增加。1995 年我国工业劳动生产率为 3656.39 元/人,2013 年提高至 18251.16 元/人,增加了 3 倍,同期城镇单位在岗职工的平均工资增长了 5 倍左右,总体增幅高于劳动生产率。这主要与 1998—2002 年城镇职工工资水平增长较快有关,2003 年后城镇职工平均工资增速则与工业劳动生产率增速差距明显缩小,甚至有些年份低于劳动生产率的增长。从图 7 可以看出,城镇单位在岗职工年均增长速度为 10.93%,整体呈现先上升后下降的趋势;劳动生长率年均增长速度为 9.77%,整体呈现先降后升再降的趋势。二者增长速度大致可以分为三个阶段:第一阶段为 1996 年至 1997 年,劳动生产率增长速度高于城镇单位在岗职工平均工资增长速度;第二阶段为 1998 年至 2003 年,城镇单位在岗职工平均工资增长速度高于劳动生产率;第三阶段为 2003—2013 年,城镇单位在岗职工平均工资增长速度和劳动生产率增长速度相对较为同步,二者增长速度互有高低。

3. 结构指标的增长速度

(1)劳动报酬在国内生产总值中所占的份额。收入分配格局的研究包

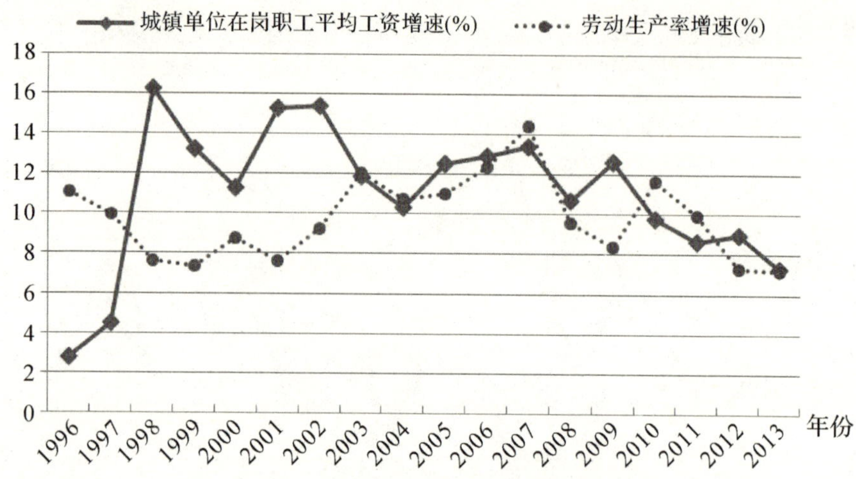

图 7　职工平均工资和劳动生产率增速图比较图

括劳动者要素收入和部门收入两个视角，要素收入视角将 GDP 划分为劳动者报酬、生产税净额、企业总盈余（固定资产折旧和营业盈余）三个部分，属于收入初次分配，是市场机制配置资源的基本渠道和激励机制。在我国初次分配中，劳动报酬占 GDP 的比重从 1995 年的 60％持续下降到 2011 年 47.01％（2012 年略有上升），而同期企业资本所得则从 26.05％持续提高到 2011 年的 39.82％。从国际比较看，世界主要经济体的劳动报酬在 GDP 中的份额一般介于 50％－60％之间，企业资本所得一般介于 20％－25％之间，而政府所得则大多低于 10％。可见，在初次分配中我国劳动报酬占比明显偏低，而企业和政府所得则明显偏高。由于劳动者报酬占比偏低、下降过快等问题突出存在，影响了居民消费的增长并引发了其他许多社会问题。

（2）居民可支配收入占国民可支配收入的比重。我国居民最终可支配收入占国民可支配总收入的份额由 1995 年 67.94％逐渐下降到 2011 年 60.78％（2012 年有所上升），政府收入占比则从 1995 年的 17.42％上升到 2012 年的 19.54％，企业收入占比从 14.64％上升到 20％以上（2012 年有所下降）。可见我国收入的二次分配并没有发挥出应有的作用。从居民可支配收入与 GDP 的占比关系来看，我国居民可支配收入占 GDP 比重呈现出逐年下降的趋势，1995 年占比 64.61％，2012 年下降为 61.87％，这一占比略高于初次分配劳动报酬占 GDP 的比重，但大大低于同期美国和日本同期国民可支配收入占比。从图 8 可以看出，与日本和美国相比，中国居民可支配收入占国内生产总值比重明显偏低，2006 年至 2011 年期间，中国的居民可支配收入占国内生产总值的平均比重仅为 60.2%，比日本同期的平均比重低 16 个百分点，比美国同期的平均比重低 18.5 个百分点。表明我国收入分配格局中居民收入份额偏低，政府和企业收入份额过高。

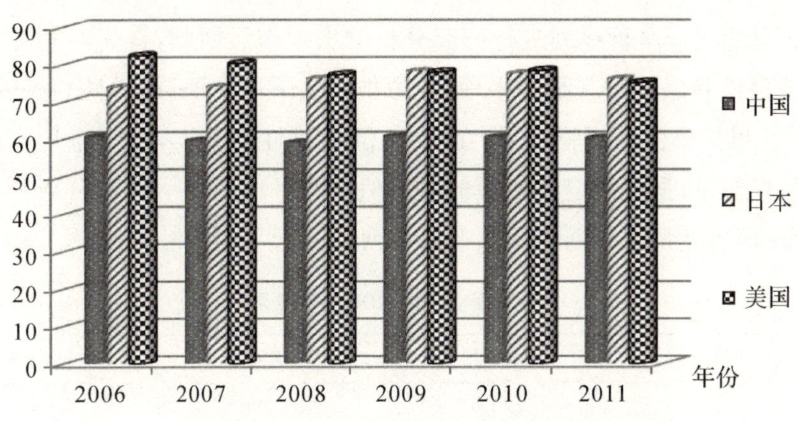

图 8　我国居民可支配收入占 GDP 比重的国际比较图

(二)我国居民收入增长与经济发展的回归分析

对于居民收入增长与经济发展的内在关联，可以构建二者之间的回归模型进行实证分析。考虑到经济发展包括数量和质量增长，我们以经济增长衡量经济发展数量，以全要素生产率衡量质量增长。同时，鉴于城乡居民收入的不同统计层次，分别从城镇居民收入和农村居民收入两方面构建 Panel Data 模型进行分析。

1. 指标选取及数据收集

鉴于数据的可得性及回归模型的需要，选取城镇居民人均可支配收入衡量城镇居民收入水平，以 PCincome 表示；农村居民收入水平以农村居民人均纯收入以 PRincome 表示；经济增长数量以人均生产总值表示，记为 PGDP；经济增长质量以全要素生产率(TFP)表征。各省份 2000—2012 年城镇居民人均可支配收入、农村居民人均纯收入、人均地区生产总值数据均来源于历年统计年鉴。为消除价格因素的影响，各变量数据统一以 1995 年不变价进行平减，同时考虑到变量的异方差问题对变量取对数，分别用 lnPCincome、lnPRincome、lnPGDP 来表示；全要素生产率（TFP）依据洪兴建和罗刚飞（2014）提出的 FP 指数法进行测度。

2. 变量的平稳性检验

为避免对非平稳序列进行回归分析时出现虚假回归，首先对各变量进行单位根检验以确定其是否平稳，单位根检验采用 ADF 检验法，检验结果见表 1。根据单位根检验结果，在 0.05 的显著性水平下，各变量均不能拒绝单位根假设，据此认定各变量的对数值是非平稳的。一阶差分后各变量为平稳，即各变量原序列均服从 I(1)序列。

表 1　面板数据 ADF 检验结果

变量名	ADF 检验值	P 值	结论
lnPCincome	26.1298	0.9999	不平稳
∇lnPCincome	187.943	0.0000	平稳
lnPRincome	0.21462	1.0000	不平稳
∇lnPRincome	78.2703	0.0393	平稳
lnPGDP	35.3808	0.9917	不平稳
∇lnPGDP	159.677	0.0000	平稳
TFP	12.4259	1.0000	不平稳
∇TFP	242.533	0.0000	平稳

注：∇表示一阶差分。

3. 变量的协整关系检验

为进一步考察人均居民收入与人均地区生产总值、TFP 之间是否存在长期稳定的均衡关系，进一步对这几个变量进行协整关系检验。

面板协整检验方法很多，按检验方法的基本思路可以划分为两类：一类是基于面板数据协整回归检验式的残差进行单位根检验，此即时间序列 Engle-Granger 二步法协整检验的推广；另一类是从推广 Johansen 迹检验方法的方向发展的面板数据协整检验。本文主要采用 droni 面板协整检验方法，它属于第一类面板协整检验方法，以回归残差为基础构造出 7 个统计量进行面板协整检验，其中 4 个是用联合组内尺度描述，3 个是用组间尺度来描述。如果各统计量均在 5%的显著水平下拒绝“不存在协整关系”的原假设，表明非平稳的时间序列之间存在着协整关系。我们首先对 lnPCincome、lnPGDP 和 TFP 进行协整检验，再对 lnPRincome、lnPGDP 和 TFP 进行协整检验，具体结果如表 2 所示。

表 2　协整检验结果

变量		城镇面板协整检验								
被解释变量 InPCincome	解释变量 InPGDP、TFP	组内统计量	panel v-stat	Prob.	panel rho-	Prob.	pannel pp-stat	Prob.	panel ADF-stat	Prob.
			−4.24	1.00	4.30	1.00	−4.39	0.00	−7.20	0.00
		组间统计量			Grou prho-	Prob.	Group pp-stat	Prob.	Group ADF-stat	Prob.
					5.69	1.00	−6.73	0.00	−7.13	0.00
被解释变量 InPCincome	解释变量 InPGDP、TFP	组内统计量	panel v-stat	Prob.	panel rho-	Prob.	pannel pp-stat	Prob.	panel ADF-stat	Prob.
			−1.21	0.89	2.99	1.00	−4.95	0.00	−7.92	0.00
		组间统计量			Grou prho-	Prob.	Group pp-stat	Prob.	Group ADF-stat	Prob.
					5.45	1.00	−5.18	0.00	−8.88	0.00

根据以上检验结果，无论是对于城镇面板数据而言，还是对于农村面板数据而言，除了 Panel v-Stat、Panel rho-Stat 和 Group rho-Stat 检验接受原假设之外，其他 4 个检验均拒绝“不存在协整关系”的原假设。综合考虑，城镇和农村的三个面板回归变量之间均存在协整关系，即存在长期稳定的均衡关系，因此可以进行面板回归分析。

4. 面板回归模型选择

面板数据可以建立的模型一般有混合估计模型、固定效应模型和随机效应模型，但混合模型比较简单，对信息的利用不够充分，因此通常用固定效应模型和随机效应模型，模型选择可以用豪斯曼检验确定。运用 Hausman 检验分别对城镇面板模型和农村面板模型进行检验，结果如表 3 所示。可见，在 0.05 的显著性水平下显著，拒绝固定效应模型与随机效应模型不存在系统差异的原假设，城镇和农村面板回归模型均选用固定效应模型。

表 3　面板模型 Hausman 检验结果

实验总结	卡方统计量	卡方自由度	P 值.
城镇随机效应	74.37972	2	0.0000
农村随机效应	7.955305	2	0.0187

5. 居民收入与经济发展内在关联性的 Panel Data 回归结果

(1)城镇人均可支配收入与人均地区生产总值、TFP 的面板回归结果。根据固定效应模型，城镇居民人均可支配收入与人均地区生产总值、TFP 面板模型的具体形式如下：

$$LnPCincome_{it} = \alpha + \beta_1 LnPGDP_{it} + \beta_2 TFP_{it} + \delta_2 Z_{2t} + \delta_3 Z_{3t} + \cdots + \delta_N Z_{Nt} + \mu_{it} \quad (5)$$

其中，$i = 1,2,\cdots,29$，$t = 1,2,\cdots,13$，

虚拟变量 $Z_{it} = \begin{cases} 1，如果是第 i 省份根据固定效应模型，回归结果 \\ 如表 4 所示，模型调的整拟合优度为 0.98。\\ 0，其他。\end{cases}$

表 4　城镇面板回归各系数估计结果

变量	系数	t 统计量	P 值
α	1.386563	12.74785	0.0000
β_1	0.799285	93.54766	0.0000
β_2	0.367985	4.016673	0.0001

固定效应

北京	−0.10998	浙江	−0.04686	海南	0.100192
天津	−0.41891	安徽	0.091565	四川	−0.3956

续表

固定效应					
河北	−0.07335	福建	−0.16095	贵州	0.624505
山西	0.109223	江西	0.183616	云南	0.446814
内蒙古	−0.12398	山东	−0.20886	陕西	0.27057
辽宁	−0.36155	河南	0.12238	甘肃	0.388903
吉林	−0.09636	湖北	−0.0811	青海	0.01571
黑龙江	−0.33294	湖南	0.13923	宁夏	0.192534
上海	−0.34293	广东	0.060815	新疆	−0.00556
江苏	−0.27577	广西	0.288623	—	—

根据表4可知，对于城镇居民平均可支配收入而言，人均GDP和全要素生产率的回归系数在1%的显著水平上均是显著的，说明经济增量（人均GDP）和技术进步（TFP）的变动对城镇居民家庭可支配收入的影响都是显著正向的，且经济增长数量的影响大于TFP。人均GDP增加1%，会使得城镇居民收入增加0.8%；全要素生产率增加1%，城镇居民家庭平均可支配收入增加0.37%，即经济增长和技术进步促进城镇居民家庭可支配收入的增长，但经济增长对居民增收的效应更为显著。

（2）农村人均纯收入与人均地区生产总值、TFP的面板回归实证。同理，农村固定效应模型的回归结果如表5所示，该模型的整拟合优度为0.98。根据表5可知，对于农村居民家庭平均纯收入而言，人均GDP的回归系数在1%的显著水平上是显著的，人均GDP增加1个百分点，会使得农村居民家庭平均纯收入增加0.68个百分点，经济发展对农村居民家庭平均纯收入的增长具有很大的促进作用。然而，全要素生产率的回归系数却不显著，这可能与当前我国农村劳动力大多以体力型为主、技能型和智能型较少的现状有关。

表 5　农村面板回归各系数估计结果

变量	系数		T 统计量		P 值
α	1.648319		12.84122		0
β_1	0.681234		67.5609		0
β_2	−0.16691		−1.54379		0.1236
固定效应(δ)					
北京	0.237077	浙江	0.314872	海南	0.106321
天津	−0.03022	安徽	0.031502	四川	−0.45678
河北	0.081258	福建	0.051214	贵州	0.084445
山西	0.013392	江西	0.27809	云南	−0.06412
内蒙古	−0.17782	山东	−0.06794	陕西	−0.16444
辽宁	−0.12213	河南	0.074777	甘肃	−0.08803
吉林	0.008502	湖北	−0.0308	青海	−0.32473
黑龙江	−0.02728	湖南	0.059772	宁夏	−0.04402
上海	0.117334	广东	0.249503	新疆	−0.2074
江苏	0.080475	广西	0.01715	—	—

(三)居民收入增长与经济发展的协调发展度

关于我国居民收入增长与经济发展的协调性分析，可以从两个方面进行分析。一是单纯的城乡居民人均收入与人均 *GDP* 的协调发展分析；二是居民收入增长综合指数与经济发展综合指数的协调发展分析，这是在剔除了收入差距不利影响以及兼顾经济发展质量后的协调发展分析。

1. 城乡居民人均收入与人均 GDP 的协调发展分析

我们按照均值标准化和变异系数赋权法，构造城乡人均收入指数与人均 *GDP* 指数，然后按照式(1)至(3)计算发展度、协调度和协调发展度，结果见表 6。可以看出，1998—2013 年我国居民收入与 *GDP* 增长均呈现明显的上升趋势，造成居民收入与 *GDP* 的总发展度也显著上升，并且由于近年来经济发展速度放缓，城乡居民收入上升的速度更大。由于居民收入与人均

GDP 的发展趋势完全一致，因而两者的协调度也非常高，且协调度的变动幅度也不大。在发展度明显上升和协调度变化不大的情况下，协调发展度也表现为强劲的上升趋势。上述分析表明，如果不考虑收入差距以及经济发展的质量，居民收入与 *GDP* 呈现出很高的协调度和协调发展度。

表 6　人均收入与人均 GDP 的协调发展度

年份	城乡人均收入指数	人均 GDP 指数	发展度	协调度	协调发展度
1998	0.487	0.482	0.485	0.998	0.483
1999	0.517	0.514	0.516	0.999	0.515
2000	0.534	0.553	0.543	0.991	0.538
2001	0.559	0.595	0.576	0.985	0.567
2002	0.613	0.644	0.628	0.988	0.620
2003	0.659	0.705	0.680	0.983	0.669
2004	0.702	0.771	0.734	0.977	0.717
2005	0.776	0.853	0.811	0.976	0.792
2006	0.883	0.956	0.917	0.980	0.898
2007	0.998	1.086	1.038	0.979	1.016
2008	1.097	1.184	1.137	0.981	1.115
2009	1.257	1.287	1.271	0.994	1.263
2010	1.455	1.415	1.437	0.993	1.427
2011	1.590	1.539	1.566	0.992	1.554
2012	1.810	1.649	1.735	0.977	1.695
2013	2.064	1.766	1.927	0.962	1.853

2. 居民收入增长综合指数与经济发展综合指数的协调发展度分析

(1)居民收入增长综合指数。鉴于我国是一个传统的二元经济社会，城乡差异以及由此导致的城乡收入指标内涵的不同，我们将城镇居民人均可支配收入和农村居民人均纯收入作为收入水平的度量值。由于收入差距与社会福利水平反向变化，社会福利水平可以视作人均收入的某个函数，其中的折扣因子就是收入差距。因此在综合测度居民收入增长方面，必须考虑到收入差距的副作用。其实，很多经济学家在度量社会福利水平时，均采取了这种思路，比如 Atkinson(1970)。我们选择全体居民收入的基尼系数作为收入差距的一个指标，同时基于中国收入差距主要表现为城乡、区域和行业三大方面，还选择了城乡收入比、19 个大类行业间的基尼系数和 31 个省份间的基尼系数。

按照综合指数的测度方法，我们计算了包含城镇居民人均可支配收入和农村居民人均纯收入的收入水平指数，以及包含四个收入差距指标的收入差距指数，然后在收入水平指数和收入差距指数的基础上再计算收入增长综合指数，所有计算结果如图 9 所示。由于城乡居民收入均呈现上升趋势，因而居民收入水平指数也表现出明显上升趋势，说明近年来我国居民收入水平在逐步提高。但是，由于四个收入差距指标在 1998—2013 年期间均表现出一定程度的“倒 U”型，致使收入差距指数先下降、2008 年后才有所上升的变动轨迹(已经将收入差距转换为正指标)。收入增长综合指数是收入水平指数和收入差距指数的加权平均，不过变化轨迹与收入差距指数更加相似，2008 年以前基本为下降趋势，2008 年之后才逐步上升，后期上升趋势主要得益于收入水平上升与收入差距缩小两个因素的共同作用。也就是说，在综合考虑收入水平和收入差距的前提下，我国居民收入增长的综合水平并不像收入水平那样几乎一直在增加，收入差距的扩大将削弱收入增长的综合水平。

(2)经济发展综合指数。对经济发展的综合测度而言，它应该能够涵盖社会经济发展的各个方面，是对经济发展的综合反映，而不仅仅是某个子系统的度量。参照国家统计局发布的“发展与民生指数评价指标体系”以及相关研究文献，我们将经济发展综合测度的指标体系分为四个维度，分别为经济发展水平、经济发展质量、民生改善和节能治污，其中经济发展质量着重从科技创新、三产比重、劳动效率等方面设置指标。在一定的理论分析基础上，依据数量指标与质量指标相结合的原则进行设置和筛选，并考虑到指标数值的可获得性，我们最终确定选取的指标体系如表 7 所示。

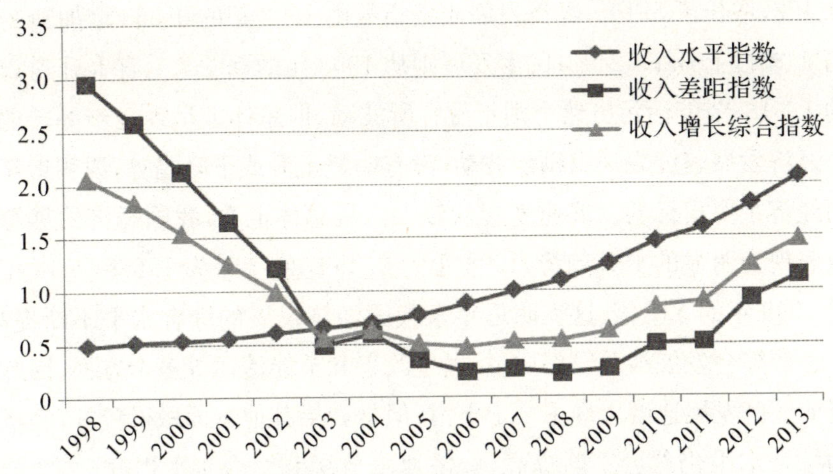

图 9　居民收入水平、差距及综合指数比较图

表 7　经济发展综合测度的指标体系

维度	测度指标
经济发展水平	人均 GDP、人均财政收入、人均进出口额、人均社会消费品零售额
经济发展质量	R&D 经费占 GDP 比重、万人专利授权数、高技术产品进出口占商品进出口额比重、第三产业增加值占 GDP 比重、全社会劳动生产率
经济发展速度	GDP 增长率、财政收入增长率、进出口增长率、社会消费品零售总额增长率
民生改善	养老保险覆盖率、每千人口卫生技术人员、城镇化率、教育经费占 GDP 比重
节能治污	万元 GDP 用水、万元 GDP 能耗、环境污染治理投资占 GDP 比重

基于数据的可获得性，我们选择的数据时间为 1998－2013 年，所有基础数据均来源于《中国统计年鉴》《中国卫生统计年鉴》《中国教育经费统计年鉴》《中国劳动与社会保障统计年鉴》以及国家统计局网站。对于每个维度的评价指标，均按照一定的价格平减、逆指标处理、无量纲化处理和加权平均方法，得到各个维度的发展指数，然后将各个维度发展指数按照同样方法计算出经济发展综合指数，结果图 10 所示。从中可以看出，就本文选取的测度指标而言，发展水平、发展质量、民生发展和节能治污四个维度呈现出上升趋势。其中，经济发展水平指数从 1998 年的 0.317 上升到 2013 年

的2.192，增长了591%；经济发展质量指数由1998年的0.353增加到2013年的2.201，上升了524%；民生发展则从1998年的0.627一直上升到2013年的1.515；节能治污虽然个别年份有所波动，但总体上呈现逐步好转的态势。经济发展速度表现出剧烈波动，没有明显上升或下降趋势，说明近年来我国经济主要指标的发展速度起伏较大。从总体上看，我国经济发展综合指数表现为明显的上升趋势，1998年为0.459，2013年为1.699，2013年数值是1998年的3.7倍，这表明近年来我国经济发展的综合水平不断提高。由于经济综合发展涉及发展质量、民生改善和节能治污等多个方面，因此虽然当前经济发展速度出现了一定下滑，但是如果其他方面做得较好，经济发展的综合水平仍然会不断提高，经济速度放缓和综合水平提升应是“新常态”的特征之一。

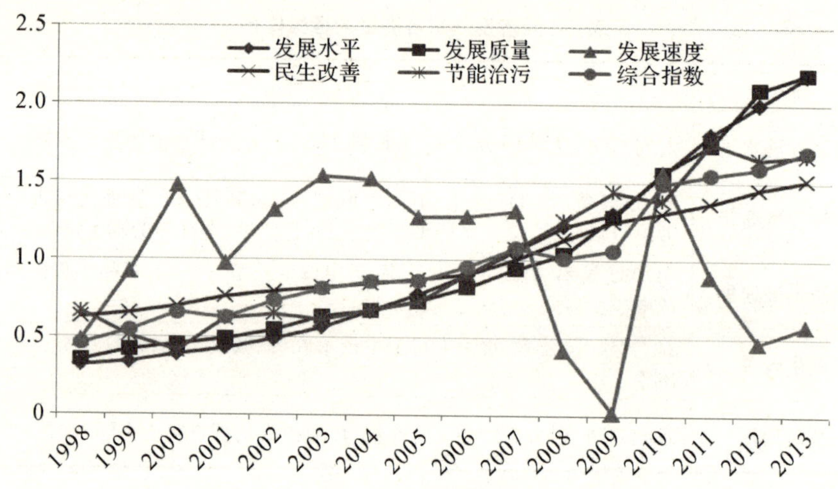

图10　经济发展各个维度及综合指数对比图

(3)居民收入增长综合指数和经济发展综合指数测度的协调发展度。根据居民收入增长综合指数和经济发展综合指数测度的协调发展度及相关指标如图11所示，不难得到：

第一，协调度在波动中显示出一定的上升趋势。其中，1998—2002年协调度上升幅度较为明显，由1998年的0.712上升到2002年的0.927；2002—2006年表现为一定程度的下降，从2002年的0.927减少到2006年

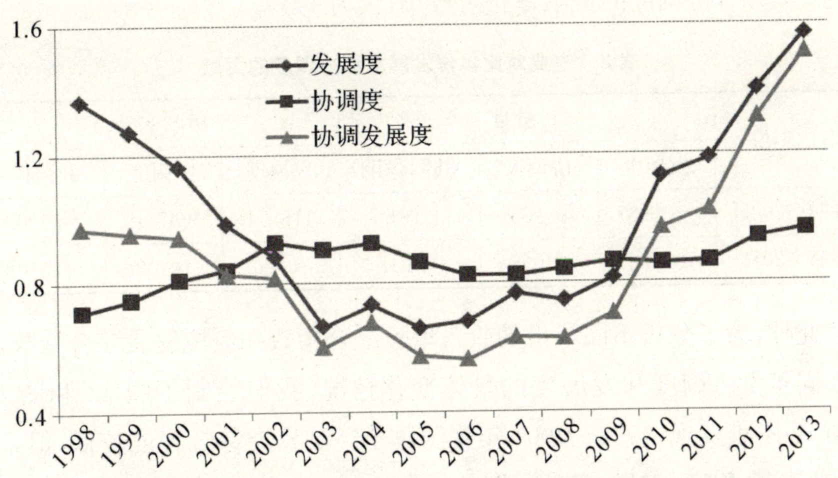

图 11　居民收入增长综合指数与经济发展综合指数的协调发展度比较图

的 0.824；2006－2013 年基本为上升趋势，2013 年上升到 0.964，为所有年份的最大值。

第二，发展度呈现 U 型变动趋势，先降后升。1998－2003 年发展度呈现明显的下降趋势，由 1998 年的 1.365 下降到 2003 年的 0.664，下降了 51.3%；之后 2004 年略有回升，但是 2005 年降到最低值 0.661。2005－2013 年发展度表现出强劲的上升趋势，2013 年达到 1.569，是 2005 年的 2.38倍。

第三，协调发展度也表现为 U 型变化趋势。1998－2006 年协调发展度基本为下降趋势，从 1998 年的 0.972 下降到 2006 年的 0.561，下降了 42.3%；2006－2013 年显著上升，2013 年为 2006 年的 2.7 倍。就 2013 年与 1998 年相比而言，协调发展度仍然出现一定的上升，增长了 55.7%。协调发展度之所以表现为 U 型变化趋势，主要是由于协调度的变化幅度远远小于发展度，使得发展度的影响远大于协调度，形状也因而与发展度较为相似，具体的分解结果见表 8。可以看出，1998－2006 年协调发展度下降了 0.411，这其中由于发展度的降低使其下降了 0.487，贡献率为 118.4%，而协调度的增加使得协调发展度上升了 0.153。在 2006－2013 年，由于发展度的上升使得协调发展度扩大了 0.732，发展度对协调发展度上升的贡献率为76.9%，协调度的贡献率相对较小，仅为10%。

表8 主要对比年份发展度和协调度的贡献

对比年份	贡献量			贡献率(%)		
	发展度	协调度	共同作用	发展度	协调度	共同作用
1998—2006	−0.487	0.153	−0.077	118.54	−37.17	18.62
2006—2013	0.732	0.095	0.124	76.90	10.02	13.08

此外，为了分析不同年份的收入增长综合指数和经济发展综合指数，以及不同年份协调度和发展度的具体变化情况，我们绘制了图12和图13。由图12不难发现，1998—2001年我国属于经济发展综合程度较低，但是收入增长综合程度相对较高的时期；2002—2006年为经济发展综合程度和收入增长综合程度均相对较低的时期；2007—2011年是经济发展综合程度较高，但收入增长综合程度较低的阶段；2012年和2013年则属于经济发展综合程度和收入增长综合程度均相对较高的年份。上述情况表明，我国经历了一个从收入增长与经济发展不协调到相对协调的逐步演变过程。如果以协调度0.82为界将其划分为较高协调度和较低协调度两种状况，从图13可以看出，1998—2000年属于发展度较高而协调度较低的年份，2001—2009年为协调度相对较高而发展度较为不足的时期，2010—2013年则属于发展度和协调度均较高的时期。这说明我国经济发展和收入增长，正朝着既注重提高综合发展水平、又重视提升两者协调一致的目标迈进。

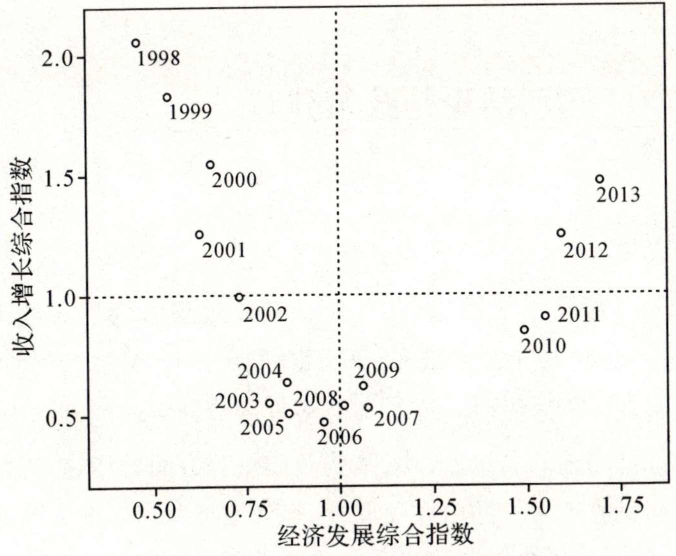

图 12　不同年份居民收入增长综合指数与经济发展综合指数图

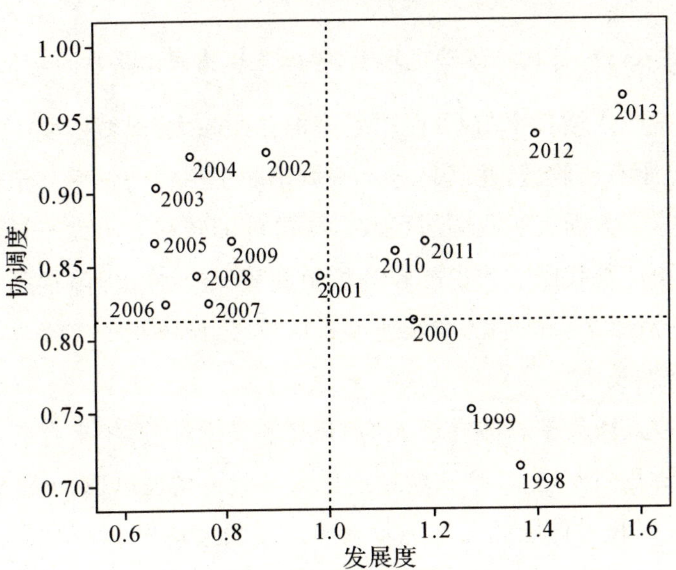

图 13　不同年份的发展度和协调度图

五、结论与政策建议

(一)主要结论

居民收入增长与经济发展的“同步”,不能简单地理解为居民收入与GDP绝对增速的一致性,应重视质量和结构,将“同步增长”解读为“协调发展”。为此,本项目在探析居民收入增长与经济发展驱动机制的基础上,分别从居民收入与经济增速的总量、人均、结构及质量等方面的增速一致性,经济发展与城乡居民收入增长的内在关联性,经济发展与居民收入增长的协调发展性等多视角,分析我国居民收入增长与经济发展的同步特征及存在的问题,主要结论如下。

1. 我国居民收入与经济均持续稳定增长,整体呈现出同向异步的特征

(1)居民可支配收入增长率与GDP增长率的差距较大,但城镇职工工资收入增长率的差距有所收敛,尤其是近年来城镇职工工资增长率甚至快于GDP增长率。这一方面表明我国居民收入再分配的转移支出大于转移收入,一定程度上可能与我国收入税的较高税负和较低的社会保障福利有关;另一方面,随着近年来我国经济增长速度有所放缓,城镇职工工资收入增长率略快于经济增长率。

(2)居民人均收入增长率总体慢于人均GDP增长率,但近年来有所改善。改革开放以来,我国人均GDP和城乡居民人均收入增长迅速,但城镇居民人均可支配收入和农村居民人均纯收入年均增长率均慢于人均GDP年均增长率,其中农村居民人均纯收入的年均增长率为最低。尤其是进入21世纪,城乡居民收入增长滞后与经济发展且差距不断拉大,不过近年来有所改善。

(3)收入分配中居民收入占比偏低,企业资本所得占比偏高。自1995年以来,我国初次分配格局中劳动者报酬占GDP比重呈不断下降趋势,而

同期企业资本所得占比则持续上升；再分配后的居民可支配收入占比（占GDP比重）与初次分配劳动报酬占比变化不大，且明显低于美国和日本同期水平。这表明再分配对居民收入分配的调节作用不明显，反映出政府在再分配过程中角色错位和政府收入调节职能缺失，积极加快政府角色的转变和政府职能的归位成为我国经济体制改革的重点。

（4）城镇职工平均工资增速与劳动生产率增速整体较为趋同，但阶段差异明显。由于工资制度改革等原因，1998－2002年间我国城镇职工平均工资增速明显快于工业劳动生产率的增幅，但2003年后两者增速较为趋同。

2. 我国居民收入与经济发展具有较强的内在关联性，协调发展度基本呈现上升趋势

（1）经济发展与城乡居民收入增长具有较为显著的正向关联性，但经济增量与发展质量的增收效应略有差异。实证结果表明，我国经济增长和技术进步对城镇居民家庭可支配收入的增长具有较强的促进效应，但经济增长对居民增收的效应更为显著；对于农村居民而言，经济增量的增收效应较为显著，但由于当前农村劳动力低技能等特点导致技术进步的增收效应不显著。

（2）我国居民收入与经济发展的协调发展度总体呈现上升趋势，但是不同角度的结论存在一定差异。如果不考虑收入差距以及经济发展的质量，人均收入与人均GDP呈现出很高的协调度和协调发展度。但如果分析收入增长综合指数以及经济发展综合指数，协调发展度表现为U型变化趋势：1998－2006年协调发展度基本为下降趋势，减少了42.3%；2006－2013年显著上升，增加了170%；总体上，2013年比1998年增长了55.7%。协调发展度的变化主要在于发展度的变化，其中1998－2006年发展度对协调发展度下降的贡献率为118.4%，2006－2013年发展度对协调发展度上升的贡献率为76.9%，而协调度的贡献率则相对较小。

3. 收入分配的政府机制职能错位，社会机制不够健全

（1）政府机制职能错位，制约了市场机制的运行效应。当前，我国劳动力、资本、土地等生产要素市场的竞争机制还不够完善，加之市场经济自身所固有的缺陷，需要政府机制进行适度控制和调节。但由于我国政府在某

些领域的越位和过度干预反而制约了市场机制运行效应的发挥，同时由于政府在再分配调节、提供公共产品服务过程中存在着缺位的现象，在一定的程度上也拉大收入分配的不公。

(2)第三次分配的社会机制不健全，社会捐赠积极性不高。基于捐赠和社会慈善事业的第三次分配作为收入分配的补充方式，在缓解贫困、缩小贫富差距等方面也发挥着重要补充作用。但当前由于制度环境、政策体系和社会监督机制不够健全等原因，尤其是公益捐赠被集体甚至个人挪用贪污，严重影响了企业和个人捐赠的积极性，导致我国社会捐赠和慈善事业未充分发挥其应有的效能。

4.居民收入增长与经济发展之间存在间接的传导机制和同步的保障机制

理论分析表明，居民收入增长与经济发展存在相互作用机制，二者同步需理顺保障机制。一方面，经济发展通过就业增加、产业结构调整升级、技术进步、人力资本提升和收入分配制度改善等渠道作用于居民收入增加；另一方面，居民收入增长也能通过消费增加、教育和人力资本提升、社会问题改善等途径促进经济快速发展。要实现二者同步，需要提高市场机制的运行效应、适度发挥政府机制的调节作用、提升人力资本投资以及构建社会保障体系，这些是居民收入增长与经济发展同步的重要保障机制。

(二)政策建议

根据本文的理论演绎与实证分析的结果，为了更好地促进我国居民收入增长与经济发展的同步要求，需要在以下几个方面予以重视，并制定切实可行的实施方案。

1.发挥市场分配、政府调控和社会捐助等三种收入分配机制的协同作用

国民收入分配格局失衡，造成居民收入实际增速明显低于经济增速的同时，企业和政府收入在国民分配中的比重却不断提高。合理发挥市场、政府和社会三种收入分配机制的协同效应，完善国民收入分配格局有利于提

高居民收入在国民收入分配中的份额，实现居民收入增长和经济发展同步。居民收入增长与经济发展同步还需要三种机制的耦合发展。虽然市场、政府、社会力量分别是初次分配、再分配、第三次分配的主体，但这并不意味着政府机制可以完全脱离初次分配和第三次分配。无论是初次分配、再分配还是第三次分配，都需要政府提供完善的制度环境，只有政府职能在各次分配中归位，提供制度供给，进行制度创新，居民收入增长与经济发展的同步机制才能得以保证。

2. 提升教育和人力资本素质，增强经济发展和居民收入增长的相互传导效应

经济增量和发展质量对居民收入增长具有显著的促进效应，在保证经济增量的条件下，通过教育投资提升人力资本素质，增强职工岗位转换和适应能力，不断提高劳动报酬。针对当前 TFP 对农村居民增收效应不够显著的状况，尤其应通过推进农村科技化水平，提升农村居民生产经营的科技水平和风险防范能力，有效增加农村居民收入，减小城乡居民的收入差距，进而有助于实现居民收入增长和经济发展的同步。

3. 完善社会保障体系，和谐稳定的社会环境是收入增长和经济发展的共同保障

建立和完善覆盖城乡的社会保障体系，促进社会和谐稳定发展，直接关系到社会经济发展，是居民收入增长和经济发展的共同保障。当前，在进一步完善城镇居民医疗、养老、保险等社会保障体系的同时，要大力提高农村居民的社会保障水平，努力实现全国范围的高质量社会保障完全覆盖。

4. 缩小居民收入差距，重视经济发展的综合效果，提升居民收入增长综合指数和经济发展综合指数的同步性

在兼顾收入水平和收入差距的前提下，我国居民收入增长的综合水平（或者社会福利水平）并不像收入水平那样几乎一直在增加，收入差距的扩大将削弱收入增长的综合水平。而经济综合发展涉及经济发展质量、民生改善和节能治污等多个方面，虽然当前经济发展速度出现了一定下滑，但是

如果其他方面做得较好，经济发展的综合水平仍然会不断提高。因此，应该重视经济发展综合指数与居民收入综合指数的提升，并进而增强两者的同步性，这是"新常态"下居民收入增长与经济发展同步的主要体现。

课题负责人：洪兴建

[参考文献]

[1] Adelmen, I., Sunding, D. Economic Policy and Income Distribution in China[J]. Journal of Comparative Econmics, 1987(9): 90—105.

[2] Barro R. J. Inequality and Growth in a Panel of Countries[J]. Journal of Economic Growth 5, 2000: pp. 5—32.

[3] Benabou, Roland, "Inequality and Growth," NBER Macroeconomics Annual, 11 (1996), 11—74.

[4] Forbes K. J. A Reassessment of the Relationship Between Inequality and Growth [J]. American Economic Review, 2000(99): 869—887.

[5] Galor O., Moav O. From Physical to Human Capital Accumulation: Inequality and the Process of Development [J]. Review of Economic Studies, 2004, 71(4): 1001—1026.

[6] Kuznets, S. Economic growth and income inequality[J]. American Economic Review, 1955(45): 1—28.

[7] Sen, A. K.. Development as capability expansion[J]. Journal of Development Planning, 1989, 19.

[8] 曾伏秋. "收入分配——经济增长"的现代分析框架及中国收入分配改革的思考[J]. 湖南商学院学报(双月刊), 2012(2): 14—21.

[9] 常兴华. 促进形成合理的居民收入分配机制研究[J]. 宏观经济研究, 2009 (5): 20—25.

[10] 陈昌兵. 收入分配影响经济增长的内在机制[J]. 当代经济科学, 2008 (6): 15—21.

浙江省城乡划分统计研究

一、城乡划分统计标准研究的重要性

(一)为科学评估城市化进程,客观、真实地反映城乡经济、社会发展状况奠定基础

城市化率是衡量城市化水平的重要指标,城乡划分统计标准作为城市化率测算的重要组成部分,对于全面、科学地反映城市化发展进程有着重要的意义。科学、准确地划分城乡区域,有利于反映城乡发展的统计与关于城乡建设的拓展动态结合,通过对城乡区域构成和发展状况的数据解构,促进各级党委政府依据城乡统筹发展需要,更加科学、合理地制定相关决策。值得关注的是,随着城市化发展进程的快速推进,必然导致新现象、新问题的涌现,城乡划分统计标准也应随之予以调整和完善。只有按照科学设计、统一完备的城乡划分统计标准,查清城乡区域及其基本状况,建立规范的城乡划分口径,形成科学的城市化水平测算机制,才能够全面真实地反映城市化水平,从而推进现代城市化建设的步伐。

(二)为各部门、各专业统一规范使用城乡划分统计标准奠定基础

长期以来,统计上划分城乡的标准主要应用于人口统计,其他部门和专业统计的城乡划分口径基本都各自为政。比如,统计年鉴中"按城乡分就业人员数"中的"城镇就业" 和"乡村就业"与城乡划分标准中的"城"和"乡"就

明显不一致，就业人员数的城乡统计与城乡行政管理紧密相关，而与实体地域无严密的关联。由于现行城乡划分统计标准的复杂性和不便性，全国和各地统计年鉴中公布的“城市概况”章节的人均基础设施指标数据，其城市人口数更是另辟蹊径，以“常住人口＋暂住人口”作为“城市人口数”，从而又产生了统计指标间的可比性混乱局面。统计系统内部尚且如此，其他部门对于城乡划分统计标准的应用更是屈指可数。城乡统计口径不一致，造成统计数据不可比、不衔接，更容易导致外界对统计数据的质疑，影响统计数据公信力。因此，要适应深化统计改革发展的需要，审视城乡划分统计标准的自身局限性，转变思路、创新务实地推进城乡划分统计标准的适用性和可操作性。

（三）为全面深化统计改革奠定基础

2014 年国家局印发的《全面深化统计改革总体方案》指出，要坚持改革创新、整体设计、统筹兼顾、突出重点的原则，切实提高数据质量，提供可靠支持，其中，要重点加快统计制度方法改革，不断提高统计数据的适用性。城乡划分统计标准是统计制度方法建设的重要组成部分，进一步优化城乡划分统计标准，实施城乡划分质量控制办法，是科学组织统计调查的重要前提。积极研究和探索城乡划分统计标准，加强其在普查和各项统计调查上的应用，是提高分城乡社会经济统计数据的准确度与可比性的业务基础保障，更是提高统计数据质量、加强统计数据公信力、提升统计服务能力的重要保障。

二、城乡划分统计标准的历史演变

城乡划分统计标准从来不是一成不变、因循守旧的，作为一项重要的统计基础工作，与时俱进正是其应有之义。新中国成立以来，为了更好地与中国特色城镇化发展道路相适应，准确评估城市化率，科学服务政府决策，我国先后五次颁布、修订城乡划分统计标准。

(一)1955年颁布的《国务院关于城乡划分标准的规定》

最初的城乡划分统计标准源于1955年国务院颁布的《关于城乡划分标准的规定》(国秘字第203号),全文一共五条细则,简单明了地对城镇、乡村的概念进行了界定。以现在的目光来审视,这个标准难免简单粗暴,但在当时的年代,一则城乡的具体情况较为单一,行政地域与建成区的范围较为接近,市镇人口中非农产业人口比重很高;二则关于城市结构乃至于城镇化,尚属一个崭新的命题。规定虽寥寥数语,在思路上,对于当时城乡划分的实际应用是具有很大指导性作用的。无可讳言,该标准对于我国起步阶段的城镇化发展、统筹城乡起到了坚定的基石作用。

(二)1999年印发的《统计上划分城乡的规定(试行)》

其后,随着经济体制改革的进一步展开,尤其是对外开放步伐的加大,城镇建设蓬勃发展。各地区先后进行了县改区、县改市、乡改镇以及扩区、扩市、扩镇等行政区域的变更,变更后的区、市、镇地域含有大量农村成分,依据旧有的城乡划分统计标准,城市化率被大大高估。由于当时的城乡划分统计标准没有及时进行修订完善,一些部门、专业出于需求自行对城乡划分统计标准进行了调整,造成城乡划分标准不统一,有关城乡划分的统计数据混乱、交叉。为改善这样的状况,在统计上统一城乡划分标准,以满足第五次人口普查和各部门、各专业在统计上的需要,1999年经国务院批准,在民政部、建设部、公安部、财政部、农业部的大力支持下,国家统计局印发了《统计上划分城乡的规定(试行)》,该规定以国秘字第203号文为雏形,就相关内容进一步进行了细化和扩充。2000年,第五次人口普查依据该规定划分城乡人口,并测算城镇化率,城市化率失控飙升的现象得以有效遏止。

(三)2006年印发的《统计上划分城乡的暂行规定》

2006年,"十一五"规划纲要提出"要把城市群作为推进城镇化的主体形态",明确提出城镇化发展的具体原则。与此相适应,国家统计局制定《统计上划分城乡的暂行规定》,同时废止1999年的《关于统计上划分城乡的规定(试行)》。该规定第一次提出了关于连接、公共设施、居住设施等概念,更加科学地界定城乡,并于当年首次开展全国城乡划分统计工作,建立城乡划分地域库。由此,城乡划分统计工作正式步入正轨。

(四)2008年颁布的《统计上划分城乡的规定》

2007年,十七大报告明确做出“走中国特色城镇化道路”的概括,城镇化发展被提到前所未有的高度。2008年,国家统计局与民政部、城乡住房建设部、公安部、财政部、农业部、国土资源部联合向国务院报送《关于报请国务院批换统计上划分城乡规定的请示》,国务院批复请示,原则上同意《统计上划分城乡的规定》。与旧的暂行规定对比,《统计上划分城乡的规定》主要有三大变动:一是第一次明确了以实际建设作为城乡划分的依据,在此之前,无论是试行规定或是暂行规定,虽已体现按照实际建设划分城乡的思想,但仍保留按照区划切块来划分城乡的方法。二是对城镇范围作细微调整。2006年的暂行规定中,城镇范围包括街道、镇所辖居民委员会地域,而《统计上划分城乡的规定》以实际建设作为划分依据,明确无论是村委会还是居委会,都以实际建设的连接状况来划分城乡,取消了原街道、镇所辖居民委员会地域作为城镇的规定。三是明确农场、林场的场部为镇区。

(五)2014年修订的《统计上划分城乡的规定》

党的十八大以来,党中央、国务院对于推进城乡一体化发展,加快中国特色新型城镇化建设作出了一系列重大战略部署。根据《国家新型城镇化规划(2014—2020)》要求,国家统计局印发《关于加强和改进城镇化统计工作的意见》,提出进一步完善城乡划分办法,制定《城乡划分质量控制办法》,以提高城乡划分标准的科学性、规范性和有效性。较之2008年的城乡划分办法,此次办法修订更加具有可操作性,针对一些地区的特殊情况、驻地间连接/不连接的距离等复杂问题进行了明确界定,适当增加辅助指标。《城乡划分质量控制办法》则从城乡划分方案设计、城乡划分任务准备、区划资料维护、城乡属性判断、城乡数据上报、城乡数据质量检查、城乡数据发布、城乡划分工作总结第8个阶段20个环节中选出44个关键点作为质量控制节点，更加全方位、精准化地抓好数据质量控制。

综上可见，城乡划分统计标准的几次演变是伴随着我国城镇化道路的发展而进行的，并基于城镇化实质性的经济结构、社会结构、空间结构的变迁而日益丰富化、复杂化。

三、浙江省城乡划分统计工作现状

自2006年国家统计局正式要求开展城乡划分统计工作以来，浙江省高度重视、统一认识，认真贯彻落实相关文件精神，在大力推进城乡划分统计标准的培训、布置、应用等工作的同时，逐步转向城乡划分统计数据的质量监督、城乡划分统计标准的适用性研究并重的方向发展，致力于客观、真实地反映城乡经济与社会发展状况，为浙江省城市化发展进程提供最基础、最本质的数字特征。

(一)常规性开展城乡划分更新维护统计工作

浙江省一年一度开展城乡划分统计工作，通常于每年的10月份布置各市、县(市、区)开展，历时一个月完成统计用区划代码、城乡属性代码以及变动情况的汇总上报。逢普查启动年，则提前到9月份进行，确保为各项普查提供最新、最准确的代码库。

在城乡划分统计工作中，着力抓好以下环节：一是在准备阶段做好城乡划分工作的布置和培训。印发《关于报送××年度全省统计用区划代码和城乡划分代码的通知》，召开到各市、县(市、区)专业人员的培训会议，就统计用区划和城乡划分基本概念、编码规则、工作布置、特殊问题等进行培训。二是在实施阶段实事求是，做好统计用区划、城乡属性代码的调整和变更。搜集和整理民政部相关区划资料，确保区划代码的可比与共享。实地查看政府驻地的连接情况，严格按照《统计用区划代码和城乡划分代码编制规则》确定和调整城乡属性码。三是在数据上报阶段做好数据审核和变动分析工作，对非强制性错误、代码变更缘由等进行二度审核。对于出现大批量变动的村居委会，与所辖市、县(市、区)相关人员进行沟通，确认情况。

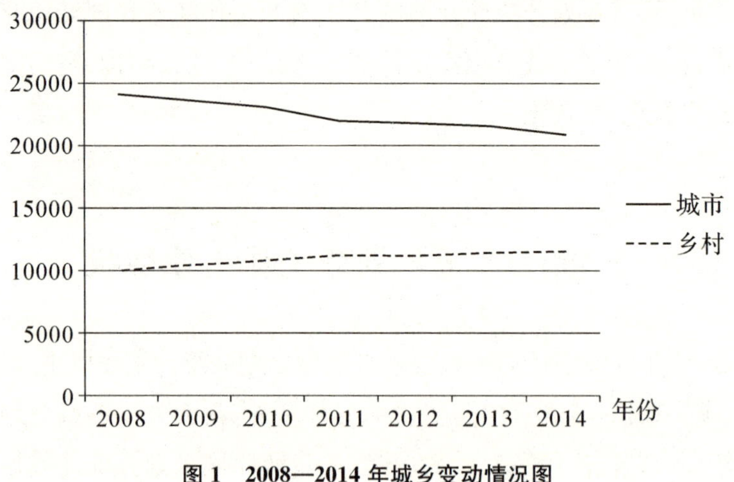

图 1　2008—2014 年城乡变动情况图

由图 1 所示，2008 年至 2011 年期间，浙江省城乡划分调整较为激烈，其后，趋于稳定态势。2014 年，浙江省划入城市的村级单位为 11497 个，划入乡村的村级单位为 20958 个，较之 2008 年，城市数量上升了 1459 个，乡村数量下降 3130 个。自 2011 年以来，浙江省城市数量年均增长 0.99%，乡村数量年均下降 1.62%，城市化发展道路趋于稳步发展阶段。

(二)创新性探索城乡划分质量监督控制机制

2014 年 10 月，国家统计局印发《城乡划分质量控制办法》，提出全流程工作检查控制评估。在此之前，浙江省就已深感到城乡划分质量控制的重要性，并结合大数据理念探索行之有效的质量监督控制机制。2013 年，浙江省提出，应适当采用地理信息地图作为城乡划分工作的辅助判断。同时，开始实践性地将其应用、结合到具体的城乡划分统计工作中去，对于一些连接上存在疑义、偏远的地区，通过地理信息地图在网上进行初次甄别。这样开创性的工作方法既大大节约了人力，又对可能发生的弄虚作假行为造成了一定的震慑力。2014 年，面对日趋成熟的“浙江省空间数据共享与交换平台”，浙江省再度提出应加强部门间信息共享，促进统计信息化建设，将地理信息系统的地图资源整合到城乡划分管理系统中去，通过大数据与统计工作的有效结合，提供直观性、可视化的立体呈现，从而大大提高城乡划分的统计质量。

(三)规范性推进城乡划分统计标准可持续研究

如前文所述，随着城乡划分统计标准的几度变迁，各界学者专家对于其优劣、可比一直予以关注和研究。统计系统身为统计标准的制定者和践行者，在规范性推进城乡划分统计标准的可持续研究方面，更是肩负着无可推卸的法定职责。

2014 年，浙江省 11 个地级市共管辖街道 434 个，镇 629 个，乡 258 个，较之 2006 年，乡建制减少了几乎将近一半。通过图 1 可以看到，历年来，街道数量逐年上升，乡镇数量逐年递减。尤其是 2011 年，为解决乡镇数量多、规模小、行政成本高等问题，浙江省启动新一轮区划调整，部分地区尤其是温州市乡镇数量锐减，缩减率高达 54.8%。在如此摧枯拉朽般的城镇化推进进程中，浙江省由于城镇化的快速扩张，无可避免涌现出一定数量的“半城镇化”“伪城镇化”现象，这是城镇化进程的必然产物，也是城乡划分统计标准可持续研究的一项重要内容。此外，近些年来由于城镇一体化推进力度的加大，浙江新农村建设大力发展，农村户籍炙手可热，反而出现了一定程度上的“伪农村化”现象，这是始料未及的，却也是值得深思和探究的。

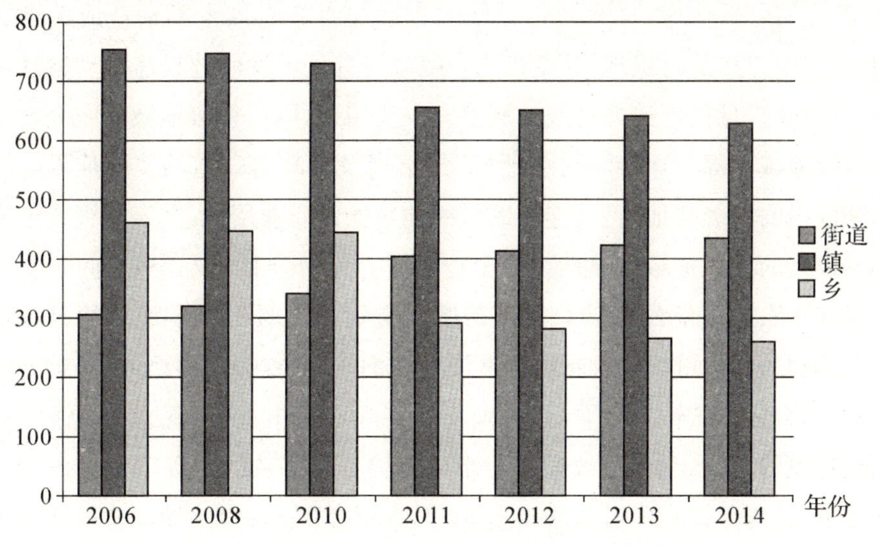

图 2　2006—2014 年乡镇街道变化情况对比图

因此，要审视现行城乡划分统计标准局限于地理空间上的连接性这一缺陷，根据浙江省城乡划分实际情况，因地制宜，积极探索，进一步深化和改革城乡划分统计标准。借鉴国外成功经验，适当增加能够体现城镇化内涵的经济与社会属性的相关指标，尽可能客观、真实地反映城镇化发展进程，为浙江省坚定不移地走新型城市化道路奠定扎实基础。

四、城乡划分统计标准中存在的难点和问题

经过多次的修订与完善，城乡划分统计标准日趋成熟。但在其应用过程中，不难发现，过度关注地理空间上的连接性，成为城乡划分统计标准的一个硬伤。

（一）“完全连接”与“部分连接”概念边界的不确定性

城乡划分是采用城乡属性判断法进行划分的，即先根据实际建设判断村级单位的城乡属性，再根据村级单位所在的统计区域和城乡属性，综合判断出村级单位的城乡类别。也就是说，城乡属性是划分城乡的重要标识和依据，在实际操作中，城乡属性判断的正确与否会对城乡类别造成关键影响。“完全连接的村级地域”是指当乡级政府驻地的实际建设连接到辖区内的村级地域，且被连接的村级地域没有农业用地，则该村级地域为完全连接的村级地域；“部分连接的村级地域”是指当乡级政府驻地的实际建设连接到辖区内的村级驻地，且被连接的村级地域保留农业用地，则该村级地域为部分连接的村级地域。显然，“完全连接”与“部分连接”两者概念间的唯一差异在于农业用地的确认。在进行城乡类别判定时，“完全连接的村级地域”会被归入“主城区”或“镇中心区”范畴，而“部分连接的村级地域”被归入“城乡结合区”或“镇乡结合区”范畴。在实际应用中，由于概念中对于农业用地规模的不确定性，导致操作上难以把握。有些乡的村级单位经济活动甚是发达，属于该乡中心繁华地段，但因为留存部分农业用地，并不开展农业生产活动，只是用于待价而沽、伺机抛售，根据属性判定，该村会被界定为

"部分连接的村级地域",而后再被确认为"城乡结合区"或"镇乡结合区",这种判定结果跟实际情况显然是有所偏离的。

(二)城乡一体化进程中出现的"伪城镇化""伪农村化"现象被混淆模糊

近年来,浙江省大力推进新型城市化,秉承"以人为本、四化同步、优化布局、生态文明、文化传承"的理念,全面提升新型城市化的质量和水平。在此过程中,出现了各种纷繁复杂的城乡现象,就现行标准而言,难以呈现还原其真实状况。一是"伪城镇化"现象。一些地区因为地理空间上的连接划入城镇,但并不享有城市居民的公共服务,冠以城镇之名,却游离于真正的城镇之外。二是"伪农村化"现象。这种现象由于新农村建设等惠农改革措施的推进而日渐增多。一些地区是乡属或者仅仅因为不连接而被划为乡村,但城镇特征非常明显,有些甚至城镇化水平已经较高,享有与城市人同等的就业、医疗和社会保障等。部分地区甚至存在如下状况:基础设施建设齐全,医保、教育、公共交通等完全呈现城镇化水平,从事非农产业人口比重达95%以上,但几乎全部人口都是农业户籍。这是目前普遍存在的人口户籍的逆流转现象,即农业户籍人口不愿意放弃农业户口,非农户口也千方百计地想要转为农业户口现象。基于此,单一的城乡划分统计标准显然会掩盖、模糊"伪城镇化""伪农村化"现象,造成城镇化水平与真实的城镇化内涵相悖离的可能。

(三)生态观光农业在连接判断上的双重性

"连接"是指两个驻地[包括人民政府驻地、街道(地区)办事处驻地、类似乡级单位管理机构所在地、居委会驻地、村委会驻地、类似村级单位管理机构所在地]以及之间可观察到的实际建设设施相连或建设用地相连,实际建设或建设用地中间没有被非建设用地隔开。其中,关于"建设用地"是如此界定的,指建造建筑物、构筑物的土地,包括城乡住宅和公共设施用地、工矿用地、交通水利设施用地、旅游用地、军事设施用地等;关于"非建设用地"则是指农用地和非农用地。一旦判定为"不连接",这块"不连接的村级地域”将被界定为“农村”范畴。在旅游业态日渐多样化的今天，生态观光农业作为一种以农业为载体的新型生态旅游业正悄然兴起，并成为一道独特的风景线，就城乡划分统计标准而言，一方面，它具有一定的农业生产行为，属于非建设用地，另一方面，它是一种新兴的旅游业态，以满足旅游消费需求为主要目的，属于旅游用地的建设用地。显然，目前的城乡划分统计标准无法一言以蔽之地对此类地域做好界定，而“连接”与否作为一个分水岭，又会将此类地域划入决然不同的相对身份。

五、城乡划分调整对城市化率测算的影响

人口统计意义上的城市化率是指城镇地域上的常住人口占总人口的比重。为保持数据的一致性和可比性，自 2010 年开始，浙江省城市化率的测算开始采用城乡划分统计所提供的口径。总体而言，影响城市化率的因素有以下三者，一是因为村级单位城乡属性变化所导致的区域扩张，二是因为城乡人口自然增长所引起的差异，三是因为城乡人口迁移所导致的变动。本部分着重研究城乡变化所导致的区域扩张对城市化率变动的影响。

(一)测算方法

由于历年人口数据较难获得，使用 2010 年、2011 年浙江省城乡划分情况结合 2010 年人口普查区人数、2011 年人口统计调查数据，测算城镇地域扩张对城市化率的影响。

(二)测算原则

一是科学性原则。测算过程要有理有据、科学规范。二是可操作性原则。要确保数据的可获得性和可靠性。

(三)测算步骤

1. 由于浙江省村级单位数量庞大，超过 30000 余家，在人工匹配上需要

耗费大量时间，将会给测算带来巨大的难度。因此，在以全省城乡划分代码库作为抽样框的基础上，先是根据非农、流动人口比例分层，然后根据层次概率抽样，抽取183个村级单位作为最终样本来进行测算研究。

2. 对2010年、2011年城乡划分样本框里的村级单位进行匹配，匹配上的村级单位再与2010年的人口普查区划进行匹配。

表1　2011年城乡划分区划与2010年普查区划匹配情况对比表

2011年城乡划分地址码	2011年乡镇街道	2011年村居委会	2011年城乡分类码	2010年普查地址码	2010年乡镇街道	2010年村居委会	2010年城乡分类码
330304002207	梧田街道	寮东村委会	112	330304002207	梧田街道	寮东村委会	112
330304005200	娄桥街道	娄桥村委会	111	330304005200	娄桥街道	娄桥村委会	111
330324002002	北城街道	城北社区	121	330324100010	上塘镇	城北社区	121
330324003001	南城街道	城南社区	123	330324100007	上塘镇	城南社区	121
330324004203	江北街道	马岙村委会	121	330324101206	瓯北镇	马岙村委会	122
330324006206	三江街道	梅园村委会	220	330324101233	瓯北镇	梅园村委会	220
330324111238	沙头镇	黄村村委会	220	330324223212	花坦乡	黄村村委会	220
330326101319	鳌江镇	阳屿村委会	220	330326101319	鳌江镇	阳屿村委会	220
330327101237	龙港镇	岑浦村委会	122	330327101237	龙港镇	岑浦村委会	122
330327101277	龙港镇	韩家垟村委会	122	330327101277	龙港镇	韩家垟村委会	122

3. 对匹配完成的村级单位对应使用2010年普查区人口数，分别计算2010年、2011年城镇人口比重。

4. 将2010年与2011年的计算结果相减得到城镇区域扩张所导致的影

响结果。

5. 使用2011年人口调查数据、2011年城乡划分样本框里的村级单位，计算得出2011年城镇人口比重。

6. 综合第4、5步骤结果，计算得出城乡划分区域扩张对城市化率的影响。

（四）测算结果

使用2010年普查区人口数，匹配上的小区，按照2010年城乡划分情况计算得到的城镇人口比重为66.89％；按照2011年城乡划分情况计算得到的城镇人口比重为68.17％；两者相减，得出区域扩张的影响结果为1.28个百分点。

使用2011年人口调查数据，得出2011年城镇人口比重为70.57％。

综合以上数据，2011年城镇人口比重较之2010年上升3.68个百分点，其中，城乡划分区域扩张对于城市化率变动的影响为34.78％。

（五）分析

1. 城乡划分的调整对于城市化率的变动有着重要的影响力，其拉动力超过30％。因此，根据社会经济、产业、人口结构，科学合理地规划、调整城乡划分，有助于城市化率的提升，从而更好地反映浙江省城市化发展特征。

2. 行政地域的改变对于城市化率的提升有一定作用，但不具有绝对意义。由测算数据可知，城乡划分的调整对于城市化率的变动有着相当重要的意义，但并不如外界所预想的那样，仅仅是通过行政手段对城镇面积的肆意扩张，即可取得城市化率的大幅上升。2000年之前，由于城乡划分统计标准不够完善，城乡统计口径不一致，城市化率确实存在被高估的现象，其后，随着城乡划分统计标准的修订和完善，已经在相当程度上解决了因包含大量农村人口而夸大城镇人口规模的问题。通过严格地控制“乡村”“城市”之间的转化条件，甚至是近乎苛刻，这点由图3也可以得以验证，无论是乡改镇，或者是镇改街道，都不会直接扭转村级单位的城乡划分情况，在城乡划分的判断上需要综合考虑更多的因素。

六、对改进和完善城乡划分统计标准的对策建议

新常态经济发展下，浙江省将继续积极稳妥、稳步健康地推进城市化可持续发展，城乡划分统计标准作为对城市人口和用地发展规模预测、空间布局以及经济社会发展具有重要基础意义的统计制度方法，也应在以往以“行政地域驻地”的“连接”为基础来判定城乡的框架上加以调整和完善。

（一）根据城镇化内涵要求，增加卫生、非农产业从业人口、医疗、社保等辅助指标

城镇化是指以农业为主的传统乡村型社会向以工业和服务业等非农产业为主的现代城市型社会逐渐转变的发展过程，主要包括人口变化、产业变化、土地及地域空间的变化。经过多年的不懈努力，浙江省的城市化实现了快速推进，但依然存在城市规划不够科学、人口素质有待提高、产业层次提升不快等问题。与此对应，城乡划分作为政府决策的数据参考，也应创新思路，摆脱以往单一以行政地域的连接作为城乡判断的方式，增加一些关键的辅助性指标，从而有针对性地凸显城市化质量的深层次要求。因此，建议城乡划分统计标准在以是否“连接”为判断标准的基础上，首先增加环境、卫生等基本条件是否具有城镇特征，如饮用水、公共交通、排污、垃圾处理等指标；其次是增加居住人口中非农产业从业人员、医疗、社保等指标。这些指标的加入，不仅有利于城乡划分的可持续发展，对于目前“伪城镇化”“伪农村化”现象的消解更是一剂强有效的良药。

（二）借鉴发达国家成功经验，在以实际建设为主要判定标准的同时，设立人口密度作为次要判定标准

在联合国本世纪初公布的世界各国城乡划分标准中，有 109 个国家采用了行政区划方面的指标，其中，98 个国家采用了人口规模和密度指标，27

个国家采用了劳动人口就业结构指标，24 个国家采用了供水、道路等反映人居环境的指标。我国目前实行的城乡划分统计标准主要是以实际建设作为判定标准，对人口密度并无具体要求，规定中唯一对人口做出量化的概念是“特殊地域”，要求常住人口超过 3000 人。在实际操作中，若仅仅以实际建设作为判定标准，并不能真实准确地反映该地域城乡类别，容易发生一些地域被“伪城镇化”，而另外一些地域又被“伪农村化”的现象。发达国家如美国、加拿大、日本等在城乡划分过程中，都有设立人口密度作为辅助标准，其中，日本当时亟须改革的情况与我们较为类似，即行政范围扩充后的市区包括较多的非城市性质的乡村地域，出现大量建成区远远小于行政地域的城市。为解决问题，日本提出了人口集中地区概念，从人口密度指标入手，辅以聚居的人口下限规模，较为成功地解决了该问题。因此，可以考虑在规定中引入人口密度标准，在判定实际建设连接与否的基础上，进一步判定人口密度是否达到相应水准。

（三）对涉及农业用地的概念进一步细化

城乡划分统计标准中，有多处概念涉及农业用地，尤其是在连接的判定中，在“完全连接”和“部分连接”的区别上，农业用地是唯一的分界点。基于现实情况的多样性，在实际操作中，基层统计人员往往很难把握并做出正确判断，“完全连接”和“部分连接”的判定也只是在一念之间。因此，建议对农业用地的概念进一步细化，可以引入量化指标，如该村级单位农业用地超过总体地域的百分之多少，又或者小于多少规模的农业用地可以忽略不计。

（四）结合实际、强化应用，对城乡分类码科学再解读

追本溯源，城乡划分统计标准最直接目的是科学判定城乡分类情况，为统计调查提供统一规范的城乡口径。事实上，整个标准以极其详尽、丰富的内容，对统计用区划码以及城乡属性码做了严谨的界定，但到了最终切实需要投入应用的城乡分类码，也即是我们需求的城乡划分情况界定时，却不够具有说服力。如表 2 所示，目前的城乡分类码包括以下几种类型，城镇包括

城区和镇区，再细化又分为主城区、城乡结合区、镇中心区、镇乡结合区、特殊区域，乡村包括乡中心区和村庄。

表 2　城乡分类代码及含义

城乡分类代码	城乡分类		
100	城镇		
110		城区	
111			主城区
112			城乡结合区
120		镇区	
121			镇中心区
122			镇乡结合区
123			特殊区域
200	乡村		
210		乡中心区	
220		村庄	

在城乡划分统计标准关于城乡的界定上，凡是 1 打头的城乡分类码一律界定为城市，2 打头的城乡分类码一律界定为农村。细究就会发现，像城乡结合区、镇乡结合区这样的中间地带因其地理属性将其直接划分为城市，是否妥当？随着城市化的进一步深入，城乡融合区的界定愈加复杂，农村人为了获得更好的待遇保障，聚拢在郊区周边，而城市人为了逃避城市的喧嚣，也选择了郊区，在这块地域上，城乡二元界限的突破表现得更为强烈。此外，与目前普遍质疑城市化率偏高的观点不同的是，下一阶段，浙江省将需要花更多的精力去关注和解决“伪农村化”所造成的隐性城市化现象，逆城市化所引致的个别现象已经开始凸显，城乡划分情况将会变得更加复杂与模糊。因此，问题又再次回到前文多次提及的本因上去，诸如此类难以界定的模糊区域，迫切需要通过增加辅助指标加以甄别规范，比如人居环境、经济发展、基础设施、社会保障等方面的相关指标。唯有转变思路、改革创新，对城乡分类码进行科学的再解读，对城乡划分统计标准坚持不懈予以探

索和完善，才能真正推进城乡划分统计工作向前迈进，为各级政府在城乡布局、城乡统筹等方面提供科学的预测和解读。

课题负责人：左南丁

课题组成员：周东春　张　韧

王亚玲　周　琳

执　笔　人：周　琳

长三角城市群工业全要素能源效率增长测算及影响因素研究

一、引　言

(一)研究背景与意义

经过改革开放30多年以来的高速增长,地处江苏、浙江和上海两省一市的长三角城市群已成为中国经济最发达的地区之一。然而,随着经济的快速发展,长三角城市群面临的节能减排压力也与日俱增,能源约束已成为该地区经济可持续发展的重要瓶颈。一方面,城市化、工业化的快速推进使得长三角城市群的能源消费刚性需求不断提升;另一方面,长三角地区能源匮乏的现实决定了其经济发展具有高度的能源外向依赖性特征。在这一背景下,能源效率的提高对于缓解长三角城市群的能源供需矛盾就显得尤为迫切。考虑到长三角城市群工业产值和能耗不能具有“双高”的特征(工业增加值占GDP比重超过50%,工业能耗占比为70%左右),以及短期内工业作为长三角城市群主导产业现状难以改变的事实,工业能源效率的提高必然成为长三角城市群能否有效缓解节能减排压力的关键。

与传统的以单位能源产出为度量指标的单要素能源效率相比,基于全要素生产率(TFP)框架的能效指标将“单投入”扩展为“多投入”结构,考虑了不同投入要素间的组合,能够更好地体现出“效率”的内涵(魏楚和沈满洪,2009),因而被更为广泛地采用(Hu和Wang,2006;史丹等,2008;孙广生等,2012 等)。但现有研究均主要关注于我国省际或工业层面的全要素能源效率分析,而针对长三角城市群这一中国城市化和工业化发展典型代表的地区所开展的经验研究十分匮乏,目前仅见张伟和吴文元(2011)运用数据包络分析(DEA)对长三角城市群的全要素能源效率进行了测算及影响因素分析。值得注意的是,专门针对长三角城市群工业全要素能源效率的翔实研究尚未见报道。

有鉴于此,本研究采用聚类分析、随机前沿分析及系统广义矩估计等多种统计学和计量经济学分析方法,首次对长三角城市群这一我国经济发展龙头地区的工业全要素能源效率的变动情况及影响因素开展了系统的实证研究,准确考察了长三角城市群工业全要素能源效率的演变特征及其背后的驱动力量,识别了能源效率提升的关键因素和政策抓手,进而为长三角地区节能政策的优化调整及有效实施提供了必要的经验支持和决策依据。因此,本研究不但能够丰富能源效率领域的研究内容和研究样本,而且还可以为长三角地区有的放矢地制定和优化节能政策、保障区域能源安全、加速实现低碳经济发展目标,提供重要的政策参考和实践指导,同时对于研究和解决目前我国很多地区经济发展过程中出现的能源供需矛盾凸显问题,也具有一定的示范和借鉴意义。

(二)研究内容

1. 长三角城市群工业全要素能源效率增长测算及分解研究

采用基于超越对数生产函数的随机前沿分析(SFA)方法,将工业总产值作为产出,将资本、劳动和能源作为投入要素,在考虑投入要素之间的替代效应与交互作用以及时间变化影响的条件下,对 1998—2012 年长三角城市群 16 个代表性城市的工业全要素能源效率增长率进行了经验测算,并进一步将其分解为技术进步、技术效率变化、规模效率变化三个因素,观察和总结其动态演变趋势和阶段特征,进而采用聚类分析方法对工业能源效率变动特征进行了分类比较研究。

2. 长三角城市群工业全要素能源效率增长影响因素研究

以测算得到的工业全要素能源效率增长率作为被解释变量，选取技术创新能力、所有制结构、工业产业结构、能源强度、能源消费结构及节能政策实施等相关因素作为解释变量，构建动态面板数据模型，并采用能够有效控制内生性问题的系统广义矩估计（SGMM）方法，考察了相关因素对工业全要素能源效率增长的影响方向和影响程度，对驱动工业全要素能源效率变动的关键因素进行了识别。

3. 长三角城市群工业节能政策优化研究

基于实证研究的主要结论，结合长三角城市群宏观经济的现实特点，为长三角地区有效降低能源强度、提高能源效率、实现节能目标，提出了合理可行的政策建议。

（三）创新之处

第一，本研究采用能够对生产者的不可控随机因素所导致的对前沿生产面的偏离予以有效控制的 SFA 方法，首次对长三角地区 16 座城市的工业全要素能源效率增长率进行测算和分解，可以在很大程度上降低样本异常值所带来的测算误差。

第二，本研究首次基于动态面板数据模型，并采用计量经济学中前沿的、能够有效控制解释变量内生性问题的 SGMM 方法，就各相关因素对长三角地区 16 座城市工业全要素能源效率增长的影响方向和影响程度进行了实证考察，可以在很大程度上降低内生性变量对参数估计结果所产生的偏误。

第三，现有文献对长三角城市群能源效率研究的数据样本仅更新至 2009 年（杨莉莉等，2014），因此还缺乏在近期的经济和政策环境下对长三角城市群工业能源效率的及时考察。本研究基于目前数据可得的最大样本容量（1998—2012 年），开展了更具政策时效性的实证研究，据此所提出的节能政策建议无疑也更具参考价值。

二、长三角城市群工业全要素能源效率增长测算及分解研究

(一)随机前沿生产函数

随机前沿生产函数的面板数据形式通常如下：

$$Y_{it} = f(x_{it},\beta)exp(v_{it} - u_{it}) \tag{2-1}$$

其中，i代表各截面单位，t代表时间；Y表示产出；$f(x_{it},\beta)$为生产前沿面，x表示投入要素向量，β是其待估参数向量；v为一般意义上的随机误差项，假定$v \sim N(0,\sigma_v^2)$且与u相互独立，用来表示统计误差和各种随机的环境因素对前沿产量的影响；$u \geqslant 0$为随时间变动的技术非效率项，衡量相对前沿的生产效率水平。现实中生产者不能达到生产函数的前沿水平，主要受随机噪声和技术无效率这两个因素的影响。由于v是一个白噪声，生产者的技术效率(Technical Efficiency，TE)可由样本中生产者产出的期望与随机前沿的期望比值来确定：

$$TE_{it} = \frac{E[f(x_{it},\beta)exp(v_{it} - u_{it})]}{E[f(x_{it},\beta)exp(v_{it} - u_{it}) \mid u_{it} = 0]} = exp(-u_{it}) \tag{2-2}$$

按照Battese和Coelli(1992)对生产无效率项的设定，$u_{it} = u_i exp[-\eta(t-T)]$，并且假定$u_i$服从非负断尾正态分布，即$u_i \sim N^+(\mu,\sigma_u^2)$，参数$\eta$表示技术效率指数$u_{it}$的变化率。由于上述随机前沿模型的设定违反了最小二乘法(OLS)的经典假设而不能采用OLS进行参数估计。但根据Battese和Coelli(1992)的建议，可以令$\gamma = \sigma_u^2/(\sigma_u^2 + \sigma_v^2)(0 \leqslant \gamma \leqslant 1)$，$\gamma$表示随机扰动项中技术无效所占的比重，这样可以采用在区间内搜寻的方式得到一个γ的初始值，然后利用极大似然法得到所有的估计量，同时还可以根据γ的值判断方差中生产无效率方差所占的比重。

在生产函数形式的选择上，本文采用超越对数生产函数进行估计。相对于CD生产函数和CES生产函数而言，超对数生产函数的要素产出弹性

反映了投入要素之间的替代效应和交互作用以及时间变化的影响，能够揭示经济系统内的更多特征。本文采用的三投入要素的超越对数生产函数具体形式如下：

$$
\begin{aligned}
lnY_{it} = {} & \beta_0 + \beta_K(lnK_{it}) + \beta_L(lnL_{it}) + \beta_E(lnE_{it}) + \beta_t t + \frac{1}{2}\beta_{KL}(lnK_{it}lnL_{it}) \\
& + \frac{1}{2}\beta_{KE}(lnK_{it}lnE_{it}) + \frac{1}{2}\beta_{LE}(lnL_{it}lnE_{it}) + \frac{1}{2}\beta_{KK}(lnK_{it})^2 + \frac{1}{2}\beta_{LL}(lnL_{it})^2 \\
& + \frac{1}{2}\beta_{EE}(lnE_{it})^2 + \frac{1}{2}\beta_{tt}t^2 + \beta_{Kt}t(lnK_{it}) + \beta_{Lt}t(lnL_{it}) + \beta_{Et}t(lnE_{it}) \\
& + \sum_{i=1}^{15}\beta_i city_i + v_{it} - u_{it}
\end{aligned}
\quad (2-3)
$$

其中，Y 表示各城市的工业总产值，K 为工业资本投入量，L 为工业劳动力投入量，E 为工业能源消费量。由式(2－3)可得各投入要素的产出弹性为：

$$\varepsilon_K = \frac{\partial lnY}{\partial lnK} = \beta_K + \beta_{KK}lnK + \frac{1}{2}\beta_{KL}lnL + \frac{1}{2}\beta_{KE}lnE + \beta_{Kt}t \quad (2-4)$$

$$\varepsilon_L = \frac{\partial lnY}{\partial lnL} = \beta_L + \beta_{LL}lnL + \frac{1}{2}\beta_{KL}lnK + \frac{1}{2}\beta_{LE}lnE + \beta_{Lt}t \quad (2-5)$$

$$\varepsilon_E = \frac{\partial lnY}{\partial lnE} = \beta_E + \beta_{EE}lnE + \frac{1}{2}\beta_{KE}lnK + \frac{1}{2}\beta_{LE}lnL + \beta_{Et}t \quad (2-6)$$

(二)全要素能源效率增长的分解

根据 *Kumbhakar*(2000)的做法，首先可将技术进步定义为控制了要素投入后技术前沿随时间推移而变化的速率：

$$TC_{it} = \frac{\partial lnf(x_{it},\beta)}{\partial t} = \beta_t + \beta_{tt}t + \beta_{Kt}lnK + \beta_{Lt}lnL + \beta_{Et}lnE \quad (2-7)$$

除要素投入的变化外，引起全要素能源效率变化的因素不仅包括技术进步，还包括技术效率的变化。可将技术效率变化定义为技术效率随时间的推移而发生变化的速率：

$$TEC_{it} = \frac{\partial lnTE_{it}}{\partial t} = \frac{\partial lnexp(-u_{it})}{\partial t} = -\frac{\partial u_{it}}{\partial t} \quad (2-8)$$

这样，在控制要素投入后全要素能源效率的增长率(TFEG)可表示为技术进步与技术效率变化之和：

$$TFEG_{it} = \frac{\partial lnY_{it}}{\partial t} = TC_{it} + TEC_{it} \tag{2-9}$$

根据增长核算理论的定义，TFP 的变化是扣除要素投入增长贡献后的产出增长率，即增长核算中的“残值”：

$$\dot{TFP}_{it} = \dot{Y}_{it} - \sum_j s_{jit}\,\dot{x}_{jit} \tag{2-10}$$

其中，$\dot{x}_{jit}$ 为投入要素 $j(j = K,L,E)$ 的变化率，s_{jit} 为要素 j 在要素总成本中的份额，且 $\sum_j s_{jit} = 1$。

按照 Kumbhakar(2000)的方法，对生产函数两边全微分并利用(2－10)式，在要素价格不可得时可将全要素能源效率增长率(TFEG)分解为技术进步(TC)、技术效率变化(TEC)和规模经济性(SE)三个部分：

$$TFEG_{it} = TC_{it} + TEC_{it} + (RTS_{it} - 1)\sum_j \lambda_{jit}\,\dot{x}_{jit} \tag{2-11}$$

其中，$RTS_{it} = \sum_j \varepsilon_{jit}$ 表示规模经济效应，$\lambda_{jit} = \varepsilon_{jit}/RTS_{it}$ 表示要素 j 相对于总体规模报酬的产出弹性，ε_{jit} 为要素 j 的产出弹性。规模经济性代表了要素的规模报酬对生产率增长的贡献，即在其他条件不变的情况下，产出增长比例高于要素规模综合增长比例，可表示为 $SE_{it} = (RTS_{jit} - 1)\sum_j \lambda_{jit}\,\dot{x}_{jit}$。

(三)投入产出数据说明

鉴于数据的可得性，本文选取 1998－2012 年长三角城市群中的上海、南京、无锡、常州、苏州、南通、镇江、扬州、泰州、杭州、宁波、嘉兴、湖州、绍兴、舟山和台州等 16 个核心城市的面板数据作为研究样本，数据来源于各城市各年统计年鉴及《长江和珠江三角洲及港澳台统计年鉴》，投入产出数据指标说明如下。

工业总产值(Y)：由于本文所关注的全要素能源效率主要反映的是具有中间投入品属性的能源要素的利用效率，本文的工业产出指标宜使用包含了中间投入成本的工业总产值而非工业增加值。我们采用各省市各年的工业品出厂价格指数对其进行了平减，折算为 2000 年可比价格序列。

工业资本投入(K)：由于估算工业资本存量所需的固定资产投资价格

指数在各地级市的相关统计资料中均未见报告，本文参照一些文献（如涂正革和肖耿，2005）的常见做法，利用 2000 年可比价的工业企业固定资产净值年平均余额作为资本投入的指标。

工业劳动力投入（L）：采用各城市各年工业平均从业人数对其进行度量。

工业能源消费（E）：采用工业综合能源消费量进行度量。对于没有直接报告工业综合能源消费量的城市，本文通过能源折算表，将这些地区的各种工业能源消费实物量统一折算为以吨标准煤为单位的标准量工业综合能源消费量。

（四）测算结果及讨论

1. 生产函数估计结果及讨论

基于超越对数生产函数建立的面板数据随机前沿模型式（2－3），我们使用 R 软件的 Frontier 包得到主要参数的估计值（见表 2.1）。可以看到，γ＝0.9999，统计上非常显著，表明生产无效率在长三角城市群工业产出增长中扮演了较为重要的角色，随机误差项则可以解释余下的极小部分。根据式（2－4）、式（2－5）和式（2－6），可以计算得到资本、劳动及能源的平均产出弹性分别为 0.279、0.439 和 0.057，可见目前我国长三角城市群的经济增长主要由劳动力投入所主导。从地区工业技术进步的角度分析，与技术进步相关的变量（即含 t 的变量），其参数都比较显著，说明我国长三角城市群工业经济增长存在明显的技术进步。

表 1　随机前沿模型主要参数估计值

变量	参数	系数	标准差	z 统计值	p 值
常数项	A	2.3498	0.7932	2.9623	0.0031
lnL	β_L	1.1604	0.3395	3.4179	0.0006
lnK	β_K	0.6832	0.3625	1.8847	0.0595
lnE	β_E	－0.3104	0.2665	－1.1648	0.2441
$(lnL)^2$	β_{LL}	－0.0887	0.1555	－0.5708	0.5681

续 表

变量	参数	系数	标准差	z 统计值	p 值
$(lnK)^2$	β_{KK}	−0.4132	0.1239	−3.3335	0.0009
$(lnE)^2$	β_{EE}	0.0052	0.0950	0.0545	0.9565
$lnLlnK$	β_{KL}	0.2185	0.2855	0.7653	0.4441
$lnLlnE$	β_{LE}	−0.2303	0.1109	−2.0774	0.0378
$lnKlnE$	β_{KE}	0.3547	0.1491	2.3792	0.0174
$tlnL$	β_{Lt}	−0.0297	0.0094	−3.1579	0.0016
$tlnK$	β_{Kt}	0.0392	0.0083	4.7244	0.0000
$tlnE$	β_{Et}	−0.0144	0.0040	−3.5747	0.0004
t^2	β_{tt}	−0.0050	0.0009	−5.7577	0.0000
t	β_t	0.1373	0.0251	5.4758	0.0000
γ		0.9999	0.0001	265252.9428	0.0000

2.全要素能源效率增长分解结果及讨论

我们将长三角城市群16个城市各年的技术效率报告于表2。可以看到，长三角城市群16个城市的工业技术效率并未呈现出一种统一的整体变动模式，但绝大多数城市最近数年的工业技术效率均出现下降趋势，说明我国长三角城市群近些年生产效率亟待改善。图1绘制了各城市技术效率变化的平均值，通过比较可以发现，技术效率增长速度较快的城市有常州、苏州、上海、舟山、无锡和宁波，而技术效率增长速度较慢的城市有绍兴、杭州、泰州、台州、扬州和南通，对现有技术充分利用、优化要素配置、提高生产效率是这些城市改善技术效率的关键。

根据式(2−7)和式(2−11)，我们可以分别得出1999−2012年长三角城市群16个核心城市的技术进步率TP以及规模经济变化率SE(见表3和表4)。由表3可知，长三角城市群16个城市的工业技术进步率整体呈现出下降趋势，但各城市间技术进步率的差异不大，除台州较高外，其余城市均大致处于0.087−0.115这一区间内。上述事实表明，近年来长三角城市群的技术进步速度略有放缓，但仍保持在一定水平，且城市间技术进步差距缩小，逐渐趋同。从各城市技术进步的平均值来看(图 2)，技术进步率较高的地区主要是舟山、上海、绍兴、湖州、杭州和嘉兴，苏州、无锡、扬州、镇江和南京处于中间水平，技术进步率相对较低的城市主要是南京、常州、泰州、台州和宁波。

表 2　1998—2012 年长三角城市群 16 个城市工业技术效率变化率

年份	1998	1999	2000	2001	2002	2003	2004	2005
常州	0.93384	0.94828	0.93074	0.89055	0.86625	0.8903	0.90024	0.90631
苏州	0.91311	0.99998	0.90554	0.85484	0.87443	0.89756	0.9229	0.88574
上海	0.88790	0.89977	0.92523	0.90487	0.89411	0.96473	0.96236	0.96038
舟山	0.84272	0.79592	0.84749	0.87424	0.98373	0.95970	0.98735	0.97608
无锡	0.93365	0.94485	0.89644	0.86202	0.86557	0.89360	0.92081	0.92135
宁波	0.98200	0.94233	0.93773	0.85589	0.86876	0.89329	0.89683	0.95865
镇江	0.99295	0.99218	0.91364	0.86069	0.87581	0.82984	0.82348	0.78515
南京	0.84618	0.87915	0.91431	0.96196	0.90582	0.95361	0.96961	0.95723
嘉兴	0.94285	0.93342	0.96664	0.91470	0.99805	0.99127	0.89324	0.90946
湖州	0.99883	0.94331	0.93098	0.91753	0.89768	0.85599	0.92971	0.92300
平均	0.89669	0.89379	0.87988	0.85111	0.86355	0.87334	0.88759	0.89362
绍兴	0.98959	0.99765	0.92038	0.89265	0.89732	0.89968	0.83395	0.91338
杭州	0.77205	0.75143	0.81274	0.82902	0.88312	0.94975	0.99135	0.97300
泰州	0.78350	0.79653	0.78834	0.79242	0.78926	0.79737	0.84941	0.79935
台州	0.99985	0.98835	0.93881	0.86711	0.89442	0.86469	0.90172	0.92313
扬州	0.85436	0.79557	0.76653	0.69217	0.67134	0.67545	0.71147	0.75070
南通	0.67363	0.6919	0.68249	0.64716	0.65119	0.65661	0.707	0.75495

年份	2006	2007	2008	2009	2010	2011	2012	平均
常州	0.94865	0.96835	0.96660	0.99557	0.96433	0.91068	0.89330	0.92760
苏州	0.97622	0.98840	0.96016	0.95056	0.93244	0.88926	0.85391	0.92034
上海	0.99288	0.98955	0.95373	0.88684	0.91791	0.85735	0.76935	0.91780
舟山	0.96323	0.96396	0.95987	0.98872	0.88178	0.84150	0.84355	0.91399

续 表

年份	2006	2007	2008	2009	2010	2011	2012	平均
无锡	0.99250	0.99037	0.98123	0.94412	0.88960	0.85800	0.78019	0.91162
宁波	0.96928	0.99923	0.94669	0.80820	0.85772	0.81962	0.79824	0.90230
镇江	0.81020	0.90125	0.95456	0.94357	0.95040	0.94966	0.94952	0.90219
南京	0.95421	0.97550	0.91347	0.83242	0.83290	0.82034	0.81287	0.90197
嘉兴	0.85540	0.89033	0.84014	0.82628	0.89074	0.86490	0.79645	0.90092
湖州	0.90058	0.92362	0.90097	0.85520	0.84126	0.81780	0.86457	0.90007
平均	0.91990	0.94023	0.92298	0.89510	0.88240	0.85328	0.83902	0.88617
绍兴	0.86125	0.88067	0.84797	0.81830	0.82177	0.83645	0.83532	0.88309
杭州	0.98193	0.96480	0.91886	0.87651	0.83843	0.82420	0.80509	0.87815
泰州	0.86391	0.93231	0.88053	0.92567	0.92201	0.92393	0.99861	0.85621
台州	0.94432	0.87050	0.77135	0.69133	0.70351	0.60638	0.5918	0.83715
扬州	0.82199	0.84843	0.97458	0.98357	0.95714	0.94351	0.92903	0.82506
南通	0.88189	0.95645	0.99697	0.99474	0.91640	0.88893	0.90258	0.80019

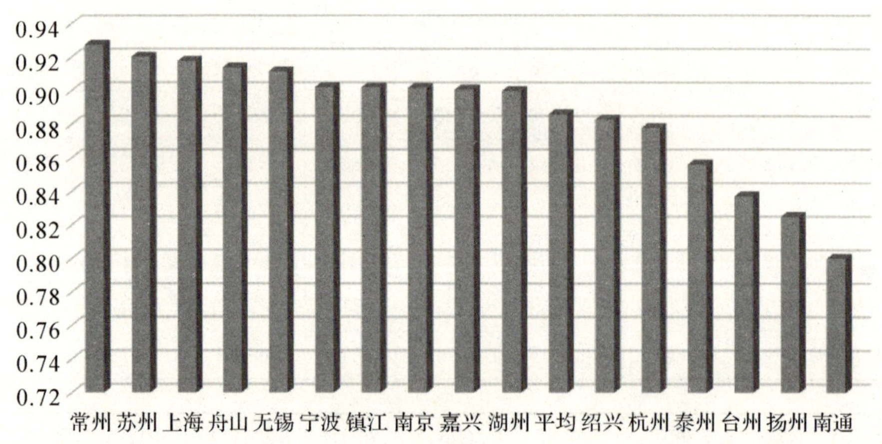

图 1 1998－2012 年长三角城市群 16 个城市工业技术效率变化率年均值

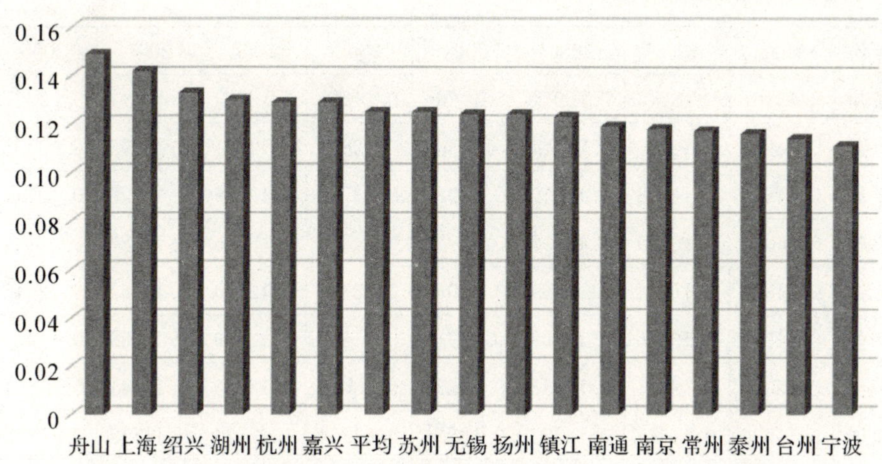

图 2　1999—2012 年长三角城市群 16 个城市工业技术进步率年均值

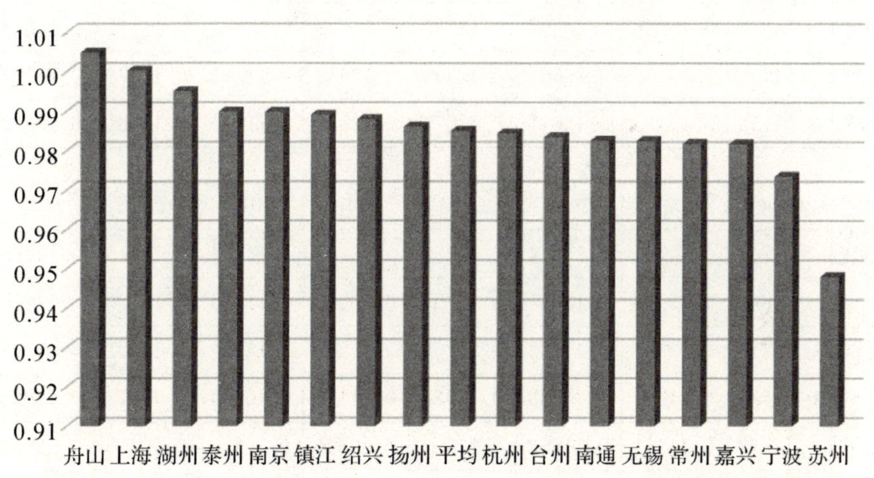

图 3　1999—2012 年长三角城市群 16 个城市工业规模经济变化率年均值

表 3　1999—2012 年长三角城市群 16 个城市工业技术进步率

年份	1998	1999	2000	2001	2002	2003	2004	2005
舟山	0.16332	0.16375	0.15897	0.15433	0.14902	0.13928	0.12347	0.13234
上海	0.16147	0.16459	0.16609	0.16092	0.15728	0.15096	0.14528	0.14150
绍兴	0.16093	0.15761	0.15160	0.14790	0.14400	0.13963	0.12879	0.13356
湖州	0.14873	0.15312	0.15556	0.14901	0.14520	0.14052	0.12329	0.13182

续 表

年份	1998	1999	2000	2001	2002	2003	2004	2005
杭州	0.15467	0.15313	0.15011	0.14606	0.14265	0.13884	0.12742	0.12957
嘉兴	0.14906	0.14720	0.14314	0.13691	0.12878	0.12151	0.13395	0.13308
平均	0.14864	0.14908	0.14650	0.14223	0.13702	0.13026	0.12126	0.12149
苏州	0.16083	0.16159	0.15137	0.14942	0.14428	0.13585	0.12587	0.12131
无锡	0.14860	0.15034	0.14559	0.13953	0.13346	0.12699	0.11862	0.12046
扬州	0.14938	0.15156	0.15009	0.14714	0.13852	0.13159	0.12089	0.11370
镇江	0.13358	0.13251	0.14553	0.14268	0.13661	0.13004	0.11741	0.11891
南通	0.14006	0.14411	0.14233	0.13734	0.13294	0.12574	0.11713	0.11018
南京	0.13611	0.13699	0.13459	0.13329	0.13027	0.12265	0.11875	0.11949
常州	0.14342	0.14389	0.13818	0.13366	0.12976	0.12274	0.11461	0.11422
泰州	0.13949	0.13928	0.13807	0.13535	0.13023	0.12462	0.11111	0.10838
台州	0.14705	0.14545	0.13664	0.13140	0.12638	0.11842	0.10873	0.11182
宁波	0.14155	0.14010	0.13613	0.13076	0.12300	0.11484	0.10484	0.10349

年份	2006	2007	2008	2009	2010	2011	2012	平均
舟山	0.13706	0.14755	0.14774	0.16259	0.15463	0.14903	0.15116	0.14895
上海	0.13994	0.13406	0.12935	0.12794	0.12232	0.11825	0.11306	0.14220
绍兴	0.12749	0.12202	0.11833	0.12264	0.11599	0.11289	0.11121	0.13297
湖州	0.12688	0.11997	0.11188	0.11930	0.11418	0.10709	0.10772	0.13028
杭州	0.12512	0.11951	0.11653	0.11602	0.10890	0.10678	0.10500	0.12935
嘉兴	0.12751	0.12300	0.11688	0.12261	0.11923	0.11761	0.11464	0.12901
平均	0.12014	0.11567	0.11107	0.11467	0.10802	0.10607	0.10477	0.12513
苏州	0.12039	0.11513	0.10767	0.10323	0.09652	0.09248	0.08993	0.12506
无锡	0.11967	0.11960	0.11735	0.11436	0.10527	0.10377	0.10095	0.12430
扬州	0.11336	0.10631	0.10058	0.11201	0.10938	0.10767	0.10571	0.12386
镇江	0.11978	0.11389	0.10600	0.11118	0.11041	0.10963	0.11181	0.12266
南通	0.11109	0.10591	0.10964	0.11150	0.09618	0.09667	0.09714	0.11853
南京	0.11942	0.11352	0.10575	0.10408	0.09862	0.09525	0.09383	0.11751

续 表

年份	1998	1999	2000	2001	2002	2003	2004	2005
常州	0.11414	0.11070	0.10061	0.10106	0.09431	0.09564	0.09617	0.11687
泰州	0.10737	0.10134	0.10102	0.10246	0.09866	0.09916	0.09652	0.11554
台州	0.10869	0.09903	0.09201	0.09892	0.09081	0.09451	0.09393	0.11359
宁波	0.10430	0.09920	0.09581	0.10481	0.09297	0.09072	0.08755	0.11134

表4报告了长三角16个城市1998—2012年工业规模经济的变化情况。不难看出，长三角城市群16个城市中，除了舟山和上海之外，其余城市均呈现出一定程度的规模不经济，这表明长三角城市群的要素配置情况还有待改善。从各城市工业规模经济变化的平均值来看（见图2、图3），舟山和上海较好地实现了规模经济，湖州、泰州、南京、镇江、绍兴、扬州、杭州、台州、南通、无锡、常州和嘉兴处于中间水平，而规模经济性表现相对较差的城市主要是宁波和苏州。

表4　1999—2012年长三角城市群16个城市工业规模经济变化率

年份	1999	2000	2001	2002	2003	2004	2005
舟山	0.01457	0.00133	0.00118	0.00892	0.01528	0.02533	0.00920
上海	0.08882	0.07779	−0.01205	0.00980	−0.04508	−0.04075	−0.05061
湖州	−0.00037	−0.00019	−0.00054	−0.00071	−0.00788	0.00033	−0.01975
泰州	0.00060	0.00116	0.00034	−0.00131	−0.00233	−0.00118	−0.00665
南京	0.00471	−0.00357	0.01120	−0.01139	−0.00703	−0.00545	−0.02583
镇江	0.00023	−0.00081	−0.00364	−0.00317	−0.00574	−0.00315	−0.01417
绍兴	0.00084	−0.01457	−0.00852	−0.02207	−0.03039	−0.06970	0.01332
扬州	−0.00210	−0.00263	0.00210	−0.00122	−0.00748	−0.00722	−0.00708
平均	0.00915	−0.00350	−0.00824	−0.01084	−0.02455	−0.03283	−0.02597
杭州	0.00256	−0.00337	−0.02400	−0.01869	−0.03005	−0.04818	−0.02719
台州	−0.00053	−0.00425	−0.02003	−0.00472	−0.02511	−0.02637	−0.02484
南通	0.00415	−0.00324	−0.00434	−0.00106	−0.01407	−0.01655	−0.01605
无锡	0.01551	−0.00938	−0.00824	−0.02469	−0.03784	−0.04159	−0.03122

续 表

年份	1999	2000	2001	2002	2003	2004	2005
常州	0.00273	0.00058	−0.00986	−0.01533	−0.02044	−0.03478	−0.00506
嘉兴	0.00356	−0.00025	−0.00440	−0.02941	−0.03784	−0.07195	−0.02288
宁波	−0.00713	−0.02623	−0.02168	−0.02189	−0.03339	−0.07949	−0.02270
苏州	0.01816	−0.06831	−0.02934	−0.03647	−0.10346	−0.10454	−0.16407

年份	2006	2007	2008	2009	2010	2011	2012	平均
舟山	0.00608	−0.00048	−0.00789	0.00253	−0.01750	0.00345	0.00662	0.00490
上海	0.02259	−0.04686	−0.00585	0.04873	−0.06236	0.00725	0.01152	0.00021
湖州	−0.01552	−0.01008	−0.00138	−0.01495	−0.00937	0.01257	−0.00227	−0.00501
泰州	−0.00993	−0.01145	−0.02920	−0.03279	−0.02765	−0.00252	−0.02006	−0.01021
南京	−0.00291	−0.01095	−0.01414	−0.02064	−0.02321	−0.01650	−0.01796	−0.01026
镇江	−0.00568	−0.00470	−0.00977	−0.02899	−0.02288	−0.01807	−0.03278	−0.01095
绍兴	−0.03948	−0.02299	0.01006	0.00916	−0.01434	0.01415	0.00470	−0.01213
扬州	−0.00918	−0.03480	−0.00428	−0.05772	−0.06023	−0.00655	0.00236	−0.01400
平均	−0.01661	−0.03078	−0.01058	−0.01531	−0.03199	−0.00070	−0.00757	−0.01502
杭州	−0.04515	−0.03193	−0.00323	0.01111	−0.02769	0.02050	0.00496	−0.01574
台州	−0.02604	−0.06202	−0.01097	−0.02324	−0.02630	0.01378	0.00706	−0.01669
南通	−0.00960	−0.02891	−0.02827	−0.03751	−0.04428	−0.01841	−0.02687	−0.01750
无锡	−0.00514	−0.05028	0.00825	−0.01651	−0.04151	0.00682	−0.01063	−0.01760
常州	−0.03125	−0.03493	−0.01929	−0.02561	−0.03618	−0.00911	−0.01792	−0.01832
嘉兴	−0.05444	−0.01436	−0.00461	0.01662	−0.01462	0.00522	−0.02854	−0.01842
宁波	−0.04172	−0.04274	−0.01827	−0.03121	−0.03241	−0.00841	0.01528	−0.02657
苏州	0.00165	−0.08504	−0.03041	−0.04395	−0.05136	−0.01535	−0.01661	−0.05208

3. 全要素能源效率增长测算结果及讨论

根据式(2—12)，可以算出各城市工业全要素能源效率增长率，计算结果见表4及图4所示。可以看到，除了少数城市少数年份，各城市的工业全要素能源效率增长基本上都大于0，说明自1998年以来的15年，我国长三角城市群的工业全要素能源效率都有了明显提高。生产率增长较为明显的城市是舟山、上海、南通、泰州和镇江，扬州、杭州、湖州、绍兴和南京处于中等水平，增长率较低的城市是嘉兴、常州、无锡、宁波、苏州和台州。

为进一步观察长三角城市群工业全要素能源效率增长情况的特征，我们还基于表 5 报告的长三角 16 个主要城市的全要素能源效率增长指数的年均值进行了聚类分析。根据图 5 所示聚类树图，我们将长三角 16 个城市的全要素能源效率增长分为表 6 中所示的 4 个类别。

类别Ⅰ为全要素能源效率增长率最高的舟山市，表明长三角城市群中，在考虑能源消费的前提下，舟山工业部门的生产效率处于领先水平。舟山是工业规模小、能耗较少的典型城市，其全要素能源效率增长率较高主要与产业结构有关。

类别Ⅱ包含上海、镇江、南通、扬州、台州、杭州和湖州 7 个城市，这些城市的全要素能源效率增长情况居于中等偏上水平。不难发现，除了上海、杭州之外，相对而言，本组其他城市在经济发展水平上并不十分突出，较高的全要素能源效率增长可能主要源自其追赶效应。

类别Ⅲ包含南京、无锡、常州、嘉兴和绍兴 5 个城市，从单要素能源效率来看，这些城市的能源效率并不算低，但在全要素能源效率增长水平上却表现不佳，主要问题可能在于资本、劳动力等资源配置效率低下。

类别Ⅳ包含了苏州、宁波和台州 3 个城市。其中，较低的单要素能源效率直接导致阻碍了宁波的全要素能源效率增长，而对于苏州和台州而言，其较低的全要素能源效率增长率应该由资本、劳动等资源配置效率不高所致。

总体而言，除了台州、上海、杭州等城市，大部分工业规模较大的城市，其全要素能源效率增长表现均不尽如人意，而工业规模较小的城市具有较高的全要素能源效率增长水平。可见，优化资源配置、提高能源等要素配置效率是长三角城市群在促进工业发展的同时不容忽视的重要方面。

表 5　1999－2012 年长三角城市群 16 个城市工业全要素能源效率增长率

年份	1999	2000	2001	2002	2003	2004	2005
舟山	0.1228	0.2251	0.18708	0.28318	0.13012	0.17761	0.13012
上海	0.26677	0.27217	0.12686	0.15519	0.18486	0.10207	0.08883
南通	0.17538	0.1255	0.08124	0.13809	0.12	0.17732	0.16196
泰州	0.15651	0.12895	0.14086	0.12493	0.13256	0.17519	0.0428
镇江	0.24743	0.13196	0.06557	0.08108	0.151	0.07181	0.10659
扬州	0.08064	0.11096	0.05223	0.10721	0.13022	0.167	0.16175
杭州	0.12898	0.22832	0.1421	0.18921	0.18424	0.12304	0.08387
湖州	0.09717	0.1423	0.13402	0.12286	0.0862	0.20975	0.10484
绍兴	0.1666	0.05957	0.10925	0.12717	0.11188	−0.01397	0.24213
平均	0.16278	0.13472	0.10056	0.13625	0.12228	0.10535	0.10721
南京	0.18066	0.17101	0.1966	0.06053	0.16837	0.13008	0.08089
嘉兴	0.14076	0.17848	0.07877	0.19049	0.07687	−0.03689	0.12835
常州	0.16208	0.12027	0.08062	0.08714	0.13006	0.091	0.11591
无锡	0.17785	0.08497	0.0929	0.11288	0.12154	0.10748	0.08983
宁波	0.09258	0.10501	0.02181	0.11615	0.10968	0.02932	0.14972
苏州	0.2749	−0.01139	0.06409	0.13072	0.05885	0.04955	−0.08302
台州	0.13341	0.08227	0.03498	0.15316	0.06007	0.12519	0.11072

年份	2006	2007	2008	2009	2010	2011	2012	平均
舟山	0.12998	0.14783	0.1356	0.19517	0.02898	0.1068	0.16021	0.15433
上海	0.19636	0.08385	0.08731	0.10654	0.09499	0.05951	0.02195	0.13195
南通	0.26962	0.16155	0.12374	0.07175	−0.02684	0.04828	0.08563	0.12237
泰州	0.1782	0.16906	0.01627	0.12094	0.06706	0.09872	0.15729	0.1221
镇江	0.05819	0.14601	0.22157	0.15539	0.07067	0.09477	0.09079	0.12092
扬州	0.19915	0.10367	0.245	0.06351	0.02228	0.08687	0.09274	0.11595
杭州	0.08916	0.07014	0.06569	0.08104	0.03776	0.11032	0.08676	0.11576
湖州	0.08708	0.13547	0.08597	0.05354	0.08851	0.09177	0.16264	0.11444
绍兴	0.03094	0.12158	0.09126	0.09682	0.10589	0.1449	0.11454	0.10775

续 表

年份	2006	2007	2008	2009	2010	2011	2012	平均
平均	0.13065	0.10412	0.08706	0.07351	0.06317	0.07152	0.08077	0.10571
南京	0.11335	0.12488	0.02803	−0.00528	0.07598	0.06367	0.06676	0.10397
嘉兴	0.01363	0.14948	0.0559	0.12272	0.18262	0.09381	0.00696	0.09871
常州	0.12961	0.09653	0.07952	0.10542	0.02675	0.03089	0.05916	0.09393
无锡	0.19175	0.06718	0.11638	0.06002	0.00602	0.07506	−0.00036	0.09311
宁波	0.07368	0.08736	0.02497	−0.07269	0.12183	0.03789	0.07675	0.06958
苏州	0.22418	0.04256	0.04868	0.04929	0.02609	0.03082	0.03358	0.06707
台州	0.10562	−0.04117	−0.03287	−0.02807	0.08212	−0.02978	0.07694	0.05947

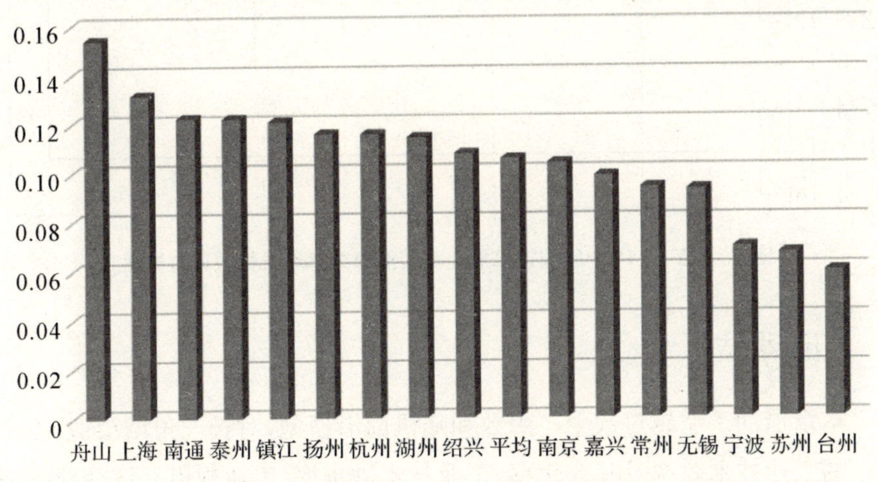

图 4　1999—2012 年长三角城市群 16 个城市工业全要素能源效率增长率平均值

表 6　长三角 16 个座城市全要素能源效率增长聚类分析结果

类别	城市	全要素能源效率增长指数
Ⅰ	舟山	0.1543
Ⅱ	上海、镇江、南通、扬州、泰州、杭州、湖州	0.1205
Ⅲ	南京、无锡、常州、嘉兴、绍兴	0.0995
Ⅳ	苏州、宁波、台州	0.0654

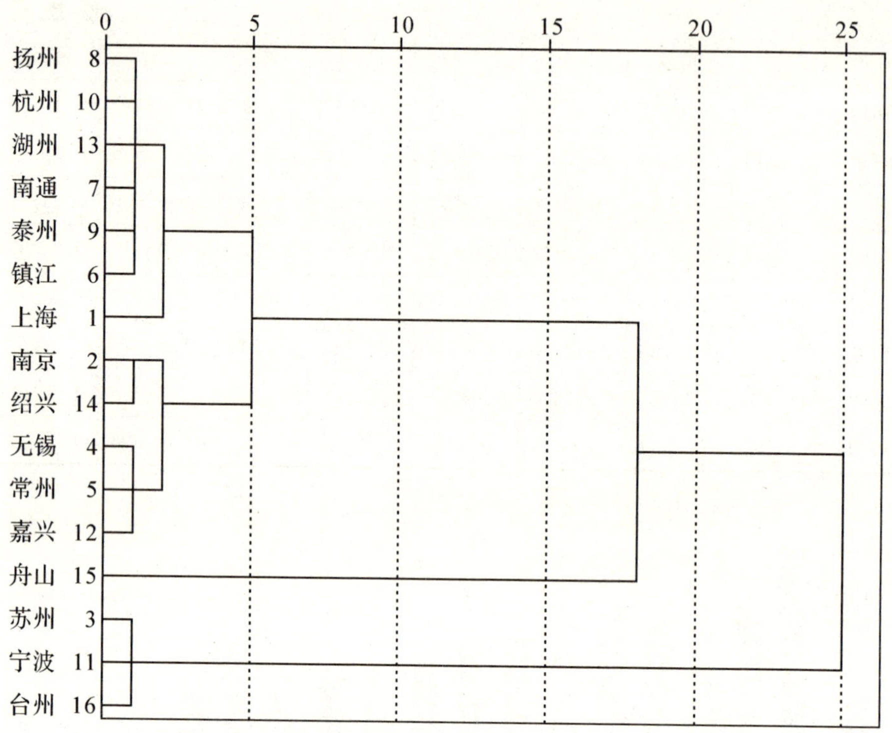

图 5　长三角 16 个座城市工业全要素能源效率增长指数聚类树图

(五)小结

本章借助于超越对数生产函数和随机前沿模型,对长三角城市群 16 个城市的工业技术效率及其变化率、工业技术进步率、工业规模经济变化率进行了测算。在此基础上进一步计算得到了各城市各年的工业全要素能源效率增长率,并对其进行了聚类分析。结果表明,1998 年以来我国长三角城市群的工业全要素能源效率都呈现出明显的提高趋势,但绝大多数城市近几年的工业技术效率出现下降趋势;各城市工业部门均存在一定水平的技术进步,且城市间技术进步差距缩小,逐渐趋同,但技术进步速度略有放缓;除了舟山和上海之外,其余城市均呈现出一定程度的规模不经济。此外,通过聚类分析可知,除台州、上海、杭州等城市,大部分工业规模较大的城市,其全要素能源效率增长表现均不尽如人意,而工业规模较小的城市具有较高的全要素能源效率增长水平，表明长三角城市群需要通过优化资源配置、提高能源等要素配置效率促进工业发展。

三、长三角城市群工业全要素能源效率增长影响因素研究

(一)计量模型、估计方法及数据说明

考虑到宏观经济变量通常具有路径依赖特征，前期水平对当期结果具有不可忽视的影响。本研究构建如下动态面板数据模型对工业全要素能源效率增长率的影响因素予以考察：

$$TFEG_{it} = \gamma_0 + \gamma_1 TFEG_{i,t-1} + \gamma_2 X_{it} + \sigma_{it} \tag{3-1}$$

其中，X 为影响因素向量，$\gamma_0 - \gamma_2$ 为待估参数，σ_{it} 为随机扰动项。

动态面板数据模型的优势在于对变量的路径依赖特征予以考虑，但是因变量滞后一期作为自变量引入方程会导致模型的内生性问题。Blundell 和 Bond(1998)提出并建议采用系统广义矩估计(SGMM)方法对动态面板模型进行估计，本文也采用 SGMM 进行参数估计。

由于长三角城市群工业全要素能源效率由技术效率、技术进步以及规模经济效应构成，因而结合因素指标的数据可得性和技术有效性，选取以下影响因素进行实证分析。

1. 技术创新能力(TI)

大多数经济增长的理论和实证研究均强有力地证明了技术是经济增长乃至经济发展的重要力量，而且与节能减排等相关的技术水平会影响行业能源使用总量和效率。因此，有必要考虑技术指标对全要素能源效率的影响。根据数据的可得性，我们采用长三角城市群 16 个城市专业技术从业人员占总就业人员比重表征各城市的技术创新能力。

2. 所有制结构(SOO)

在我国经济体制转型经济的特殊背景下，所有制改革对经济增长和生

产率提高无疑产生了深远影响。从宏观层面上讲，由于所有制结构很大程度上反映了市场化进程，是制度环境的体现，可以折射出要素配置效率的高低。同时，在微观层面上，相比国有企业或集体企业，三资企业和股份制企业因为产权结构明晰而稳定，往往有较高的绩效水平。（刘小玄，2000）因此，本研究以国有及国有控股工业产值占工业总产值的比重作为所有制结构的替代变量引入模型，以考察所有制结构对工业能源效率的影响。

3. 工业产业结构(*HIP*)

重工业部门往往存在能源使用量大、使用效率相对不高的问题，而重工业粗放型的增长方式可能进一步使得全要素能源效率随着重工业规模的扩大而降低。有鉴于此，我们将产业结构因素纳入模型，并选取各城市重工业总产值所占工业总产值的比重来反映工业内部的产业结构。

4. 能源强度(*EI*)

能源强度是行业能源利用技术及其研发投入效果的直接外在反映，体现技术创新成效。能源强度越小，同样的产出水平耗费的能源越少，全要素能源效率就可能越高。由于本研究侧重研究工业部门的全要素能源效率，因而选取各城市工业单位产值能耗作为能源强度的替代变量。

5. 能源消费结构(*CLP*)

城市的能源效率与其所消耗的主要能源种类的效率息息相关，因而能源结构在一定程度上会对全要素能源效率产生影响。不失一般性，我们以工业煤炭消耗量占工业能源综合消耗量的比重对能源结构予以反映。

6. 节能政策实施(*EP*)

我国的“十一五”规划首次提出了“节能减排”的战略目标，对五年内能耗和污染物排放制定了约束性指标，各级地方政府和各部门也于2006年起纷纷出台了一系列相关的政策措施以实现节能减排。因此。本文以2006年为时间节点引入一个政策虚拟变量表征环境政策实施，2006—2011年取值为1，其他年份为0，以此对政策性影响予以控制。

以上数据均来源于《中国城市统计年鉴》《长江和珠江三角洲及港澳台统计年鉴》及各城市历年统计年鉴。这样，我们最终构建的动态面板数据模型为：

$$TFEG_{it} = \gamma_0 + \gamma_1 TFEG_{i,t-1} + \gamma_2 TI_{it} + \gamma_3 SOO_{it} + \gamma_4 HIP_{it} + \gamma_5 EI_{it} + \gamma_6 CLP_{it} + \gamma_7 EP_{it} + \sigma_{it} \quad (3-2)$$

其中，$\gamma_0 - \gamma_7$ 为待估参数，σ_{it} 为随机扰动项。

(二)估计结果及讨论

本文在采用系统广义矩估计(SGMM)方法进行参数估计的同时，也采用考虑被解释变量一阶滞后项的动态聚合最小二乘法(POLS)、动态固定效应模型(FE)、考虑面板数据异方差和序列相关问题的动态 GLS 方法，以观察回归结果的稳健性。参数估计结果如表 7 所示。可以发现，四种估计方法得到的参数估计结果基本一致，除能源消费结构(*CLP*)在模型 1 中的系数符号与其他模型不一致外，其他影响因素的系数符号均是一致的，尽管显著程度存在一定的差异。说明在考虑工具变量的“内生性”影响下，能源消费结构对全要素能源效率增长的影响方向发生了变化，能源消费结构可能间接通过工具变量对全要素能源效率增长产生影响。由于 SGMM 方法考虑了潜在的内生性问题，从技术方法上来讲其估计结果具有更好的稳健性。因此下文我们重点讨论基于 SGMM 方法所得到的模型 1 的结果。模型 1 中的 AB 检验显示残差显著存在一阶自相关而不存在二阶自相关，Hansen 统计量和 Sargan 统计量均不显著，从而表明我们采用的工具变量是合理有效的。

表 7　模型估计结果

解释变量	模型 1	模型 2	模型 3	模型 4
$TFEG_{t-1}$	0.0132 (0.2410)	0.0498 (0.0691)	−0.0615 (0.0713)	0.0680 (0.0562)
TI	0.00089* (0.00046)	0.00041* (0.00025)	0.00044 (0.00028)	0.00040*** (0.0000)

续 表

解释变量	模型 1	模型 2	模型 3	模型 4
SOO	0.0047** (0.00163)	0.0020*** (0.00046)	0.0017 (0.00118)	0.0023*** (0.00022)
HIP	−0.0059 (0.00349)	−0.00077** (0.00033)	−0.00057 (0.00080)	−0.00085*** (0.00020)
EI	−0.2910* (0.1420)	−0.0268** (0.0131)	−0.0192 (0.0302)	−0.0313*** (0.00764)
CLP	−0.0019 (0.00220)	0.00052* (0.00028)	0.00062 (0.00065)	0.00060*** (0.00014)
EP	−0.0164 (0.0143)	−0.0208* (0.0118)	−0.0270** (0.0121)	−0.0097** (0.00495)
常数项	0.6700 (0.4410)	0.0892*** (0.0342)	0.0841 (0.0787)	0.0820*** (0.0167)
估计方法	SYS-GMM	动态 POLS	动态 FE	动态 GLS
参数联合检验值(P)	11.8400 (0.000)	6.0750 (0.000)	3.7470 (0.001)	381.7200 (0.000)
AR(1)检验值(P)	−2.1130 (0.035)			
AR(2)检验值(P)	0.7130 (0.476)			
Hansen检验值(P)	8.2190 (1.000)			
Sargan检验值(P)	181.98 (0.649)			

注:系数下方括号内数值为其标准误;***、**、*分别表示1%、5%、10%的显著水平。

下面我们对各影响因素的分析结果依次进行如下讨论。

1. 技术创新力度越大,工业全要素能源效率增长率越高

当一座城市专业技术从业人员占总就业人员比重比较高,对该城市的工业全要素能源效率增长率产生正效应。以资本密集为特征的工业部门在当今的后工业化时代中与高新技术已紧密相连,一个部门技术水平的提高通常存在两种途径,其一是靠自身禀赋如廉价劳动力对外资的吸引力等从

外部引进先进技术，其二就是依靠自身的科研创新相关的组织和机构开发出新的技术为自身所用。一座城市的专业技术从业人员占总就业人员比重比较高时，其科研创新的实力和能力通常较强，便能够产生更多更先进的相关技术为该城市的工业部门所利用，在历次工业革命中，技术对效率提升的促进作用是显而易见的，而在当前朝向“工业 4.0”发展的道路上，科研和创新对工业全要素能源效率增长更将起到至关重要的作用。

2. 所有制结构越偏向国有，工业全要素能源效率增长率越高

这表明公有制经济对全要素能源效率增长率是有利的。在长三角城市的国有企业改革过程中，大部分现存国企在当时都完成了剥离坏账、留下优质盈利资产的任务，而在之后完成股权分置改革以及我国国有资产改革委员会对国企经营管理能力日渐提高的今日，国有工业企业特别是长三角的国有工业企业已经改变了旧日无效率的状态，企业运行趋于高效。另外，长三角地区国有企业在开发和引进先进工业技术上的资金投入逐渐加大，这也驱动了工业全要素能源效率增长率的长足提升。

3. 产业结构，即重工业占比对长三角城市群全要素能源效率增长率在15%的显著性水平上产生负效应，这意味着工业经济的内部结构会对工业全要素能源效率增长率产生影响，但显著性略显不足

通常认为，重工业与高耗能和粗放型增长有关，这是导致工业经济体中重工业占比较高会阻碍工业全要素能源效率提高的原因。但从我们的样本来看，重工业对全要素能源效率的影响并不是十分显著，究其原因可能在于，长三角城市群作为我国经济增长的一极，在改革发展、技术革新、产业转移方面走在前列，能源稀缺又迫使其工业发展趋向技术密集型，这在一定程度上弱化了重轻工业之间能源效率的差异。

4. 能源强度的提高会显著地降低工业全要素能源效率增长率

这一结论比较容易理解：当一座城市的每单位产值所需要花费的能源消耗量越大时，说明其在生产过程中由于经营效率、管理效率、技术水平等方面的不足导致了对相关能源的利用效率较低，这会直接导致全要素能源

效率增长率低下。

5. 能源消耗中煤炭消耗占比越高,工业全要素能源效率增长率越低,但这一负相关关系并不十分显著

在能源消耗结构中,煤炭相对于石油、天然气等能源,燃烧程度较低,能源利用效率不高,因而以煤炭为主的能源结构在一定程度上会有损于工业全要素能源效率的提升。但是,长三角地区各城市的能源结构具有相似性,均以煤炭为主,且近些年变动较小,这可能会导致以煤炭消费比重来衡量的能源结构对工业全要素能源效率负面影响的显著性较差。

6. 节能减排政策的实施对工业全要素能源效率增长率产生负效应,但是影响并不显著

一般来说,节能减排政策会迫使企业生产节能化,避免浪费、提高能源使用效率,但企业在面临诸如节能减排这类规制性政策时,也可能会通过各种隐蔽手段或者寻找政策的漏洞,尽可能不花费额外的节能成本,这一行为会改变在面对没有节能减排政策的环境下企业所达到的高效率生产状态,企业选择的经营行为一定程度的扭曲会降低其效率水平。从目前的情况来看,长三角城市群节能减排的政策效果并不理想,要想通过宏观调控促进工业全要素能源效率还应该使节能目标的制定合理化,并加强政策实施的有效性。

(三)小结

本章基于动态面板数据模型考察了长三角城市群工业全要素能源效率的影响因素。针对动态面板数据模型的特征,我们采用了可有效解决模型内生性问题的系统广义矩估计方法(SGMM)对模型参数予以估计,各检验量均显示其估计结果具有可信性。我们发现,技术创新能力提升对工业全要素能源效率增长率有促进效应;所有制结构越偏向国有,工业全要素能源效率增长率越高;由于重工业高能耗的特征,重工业比重的上升会对长三角城市群工业全要素能源效率增长率产生负效应;能源强度越大,工业全要素能源效率增长率越低;能源消耗中煤炭消耗占比越高,工业全要素能源效率增长率越低,但由于长三角城市群各城市的能源结构中煤炭比重近些年变

动较小,这一影响并不十分显著;节能减排政策的实施并未对长三角城市群全要素能源效率产生显著影响。

四、结论及政策建议

(一)主要结论

第一,1998年以来我国长三角城市群的工业全要素能源效率都呈现出明显的提高趋势,但绝大多数城市近几年的工业技术效率出现下降趋势;各城市工业部门均存在一定水平的技术进步,且城市间技术进步差距缩小,逐渐趋同,但技术进步速度略有放缓;除了舟山和上海之外,其余城市均呈现出一定程度的规模不经济。此外,由聚类分析可知,除台州、上海、杭州等城市,大部分工业规模较大的城市,其全要素能源效率增长表现均不尽如人意,而工业规模较小的城市具有较高的全要素能源效率增长水平,表明长三角城市群需要通过优化资源配置、提高能源等要素配置效率促进工业发展。

第二,技术创新能力提升对工业全要素能源效率增长率有促进效应;所有制结构越偏向国有,工业全要素能源效率增长率越高;由于重工业高能耗的特征,重工业比重的上升会对长三角城市群工业全要素能源效率增长率产生负效应;能源强度越大,工业全要素能源效率增长率越低;能源消耗中煤炭消耗占比越高,工业全要素能源效率增长率越低,但由于长三角城市群各城市的能源结构中煤炭比重近些年变动较小,这一影响并不十分显著;节能减排政策的实施并未对长三角城市群全要素能源效率产生显著影响。

(二)长三角城市群工业能源效率改进政策建议

根据上述主要结论,本文从以下几个方面提出一些政策优化建议以期促进长三角城市群工业能源效率的提高。

1. 注重技术创新

在后工业化时代,工业与技术更加紧密相连,单纯依靠资本投入而不注重技术创新的工业企业，其能源效率必将落后于重视技术创新的相关企业。长三角城市群中的多数工业企业在改革开放时期已经依靠引进的外资而获得了发展，工业部门的技术水平已经有了一定程度的积累，在长三角逐渐失去廉价劳动力优势的今日，各城市应该对人才培养、科研及技术创新投入更多的资金，并予以更多的政策关注，而部分门类的工业企业更应该抓住互联网、物联网浪潮，走上“工业 4.0”的先进工业发展轨迹。

2. 改进国企效率

依托政府财政资金的补助，国企在工业设备、技术引进方面比民营工业企业具有优势，而对于处于我国改革开放前沿地带的长三角地区的国有企业，这种优势更加明显。长三角工业企业应该在保持现有优势的基础上，继续提高营运和管理效率，改革一些行政命令式的企业经营方式，真正做到依据市场经济准则进行管理抉择。此外，在落实节能减排政策上，国有企业应该做好示范带头作用，力争在节能减排的新形势下，进一步提高企业的运行效率。

3. 优化工业产业结构，改善重工业能源效率

从目前的情况来看，长三角城市群的工业体系中，重工业的能源效率要略低于轻工业。重工业作为长三角城市群工业必不可少的部分，重工业全要素能源效率的改善对于工业整体全要素能源效率的提升具有至关重要的作用。因此，有必要更加重视重工业效率改进的问题。同时，从提高整体工业能源效率的角度出发，注重优化调整长三角城市群工业结构，逐渐减少高耗能、高污染的重化工行业的比重。

4. 优化调整能源消费结构

长三角城市群目前工业能源消耗结构中，煤炭仍占据了较大的比重，但煤炭的能源利用效率一般要低于其他化石能源。因此，工业能源消耗中煤炭消耗占比越高，工业能源利用效率就会越低。要提高能源效率，一方面需要通过技术和生产工艺的创新改善煤炭在工业生产过程中的利用效率；另一方面则需要加强能源之间的替代，鼓励使用清洁能源、高效能源，优化能

源结构以逐步实现高效能源对煤炭的替代。

5. 切实落实节能政策

针对相关节能政策无效化甚至对能源效率产生负作用的情况，需要从多方面着手发挥政策在能效提升中的作用。首先，长三角城市应该注意相关政策设计的合理性，节能政策应该符合经济学原理，对工业企业形成适宜的经济激励，预期的节能效果应在工业企业作为理性人进行自由选择下而产生，政策的落实也应借助市场的力量。其次，在尽量减少行政命令式政策执行的前提下，依靠必要的政府强制力保证相关节能政策的有效实施和切实落实，不能让有意义的节能政策浮于纸面，对于国有工业企业不能使其拥有环境软约束；而对于普通民营工业企业，在保障其合理经济权益的前提下，保证合理节能政策的落实，政府相关机构或工作小组应该建立监督和惩罚机制，有效推动政策落地。最后，尽管我们强调政策的执行必须坚定而严格，但并不意味着对所有行业的政策措施、规制水平是均等且高标准的，政策的制定和具体的执行应该是循序渐进且具有差异性和针对性。

课题负责人：邵　帅
课题组成员：杨莉莉　李程宇
范美婷　滕兆杰
执　笔　人：邵　帅

［参考文献］

[1] 刘小玄. 中国工业企业的所有制结构对效率差异的影响——1995 年全国工业企业普查数据的实证分析[J]. 经济研究，2000(2)：17—25.

[2] 史丹，吴利学，傅晓霞，等. 中国能源效率地区差异及其成因研究——基于随机前沿生产函数的方差分解[J]. 管理世界，2008(2)：35—43.

[3] 孙广生，黄祎，田海峰，等. 全要素生产率，投入替代与地区间的能源效率[J]. 经济研究，2012(9)：99—112.

[4] 涂正革，肖耿. 中国的工业生产力革命——用随机前沿生产模型对中国大中型工业企业全要素生产率增长的分解及分析[J]. 经济研究，2005(3)：4—15.

[5] 魏楚，沈满洪. 能源效率研究发展及趋势：一个综述[J]. 浙江大学学报，2009(3)：55—63.

[6] 杨莉莉，邵帅，曹建华，等. 长三角城市群工业全要素能源效率变动分解及影响因素——基于随机前沿生产函数的经验研究[J]. 上海财经大学学报，2014(3)：95—102.

[7] 张伟，吴文元. 基于环境绩效的长三角城市圈全要素能源效率研究[J]. 经济研究，2011(10).

[8] Battese，G. E.，Coelli，T. J. "Frontier Production Functions Technical Efficiency and Panel Data：With Application to Paddy Famer in India"[J]. Journal of Productivity Analysis，1992(3)：153—169.

[9] Blundell，R.，Bond，S. "Initial Conditions and Moment Restrictions in Dynamic Panel Data Models"[J]. Journal of Econometrics，1998，87(1)：115—143.

[10] Hu，J.，Wang，S. "Total-Factor Energy Efficiency of Regions in China"[J]. Energy Policy，2006，34：3206—3217.

[11] Kumbhakar，S. C. "Estimation and Decomposition of Productivity Change When Production is not Efficient：A Panel Data Approach"[J]. Econometric Review，2000，19(4)，425—460.

浙江生产性服务业发展研究

近年来，生产性服务业的发展越来越受到社会各界的重视。2014 年 8 月，国务院出台了《关于加快发展生产性服务业促进产业结构调整升级的指导意见》(国发〔2014〕26 号)，文件明确指出，加快发展生产性服务业，是向结构调整要动力、促进经济稳定增长的重大措施。如何在新常态下进一步推动生产性服务业的提升和进步，是浙江转变经济发展方式、促进经济结构转型升级的关键之一。

一、生产性服务业的相关概念

生产性服务业是与制造业息息相关的，对整个经济的结构、效益、质量都有着巨大影响的多个服务业门类的集合体。早在 20 世纪 70 年代美国经济学家布朗宁和辛格曼对服务业进行分类时就提出了生产性服务业的概念。由于研究的背景和侧重点的不同，国内外理论界对生产性服务业的界定并不一致，但对生产性服务业的内涵基本达成共识，即生产性服务业是指市场化的非最终消费服务，是直接或间接为生产过程提供中间服务的服务性产业，它贯穿于生产过程的各个环节。

生产性服务业除了具有服务业的一般特点以外，还具有中间投入性、产业关联性、人力资本和知识资本的高度密集性、集聚性等显著特征，可以全方面地支撑制造业的各个环节，改善产业结构，实现国民经济的良性循环，提高交易效率、降低交易成本，还可以促进城市的集散、服务和创新等功能的发挥。长远来看，生产性服务业必将逐渐取代制造业成为经济增长的主要动力和创新源泉，并在提供就业、提高劳动生产率、提升产业竞争力等方面发挥关键作用，将继农业、制造业之后成为现代经济发展的核心推动力。

综合考虑生产性服务业的含义及特征，我们将交通运输、仓储和邮政业、信息传输和计算机服务业、批发业（批发和零售业中去除零售业）、金融业、租赁和商务服务业、科学研究技术服务和地质勘查业①六个行业作为本文生产性服务业的研究范畴。

二、生产性服务业发展现状

改革开放以来，浙江经济经历了一个由逐步积累到飞速发展的过程，经济总量迅速扩大，经济结构逐渐完善。2013 年，全省生产总值 3.76 万亿元②，人均生产总值 6.85 万元，其中第二产业增加值占 49.1%，服务业增加值占 46.1%。现阶段，浙江经济已达到中等发达国家和地区经济发展水平，经济总量不断增长、经济结构不断成熟为生产性服务业的发展奠定了坚实的基础。

（一）生产性服务业规模不断扩大

2005 年，浙江生产性服务业增加值为 2620 亿元，之后每年都以较高的速度快速增长，2009 年增至 5237 亿元，2012 年已增加到 8256 亿元，不考虑价格因素七年共增长 215.1%，平均每年增长 17.8%（详见图 1）。

生产性服务业增加值占 GDP 的比重也不断提高。2005 年仅为 19.5%，之后一直保持上升态势，特别在 2005 年到 2008 年这段时间内，平均每年提高 1 个百分点左右，其后增幅略有下降，2008 年到 2012 年平均每年提高 0.3 个百分点左右。2012 年，生产性服务业增加值占 GDP 的比重为23.8%，较 2005 年提高 4.3 个百分点，七年平均每年提高 0.6 个百分点

① 考虑到历史资料的可比性，本文均采用 2002 年国民经济行业分类标准。

② 本文所使用的绝对数据均为当年价，相对数据均为可比价（额外注明的除外）。

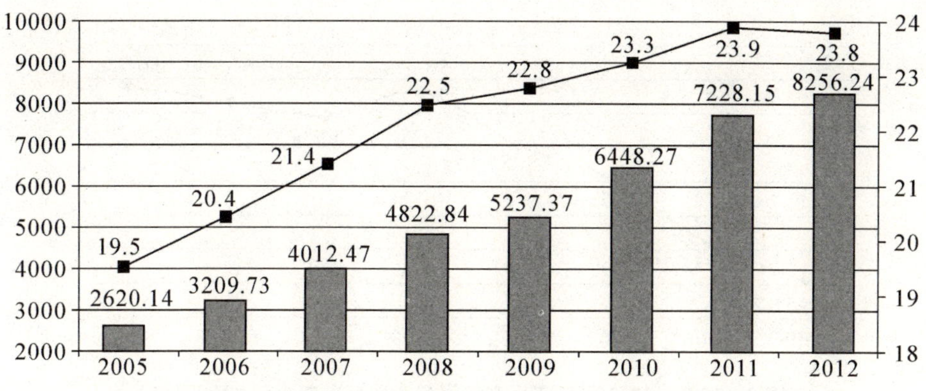

图1　2005—2012年浙江生产性服务业增加值(亿元)及其占GDP的比重(%)

(详见图1)。

(二)生产性服务业结构日渐完善

生产性服务业所含各行业中,金融业所占比重最大。2005年,金融业增加值为686亿元,仅次于批发业,占生产性服务业比重为26.2%;2012年,金融业增加值为2762亿元,占生产性服务业比重达到33.5%,所占比重也一举跃居各行业首位。金融业、批发业之后,按增加值规模大小依次是交通运输仓储和邮政业、信息传输和计算机服务业、租赁和商务服务业、科学研究技术服务和地质勘探业。

一般地,我们将交通运输仓储和邮政业及批发业两个行业划分为传统服务业,而将信息传输和计算机服务业、金融业、租赁和商务服务业、科学研究技术服务和地质勘查业这四个行业划分到新兴服务业门类之中。传统服务业在国民经济运行中起着基础、基石的作用,但新兴服务业在其创新性、运行效率等多方面都比传统服务业有着更大的优势,与其他产业的联系更为紧密,对现代经济的推动作用巨大。浙江生产性服务业中,新兴服务业比例在逐年上升,2005年新兴服务业占生产性服务业比重为51.2%,之后逐年上升,2012年比重为56.7%,上升5.5个百分点,平均每年上升0.8个百分点(详见图2)。

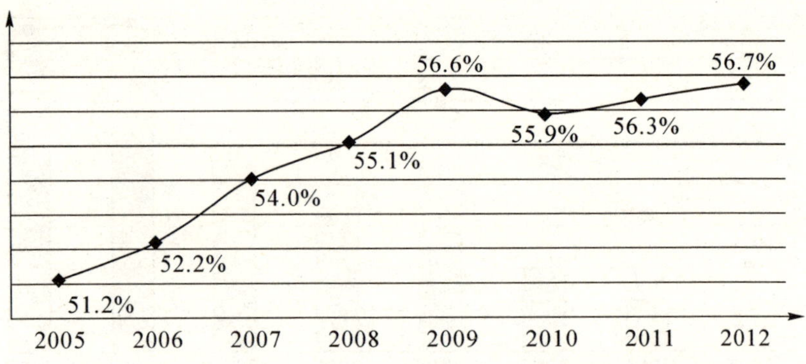

图 2　2005—2012 年浙江生产性服务业中新兴产业所占比重(%)

(三)生产性服务业从业人员不断增加

随着生产性服务业的不断壮大,其从业人员数量也在不断增加,占全社会从业人员数量的比例也在不断增加。2005 年,浙江生产性服务业年末从业人员为 429 万[①]人,2009 年为 522 万人,至 2012 年已增加到 561 万人,共增加 131.4 万人,每年平均增加 18.8 万人。六个行业中,批发业从业人员数量始终居于首位,2005 年和 2012 年分别为 218.8 万人和 232.7 万人,分别占当年生产性服务业从业人员的 51%和 41.5%,比重则在逐年下降。七年合计,租赁和商务服务业的从业人员增加量最多,2012 年较 2005 年增加 46.5 万人,平均每年增加 6.6 万人(详见表 1)。

表 1　2005—2012 年浙江生产性服务业及其内部行业从业人数(万人)

年份 行业	2005	2006	2007	2008	2009	2010	2011	2012
生产性服务业	429.4	437.5	504.7	493.3	522.2	533.0	554.6	560.9
交通运输、仓储和邮政业	125.2	129.3	134.0	139.8	143.7	145.5	145.6	143.4
批发业	218.8	206.6	220.1	217.9	221.2	231.4	233.7	232.7

① 批发业从业人员是根据城镇批发业与零售业从业人员的比例推导而来。

续 表

行业＼年份	2005	2006	2007	2008	2009	2010	2011	2012
信息传输和计算机服务业	22.6	25.4	65.1	57.6	59.8	46.7	43.5	39.3
金融业	19.1	20.3	22.4	27.4	29.6	30.4	32.2	38.7
租赁与商务服务业	33.1	42.0	47.7	35.6	49.1	58.3	75.7	79.6
科学研究、技术服务和地质勘查业	10.6	13.9	15.5	15.0	18.9	20.8	23.9	27.1

生产性服务业从业人员占全社会从业人员总量的比重也在不断上升。2005 年，生产性服务业从业人员占全社会从业人员总量的比重为 13.8%，之后总体逐年上升，2009 年比重为 14.5%，2012 年为 15.2%，七年共上升 1.4 个百分点，平均每年上升 0.2 个百分点（详见图 3）。

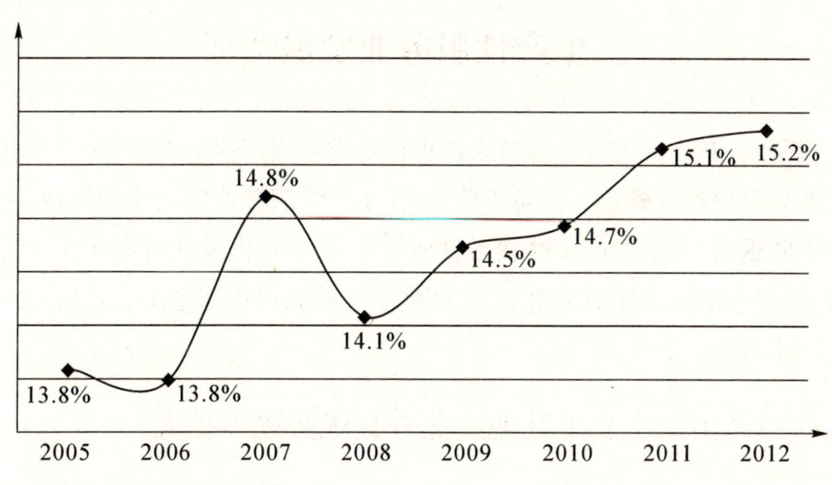

图 3　2005—2012 年浙江生产性服务业从业人员占全社会从业人员比重（%）

（四）生产性服务业与工业联系紧密

生产性服务业与第二产业，尤其是工业有着非常紧密的联系，是推动第二产业转型升级的原动力之一，对我国第二产业的高质量发展有着重要的支撑、推动作用。生产性服务业为产品的整个生产、营销环节增添了全新的内容，而这些内容往往是独立于产品制造流程之外的，如市场调研、产品设计、品牌营销和金融服务等等，这些内容进一步拓展了商品生产营销链条，使得现代企业对竞争优势的获取不再局限于制造环节，技术、管理和信息等生产性服务活动越来越具有战略意义。生产性服务业的创新成为企业技术创新的重要活动，并为企业和社会带来良好的经济效益和社会效益，生产性服务业与第二产业的联系越来越紧密，最终起到促进经济高质量、持续性增长的重要作用。

浙江生产性服务业与第二产业的联系尤为紧密。2005—2012 年，生产性服务业增加值与第二产业增加值的相关系数为 0.9987，比生产性服务业与服务业增加值的相关系数 0.9980 还要高，这说明生产性服务业与第二产业间的相互作用较生产性服务业与服务业之间的相互作用力还要强，生产性服务业对第二产业的发展有着重要意义。

三、生产性服务业发展特征

现阶段，浙江省委省政府越来越重视各类新兴产业的发展，大力推动工业企业分离发展服务业。得益于此，浙江生产性服务业发展速度很快，生产效率不断提高，与第二产业的联系愈加紧密，但与国内发达省市相比并不占优势，与发达国家相比更为落后，生产性服务业如何更深层次的发展仍需我们进一步研究。

(一)产出效率高于其他产业并且优势逐步扩大

2005 年，生产性服务业的产出比为 6.1 万元/人，而第二产业和服务业的产出比分别为 5.1 万元/人和 5.7 万元/人，前者比后两者分别高 1 万元/人和 0.4 万元/人；到 2012 年，生产性服务业的产出比为 14.7 万元/人，分别比第二产业和服务业的产出效率高 5.5 万元/人和 2.5 万元/人。不考虑价格因素，2012 年，生产性服务业产出效率较 2005 年增长 1.4 倍，而第二产业和服务业的产出效率仅分别增长 79.6%和 1.1 倍，生产性服务业的产出效率优势在逐渐扩大(详见图 4)。

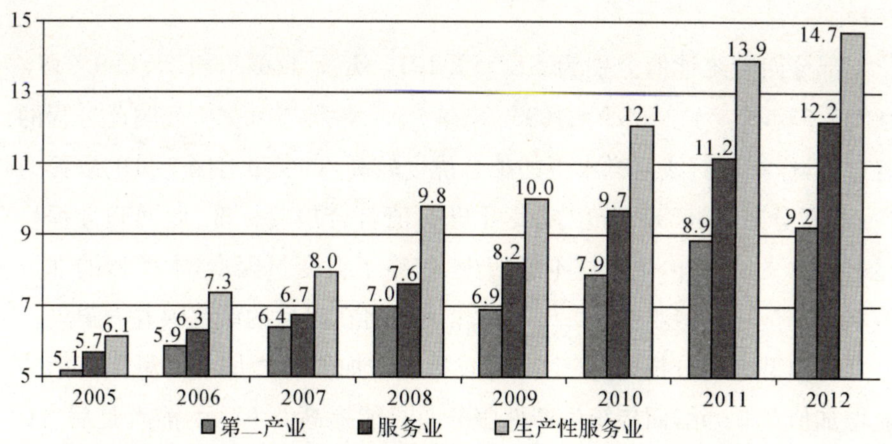

图 4　2005—2012 年浙江生产性服务业等行业人均从业人员增加值(万元/人)

(二)极大地促进第二产业的发展

生产性服务业对第二产业的进一步发展有着重要意义。为检验这一论点,我们令第二产业增加值为因变量 Y,生产性服务业增加值为自变量 X,设 $Y=\alpha X+\gamma$,使用 2005 年到 2012 年共 8 年的数据进行回归分析。

结果为 $Y=1.78X+2774.59$,即 $\alpha=1.78$,$\gamma=2774.59$。部分回归统计值分别为 $SE_\alpha=0.037$,$SE_\gamma=206.082$,$se_Y=198.511$,$R^2=0.997$,$F=2358.5$,$d_f=6$。R^2 等于 0.997 表明此方程的设定合理,样本回归线对样本值的拟合优度较高,生产性服务业增加值对第二产业增加值变化的解释力较强。本回归分析只有一个自变量,查 F 分布(0.05)百分位数表可知 F 值符合检验标准,此回归方程具有显著性意义。由此方程可发现浙江生产性服务业增加值每提高 1 元,第二产业增加值可以提高 1.78 元,前者对后者有较高的影响力。

为进一步区分传统生产性服务业和新兴生产性服务业对第二产业影响,我们仍令第二产业增加值为因变量 Y,而将生产性服务业增加值拆分为两块,即传统生产性服务业 X_1 和新兴生产性服务业 X_2,设 $Y=\alpha X_1+\beta X_2+\gamma$,使用 2005 年到 2012 年共 8 年的数据进行回归分析。

结果为 $Y=0.92X_1+3.02X_2+2350.71$,即 $\alpha=0.92$,$\beta=3.02$,$\gamma=$

2774.59。

部分回归统计值分别为 $SE_\alpha=1.131$，$SE_\beta=1.641$，$SE_\gamma=598.948$，$se_Y=205.957$，$R^2=0.997$，$F=1095.8$，$d_f=5$。R^2 等于 0.997 表明此方程的设定合理，样本回归线对样本值的拟合优度较高，自变量对因变量的解释力较强，由 F 分布(0.05)百分位数表可知 F 值符合检验标准，此回归方程具有显著性意义。另外，由于样本量较少、忽略了自变量因素，本模型的部分参数不能完全通过检验($\alpha=0.05$)，这个问题将在以后的研究中着力解决。

对模型进行分析，新兴生产性服务业增加值每增加 1 元可提高第二产业增加值 3.02 元，而传统生产性服务业只能提高 0.92 元，前者是后者的 3 倍多，新兴生产性服务业对第二产业的发展有更大的促进作用。

(三)与国内发达省市差距呈不断扩大趋势

2005—2012 年，浙江、江苏、广东、山东、北京和上海六个发达省市中，浙江生产性服务业总量最小，与上海相差不大，与其他省市相比都有一定的差距。广东生产性服务业规模一直位居六省市前列，2005 年增加值为 4686 亿元，比浙江多 2066 亿元；2012 年为 13572.1 亿元，比浙江多 5316 亿元，差距呈不断扩大趋势(详见表 2)。生产性服务业增加值占 *GDP* 的比重在稳中提升，浙江在上述六省市中处于中间位置，2005 年比山东高 4.9 个百分点，居六省市的第五位；2008 年上升到第四位，比山东、江苏两省分别高 6.3 个百分点、0.1 个百分点；2012 年与广东并列第三位(详见图 5)。

表 2　2005—2012 年部分省市生产性服务业增加值(亿元)

地区	2005	2006	2007	2008	2009	2010	2011	2012
浙江	2620.1	3209.7	4012.5	4822.8	5237.4	6448.3	7728.2	8256.2
上海	2908.9	3384.5	4323.7	5191.2	5780.1	6757.6	7834.5	8600.1
北京	3050.1	3658.6	4675.8	5579.1	5909.2	7069.8	8536.4	9304.4
山东	2689.0	3316.3	4023.4	5002.6	5562.5	6991.8	8564.5	9854.3
江苏	3711.1	4134.8	5457.2	6948.4	7819.5	9677.9	11250.3	12656.6
广东	4686.4	5687.5	7277.6	8584.4	9061.7	10439.0	12191.6	13572.1

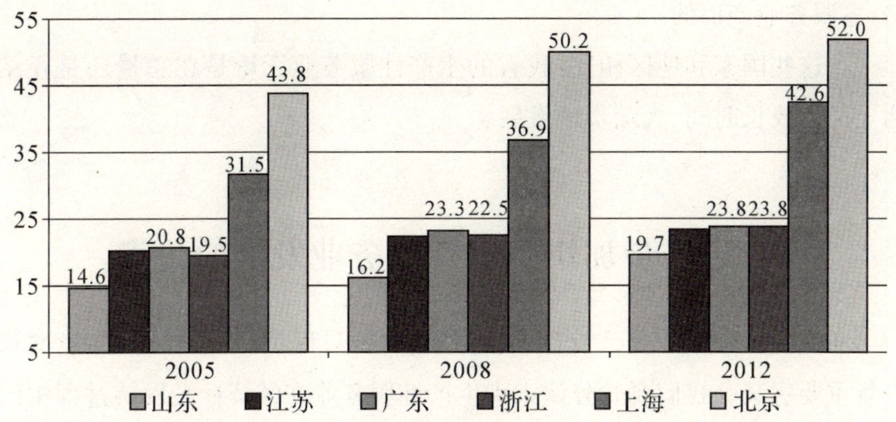

图 5　2005 年、2008 年、2010 年部分省市生产性服务业增加占 GDP 的比重(%)

(四)与发达国家和地区差距较大

20 世纪 80 年代起,发达国家和地区的生产性服务业已经开始高速增长,到今天已经成为国民经济中的支柱产业,部分发展中国家也先行一步,生产性服务业也实现了快速增长。当今社会,生产性服务业已成为世界各地代表性大都市的经济主导力量,是大都市经济支配力量产生的基础,这是因为有着高度发达的生产性服务业,这些大都市才能够有着辐射和影响整个世界经济的能力。同时,生产性服务业也是大都市产业发展的重点和经济增长的新引擎,尤其是生产性服务业在创造就业机会及促进经济增长方面,起到了领头羊的作用。

数据显示,美国生产性服务业①的产值从 1990 年的 2.7 万亿美元增长到 2011 年的 7.75 万亿美元,占 GDP 的比重从 46.9%上升到 51.4%;2004 年,日本生产性服务业增加值占 GDP 比重为 36.7%;1983 年到 2001 年,中国香港生产性服务业的比重由 32.5%上升到 43.9%,提高 11.4 个百分点,到 2006 年,香港生产性服务业占 GDP 比重已高达 53.8%,成为香港经济无可替代的支柱产业;加拿大 1998 年的生产性服务业产值是 1961 年的 3.3

① 发达国家和地区与本文的生产性服务业统计范畴并不完全一致,因此不能用于定量分析。

倍，占服务业产值的54%。

与这些国家和地区相比，我省的生产性服务业无论是在总量还是在结构上都需要长时间、大踏步地发展。

四、进一步加快生产性服务业发展的建议

浙江生产性服务业已经有了长足的发展，对促进经济持续高质量增长有着重要意义。我们要充分认识到生产性服务业在经济社会发展过程中的强大促进作用，从理论和实践两个方面将生产性服务业重视起来，多方面、多视角地推动生产性服务业的进一步发展。

（一）加强顶层设计

应积极贯彻落实国发〔2014〕26号文件精神，一要认识到生产性服务业的重要作用，要加强宣传、学习力度，着力于政策落实，让各级政府、企业界意识到生产性服务业的意义和其中所包含的巨大商机；二要结合浙江经济发展现状，细化生产性服务业的具体行业范围，摸清浙江省生产性服务业发展状况，在此基础上因地制宜地制定相关的产业发展、扶持政策；三要深入发掘浙江省生产性服务业的优势所在，把握产业发展脉络，扬长避短、重点突破，力争在某些领域抢占发展先机。

（二）增强保障力度

除在政策层面要加以明确外，还应在具体措施上加大功夫。首先，用地方面。在符合土地利用总体规划和城镇建设规划的前提下，对生产性服务业项目建设用地优先安排，在土地价格上给予优惠。其次，融资方面。建立民营企业互保联保机制，完善为民营经济服务的信用担保机构和风险投资基金，扩大融资渠道，帮助大型民营企业在资本市场筹资融资。再次，税收方面。通过税收调整，降低生产性服务业的税负水平，加强财政对生产性服务业发展的资金支持，把服务业发展引导资金向生产性服务业领域倾斜，对

生产性服务业重点项目加大贴息或补助力度。

(三)强化产业关联

制造业是生产性服务业发展的基础和支撑,为生产性服务业发展创造需求空间;生产性服务业是制造业提高专业化水平的关键,有利于降低中间服务成本,提升产品和企业竞争力。浙江省应立足于发挥现有产业优势,更新发展理念,积极主动地适应产业结构调整的新变化,努力形成生产性服务业与先进制造业联动发展的新格局。要继续大力推动"主辅分离"措施,推进企业内置服务市场化、社会化,降低运营成本。具体地,要引导推动企业通过管理创新和业务流程再造,逐步将发展重点集中于技术研发、市场拓展和品牌运作等方面,将核心生产性服务环节剥离为独立的企业,以核心竞争优势融合配套企业的服务供给能力,实现二、三产业的融合与"无缝链接"。

(四)优化产业布局

要大力推动生产性服务业的集聚式发展,促进社会服务网络的形成,以做到资源共享、服务贡献、规模经济,进一步拓展服务经济空间、降低交易成本,形成外部经济。我们要综合考虑城市建设、交通、居住、环境以及经济发展模式等因素,立足于自身的区位优势和特色,科学布局不同功能的生产性服务业。通过规划布局、政策引导和必要的财政支持等形式,形成特定服务行业、服务企业的集聚式发展格局。要在大力建设浙江省服务业集聚示范区的基础上,加强生产性服务集聚区的建设,促进生产性服务业集聚区规模的不断扩大,尽早、尽快地发挥生产性服务业集聚发展后的规模经济效应和范围经济效应。

(五)降低准入门槛

生产性服务行业市场准入门槛过高等问题比较严重,竞争机制的引入是解决生产性服务业发展不畅的关键,除了少数关系国家安全和有特殊要求的行业需要有严格的进入限制外,其他生产性服务行业原则上都应放开,并废除不同所有制类型企业的差别待遇。要遵循市场经济规律,推进服务业的资源配置主体由政府转向市场，实现投资主体多元化，鼓励非国有经济在更广泛的领域参与生产性服务业发展，逐步形成公开透明、管理规范和全行业统一的市场准入制度。降低生产性服务行业准入门槛还可以与其他改革措施结合起来，特别是与企事业单位的改革结合起来，以进一步削弱阻碍生产性服务业发展的体制障碍。

课题负责人：沈　强

课题组成员：陈晓明　张　卫　缪茶英

刘　丹　徐文晔

执　笔　人：徐文晔

电子商务统计制度研究

一、问题的提出

根据各国通行的统计制度规范，现行各行业的统计制度，实行的是以经营单位为统计主体的原则，并不按照经营单位采用何种技术、何种商业模式的原则开展行业统计；并且根据我国国民经济行业分类标准，也没有电子商务行业的类别。目前我国对于电子商务的统计，主要在两种统计制度内得到体现：一是常规的贸易统计，二是经济普查。在常规的贸易统计报表中，电子商务是作为一项专门的指标单独进行统计的，但既没有分商品类别的销售额，也没有划分零售额与批发额，更别说如何体现电子商务与传统商贸活动的区别了；而且调查对象限于卖方企业，在个体户调查表内则没有这一项指标。而在经济普查所涉及的批发业和零售业调查中，对于电子商务的调查也与常规的贸易统计类似，并没有体现电子商务作为一项新的交易模式所具有的特点。

但是电子商务的迅猛发展，却对现有的统计体系提出了挑战与冲击。按照现行的涉及电子商务的统计工作（即上文提到的贸易统计、经济普查），至少存在着以下几个问题：

一是企业统计对象的局限。电子商务活动中的很多制造业企业、农业企业存在着“企业直销”活动，而这种现象目前是被忽视的。

二是大量的电子商务个体店铺被漏统。无论是常规的贸易统计中对个体户实施的抽样调查，还是经济普查中对个体户的普查，其调查表内均没有涉及电子商务的指标，而各大电子商务平台上却有着数量巨大的个体店铺，如淘宝网、拍拍网等，且很多是无证经营的。

三是无法对电子商务活动开展系统的分析。由于对电子商务统计指标设计的简单笼统，也没有按照电子商务的特点及其参与的经营主体类型、电子商务交易主体、商品类别等问题，开展指标设计，因此也就无法在整体规模、类型结构等诸多方面开展统计分析。

鉴于以上原因，我们认为，现有的统计制度（特别是贸易统计制度）需要在保证体系完整的前提下，增加电子商务的统计制度，将其作为对原有体系的补充。因此，课题组拟以“电子商务统计制度研究”为题开展探索性的研究。

二、基本概念与理论概述

开展电子商务统计制度的研究，首要的问题就是需要界定电子商务的定义及其分类体系，以便进行具有实际操作意义的统计设计。

（一）电子商务的界定

从现有文献来看，电子商务具有广义和狭义的明显内容差异。广义的电子商务是指运用了一切电子工具和电子技术进行的所有与商务有关的活动。而狭义的电子商务主要是指，集中于借助互联网工具开展的商品和服务的交易活动。各国现业已开展的电子商务统计调查，主要是针对狭义的电子商务的。由于电子商务技术发展的日新月异，十几年前电子商务的定义，在今天看来，已显得有所滞后。

根据相关文献的总结以及目前的发展情况，我们从电子商务交易，以及为完成交易所提供的支撑服务出发，将电子商务的狭义概念定义为：交易当事人或参与人利用现代信息技术和计算机网络（包括因特网、移动网络或其他信息网络）所进行的各类商业活动，包括商品交易、服务交易和知识产权交易，也包括为上述交易所提供的信息、金融、物流及信用评价、交易纠纷解决等公共服务。

(二)电子商务企业的类型

电子商务活动的差异化，导致了电子商务企业经营的专业化。根据目前的电子商务企业经营范围，大致可分为电子商务交易企业、第三方交易平台企业、电子商务服务企业。

电子商务交易企业是指以互联网为媒介直接面向消费者开展商品和服务在线销售活动的企业。既有传统从事交易业务的电商企业，如京东商城、亚马逊、聚美优品等；也有一些传统企业为转型而开设的购物平台企业，如苏宁易购、国美电器、银泰网等。它包括自建平台或依托第三方平台进行交易的电子商务企业、供应链电子商务企业和开展电子商务业务的传统商贸企业等，但不包括替其他企业代运营销售商品的电商服务企业。

第三方交易平台企业指为企业或个人提供网上交易洽谈的电子商务平台的第三方企业。第三方交易平台提供的服务主要有营销推广服务、竞争情报服务、在线交易服务以及其他服务。主要包括网络零售平台、企业间电子商务交易平台、大宗商品电子商务平台和团购网站等。

电子商务服务企业是指为电子商务交易企业、第三方交易平台企业提供配套服务的企业，如网络支付、物流配送、技术服务、代运营、客服呼叫、网络导购等，但不包括从事金融服务以及其他金融衍生交易的企业。

三、电子商务统计名录库的建设问题

电子商务统计的基本单位应是从事电子商务活动的各类法人单位、产业活动单位与个体经营户。目前已有的基本单位名录库，虽然包含了我国境内的全部法人单位、产业活动单位的基本标识和主要属性信息，但并没有区别电子商务企业、非电子商务企业的标识。如何让在现有条件下建设电子商务统计名录库，便成为其统计工作开展的重要前提。

(一)电子商务名录库与数据源现状

1. 电子商务的统计范畴

根据前文对电子商务定义,我们对电子商务的统计范畴做如下梳理。

一是网络中介的范畴。网络是电子商务的中介工具,除了传统意义上的互联网,随着信息技术的发展,其他形式的网络也逐渐出现,如移动互联网等。同时由于部分企业内部局域网的交易难以被有效观测,因此我们将电子商务的网络中介范围理解为:"因特网+移动网络"但不包括企业内部网。

二是交易内容的范畴。电子商务的主要目的是为了完成便捷交易,但为了保证潜在交易对象的搜索匹配、交易活动的有效进行,围绕交易的双方还产生了第三方服务。因此,我们将电子商务的交易内容范畴理解为:A. 可供交易的商品(如食品、日用品等消费品,大宗商品等)、服务(家政服务、快递服务等)、知识产权交易(如在线音乐、电影、电子书等)。B. 为电子商务交易提供的信息服务(市场推广)、金融服务(第三方支付)、物流服务、托管运营服务及信用评价等内容。

三是交易支付的范畴。是否发生在线交易并不是区分电子商务与非电子商务的核心。最终的交易行为既可以是线下支付,也可以是线上支付,具体的支付手段并没有限制。事实上,很多 B2B、B2C 平台提供了多种支付选择,如货到付款和在线支付等方式;大宗商品交易平台由于交易金额巨大,根本无法进行在线支付。因此我们理解为交易支付的范畴为,"线上支付+线下支付"。

2. 电子商务统计的微观观测单位

电子商务活动单位可以分为电子商务企业和个体经营户两大类。电子商务个体经营户的规模相对较小,且容易理解和界定。但对于电子商务企业的经营范围往往不会单一,如阿里巴巴集团就开展了几乎所有交易模式的电子商务活动,既有交易企业——天猫商城,也有第三方交易平台——淘宝网,还有服务类企业,如口碑网、E 淘网等。

由于目前我国的基本单位普查中，采用了产业活动组织和法人组织并存的分类办法。根据我们前期研究，以产业活动组织的分类可能与电子商务的实际情况更为相符。特别是，传统企业通过设立电子商务部门开展电子商务的情况很多。

但企业作为部门统计观测的主要微观主体，势必需要将其进行分类，以便汇总计算和分类核算。而作为电子商务活动主体的企业来说，它也有可能从事不止一种类型的电子商务活动。因此，我们可根据主要经营活动，将企业分为电子商务交易企业、第三方交易平台企业、电子商务服务企业。根据企业类型进行细分，形成电子商务活动下的"企业分类"体系。

3. 电子商务名录库建设现状

根据课题组的资料收集，目前部分地区探索性地开展了电子商务的统计工作。由于统计部门无法全面掌握哪些企业开展了电子商务，该项工作的开展主要是基于电子商务企业的典型调查数据。这些典型企业主要来自三方面：

一是"电子"类属性企业。即经信部门掌握的有关信息服务类企业，属于国民经济行业分类中的"信息传输、软件和信息技术服务业"（对应 I 大类）。

二是"商务"类属性企业，即商务部门掌握的从事商贸流通服务的企业。大部分属于国民经济行业分类中的"批发和零售业""住宿和餐饮业"。

三是其他行业属性的企业，如交通运输业、农业等。

从这些企业名录的获取途径来看，一部分是根据其他相关部门与电子商务相关的统计制度的企业名录，如经信部门掌握的与电子商务相关的软件服务业企业名录、人民银行系统的第三方支付企业名录等；另一部分，则是通过各类电子商务企业扶持计划的申报活动而掌握的名录。现有的这些电子商务名录库表现出"碎片化"特征，需要将各相关部门所掌握的企业名录进行有效的整合。

(二)基于认证制度的名录库建设思路

由于电子商务领域进入门槛较低，且明显的虚拟经营特征，使得"电子商务的统计对象在哪里”这一根本性问题显得尤难解决。[①] 一个常规的思路是，结合基本单位普查，增设电子商务活动开展的识别指标，便可以得到电子商务活动单位的基本名录库。但问题是，在非普查年度这一思路无法开展；并且电子商务企业的生灭更新速度非常快，给名录库的维护带来很大的困难。

1. 电子商务认证制度的必要性分析

一是企业对于电子商务名录库建设的消极配合。虽然统计部门以各种调查方式，搜集电子商务基本单位的相关信息，期望建立并有效维护电子商务的名录库。例如，浙江省商务厅电子商务处，将 2015 年度的电子商务统计监测企业数量进行了扩充，但这些增加的监测样本企业分配至各地市后，基层单位纷纷表示该项工作的开展十分困难。

二是电子商务企业概念上的模糊性，使得统计对象的范围难以确定。按照传统的统计流程，名录库建设的基本逻辑是，先有研究目标，然后依据目标搜集构建名录库的数据。由于电子商务作为一项信息技术应用的“无边界性”特征，从而使得我们的电子商务企业（包括个体经营者）存在着模糊性。如果按照“只要企业开展电子商务活动，就应纳入电子商务统计的范围”的观点，统计结果实际上是有偏的。虽然开展电子商务活动，是企业成为电子商务企业的前提，但电子商务活动与电子商务企业却是两个具有明显范畴差异的概念。

三是电子商务认证制度有助于规范管理。目前相关部门对软件企业、高新技术企业均采取了认证的办法。其优点是，一方面企业为了享受相关政策的优惠，主动积极地开展相应数据的填报；另一方面，主管统计部门可以掌握企业的生灭状态，并实现部分数据的动态监测。

---

① 鉴于电子商务无法离开交易平台而开展经营活动的特点，课题组也提出，由交易平台提供在平台上开展电子商务活动的企业及个体经营户名录的思路。同时由于交易平台拥有的数据记录优势，可以十分便利地完成相应交易数据的填报。但通过政府相关部门的沟通后，交易平台以客户信息保密为理由，表示无法配合提供企业名录的具体工作。这种情况使电子商务相关名录库建设只能另辟蹊径。

2. 电子商务企业的认证标准

由于电子商务个体经营户的活动规模相对较小且较不规范，故此处我们讨论的认证标准主要是针对电子商务企业的。根据前文对电子商务企业的分类，电子商务企业的认证标准也应该有差别的。由于电子商务企业的经营活动并不单一，前文所述的电子商务企业分类可能存在交叉，因此我们从企业主营业务范围的角度进行分类认证。

以 B2B 交易为主的企业的认证标准主要包括以下几个方面：一是依法注册。包括工商注册登记、税务登记、企业（平台）已具有 ICP 经营性或备案登记等资质。二是电子商务业务经营情况。包括网站运营状态，企业（平台）业务收入、电子商务经营收入等情况。三是人员构成情况。四是服务规范。包括在线交易与服务规范、客服服务、物流服务等。

B2C 企业的认定标准与 B2B 企业的类似，大致内容也包括合法经营、经营情况、人员情况与服务规范等四个方面。各项内容的标准基本一致，区别之处在于，平台收入规模与收入结构的标准不一。

第三方服务为主营的电子商务服务企业，并不直接参与交易，而是为保障交易有效完成而提供服务。其认定的标准与 B2B、B2C 为主的电子商务企业类似，也包括合法经营、企业运营情况、企业人员情况和企业服务规范等方面的内容。在部分定量指标上，如网站访问量、电子商务平台收入额以及占比、人员规模及占比等，认定标准有一定的差别。

3. 电子商务企业认证制度的组织机制

根据前期对相关企业的调研，我们认为，电子商务企业认证制度的开展，还需要做好以下几方面的组织保障。

一是设计电子商务认证制度的激励措施。参考其他企业认证制度的实施，往往涉及很多优惠政策或强制措施。如，软件企业认证是参加政府采购项目的资格，高新技术企业认证则涉及财政补贴、税收减免等政策。同样电子商务企业认证制度的推行，也需要给予企业一定的政策。只有如此，企业才会积极参加认证，提供相应的数据。同时通过设置“类似”的年检办法，也能掌握企业的生灭情况，有利于丰富名录库信息。

二是将政府管理部门中的各类针对电子商务企业的资助计划，纳入名录库建设的范畴。根据我们的调研，杭州市每年均有一批电子商务企业的扶持项目。如，各类电子商务企业的评比，电子商务示范企业建设，电子商务企业创业资助等项目。这些项目的开展，往往能吸引很多电子商务企业参与。将这些资助计划的相关数据进行整合，建立统一的电子商务名录库，同时与其他部门的相关企业名录库进行衔接，如经信部门掌握的软件企业名录库，科技部门掌握的高新技术企业名录库等。

三是形成动态的调查机制。通过在认证制度中，增加及时填报部分统计数据的要求，如按季度填报企业经营收入、电子商务交易额等，可以动态地了解电子商务企业经营的基本特征。填报这些数据的基本目的，并不是为了对电子商务主要指标进行估算，而是为了满足对电子商务企业名录库动态维护的需要。

四、电子商务统计指标体系问题研究

(一)国内外相关研究及若干启示

1. 电子商务统计调查的实践

主要发达国家在电子商务统计调查方面的研究，始于20世纪90年代。由于当时电子商务技术发展的客观局限，在今天看来，这些研究显得较为落后。这些统计调查项目主要以主观调查为主，涉及部分电子商务交易额指标。

国内最早开展过较大规模的统计调查主要为四家单位，分别是：中国互联网络信息中心(CNNIC)从网民角度开展《中国互联网络发展状况统计调查》，国家统计局国际统计信息中心(ISIC)与中国互联网研究与发展中心(CII)开展的《CII中国电子商务总指数指标体系研究与指数测算》，原国家经济贸易委员会贸易市场局联合中国社会科学研究院信息化研究中心、北京大学网络经济研究中心开展的《企业互联网应用和电子商务发展水平统计调查》，原属工信部的赛迪顾问有限公司（CCID）开展的《企业电子商务发展状况调查》。

近些年来，各大电商企业、电子商务研究机构，也尝试性地开展了针对电子商务交易数据的统计，特别是针对其中的电子商务交易额的统计估算问题，如艾瑞咨询集团、易观智库、中国互联网信息中心（CNNIC）、赛迪顾问股份有限公司、阿里研究中心等机构。但这些研究机构要么采用的是典型企业的调查（如艾瑞、易观和赛迪），要么是基于自身平台的简单估计（如阿里研究中心），且主要是集中在交易额这一指标上的统计设计。

2013年，国家统计局开展一项大规模的调查，涵盖307746家大中型企业，对电子商务的交易规模进行了尝试性的统计核算。①

2. 几点启示

根据对国内外相关研究的梳理，可以看出关于电子商务统计指标体系的研究思路还未完全统一，主要表现在以下几方面。

第一，电子商务概念的不明确，导致部分统计指标的设计不科学。例如，许多国家将政府部门的电子商务包含在内，如韩国、日本等。这与其他国家（如美国、新加坡等），把电子商务看作商业活动的普遍观点有所差异。实际上，政府部门开展的某些电子商务活动，并非以盈利为目的，而是以公共服务的效率、便捷性的提升为出发点。如，公用事业中的图书馆信息的查询、个人电子档案服务等，这些活动不能称为商业活动，所以也不能属于电子商务的统计范围。

第二，由于数据收集的困难，很多指标以问卷调查的方式获得，缺少定量指标的研究。由前文可见通过采用问卷调查，以定性方式对电子商务企业、社会公众进行调查评价，这就决定了这些指标不能反映电子商务活动的数量性以及无法开展地区之间的规模比较、结构分析以及必要的估计与预测等问题。

---

① http://finance.sina.com.cn/china/20140107/132817869864.shtml.

第三，电子商务统计调查作为其他行业调查的附属，限制了电子商务指标体系的系统性设计。大部分国家均将电子商务统计调查与其他行业的调查相结合，包括我国国家统计局在2013年的调查也是如此，这就决定了电子商务统计指标体系不可能太多，也是目前我们所看到的电子商务统计指标主要以电子商务交易额为主的局面。不可否认，电子商务交易额是反映电子商务活动规模的最直接指标，但作为一个企业、产业的统计，仅仅体现电子商务交易的统计指标，显然是不够的。

（二）电子商务统计指标体系的设计

1. 基本思路

根据电子商务活动的卖方主体，个体经营户和企业是最基本组织构成。但由于电子商务的特殊性，还产生了一些特殊组织，如电子商务产业功能区（集聚区）、电子商务产业带、特色馆等。虽然这些特殊组织都是基于个体经营户和企业而产生的，为了满足产业管理的需要，也应进行统计调查指标的设计。对于电子商务统计指标体系，基本的思路是采用按研究对象进行分类设计。因此将其分为三大块内容，分别围绕电子商务企业、电子商务功能区和其他，开展分别相关统计指标的设计。

从经营范围来看，电子商务经营主体为商品销售、服务提供以及围绕商品和服务的提供所衍生的各类增值服务等。从本质上来看，电子商务是实现商贸活动的一种新形式，与传统的商务活动的唯一区别是，借助了交易平台这一媒介。不管其是法人单位、产业活动单位，还是个体经营户，电子商务活动必定涉及“人、财、物”的基本经营要素，以及商品和服务的“购、存、销”等流通环节。因此，反映电子商务活动主体经营情况的指标，与传统企业大部分内容是一致的。但由于网络交易活动的开展，很多涉及这些活动的指标需要重新设计，如交易主体、交易去向、交易支付方式等。因此，我们的思路是，采用“传统的企业统计指标”+“电子交易统计指标”两方面构成电子商务统计指标的内容设计。

从电子商务经营活动场所来看，存在着线上和线下的两种经营方式。

线上经营,即通过交易平台开展经营活动;而线下经营则是依托实体店铺等销售场所开展的。因此,相关统计指标还可以分别针对两者开展设计。由于线上经营的相关数据记录较为完整,可采用“反映平台运营情况的指标”和“反映经营主体整体运营情况的指标”(可视为企业)两大类。

按照电子商务经营主体来看,可分为企业与个体经营户。由于企业在组织管理体系相对较为完整,统计工作的开展具有一定的基础和条件。并且,从相关数据来看,电子商务交易规模以企业为主,个体经营户的交易规模相对较小。因此,电子商务企业应属于电子商务统计的重点,需要通过全面系统的指标体系设计,来掌握电子商务企业的活动情况。对于个体经营户而言,我们只需知道其基本的经营状态、活动规模等情况。

2. 电子商务交易企业的统计指标体系设计

根据前文的定义,电子商务交易企业主要指应用电子商务从事经营活动,如商品采购、商品批发零售的企业。主要指标分为基本指标和交易指标两大类。

基本指标包括三方面内容,分别是企业经济规模、企业人员规模与工资、企业经营投入。交易指标包括营收规模与销售构成两大类。前者包括商品销售收入、服务营收金额两项指标;后者则按销售来源、销售主体、销售去向以及销售商品分类分别统计销售额,以反映电子商务企业的销售收入构成情况。

由于电子商务交易企业的内部构成较为复杂,可将之分为:专业电商交易企业(包括自建平台的网络销售企业、依托第三方平台的网络销售企业),供应链电子商务企业,通过设立电子商务子公司开展电子商务业务的传统商贸企业、农业企业、工业企业以及其他类型的企业。

3. 电子商务服务企业统计指标体系的设计

电子商务服务企业主要指为电子商务经营提供服务的企业,如物流配送、技术服务、代运营、客服呼叫、网络支付等企业。其中,网络支付企业是指,为企业和个人提供使用安全电子支付手段通过网络进行货币支付或资金流转服务的企业。物流配送企业,是指为电子商务活动提供货物流通和快递配送服务的企业。技术服务企业是指提供电子商务运营、网店或网站设计推广、IT 技术服务的企业。代运营企业，指帮助其他商贸企业开展网上销售代其运营，以代运营服务费或销售分成为服务收入的企业。客服呼叫企业，则是指为企业提供客服呼叫服务的企业。网络导购企业，是指帮助商家推广商品，并按照成交效果获得佣金的企业。

电子商务服务企业的统计指标也可以分为基本指标与交易指标两个大类。其中，基本指标方面，与电子商务交易企业的相同；交易指标方面，主要以服务收入为主，故需要将总营业收入进行分类分解。

4. 第三方交易平台企业统计指标体系的设计

第三方交易平台企业主要包括五大类，分别为：C2C 平台企业，即为个人商家提供开设网络店铺从事零售业务的第三方交易平台企业；B2C 平台企业，即为企业提供开设网络店铺从事零售业务的第三方交易平台企业；B2B 平台企业，即为企业提供与其他企业之间通过互联网进行产品交易、服务及信息交换服务的第三方平台；大宗商品交易平台企业，即为大宗产品如生产资料等大宗商品流通交易提供服务的第三方平台企业；团购企业，即为网络上互不认识的群体消费者提供商品或服务团购业务的第三方平台企业。

第三方交易平台企业的统计指标，也可以分为基本指标和交易指标两类。基本指标，与前述的电子商务交易企业、电子商务服务企业保持一致。但交易指标方面则有所差异，主要从平台规模、注册与访问量、销售情况进行指标设计。

5. 电子商务功能区统计指标体系的设计

电子商务功能区，是一种电子商务企业的集聚组织，包括电子商务产业园、电子商务楼宇、创业园（孵化园）等。对于电子商务功能区，可从四个方面考虑统计指标，分别是园区基础设施情况、企业入驻情况、园区经营情况、电子商务交易情况等。

6. 电子商务特色馆（产业带）统计指标体系的设计

特色馆、产业带是电子商务活动中的特色组织，既有实体特征、又有虚拟特征。实体特征主要表现在,特色馆给入驻企业提供了公共服务设施,如公用培训会议室、公共仓储、公共摄影场地等。虚拟特征则表现在特色馆也是一个电子商务的交易平台,一般以 C2C 为主、B2C 为辅,故而也具有了第三方交易平台的某些特征。

由于特色馆和产业带的性质较为类似。特色馆是主要经营某一类产品为主,如小商品、农产品或服装等;产业带则是将某一地区的优势、特色产业集聚转移至网络平台,开展电子销售,突破了特色馆的经营某一类产品的局限。因此我们将此两类特色的电子商务平台归为一类。

7. 电子商务个体经营户统计指标的设计

电子商务个体经营户主要从事的是开展电子商务销售活动和服务提供。由于自身条件的限制,一般借助第三方交易平台,交易模式以 C2C 方式为主(如淘宝店铺)。其中,也有部分是从事批发贸易的,如在阿里巴巴平台上就存在着许多个体经营户,这些个体经营户原本在实体市场上从事商品的批发零售。

对于电子商务个体经营户的统计指标,我们初步考虑可分为三大类,分别为营收规模、网店经营成本、店铺与订单。

五、电子商务统计调查方法研究

鉴于我国现行的国民经济行业分类中,并没有电子商务行业的概念,这给电子商务统计给出了"原始难题"。实际上行业分类与用何种技术或手段从事这一行业,并不等同。因此,我们将电子商务统计看成是"电子商务技术在相关行业中应用情况的统计"。

目前我国对行业统计调查,普遍采用的是全面调查与抽样调查相结合的方法,即对限额以上经营单位采用报表制度,对限额以下的单位采用抽样调查。因此,我们也采用这一思路,开展报表制度的设计、填报主体的确定,以及抽样单位、抽样方法和抽样估计等问题的讨论。

(一)电子商务统计报表制度

1. 调查对象

由于不同类型电子商务企业的差异较大,需要对电子商务交易企业、电子商务服务企业和电子商务第三方平台企业进行分别确定。电子商务企业限额标准,做如下规定:

限额以上电子商务交易企业:年电子商务交易额(包括电子商务销售额和电子商务采购额)为2000万元及以上。

限额以上电子商务服务企业:年电子商务服务收入为1000万元及以上。

限额以上第三方交易平台企业:年营业总收入为2000万元及以上。

根据所建立的以上三类企业的名录库,满足以上要求的,即作为实施报表制度的统计单位。值得注意的是,这一标准是我们根据杭州市的情况,进行的主观分析。实际上确信的标准,则需要进行摸底调查来确定。

其他电子商务的组织机构(如产业带、特色馆),由于数量较少,且一般都是在地方政府资助、经备案后设立的。所以根据政府相关部门掌握的名录,即可开展全面调查。

2. 填报对象

一般而言,基于经营主体的统计制度,是国家统计制度的基础原则,且可与工商登记、税务管理等相匹配。电子商务企业依托交易平台开展经营活动,类似于商场或专业市场,交易平台只是提供了虚拟的交易场所以及必要的数据管理与维护服务等。交易平台无法作为报表的填报单位来提供相应的数据。其理由为:

一是交易平台统一上报无法清晰地划分交易企业的行业类别,从而对行业的分析带来难度。

二是平台上报会带来大量的重复统计问题。如果企业已经上报了相应数据,若再由交易平台统一上报,网上交易部分的数据就重复了。

三是由交易平台统一上报只能得到部分交易数据,而无法取得经营主体的其他各类数据，如购进、库存情况，也无法取得财务表，那样就无法准确算出批发零售业的增加值。

3. 统计报表

我们认为，电子商务企业作为经工商登记注册和税务登记的一种企业类型，应根据其企业性质，作为独立法人纳入相应的行业统计制度内。因此，现行统计制度内的部分报表，如法人单位基本情况表、产业活动单位基本情况表、企业财务情况表，都是适用于电子商务企业的。

根据这一情况，我们将电子商务统计报表分为两大类："通用型报表"和"专用型报表"。"通用型报表"适用于各类企业，"专用型报表"主要是为了描述电子商务企业及特殊组织的发展经营情况。我们将电子商务统计报表进行整理，初步设置如表1所示。

表1　电子商务统计报表基本情况

序号	表名	报告期别	填报单位	备注
1	法人单位基本情况表	年度	全部类型的电子商务企业	
2	产业活动单位基本情况表	年度		
3	企业财务情况表	季度		
4	电子商务交易企业发展情况表	月度	电子商务交易企业	部分指标还需按年度填报
5	电子商务服务企业发展情况表	月度	电子商务服务企业	
6	第三方交易平台企业发展情况表	月度	第三方交易平台企业	
7	电子商务产业功能区发展情况表	月度	电子商务产业功能区	
8	电子商务产业带（特色馆）发展情况表	季度	产业带（特色馆）运营企业	

(二)限额以下电子商务单位抽样问题

1. 交易平台企业的抽样调查方案

由于交易平台必须是具有ICP登记和备案的，相关管理部门拥有交易平台的名录，因此电子商务交易企业中拥有自营平台的企业以及第三方交易平台企业，实际上是可以实施统计报表制度的。

但若考虑统计工作量太大的问题，可以在交易平台名录内[①]剔除限额以上的交易平台后，再进行抽样。在这种情况下，交易平台实际上相当于贸易统计制度中的“商品交易市场”。在该方案中，可以分两个研究域：拥有自营平台的交易企业和第三方交易平台企业。若以相应域内的企业为基本抽样单元，可以按地区采用两阶段抽样调查：第一阶段，抽取区、县（包括县级市）；第二阶段，根据两个研究域，分别抽取相应企业。为提高效率和精度，可将所掌握的两类企业数作为辅助变量，采用 PPS 抽样。

2. 电子商务服务企业的抽样调查方案

根据前文所述，电子商务企业包括为电子商务经营服务的物流配送企业、技术服务企业、代运营企业、客服呼叫中心、第三方支付企业等。这些分属于不同行业的企业，围绕电子商务活动，为交易双方提供相应的服务。这也就决定了这些企业具有不同的特征。因此，需要按服务企业的类型，分为相应的研究域。具体的抽样方案与电子商务交易平台企业的抽样类似，故不再赘述。

3. 借助第三方平台的交易企业与个体户的抽样调查方案

为了简便起见，我们把这些单位称为“C 端单位”。从 C 端单位数量来看，各交易平台之间的差异很大。因此，需要考虑交易平台的规模开展抽样问题。

由于 C 端单位中的交易企业与个体户也具有特征差异。因此，我们也将之分为两个研究域。在其中的交易企业部分，根据交易企业的认证情况，剔除限额以上的企业，即可作为抽样框；而个体户部分，则需要借助平台上的相关信息进行筛选，如剔除以公司形式注册的店铺后剩余的部分单位，可作为抽样框。因此，我们将抽样过程分如下阶段：第一阶段，抽取第三方交易平台；第二阶段，抽取区、县（包括县级市）；第三阶段，按研究域抽取相应

---

① 也可结合电子商务企业认证的情况决定。

单位。其中在第一阶段，以第三方交易平台的营收规模作为辅助变量；在第二阶段，可以根据被抽中的第三方交易平台上各县市的店铺数量作为辅助变量。

4. PPS 抽样方法简介

按规模大小成比例的概率抽样，简称为 PPS 抽样，它是使用辅助信息，从而使每个单位均有按其规模大小成比例的被抽中概率的一种抽样方式。在有放回的不等概率抽样中，最常用的是按总体单元的规模大小来确定抽样概率。假设总体中第 i 个单位的规模度量为 M_i，总体的总规模度量为 $M_0=\sum_{i=1}^{n}M_i$，则该单位的入样概率应为 $Z_i=\frac{M_i}{M_0}$。

PPS 抽样的实施方法有很多，这里我们选用规模累计等距抽选的方法。具体可概述如下：设总体单位数为 N，其规模度量分为 $M_1, M_2, \cdots, M_N$，进行累积，直至 $M_0=\sum_{i=1}^{n}M_i$。若欲抽取样本的容量为 n，则先求得等距抽样的间隔 $K=\frac{M_0}{n}$，然后在 1 至 K 之间随机等概率抽取一个数 r，则 r 所在的单元代码区间相应的单元即为被抽样的单元。以后每隔 K 个度量值，抽取相应的单位。

汉森和赫维茨对 PPS 抽样提出了 Hansen-Hurvitz 估计量，具体公式为：

$$\hat{Y}_{HN}=\frac{1}{n}\sum_{i=1}^{n}\frac{Y_i}{Z_i}$$

$$V(\hat{Y}_{HN})=\frac{1}{n(n-1)}\sum_{i=1}^{n}(\frac{Y_i}{Z_i}-\hat{Y}_{HN})^2$$

其中，$\hat{Y}_{HN}$ 为总体总量的估计值，$V(\hat{Y}_{HN})$ 为其方差估计。Y_i 为入样的第 i 个单位的变量值，Z_i 为第 i 个单位根据其规模大小的入样概率，即有 $Z_i=\frac{M_i}{M_0}$。$\hat{Y}_{HN}$ 是总体总量的无偏估计量。

对于以上三类限额以下的抽样问题，均可采用辅助变量开展估计，如企业单位数等。而在具体估计时，可根据实际情况进行有针对性的选取。

(三)其他问题

1. 非调查月指标的估计

根据其他行业统计制度,目前的做法是一年调查两次。非调查月的总量估计,是根据经验或历史数据,计算每个月份对于调查月指标的相对变化,即波动系数,这样便能进行推算。但这种方法推算的结果不大可靠,因为波动系数必须要有新的数据来源,才能反映最新的情况。

因此我们建议可采用大、小样本月的月度调查。例如,在固定的月份执行样本容量较大的调查,而在其余月份执行样本量较小的调查;分别称为大样本月调查和小样本月调查。

为了提高效率,小样本月中的样本既不是与大样本月一样独立地从总体中抽出,也不是大样本月的一个子样。最佳的方式是:A+B 的方式。其中:A. 大样本月中抽取的一个子样本;B. 在总体减去大样本月样本中抽取的样本。

A 部分可称为匹配样本,应至少调查两次;B 可称为非匹配样本。将两部分结合后,根据大、小样本月的所有调查数据,可以开展小样本月的估计。

2. 样本量与精度

抽样误差的大小,除了决定于抽样方法(包括估计方法)以外,还依赖于样本量的大小。但电子商务统计调查中,可能涉及巨大的非抽样误差,因此,为减少抽样误差而大规模增加样本量是没有必要的。

在实际应用中,也可以根据设计效应(deff)估计具体的样本量。①另外对于精度问题,通用的标准是要求在 95%的置信水平下,核心指标的相对误差限制在 15%以内。

3. 调查表

由于本项调查中的调查指标可能会较为敏感。因此,需要对调查所获

① 在获得调查数据后,根据实际样本量及计算得到的方差估计,即可估计设计效应,由此确定较为理想的样本量。

得数据进行评估。调查表的设计，一方面需要注意询问方式，另一方面可以通过设计相互验证的指标进行识别。初步可考虑如表 2 的调查指标。

表 2　C 端单位抽样调查表

	指标	本期	上期
1	销售额		
2	成交单数		
3	平均每单金额		
4	物流快递费用支出		
5	平均每个包裹投递费用		

其中，销售额可以由成交单数和平均每单金额相互验证；物流快递费用支出，可由成交单数与平均每个包裹投递费用以及相应的折算系数进行验证。同时，销售额也可以与物流快递费用支出相互验证。具体的验证办法，可通过对部分 C 端单位的调查估计折算系数。

六、研究的局限

由于研究时间、研究条件以及研究能力，特别是课题组对统计制度实务的理解方面，项目的研究还存在着诸多不足。这些不足表现在以下几个方面：

一是项目虽涉及了电子商务统计制度的基本内容，但还需进一步深化、细化和系统化。

二是课题组提出了一些新的观点。如采用电子商务企业的资质认证制度，以解决电子商务活动与电子商务企业之间的概念差异；如采用互联网数据，对名录库信息进行核实与维护，但效果如何以及是否能解决实际问题，还需要进一步的验证。

三是虽然课题组提出了电子商务统计指标体系的初步框架、统计报表制度和抽样调查方法等问题，但讨论还仅限于理论层面的讨论，其是否适用以及如何调整统计口径、统计范围，还需要在实践中进一步完善。

以上问题也是课题组下一阶段的研究方向。

课题负责人：陈　骥

浙江居民服务消费发展状况研究

服务业是国民经济发展的一个重要行业，对实现经济可持续健康发展、提高居民生活质量、吸纳社会劳动力发挥着重要作用。投资、消费和出口作为拉动经济增长的三驾马车，从稳定性和可持续性上看，消费作为经济增长的内生动力，是促进经济增长、改善民生的重要途径。服务消费作为消费的一部分，其发展水平高低已经成为衡量居民生活质量高低的一个重要标志。随着经济的发展和居民收入水平的不断提高，居民的消费观念正发生着明显的改变，消费结构也发生了深刻的变化，消费的内容从以衣食消费为主的生存型向以追求生活质量的享受型、舒适型转变。服务消费正在成为居民消费的一个重点，为居民消费结构优化和升级转型提供了强大基础。

中国经济发展模式正在从“以出口及基础建设投资导向”向“国内消费为主驱动”转变。扩大居民服务消费需求、拉动内需增长，不仅是中国经济结构中长期战略调整的需要，也是促进经济平稳较快增长的重要举措，更是改善民生、提高人民生活水平的必然选择。国务院《服务业“十二五”规划》中指出，要“发展服务业与扩大国内需求、改善人民群众生活相结合。进一步发挥服务业对拉动消费和投资的积极作用，培育新的经济增长点，满足人民群众日益增长的物质文化生活需要”。

浙江经济经过30多年的发展，正在经历着从粗放型向集约型转变的过程，服务业增加值在国内生产总值中的比重不断提高。《浙江省“十二五”规划纲要》中明确提出“要努力扩大消费需求，加快培育旅游、文化、信息服务、教育培训、体育健身等消费热点”。发展服务消费作为构建扩大内需长效机制的重要内容，对实现浙江经济增长依靠消费、投资、出口协调发展，第一、第二、第三产业协同带动，加快经济发展方式转变有重大意义。

2013 年，我省人均国内生产总值达到 11054.4 美元，比 2001 年增长5.2倍；第三产业增加值占国内生产总值的 46.1%，占比与 2001 年相比提高 7.5 个百分点；城镇居民人均可支配收入 37851 元，比 2001 年增长 2.7 倍，农村居民人均纯收入 16106 元，比 2001 年增长 2.4 倍；城镇居民人均服务性消费支出占家庭总支出的 32.4%，农村居民人均服务性消费支出占全年总支出的 22.5%，占比与 2001 年相比分别提高 4.5 个和 1.6 个百分点。进入新世纪以来，伴随浙江居民收入持续较快增长，服务消费正逐渐成为居民消费增长的新热点。研究浙江居民服务消费发展现状，厘清浙江居民服务消费发展特点，可以比较清晰地了解浙江消费结构转型升级时期服务消费对经济发展的贡献和作用；通过与北京、上海等服务消费相对发达省市及与美国、日本等发达国家的对比分析，研究浙江居民服务消费发展所处的阶段，发现浙江居民服务消费发展存在的不足，据此提出进一步发展浙江居民服务消费的政策建议，为有关部门出台促进服务消费政策提供参考意见。

一、服务消费的内涵、特征与统计范围

一般认为，服务消费是人类劳动提供的、用以满足人们物质和文化生活消费需要的有用活动。按其满足人们消费需要的方式，大体可分为两类：一是为了人们有效地消费物质资料而提供的服务；二是作为人们消费的直接对象的消费性服务。按其消费类别不同，居民服务消费可分为三大类：一是传统型服务消费，比如传统物流、餐饮服务、旅馆服务等。传统服务消费经过多年发展，已经成为居民最普遍的服务消费方式，各方面发展也最为完善。二是现代服务消费，比如金融保险、会计、律师服务、证券服务等。现代服务消费在发达国家起步较早，服务体系和行业标准已相对成熟，而我国的现代服务消费在改革开放之后才开始出现，目前正处于逐步发展和完善的阶段。三是以信息技术为载体的知识密集型服务消费，比如综合物流、电子商务、互联网、通讯等。知识密集型服务消费是目前互联网时代服务消费的一个新热点，也是今后服务消费发展的一个新潮流。

相对于实物消费，服务消费具有以下特征：一是服务消费的对象具有非实物性。服务消费是对提供活动的一种消费，需要特定的载体，服务消费品本身一般不具备实物形态，服务消费的过程和服务生产的过程是同步进行。二是服务消费收入弹性比商品消费大。居民服务消费结构一般是随着收入的增长，按照“衣食—住行—康乐”路径发展，消费者一般只有在满足生存资料购买的基础上，才逐渐开始进行发展资料和享受资料的消费，服务消费就是基于发展资料和享受资料的基础上发展的，有较大的需求收入弹性。三是服务消费的满意程度个体差异明显。服务提供者个人的能力和素质很大程度上决定了服务消费水平的高低，而由于个体差异的存在，消费者对服务消费效用的评价很难像实物消费有统一的标准。

从发达国家的经验看，服务消费一般可分为三个阶段：当人均国内生产总值低于1000美元时，居民消费支出主要用于吃、穿等满足生活必须的阶段，以商品消费为主的生存型消费是这个时期的主要消费方式；当人均国内生产总值处于1000—3000美元阶段，居民消费结构随着收入的增加而发生转变，居民用于吃、穿的费用占总消费支出的比重明显下降，用于住、行和文化娱乐等的消费支出比例显著上升，发展型、享受型服务消费快速增长；当人均国内生产总值超过3000美元时，服务消费进入快速增长期。

研究居民服务消费的发展特点，目前主要是通过研究服务消费支出在居民消费总支出中的结构及其变化来反映。一般认为，服务消费支出是用于人们支付社会提供的各种文化和生活方面的非商品性服务费用。基于数据连续性和可获得性原则，参考《浙江省统计年鉴》及《中国统计年鉴》的相关分类。本文对浙江居民服务消费支出研究分为城镇居民和农村居民，其中城镇居民的服务消费支出包含饮食服务、衣着加工服务、居住服务、家庭服务、医疗保健、交通和通信、文化娱乐服务和教育八大类；农村居民的消费支出包含在外饮食、家庭设备用品及服务、医疗保健、交通消费服务、邮电通讯服务、教育服务和旅游休闲娱乐服务七大类。

二、浙江居民服务消费发展现状

浙江作为沿海省份，经济相对发达，人均国内生产总值增长较快。1996年和2005年，全省人均国内生产总值分别突破1000美元和3000美元，分别达到1148.9美元和3303.6美元，根据国际经验，浙江服务消费进入快速增长阶段。从1996年到2013年，全省人均国内生产总值、城镇居民人均可支配收入和农村居民人均纯收入年均分别增长14.4%、10.6%和9.9%。伴随收入的持续增长，我省居民服务消费呈现支出持续增长、结构不断优化的发展态势。

（一）服务消费支出持续增加，对经济增长发挥重要贡献

2013年，浙江城镇居民人均可支配收入和农村居民纯收入分别达到37851元[①]和16106元，比2001年分别增长2.6倍和3.2倍，年均分别增长11.4%和10.8%。受收入持续增长带动，城乡居民生活水平不断改善，恩格尔系数持续下跌。2013年，浙江城镇和农村恩格尔系数分别为34.4%和35.6%，和2001年相比，分别减少1.9个和6.0个百分点。随着收入的增加和用于食物消费的支出逐渐较少，浙江居民服务消费支出持续增长。2013年，浙江城镇人均服务消费支出10310元，比2001年增长2.7倍，年均增长11.8%，人均服务消费支出占人均家庭总支出的32.4%，占比与2001年相比提高4.5个百分点。农村居民人均服务消费支出3479元，比2001年增长2.4倍，年均增长11.3%，人均服务消费支出占人均全年总支出的22.5%，占比与2001年相比提高1.6个百分点（图1）。

从2001年到2013年，城镇居民、农村居民的服务消费对总体消费支出的贡献率分别为49.0%和29.7%，分别拉动总体消费年均增长4.7个和3.

① 浙江数据来源为《浙江统计年鉴》相关年份，考虑数据可获得新指标的连续性，本文以下关于浙江的数据起止时间为2001年到2013年。

1个百分点。城镇居民将近一半的消费增长和农村居民将近三分之一的消费增长都是由服务消费增长贡献的,服务消费的贡献超过了住房、汽车等消费热点对居民消费的贡献作用,已经成为提高总体消费水平、拉动经济增长的重要力量。

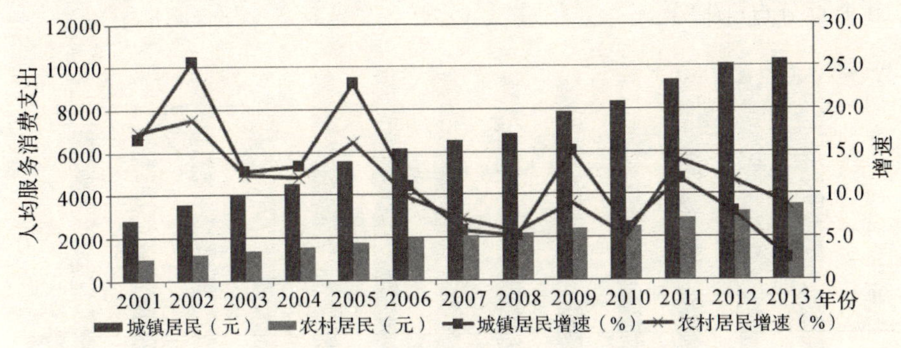

图1　浙江居民人均服务消费支出情况图

(二)交通和通讯消费是城镇居民服务消费的主要方式

交通和通讯、居住服务消费等享受型消费占比不断提高。随着浙江对交通运输和邮电通讯基础设施投入的不断增加,浙江城镇居民人均交通和通信消费比重稳步增长,已经成为城镇居民最主要的服务消费项目。2013年全省完成交通运输基础设施投入1450.3亿元,高速路网不断完善,居民出行日益便利;对邮电通讯基础设施投入62.4亿元,移动基站覆盖更加全面,居民通讯更加畅通,网络服务全面提升,固定互联网宽带接入用户达到1243万户。受益于便捷的交通和网络、通讯，2013年浙江城镇居民人均交通和通讯支出为4568元,比2001年增长5.6倍,年均增长16.6%;交通和通讯支付占城镇人均服务消费支出的44.3%,比2001年提高19.8个百分点。随着居民对居住条件、物业服务要求的提高,居住服务消费支出占比小幅提高,2013年城镇居民居住服务消费人均支出164元,比2001年增长4.9倍,年均增长15.2%;居住服务消费支出占城镇居民服务消费支出的1.6%,比2001年提高0.6个百分点。

饮食服务、医疗保健消费支出在城镇居民服务消费中的比重有所下降。

随着饮食习惯的改变，城镇居民更倾向于在家就餐，饮食服务支出占比从2001年的21.4%下降到2013年的17.3%。随着城镇社会医疗保障体系的不断完善，居民医疗保健支出占比逐年回落，2013年城镇居民人均医疗保健支出1244元，占城镇居民人均服务消费支出的12.1%，比2001年减少6.9个百分点(图2)。

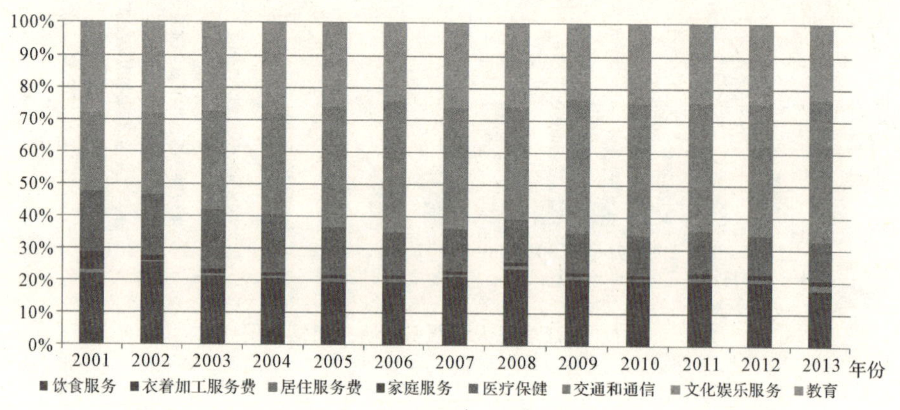

图2　2001—2013年浙江城镇居民人均服务消费结构变化图

(三)医疗保健、在外饮食等消费是农村居民服务消费的主要方式

随着健康意识的不断增强和农村卫生体系建设的大量投入，农村居民看病更加便利，医疗保健的支出成为浙江农村居民服务消费的主要项目。2013年，浙江农村居民人均医疗保健支出944元，比2001年增长2.7倍，年均增长12.7%；医疗保健支出占农村居民服务消费的27.1%，比2001年提高2.4个百分点。在外饮食是农村居民服务消费的第二大支出，2013年农村居民人均在外饮食消费693元，比2001年增长4.3倍，年均增长15.3%；在外饮食支出占农村居民服务消费支出的19.9%，比2001年提高7.0个百分点。

家庭设备用品及服务、交通消费服务和邮电通信费占比基本保持稳定。2013年，浙江农村居民人均家庭设备用品及服务、交通消费服务和邮电通信费分别为565元、140元和337元，比2001年分别增长2.6倍、2.3倍和2.2倍，年均分别增长11.0%、10.4%和11.2%；分别占农村居民服务消费支出的16.2%、4.0%和9.7%，和2001年相比，占比分别提高0.9个、下降

0.1个和0.5个百分点(图3)。

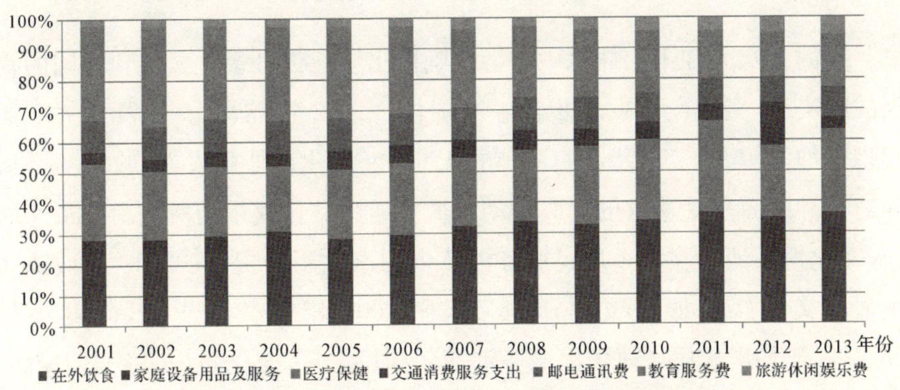

图3　2001—2013年浙江农村居民人均服务消费结构变化图

(四)教育支出在城乡居民服务消费支出中的比重均呈回落态势

随着中小学义务教育免收学杂费、学生"减负"等政策的实施,城镇居民教育支出占比减少明显,2013年城镇居民人均教育支出1297元,比2001年增长1倍,年均增长7.8%;教育支出占城镇居民人均服务消费支出的12.6%,比2001年减少10.0个百分点。除2001年外,教育支出在城镇居民服务消费支出中的排位相对稳定,一直保持第三。教育支出依然是城镇居民服务消费的一个主要项目。

农村居民教育服务消费占比下降较大。2013年,浙江城镇化率为64.0%,比2001年提高13.1个百分点。随着城镇化率的不断提高,浙江农村居民人数不断减少,相应地农村适龄求学儿童也减少,同时政府对基础教育投入力度的加大和中小学免交学杂费等政策的实施,农村居民对教育服务的支出占比相对减少。2013年,浙江农村居民人均教育服务支出604元,比2001年增长91.7%,年均增长6.2%;教育服务费占农村居民服务消费支出的17.4%,比2001年减少13.5个百分点。教育服务消费在农村居民服务消费占比的排位持续下滑,从2001年的第一到2008年的第二再到2011年的第三。随着收入的提高和消费理念的变化,农村居民服务消费项目和形式更加多样化。

(五)文化娱乐等享受型消费支出快速增长

党的十八大和十七届六中全会明确提出了建设社会主义文化强国的重大战略决策,文化产业发展步伐不断加快。2012 年,浙江文化及相关产业实现增加值 1581.7 亿元,占 GDP 的 4.6%。文化产业的发展、收入的增加和对精神层面享受追求的提高带动了城乡居民文化娱乐消费支出的快速增长,文化娱乐消费在城乡居民服务消费中的占比不断提高。2013 年城镇居民人均文化娱乐服务支出 1095 元,比 2001 年增长 6.1 倍,年均增长 18.0%,年均增速居城镇居民服务消费各项目之首;文化娱乐服务支出占城镇居民服务消费支出的 10.6%,比 2001 年提高 6.1 个百分点。浙江农村居民人均旅游休闲娱乐消费支出 196 元,比 2001 年增长 9.3 倍,年均增长 21.3%,年均增速居农村居民各服务消费项目首位;农村居民旅游休闲娱乐消费支出占浙江农村居民服务消费支出的 5.6%,比 2001 年提高 3.8 个百分点。

三、浙江服务消费发展存在的问题

经过多年的发展,浙江居民服务消费已经逐渐成为居民消费的一个重要组成部分,对改善居民物质生活、提升居民精神享受发挥了不可替代的作用。但是,由于城乡"二元 "结构的长期存在,养老、医疗等社会保障机制发展还滞后于居民生活要求。和发达国家相比,浙江服务消费依然存在消费层次偏低、消费结构不完善等问题。

(一)城乡服务消费差距较大,农村居民服务消费倾向偏低

我国经济结构具有明显的城乡"二元"结构特征,相较于城镇经济发展较快、基础设施较完善、人均可支配收入较高和社会保障投入较多,农村居民存在以农业经济为主、人均纯收入较低、服务消费体系发展滞后等问题,农村居民服务消费支出增长相对较缓。2013 年,浙江农村居民人均纯收入、消费支出和服务消费支出分别为 16106 元、11760 元和 3479 元,分别为

同期城镇居民的42.6%、50.6%和33.7%；和2001年相比，农村居民服务消费支出年均增长11.3%，比城镇居民年均增速低0.5个百分点。

农村居民服务消费支出占总体消费的比例和服务消费倾向较低。2013年农村居民服务消费支出占生活消费支出的29.6%，比城镇居民低14.7个百分点；与2001年相比，农村居民服务消费支出占比提高0.3个百分点，而城镇居民服务消费占比提高8.9个百分点。相对于城镇交通、通讯、文化娱乐等服务消费项目发展较为完善，农村服务消费项目相对缺乏；同时，城镇化率的不断提高在一定程度上导致农村居民不断减少，城镇人口和规模不断扩大，服务消费作为居民消费发展的一个相对高阶段，更倾向于在人流集聚的地方发展，从而导致农村居民服务消费在规模和增长速度上均慢于城镇居民。2013年，浙江农村居民服务消费倾向①为0.22，比城镇居民低0.06个百分点。从2001年到2013年，农村居民服务消费倾向一直低于城镇居民消费倾向0.05个百分点以上；其中2009年到2011年，农村居民服务消费倾向比城镇居民服务消费倾向均低0.08个百分点(图4)。

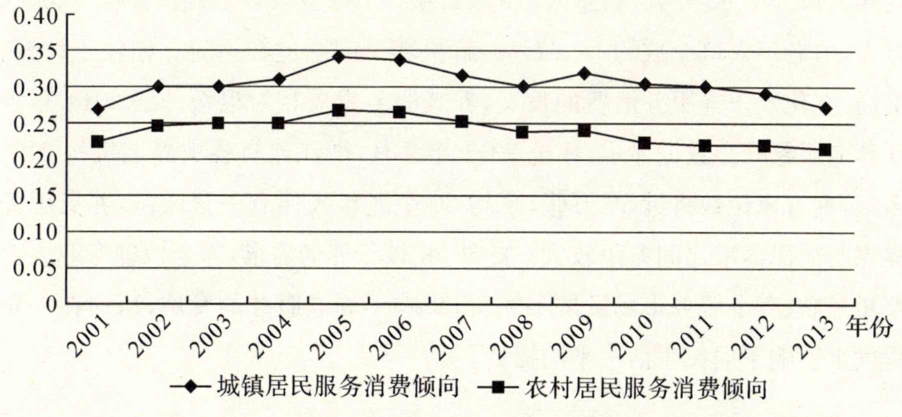

图4　2001—2013年浙江居民服务消费倾向图

① 城镇(农村)居民服务消费倾向用城镇(农村)居民人均服务消费支出占其人均可支配收入(农村居民人均纯收入)的比重表示。

(二)社会保障体系发展相对滞后,医疗支出占比较大,养老服务发展迟缓

城镇居民社会保障支出比例不断提高,2013 年城镇居民人均社会保障支出 2890 元,占消费支出的 12.4%,比 2007 年提高 0.8 个百分点,年均增长 11.1%。浙江农村居民服务消费支出中,医疗保健消费占比最高,从 2001 年到 2013 年,医疗保健消费支出占服务消费支出的比例都在 20%以上,其中 2011 年达到 29.7%。相较于城镇居民比较完善的医保体系,农村居民医保体系近年来虽然发展较快,但还是存在报销比例相对较低、疾病保险种类偏少等问题,农村居民需要自己支付较多的医疗费用,从而影响文化娱乐等其他消费项目的支出和增长。

随着社会人口老龄化现象的加重,养老服务是否完善已经成为影响居民物质生活水平的一个重要问题。根据浙江省老龄办发布的《浙江省 2013 年老年人口和老龄事业统计公报》显示,截至 2013 年末,全省 60 岁及以上老年人口 897.83 万人,占总人口的 18.63%;80 岁及以上高龄老人 140.16 万人,占老年人口总数的 15.61%。解决养老问题迫在眉睫。相较于教育、交通、文化娱乐等服务消费的发展,养老服务发展相对迟缓。据 2014 年浙江养老服务峰会数据显示,截至 2014 年 9 月,浙江建有各类养老机构 2100 多家,拥有床位数将近 30 万张,平均 30 个老年人拥有一张床位,养老服务提供与居民需求之间差距较大。此外,相较于养老需求,养老护理专业人才严重短缺、养老服务市场发展不完善,影响了养老服务的发展,从而在一定程度上影响了居民生活水平的提高。

(三)服务消费层次有待进一步提升

和北京、上海等第三产业发展较快、居民服务消费相对发达的城市相比,浙江居民服务消费还存在结构不均衡、消费层次偏低等问题。2013 年,北京、上海人均国内生产总值分别达到 15052 美元和 14541 美元[①],第三产

---

① 省际数据来源为《中国统计年鉴》(2014)。

业增加值占国内生产总值的比例分别为 76.9%和 62.2%，城镇化率分别达到 86.3%和 89.6%，城镇居民人均可支配收入分别为 40321.0 元和 43851.4 元，农村居民纯收入分别为 18337.0 元和 19595.0 元，以上指标均高于浙江。第三产业的发展水平、居民收入水平和城镇化率都在一定程度上影响了一个地区服务消费的发展水平。和北京、上海相比，浙江城镇居民服务消费支出中，文教娱乐占比较低、交通通信占比较高。2013 年，城镇居民人均现金消费支出中，浙江服务消费占比与北京相比，低 1.5 个百分点；文教娱乐占服务消费的比重为 28.3%，比北京、上海分别低 5.5 个和 6.3 个百分点；交通通信占服务消费的比重为 45.4%，比北京和上海分别高 10.6 个和 5.7 个百分点。从农村居民服务消费发展水平看，家庭设备及用品占比相对较低。2013 年，浙江农村居民服务消费占农村居民人均现金消费支出的 38.5%，占比与上海基本持平；家庭设备及用品支出占服务消费的 12.6%，比北京低 5.8 个百分点。文教娱乐、家庭设备等享受型服务消费占比有待进一步提升。

和美国、日本和韩国等经济发达国家相比，浙江服务消费的发展水平滞后比较明显。美国在 1962 年服务消费支出的比重就达到 47%，到 2010 年为 71.1%。日本在 2004 年，以“保健医疗、交通通信、学校教育、在教育与娱乐”为代表的服务消费占家庭总消费的比重达到 31.7%。韩国在 2010 年，以“医疗保健、交通通信、文化娱乐和教育”为代表的服务消费支出比重为 36.9%。而浙江在 2013 年城镇居民和农村居民服务消费的比重分别为 32.4%和 22.5%，大幅低于美、日、韩的水平。总体比较，浙江居民服务消费发展水平和发达国家的差距至少在 10—15 年左右。

四、浙江服务消费发展的因素分析

消费增长的动力机制包括三个层面：心理、技术和经济。马斯洛需求认为，需求是有层次的，消费行为是由优势需求决定的，只有当低层次的需求得到满足之后，消费者才会去追求更高层次的需求。心理机制为消费增长创造了永无止境的内在冲动，技术进步不断创造出新的产品和新的消费条件，为消费持续增长提供了客观条件，居民收入的持续增长是消费增长机制中的核心要素和促进消费结构升级的内在保障。

本文构建的消费需求函数主要研究城镇（农村）居民服务消费支出与人均国内生产总值、城镇居民人均可支配收入（农村人均纯收入）、城镇化率、第三产业增加值占国内生产总值的比重和服务项目价格指数之间的关系，通过多元线性回归方程和灰色关联分析，研究各因素对居民服务消费的影响程度。

由于加入第三产业增加值占比后，无论是城镇居民服务消费需求模型还是农村居民服务消费需求模型中，第三产业增加值占比为负数，与实际情况不符合，因此加以剔除。对农村居民服务消费需求模型的分析中，相对于城镇居民服务消费支出，城镇化率对农村居民服务消费支出的关系不大，因此不予考虑。由此，用 EVIEWS6.0 软件，得到以下方程：

对城镇居民服务消费支出的需求模型为：

$$Y_1 = -3098.773 + 0.019X_1 + 333.515X_3 + 0.076X_4 - 116.383X_6$$

$$(-0.618)(0.316)(3.554)\ (0.759)(-4.119)$$

$$R^2 = 0.998 \quad A^- R^2 = 0.993$$

对农村居民服务消费支出的需求模型为：

$$Y_2 = -2781.713 + 0.017X_1 + 0.117X_5 - 23.433X_6$$

$$(2.218)(1.212)(1.719)(-1.792)$$

$$R^2 = 0.990 \quad A^- R^2 = 0.984$$

其中，X_1表示人均国内生产总值（元），X_3 表示城镇化率，X_4表示城镇居民人均可支配收入（元），X_5表示农村居民人均纯收入（元），X_6 表示服务项目价格指数，Y_1表示城镇居民人均服务消费支出（元），Y_2 表示农村居民人均服务消费支出（元）。两个方程调整后的 R^2 均大于 0.98，表明多元回归模型的拟合优度较高，除服务项目价值指数外，其他各自变量均通过 t 检验。

从模型中可以看出，人均国内生产总值、城镇化率和人均可支配收入（人均纯收入）均与居民服务消费支出正相关，服务项目价格指数与居民服务消费支出负相关，结论与实际情况相符合。其中，人均收入水平变动对居民服务消费支出的影响程度大于人均国内生产总值的变动，当人均收入增长1个百分点时，城乡居民服务消费支出分别增长0.076个和0.117个百分点，城镇居民服务消费支出受收入增长影响程度高于农村居民；当服务项目价格指数提高1个百分点时，城乡居民服务消费支出分别减少1.16倍和0.23倍；当城镇化率提升1个百分点时，城镇居民人均服务消费支出可以提高3.3倍。

从灰色关联分析看，城镇居民服务消费支出与城镇居民人均可支配收入、人均国内生产总值、城镇化率、第三产业增加值占国内生产总值的比重和服务项目价格指数之间的关联系数分别为0.8422、0.8346、0.5800、0.5722和0.5514；农村居民服务消费支出与农村居民人均纯收入、人均国内生产总值、城镇化率、第三产业增加值占国内生产总值的比重和服务项目价格指数之间的关联系数分别为0.9057、0.7422、0.6138、0.6037和0.5779。灰色关系分析同样表明，人均收入是影响服务消费支出的一个最关键因素，结论与多元线性回归一致。

因此，通过分析收入效应，可以看出收入变化对各服务消费项目的影响程度。收入效应一般指，当收入相对于消费品价格发生变化，即购买力发生变化时，对消费数量所产生的影响。当消费品价格不变而居民收入增加时，居民购买高档消费品、服务性消费的需求就会增加，进而刺激高档消费品、服务性消费产业的增长。一般而言，当收入弹性大于1时，说明收入富有弹性，即当消费者收入增加时，消费者对某种商品的需求量增加，但是需求量增加的幅度大于收入增加的幅度。当收入弹性在0和1之间时，说明收入缺乏弹性，当消费者收入增加时，消费者对某种商品的需求量增加，但是需求量增加的幅度小于收入增加的幅度。当收入弹性小于0时，就说明该商品的需求量与收入变化之间存在反方向变化的关系，当消费者收入增加时，对该商品的需求量反而减少。当收入为0时，说明收入无弹性，消费者收入的变化并不引起对商品需求量的变化。当收入弹性等于1时，需求量变动与收入变动的百分比相同。

从浙江城乡居民服务消费项目收入弹性的均值可以看出，城镇居民服务消费中，居住服务、交通和通信、文化娱乐的收入弹性系数大于1，分别为1.62、1.58和1.68。随着城镇居民人均可支配收入的增长，以居住服务、交通通信、文化娱乐为代表的服务消费需求快速增长，带动与之相关的高端物业管理、信息服务、文化产业、旅游产业的发展。衣着加工服务收入弹性均值为一0.26，表明随收入增加，城镇居民更倾向于直接购买成衣。饮食服务、家庭服务、医疗保健和教育的价格弹性均值分别为0.91、0.87、0.6和0.65，表明收入增加后，用于饮食、家庭服务、医疗保健和教育的支出会低于收入的增长，尤其是医疗保健和教育的收入弹性系数小于1，在一定程度上说明浙江对城镇居民在医保体制和公共教育投入较大，居民负担相应减少，可以将收入用于更多其他方面的消费。

农村居民服务消费的在外饮食、医疗保健、交通消费服务、邮电通讯和旅游休闲娱乐支付收入弹性系数均值都大于1，分别为1.55、1.33、2.07、1.22和2.24，提高农村居民纯收入，可以有效促进交通、旅游娱乐的发展。家庭设备用品及服务收入弹性均值为0.99，表明当农村居民对家庭设备的消费基本随收入增加同比增长。教育服务消费的价格弹性均值为0.81，在一定程度上说明政府对基础教育的公共财政投入力度不断增强，居民可以将节约的费用用于购买其他专项技能培训服务。

五、进一步促进浙江居民服务消费的对策和建议

服务消费的发展对促进生活水平的提高、产业结构的优化升级有不可替代的重要作用。浙江经济目前正处于“三期交汇”和“三个叠加”时期，《浙江省政府2015年工作报告》中也再次强调要大力发展现代服务业，加快产业转型升级。为进一步促进居民服务消费增长，为政府相关部门制定政策提供参考，提出以下对策和建议。

（一）进一步完善社会保障体制，增强服务消费预期

建立健全公共服务体系，加快完善社会保障制度。进一步扩大社会保

障范围，破除各种户籍、身份等限制，努力实现应保尽保。健全完善对居民医疗、教育、养老等综合保险体系，不断提高参保率和覆盖率。构建人均收入增长与物价波动的联动机制，逐步提高社会保障待遇。完善住房保障机制，支持各地把部分存量房转为公租房，减轻低收入居民住房负担。实施全面参保登记计划，合并城乡居民养老保险制度，积极稳妥地推行改革机关事业单位养老保险制度，增强政策积极性，逐步实现全体人民老有所养。加大对基本医疗服务的财政投入力度，不断提高医疗保险的报销范围、支付比例和最高支付限额比例，建立健全统筹兼顾各类群体的社会保障待遇的政策调整，逐步缩小地区之间、群体之间、城乡之间的差别。继续完善对基础教育的投入保障机制和财政支持力度，构建多元化的教育经费保障机制，减少居民对义务教育的消费支出，解除居民消费的后顾之忧，增强居民消费预期，不断提高服务消费水平。

（二）稳步提高居民收入，增强居民实际消费能力

完善促进就业、鼓励创业、自主择业的体制机制，多渠道开发就业岗位，促进机会公平和充分就业。采取多种措施调整收入分配结构，实行结构性减税让利政策，政府给企业减税，企业给职工让利，切实增加职工收入，从而增加中低收入者的收入和购买力。建立健全最低工资标准调整机制、职工工资正常增长机制和支付保障制度，提高劳动报酬在企业利润分配中的比例，缩小不同阶层之间的收入分配差距，努力实现居民收入增长和经济发展同步、劳动报酬增长和劳动生产率提高同步。拓宽居民投资渠道、提高存款利息，增加居民财产性收入。实施就业创业工程、农民技能培训工程和实施农村科学普及工程，提高农村居民生产技能；加快发展新型农村经济合作社和农业信息化建设，促进农业经济发展、增加农民收入。

（三）增加有效服务供给，满足多层次服务消费需求

鼓励和支持民间资本进入服务业，增加教育、医疗、社保等公共服务业。大力发展社区服务、养老服务等生活性服务业，重点发展清洁、陪护、保姆、家教、代购、洗染等家政服务业，扩大家政服务消费领域和消费群体，不断提

高居民生活质量、满足各层级居民的消费需求。鼓励服务性企业采用新技术和新设备、运用现代经营方式和管理理念改造提升传统消费性服务，促进休闲娱乐、文化创意等现代消费性服务业发展。注重扶持新兴服务业行业，积极拓展动漫游戏、移动增值、数字新媒体等新型服务业态，开拓新的服务消费热点，满足居民消费结构升级的需要。提高服务业从业者素质，加强专业化和规范化培训，提高服务消费水平，加强服务行业资质认证规范化建设，全面提高服务环境建设，保障居民愿意消费、放心消费和持续消费。

（四）深化服务业体制改革，加强服务消费政策引导

深化服务业体制改革，增强服务业的活力。注重产权多元化，适当提升对外开放程度。以市场化方向发展现代服务消费产业，允许更多的企业进入垄断经营的服务领域。创新服务消费领域，发展多种新兴服务项目，寻求新的消费热点，重点发展商贸服务、文化服务、旅游服务、家庭服务和体育服务。建立、完善和强化市场机制的作用，加快垄断性服务业改革的进程，通过公平竞争机制改进服务方式，提高服务质量，降低服务价格。加强服务业基础设施建设，增加居民服务性消费便利度。强化对服务消费的政策引导，加快服务消费相关立法，确定服务消费的基本规则。建立社会信用体系，健全消费维权机制，加大违法惩治力度，切实维护消费者合法权益。

课题负责人：方腾高

课题组成员：郎初华　边红霞　胡国良

吴　珺　王华山

执　笔　人：吴　珺

浙江外来劳动力的迁移决策研究

一、问题的提出

浙江省统计局完成的《浙江人口发展与沿海省份的比较研究》报告显示，从2000年（“五普”）到2010年（“六普”），浙江外来人口大幅增长，其规模（813.51万人）比同期浙江增加的全部常住人口（765.71万人）还多出47.8万人，比外来人口第一大省广东省同期外来人口增加数（643.29万人）还多出170.22万人，基本接近一个海南省的人口总数（867.1万人）。而与此相伴随的是：流入浙江的6岁及以上外来人口中，初中及以下文化程度人口的比重高达85.55%，平均受教育年限仅为8.59年，比全国省际流动人口平均受教育年限（9.61年）低1.02年。

该项研究揭示的问题受到广泛持续的关注。省委、省政府出台一系列的举措，包括“三改一拆”“四换三名”等。各部门也开展了针对性的工作，如省总工会设计2015年重点调研课题之一“关于新常态下农民工流动情况分析的调研”，计划通过36个乡镇、开发区工会监测点来持续观察外省来浙务工人员的地区分布、行业分布、年龄层次、技能水平等情况，建立起长期监测机制。

浙江外来人口（劳动力），无论其数量的增长还是所伴随的素质低下，均是人口（劳动者）迁移决策的一种结果。即便在浙江产业结构特征决定对低成本劳动力需求增长这一路径上，也是通过劳动者个体的迁移决策实现的。因此，有必要从劳动者个体观察：哪些人选择到浙江而不是去其他省区市，什么因素决定了他们的选择决策？哪些人选择留在浙江从业而不是迁移到其他省区市，什么因素决定了他们的去留决策？

本课题关注从外省区市到浙江城镇从业的外来劳动者，观察这些外来劳动者的加入是否改善了浙江的劳动供给，同时从外来劳动者的个人特征、浙江劳动力市场的环境特征、劳动力环境浙江与其他省区市的差异三方面，分析什么因素影响着什么样的劳动者迁入浙江、什么样的劳动者留在浙江，以此解释浙江外来人口（劳动力）看似“数量最多同时素质最低”的现象。

二、数据和模型

1. 样本筛选

研究基于“中国家庭收入调查”（*CHIP's*：*Chinese Household Income Project series*）项目的数据资源开展。运用 *CHIPS*/*RUMiC*《外来务工人员调查》信息，对样本个体做如下筛选：(1)删除“年龄”不足 16 周岁和超过 60 周岁的个体；(2)删除“就业”状况为“离退休人员、丧失劳动能力、在校学生/学龄前儿童、待分配/待升学人员/辍学生、其他个体”；(3)删除“职业”为军人的个体。即：取年龄在 16—60 周岁，从事工资性工作、务农，或自我经营者，或离退休再就业人员，或失业人员，或家务劳动者，或家庭帮工，非军人职业的个体构成本研究观察对象。

我们将这一观察对象根据其户籍所在地、就业地以及就业地的变动，区分为 7 种迁移类别，定义各类“迁移”劳动力如下：

(1)一迁入者：户籍非浙江、首次迁移来到浙江从业的劳动者。这些劳动者完全基于非亲身体验型公开信息选择迁入地，他们选择来到浙江。

(2)再迁入者：户籍非浙江、首次迁移的迁入地非浙江、再迁移来到浙江从业的劳动者。这些劳动者离开户籍所在地，已经在某省区市从业，综合亲身体验型信息和公开信息，重新选择迁入地，选择来到浙江。

(3)再迁出者：户籍非浙江、迁移后的第一份工作在浙江，但目前从业地非户籍所在地也非浙江。这些劳动者曾经在浙江从业，综合对浙江的亲身体验型信息和对其他省区市的公开信息，选择离开浙江迁往其他省区市。

上述三类劳动者，构成了浙江省“外来”和“曾经外来”的劳动力。观察“一迁入者”和“再迁入者”，分析什么样的人来了，为什么来；比较“一迁入者＋再迁入者”与“再迁出者”，分析什么样的人留下了而什么样的人走了。

（4）一迁他省者：户籍为浙江省，第一次离开户籍所在乡镇，迁出到其他省区市从业者。这些劳动者完全基于非亲身体验型公开信息选择迁入地，他们选择到外省区市从业。

（5）再迁他省者：户籍为浙江省，第一次离开户籍所在乡镇，迁出到了浙江省的某一地区从业，但之后又再迁移选择去其他省区市从业者。这些劳动者综合亲身体验型信息和公开信息，决定不再留在本省。

（6）一迁本省者：户籍为浙江省，第一次离开户籍所在乡镇，迁到本省内其他区域从业者。这些劳动者完全基于非亲身体验型公开信息选择迁入地，他们选择在本省从业。

（7）再迁本省者：户籍为浙江省，第一次迁移即迁出到了外省区市从业，但目前在浙江省非户籍所在乡镇从业。这些劳动者综合亲身体验型信息和公开信息，决定迁回本省从业。

上述四类劳动者反映了浙江籍劳动力的迁移情况。观察“一迁本省者＋再迁本省者”，分析浙江籍劳动力中什么样的人选择留在本省；观察“一迁他省者＋再迁他省者”，分析浙江籍劳动力中什么样的人走了；比较“一迁本省者＋再迁本省者”与“一迁他省者＋再迁他省者”，分析浙江籍劳动力为什么留为什么走。

综合七类，比较“迁入者＋再迁入者”与“一迁他省者＋再迁他省者”，分析劳动力净迁移对浙江劳动供给的影响；比较“迁入者＋再迁入者”与“一迁本省者＋再迁本省者”，分析浙江劳动力市场上外来迁移者与本省迁移者在从业机会和回报上的权利平等情况，判断是否存在对外来劳动力的分割和歧视。

（8）各省市“迁入者”：合并浙江、广东、江苏、上海四省市，户籍非这四省市，但从业地为这四省市的劳动者，分别定义为相应省市的“迁入者”。之所以迁出地均不包括这四省市，是为了保证迁移人对目标地均无亲身体验，这样可以反映公开信息形成的评价。

比较四省市的“迁入者”，分析四省市外来劳动力的素质差异；观察“迁入地”对迁移者就业机会和工资回报等方面的影响，分析各省市劳动力市场的特征差异及吸引力，以此判断浙江省宏观社会经济因素对劳动力流动的影响。

2. 变量定义

(1)个体特征变量：依据劳动经济学理论，性别、年龄、婚姻、学历、经历、健康等是影响个体迁移决策的个体因素。其中学历、经历、健康代表个体的人力资本情况，用以表达劳动者素质高低。

考虑到中国作为大国，各地风土人情差异巨大，这种人文背景的差异也必然影响个体的迁移决策，因此本课题还将用劳动者所在省份表示“籍贯”，引入个体特征变量集。

(2)就业机会变量：获得一份“长期稳定工作”的概率。对于想工作的人：获得一份“长期稳定工作”，还是一份“短期工作”或“临时工作”，甚至“无法找到工作”，反映着迁入地就业机会的大小。

(3)工资水平变量：依据同类研究的基本做法，用“小时工资”表达工资水平高低，反映迁入地的劳动回报水平。考虑到非全时劳动中工资决定机制的特殊性，工资水平决定机制研究中，本课题以拥有“长期稳定工作”的劳动者为对象开展研究。

(4)保障水平变量：劳动者拥有的“单位出资或单位和劳动者本人共同出资”的保险各类数量，反映迁入地给劳动者提供的保障程度高低。保障水平从另一方面反映劳动者得到的劳动回报。考虑到非全时劳动者从业不稳定性对单位提供社会保障的影响，保障水平影响因素研究中，本课题将这一保障水平的比较限定在获得“长期稳定工作”的劳动者。

(5)发展机会变量：劳动者是否享有过“政府和现在雇主承担的培训”机会，反映迁入地提供的、有利于劳动者长期发展的机会大小。

本课题：①以学历、经历、健康代表的人力资本反映劳动者素质，比较迁入、迁出者的素质差异，比较迁入者与浙江本省劳动者的素质差异，比较浙江与其他各省市迁入者的素质差异；②从就业机会、工资水平、保障水平、发展机会四方面，在控制人力资本因素、个体特征因素、籍贯因素的基础上，比较迁入者与浙江籍劳动者的差异，分析浙江劳动力市场是否存在对外来劳动者的分割和歧视，并由此影响高素质人员迁来浙江、影响高素质人员留浙意愿；③从就业机会、工资水平、保障水平、发展机会四方面，在控制人力资本因素、个体特征因素、籍贯因素的基础上，比较各省市迁入者之间的差异，分析“迁入地”对上述这四方面的影响，并由此分析各省市劳动力市场对外来劳动力的吸引力。

3. 模型设计

本课题综合运用比较分析和模型分析技术研究上述各主题。其中：

“外来”因素（即“籍贯”因素）在工资决定中的作用，主要运用工资方程技术。在经典的明瑟工资方程基础上，重点关注劳动者的“籍贯”因素在其中的贡献。将“籍贯”因素（$D_1=1$ 代表“浙江籍”，$D_1=0$ 代表“非浙江籍”）、“迁入地”因素（$D_{2j}=1$ 代表迁入地为 j 省市，$D_{20}=0$ 代表迁入地为“浙江省”）以虚拟变量形式引入工资方程，通过 D_1 的显著性判断工资水平这一维度上，浙江是否存在对外来迁入者的工资歧视并因此而影响劳动者的迁移行为；通过 D_{2j} 的显著性判断工资水平这一维度上，省市特征（迁入地特征）是否影响劳动者的平均工资水平并因此而影响劳动者的迁移行为。

“外来”因素（即“籍贯”因素）对就业机会和发展机会的影响，主要运用二元或多元选择模型技术。将劳动者的就业类型分为“长期稳定工作、短期工作、临时工作、无法找到工作”四种，运用 Logit 选择模型在就业机会维度观察获得一份“长期稳定工作”的概率有多大，运用 Logit 选择模型在发展机会维度观察享有“政府和现在雇主承担的培训”的概率有多大。与工资方程相类似，在考虑一般影响因素 X 的同时，引入“籍贯”因素 D 以关注在浙江的外来迁移劳动者是否在工作机会获得维度上受到歧视，引入“迁入地”因素以关注省市特征是否影响“外来劳动者”获得工作的机会大小。

“外来”因素（即“籍贯”因素）对保障水平的影响，主要运用计数模型技术。运用零膨胀泊松回归计算模型观察劳动者享有社会保障的程度（拥有“单位出资或单位与个人共同承担”的“三险一金”的数量）受哪些因素影响。

同样类似于工资明瑟方程和机会概率模型，引入一般的影响因素以及“籍贯”“迁入地”因素，作为基本解释变量，重点关注“籍贯”“迁入地”因素对劳动者个体享有保障数量多少的影响。

三、劳动力迁移及对浙江劳动供给质量的影响

我们观察：什么样的劳动者来到了浙江同时什么样的劳动者又离开了浙江，劳动力的迁移流动是否改善了浙江劳动要素供给的质量。

1. 外来迁入者：谁迁移来浙江

浙江外来劳动者样本人数为 665 人，其中一迁入者样本 232 人，再迁入者样本 433 人。表 1 汇总了浙江外来迁入者的基本特征：

表 1　浙江外来迁入者基本特征

	外来迁入者	其中：一迁入者	其中：再迁入者
样本人数（人）	665	232	433
男性占比（%）	64.06	61.21	65.59
平均年龄（岁）	32.03	31.95	32.07
平均受教育年限（年）	8.65	8.41	8.77
小学及以下比例（%）	21.95	26.72	19.40
大专及以上比例（%）	2.86	3.45	2.54
已婚比例（%）	69.47	68.10	70.21
身体健康（%）	98.50	99.57	97.92

从样本数据看：迁入浙江的劳动者男性相对较多，三分之二已婚，身体健康，这些与全国劳动者整体情况一致；迁入浙江的劳动者以青年为主，但相应的受教育程度却不足初中水平，有超过五分之一的个体未曾接受初中教育，其中初次外出到浙江的劳动者，超过四分之一的个体未曾接受初中教育。相对于初次外出即迁移来到浙江的劳动者而言，曾经到其他地方从业具有一定工作经验后再迁移来到浙江的劳动者，受教育程度稍高但平均水

平仍未达到初中程度，未曾接受初中教育的也近五分之一。

浙江外来劳动者年轻但受教育程度低，是浙江的特殊现象还是相对普遍的现象，进一步就浙江、江苏、上海、广东四省市的各自外来迁入者做比较观察。比较中剔除户籍为这四省市的个体，以保持各省市的外来迁入者均与这四省市本身无关，最终样本：浙江 600 人，江苏 325 人，上海 489 人，广东 815 人，四省市样本总数 2229 人。比较结果（统计表略）显示，浙江外来迁入者与江苏、上海、广东的外来迁入者在性别、年龄、教育水平和婚姻状况方面均存在差异。其中特别值得关注的是：迁移来到浙江省的劳动者，平均受教育数是四省市中最少的，小学及以下比例是四省市中最高的，同时大专及以上比例是四省市中最低的，无论是初次迁移者（一迁入者）还是拥有外出经历者（再迁入者）。浙江比平均受教育年限最高的省份低 0.94 年，其中一迁入者的平均受教育年限差距更大，达到 1.30年；学历方面，浙江外来迁入者小学及以下比例最高（23.50%），上海次之（18.20%），广东最低（10.06%），浙江远高于其他三省市，而大专及以上比例则是浙江低，广东最高。可见迁移到浙江的外来迁入者的文化程度相比于其他三省市更低。

结合浙江外来农民中平均年龄比江苏大 3.03 岁、比上海大 1.99 岁、比广东大 2.53 岁的情况，我们可以相信，更多的相对接受了更多教育的年轻一代劳动者选择迁移去了江苏、上海、广东，而不是来到浙江。

2. 外来再迁出者：谁再迁移离开浙江

比较浙江外来迁入者与曾经来到浙江就业目前已经离开浙江的再迁出者，我们观察两类劳动者的差异。依据前文定义，外来劳动者样本 665 人，外来再迁出者样本 188 人。表 2 给出了浙江外来迁入者和外来再迁出者的基本情况及其差异：

表 2 浙江外来迁入者与外来再迁出者基本特征比较

	外来迁入者	外来再迁出者
样本人数(人)	665	188
男性占比(%)	64.06	62.50
平均年龄(岁)	32.03	30.27
平均受教育年限(年)	8.65	8.35
小学及以下比例(%)	21.95	25.00
大专及以上比例(%)	2.86	1.14
已婚比例(%)	69.47	68.18
身体健康比例(%)	98.50	98.86

数据显示,留在浙江的外来劳动者和迁出浙江的外来劳动者在性别、年龄、婚姻状况和健康状况等方面差异不大。就受教育水平而言,再迁出者平均受教育年限比外来迁入者低 0.3 年,再迁出者中小学及以下比例高于迁入者而大专及以上比例低于迁入者。这说明,浙江外来迁入劳动者受教育水平低素质不佳,是原生的,是因为没有吸引到更多高素质的个体迁来浙江而不是因为浙江留不住高素质的个体。

比较四省市各自的外来再迁出者,我们进一步观察浙江的外来再迁出者相对于其他省市的再迁出者是否素质更好。同样剔除户籍为这四省市的个体,以保持各省市的再迁出者其再迁移行为均与这四省市本身无关,最终样本:浙江 188 人,江苏 174 人,上海 189 人,广东 263 人。比较结果(统计表略)显示:四省市的一个共同之处,相对于它们各自的外来迁入者,再迁出者的受教育水平均相对更低;除江苏迁入者与再迁出者的"小学及以下比例"基本一致外,上海、广东再迁出者中"小学及以下比例"显著高于各自的迁入者;三省市再迁出者中"大专及以上比例"均显著低于迁入者。四省市不同的是:浙江的再迁出者平均受教育 8.35 年,是四省市中最低的,再迁出者中四分之一未曾接受初中教育,这一比例比江苏高 12.84 个百分点、比广东高 10.93 个百分点、比上海高 4.78 个百分点。浙江再迁出者受教育水平的这种相对差异,与浙江迁入者受教育水平的相对差异基本接近。

上述现象进一步说明:浙江外来劳动者低素质,主要是迁入行为决定的，与再迁出行为关联性较弱。

3. 劳动者迁移与浙江劳动要素供给质量

大量的外来劳动力，无疑改善了浙江劳动力供给的数量，但对劳动力供给的整体质量产生了怎样的影响呢？我们比较外来迁入者与浙江本省迁移者的差异、比较外来迁入者与浙江迁移外省者的差异，观察劳动力迁移流动对浙江劳动力供给质量的影响。

(1) 外来迁入者与浙江本省迁移者比较，表 3 给出了浙江本省迁移者与外来迁入者基本特征及其差异，其中浙江本省迁移者样本 201 人，外来迁入者样本 665 人。浙江本省迁移者男性占比 54.23%，远低于外来迁入者的男性比例(64.06%)；本省迁移者的平均受教育年限为 9.32 年，处于高中水平，而外来迁入者的平均受教育年限为 8.65 年，处于初中水平；学历上，本省迁移者的小学及以下比例略低于外来迁入者，而大专及以上比例则远高于外来迁入者。表明浙江本省迁移者的受教育水平明显高于外来迁入者，相对于本省迁移者，外来迁入者的素质更低。

表 3　浙江本省迁移者、迁出省外者与外来迁入浙江者基本特征比较

	浙江本省迁移者	浙江迁出外省者	外来迁入浙江者
样本人数(人)	201	180	665
男性占比(%)	54.23	60.00	64.06
平均年龄(岁)	32.38	36.10	32.03
平均受教育年限(年)	9.32	8.41	8.65
小学及以下比例(%)	20.40	22.50	21.95
大专及以上比例(%)	7.46	2.50	2.86
已婚比例(%)	57.71	78.75	69.47
身体健康比例(%)	98.01	97.50	98.50

(2) 外来迁入者与浙江迁移他省者比较，比较表 3 中“浙江迁出外省者”与“外来迁入浙江者”的差异，其中浙江外来迁入者样本 665 人，迁出外省者样本 180 人。浙江外来迁入者的男性比重高于迁出外省者，在平均年龄上，外来迁入者较迁出外省者更年轻，平均年轻 4 岁左右。但在受教育水

平、健康状况方面差异较小。总体来看，浙江外来迁入者与迁出外省者的素质无明显差异。

可以说，外省劳动者迁移来到浙江、浙江劳动者也迁移到外省，这两类迁移者的素质水平，在内部分布上并无大的差异。但是，由于浙江外来迁入者远远多于迁出外省者，数量上表现为显著的净迁入，同时由于外来迁入者的素质水平大大低于浙江本省内部迁移者，结果是：劳动力的迁移流动整体上降低了浙江劳动者的素质水平。在劳动力区域迁移流动中，浙江劳动力供给得到了量的改善，但损失了质的提升。

四、外来劳动迁移决策的个体微观因素观察

我们看到，平均受教育年数、低教育劳动者比重、高教育劳动者比重等各项指标均显示，浙江外来劳动者的人力资本积累显著低于江苏、上海、广东。并且，再迁出浙江的劳动者素质整体上并不优于尚留在浙江的劳动者，说明这种相对更低的教育程度，并不是由于浙江没有留住已经迁入的高素质劳动者，而主要是浙江没有吸引到高素质劳动者。

外出迁移者如何选择迁移目的地？可能是个体特征决定的偏好，可能是目的地的某些制度环境影响，可能是不同地区之间的机会差异。我们将从这三方面观察为什么浙江的外来劳动者相对素质较低。

1. 基本观察

从迁移劳动者个体特征上观察，合并各省市的“外来迁入者”“外来一迁入者”“外来再迁入者”，建立三个多元选择模型，以“迁入地”为被解释变量，个体特征因素为解释变量，观察什么样的个体更可能到浙江来。其中，“外来一迁入者”样本结果代表无任何外出经历，单纯凭公开信息的迁移者决策；“外来再迁入者”样本结果代表有任何外出经历，综合公开信息和个人经验的迁移者决策。

外来迁入者迁移地选择的多元 Logit 模型估计结果如表 4。

表 4　外来迁入者迁移地选择：多元 Logit 模型估计结果

	外来迁入者		外来一迁入者		外来再迁入者	
	回归系数(β)	标准差	回归系数(β)	标准差	回归系数(β)	标准差
江苏						
性别	—.44＊＊＊	0.15	—0.77＊＊＊	0.27	—0.37＊＊	0.18
年龄	—.03＊＊	0.01	0.07	0.02	—0.038＊＊＊	0.01
婚姻状况	—0.10	0.20	—0.11	0.36	—0.08	0.25
受教育年限	0.07＊＊	0.03	0.24＊＊＊	0.06	0.01	0.04
健康状况	—0.46	0.66	—0.04	1521.86	—0.44	0.66
常数项	0.32	0.78	—2.66	1521.86	1.27	0.84
上海						
性别	—0.41＊＊＊	0.13	—0.36	0.26	—0.50＊＊＊	0.15
年龄	—0.00	0.01	—0.00	0.02	—0.00	0.01
婚姻状况	—0.16	0.18	—0.04	0.35	—0.23	0.22
受教育年限	0.04	0.03	0.06	0.05	0.02	0.03
健康状况	0.83	0.82	0.05	1542.32	1.03	0.82
常数项	—0.92	0.90	—1.00	1542.32	—0.68	0.93
	回归系数(β)	标准差	回归系数(β)	标准差	回归系数(β)	标准差
广东						
性别	—0.13	0.12	0.09	0.19	—0.25＊	0.15
年龄	—0.02＊	0.01	—0.03＊	0.01	—0.01	0.01
婚姻状况	—0.03	0.16	0.21	0.26	—0.14	0.21
受教育年限	0.15＊＊＊	0.02	0.17＊＊＊	0.04	0.13＊＊＊	0.03
健康状况	—0.09	0.57	—14.02	876.14	0.34	0.66
常数项	—0.32	0.66	13.54	876.14	—0.80	0.78
Log likelihood	—2855.32		—882.28		—1926.75	
Prob>chi2	0.00		0.00		0.00	
Pseudo R^2	0.02		0.03		0.02	

注：＊，＊＊，＊＊＊分别表示在 0.1，0.05，0.01 水平上显著；　(2)以“浙江”为参照组。

相较于迁移到浙江，性别为男性会显著减小劳动者迁移到江苏、上海的可能性；年龄越大的劳动者更倾向于迁移到浙江而非江苏、上海、广东；劳动者的受教育程度越高，劳动者越不倾向于迁移到浙江。

比较个人特征对一迁入者和再迁入者的不同效应：江苏与浙江相比，个人特征变量对两类劳动者选择何者作为迁移地的影响方向基本一致（即系数符号相同）；只有年龄的影响不同，年龄的增长会使一迁入者更倾向于迁移到江苏，而使再迁入者显著更倾向于迁移到浙江。上海与浙江相比，所有个人特征变量对两类劳动者选择何者作为迁移地的影响方向均一致。广东与浙江相比，年龄、受教育年限对两类劳动者的迁移地选择影响方向一致，而性别、婚姻状况和健康状况对两类劳动者的迁移地选择影响方向相反，但基本都不显著。总体而言，个人特征对仅凭公开信息进行迁移决策的外来一迁入者和综合公开信息和个人经历的外来再迁入者这两类劳动者的迁移地选择决策影响差别很小。

2.进一步分析

模拟显示，男性、年龄越大、教育水平越低的劳动者更可能会迁移到浙江。为什么这样的劳动者大量迁移进入浙江，两个现象同时值得关注：

一是，样本数据显示，对于“您是如何获得当前这份主要工作的”这一问题的回答，浙江外来迁入者中 72.21%个体回答是基于个人网络得到，包括“家人联系、亲戚介绍、朋友介绍、一般熟人介绍”等，基于政府服务（包括“政府安排、政府职介”）得到的占 4.58%，基于市场服务[包括“社区就业服务站、商业职介（包括人才交流会）、看到广告后申请、直接申请、雇主招工”]得到的占 23.33%。将近四分之三的个体是通过个人网络“介绍”来到浙江的，这一定程度上可以解释为什么浙江外来劳动力素质持续偏低。进一步分析“一迁入者”与“再迁入者”，“再迁入者”中更有 75.23%的个体是通过个人网络找到工作的，比“一迁入者”的这一比例又高出 8.56 个百分点。

二是，浙江的外来劳动者享有良好的公共福利和公共资源。查阅浙江省人民政府网站“省政府部门信息公开目录”，截至 2015 年 3 月，显示有 79 条面向外来务工人员的政策文件，内容涉及“外来务工人员法律援助”“外来务工人员随迁子女享受公平教育”“外来务工人员居住房源”“强化确保外来务工人员子女享受‘同城待遇’”等，可以说，浙江的外来务工人员得到了政府各个部门的全面关心和关怀，他们本人、他们的子女，在浙江可以拥有一个良好的生存环境。

我们分析，那些尽管素质较低的外来劳动者，他们在浙江生活期间将受到良好的生活服务，这一良好的服务可能推动个人网络吸引来更多的劳动者，这是浙江外来劳动者数量巨大、增量持续，但素质始终不高的原因之一。

问题是，同样良好的公共服务，为什么没有吸引来更多的高素质劳动者？进一步观察，浙江省是否一定程度地存在对外来劳动力在就业机会和发展机会上的歧视，如果是，无疑不利于吸引有技能的高素质劳动力迁移来浙江。

五、外来劳动力迁移决策的浙江省内区域因素观察

我们关注浙江劳动力市场上是否存在对外来劳动力的歧视。如果有，可能是影响相对高素质劳动者选择不来浙江的原因之一，也可能是影响相对高素质的外来劳动者选择离开浙江的原因之一。

我们将通过比较浙江外来迁入者和浙江本省迁移者在工资水平和社会保障两方面的差异，分析浙江劳动力市场是否存在对外来劳动者的分割和歧视。

1. 工资水平维度歧视现象观察

浙江本省迁移者和外来迁入者在小时工资与社会保障水平上存在的差异，是否或者多大程度上是由浙江劳动力市场对外来劳动者的歧视导致的？

合并本省迁移者和外来迁入者两类劳动者样本，通过工资决定方程，以小时工资的对数为被解释变量，在控制人力资本、个体特征、籍贯因素的基础上，比较本省迁移者和外来迁入者的工资水平差异。

工资决定方程的模拟结果（统计表略）所示：关键变量户籍所在地的系数与预计相一致，也就是说，浙江籍的农民工，相比于基准组非浙江籍的农

民工，工资要高出22.38%，且户籍所在地为浙江对于小时工资收入的正向作用在统计上是显著的。

为检验上述实证结果的稳定性，我们进一步模拟样本中的稳定工和短期合同工。结果显示，对于签有劳动合同的雇员来说，户籍所在地是否为浙江仍然显著影响其工资水平。但这一影响的显著性和程度相较于全样本来说都有所减弱。在签有劳动合同的样本中，浙江本省迁移者的工资要比外来迁入者高出17.47%，且在统计上通过了5%的显著性检验。

2.社会保障维度的歧视现象观察

合并本省迁移者和外来迁入者两类劳动者样本，通过社会保障方程的MLE估计，以“三险一金”享有数量为被解释变量，在控制人力资本、个体特征、籍贯因素的基础上，比较本省迁移者和外来迁入者获得的社会保障水平。

保障程度模拟结果(统计表略)显示：关键变量户籍所在地对于“三险一金”享有个数的影响在统计上通过了10%的显著性检验。回归系数表明，在其他因素不变的情况下，浙江本省迁移者要比外来迁入者享有的“三险一金”个数高出25.61%。同时，影响福利水平的因素主要不是个体特征因素，而是个体的工作性质、所处职业和所处行业。

3.基本判断

在工资水平方面，工资决定方程的实证结果表明，在控制了个体特征、工作性质和职业类型、所在行业等可能影响工资水平的因素后，拥有“浙江”户籍的个体比外来劳动者工资水平高20.8%(全样本)，即便对于签订了正式劳动合同的个体，拥有“浙江”户籍仍然能得到16.1%(稳定工和短期合同工)的更高报酬。

在社会保障方面，同样控制个体特征、工作性质和职业类型、所在行业等因素，观察所有签订了劳动合同的劳动者[包括“固定工、长期合同工(一年及以上)、短期合同工”]，拥有“浙江”户籍，对于获得雇主参与出资购买(即保险费由“单位负担、单位与自己共付”两种情况)的“三险一金”的数量，比外来劳动者平均高出22.8%。

其他方面,浙江外来迁入者从业的时间可控性更低,从事晚班、多班以及时间不可控的工作的比重,平均比拥有"浙江"户籍迁移者高出9.91%。

上述实证结果表明,浙江劳动力市场很可能存在对外来劳动者一定程度的歧视,这种歧视现象在一定程度上成为高素质的外来劳动力不愿意来浙江就业的重要原因之一。

考虑到浙江民营企业发达的特点,这样的结果似乎有些出乎意料。然而,这样的结果是有理可循的。浙江省虽然民营企业发达,但这些民营企业普遍采用家族制管理。家族企业的特点就是以亲情关系为核心,并随企业规模的扩大,组织沿血缘、姻缘、地缘、关系缘的方向,由近及远、由亲及疏,形成一个同心圆的网状结构。浙江以民营经济为主,企业文化具有浓重的关系性色彩,在浙江省劳动力市场上,浙江本省迁移者相比于外来迁入者在社会关系方面有着天然的优势,这种优势往往面向管理、技术、文秘等掌握企业核心运行信息的岗位,这些岗位往往需要的是相对高层次劳动者,而相对高层次劳动者追求的恰恰不只是货币性回报。

浙江劳动力市场上可能存在的针对外来劳动者的歧视现象,很可能是高素质劳动力不愿意迁移来到浙江、留在浙江从业的重要原因之一。

六、外来劳动力迁移决策的省际宏观因素比较

劳动力需求是一种派生需求,一个区域具有怎样的产业结构就有怎样的岗位结构,相应地就有怎样的劳动力需求。产业结构特征差异是影响各省区市间劳动力需求差异的重要方面。同时,一个区域的劳动力市场的竞争性、公平性,劳动者在劳动力市场中自我实现、自我发展的机会,是区域能否吸引到所需要劳动力的重要方面。上述两方面,最终会影响到怎样的劳动力来到该区域,来到该区域的劳动者将得到什么。

我们观察:同样素质的劳动者,迁移到浙江与迁移到上海、江苏、广东等其他省市,是否存在就业机会、就业回报以及保障水平和发展空间方面的显著差异。如果存在差异,无疑是影响外来劳动者迁移决策的重要原因。

1.就业机会维度省际比较

针对迁移到四省市的外来迁入者是否存在就业机会差异的问题，本文主要通过考察外来迁入者在四省市劳动力市场上获得工作的就业稳定性来判断。

就业机会的有序分类模型估计结果(统计表略)显示：相较于无法找到工作，广东比浙江更能获得长期稳定的工作，发生概率增加了19%，且这种表现十分显著。并且与临时工作比较，广东相比浙江获得长期稳定工作的可能性要高57%，且具有显著的效应。但是，上海、江苏与浙江相比，对临时工作和短期工作有显著的正效应。与从事长期稳定工作相比，在上海有临时工作的可能是浙江的约1.4倍，在上海有短期工作的可能性是浙江的约1.96倍，在江苏从事短期工作的可能是浙江的约2倍。

因此，浙江和广东、江苏、上海三省市的劳动力市场提供的就业稳定性上存在差异，与广东相比，在浙江能够获得长期稳定工作的概率要小很多，就业稳定性明显较差。

作为高素质劳动者，稳定就业是持续积累人力资本，从而获得升迁和发展机会的重要前提。与广东相比，劳动者迁移到广东可能获得一份稳定工作的机会比在浙江更高。广东是四省市中劳动者获得稳定工作可能性最高的。

2.工资回报维度省际比较

考察四省市外来迁入者中在劳动力市场上有长期稳定工作的样本的工资水平差距，模拟结果(统计表略)显示：从个体特征上看，教育、经验、性别对于工资水平有显著的影响。其中教育和经验对工资水平有着显著的正效应。从关键变量迁入地观察，浙江与江苏在工资水平上不存在显著的差异，但与浙江相比，广东、上海的外来务工人员的工资水平都有高于浙江的趋势，即教育、工作经验、性别相同的外出务工者在广东和上海能够获得比浙江更高的工资。

由于高素质的外出务工者会追求与教育投资成本成正比的工资回报，因而能够提供更高工资的广东和上海对高素质的人才就具有更强的吸引力。

3. 社会保障维度省际比较

考察四省市外来迁入者中在劳动力市场上有长期稳定工作的样本获得的社会保障的数量是否存在显著差异。运用已经有长期稳定工作的外出务工者样本所参加的社会保险的数量来解释社会保障的保障性强弱。

结果(统计表略)显示:迁移目的地为“上海”,同等条件下劳动者获得“雇主出资或雇主与劳动者本人共同出资”的社会保险数量更多,表现为显著的正效应。迁移目的地为“广东”,对劳动者获得“雇主出资或雇主与劳动者本人共同出资”的社会保险数量有显著的负效应,说明从数据结果看,浙江劳动者虽然在获得长期稳定工作的机会、在工资报酬水平方面不如广东,但在拥有社会保险数量方面超过广东。

然而我们同时需要关注的是浙江、上海、广东和江苏,无论哪一省市的外来务工者参加的保险种类中,55%以上都是工伤保险。浙江经济中建筑业比重较高,2007 年《浙江省劳动和社会保障厅、浙江省建设厅转发关于做好建筑施工企业农民工参加工伤保险工作的通知》(浙劳社工伤〔2007〕24 号)发布,杭州市劳动保障局、市建委、市地税局等部门同时发布《关于推进杭州市建筑施工企业农民工参加工伤保险的通知》(杭政办函〔2007〕148 号)。《通知》第三条规定:“建设工程项目的建筑施工企业确定后,该施工企业应持建设工程项目的中标通知书(或工程交易单)和工程项目承包合同书(原件及复印件),在工程开工前到建设工程项目所在地的社会保险经办机构办理农民工工伤保险参保登记手续。社会保险经办机构应于受理之日起 10 个工作日内核定应缴工伤保险费额,发放《建设工程项目工伤保险参保登记证》,并将有关数据交地方税务机关征收入库。”

毫无疑问,上述因素表现为迁移来浙江的劳动者拥有更多的社会保险。我们认为这是浙江劳动力市场的一个优势,但这一优势并不是普遍性的,是以建筑业经济比重较大为前提的。从根本上看,迁移来浙江的劳动者在获得保障方面不如上海,与广东、江苏(模型结果不显著)相比也不具备优势。

社会保障,本质上是工资报酬的延时支付,雇主出资或雇主参与出资的保障程度低，相应地又降低了迁移来到浙江的外来劳动者的总薪酬水平。

4.发展机会维度省际比较

以四省市劳动力市场上拥有长期稳定工作的外来迁入者为观察对象，观察“迁入目的地”因素是否影响劳动者获得“由政府或当前雇主参与付费的培训”的机会。

结果（统计表略）显示：关键变量迁入地为“广东”对发展机会有显著的正向影响，即外来务工者在广东比在浙江更能够获得政府或者雇主提供的培训，这种优势在广东是浙江的约1.5倍。

获得工资回报是劳动的目的，谋利升迁和发展的机会也是重要的目标。尤其对于那些高素质劳动者而言，在一个劳动岗位上能否完善自己、提升自己，获得进步和发展的机会，是劳动决策的重要内容。浙江劳动力市场在这方面相对于上海、江苏不具有明显的优势，而相对于广东则处于明显的劣势。

5.基本判断

比较稳定就业的机会、工资报酬的水平、社会保障的程度、发展提升的条件等四个方面，迁移来到浙江的外来劳动者，与迁移去江苏、上海、广东的劳动者存在以下差异：

稳定就业的机会方面：以“过去一周您是否从事过一个小时以上有收入的工作”回答为“否”表示“无法找到工作”；以“当前工作的性质”为“固定工、长期合同工（一年及以上）”表示劳动者拥有一份长期稳定工作，为“短期合同工（一年以下）”表示相对稳定的短期工作，为“无合同的临时工、不领工资的家庭帮工、自我经营、打零工、其他”表示“临时性工作”。模拟发现，迁移目的地为“浙江”还是“上海”和“江苏”，在能否找到工作方面无显著差异，迁移目的地为“上海”更可能表现为是一份“临时性工作”。如果迁移目的地为“广东”，模拟显示劳动者找到工作的可能性增大，从事“临时性工作”的可能性减小，相应地，得到一份长期稳定工作或相对稳定的短期工作的可能性增加。作为高素质劳动者，稳定就业是持续积累人力资本，从而获得升迁和发展机会的重要前提。与广东相比，劳动者迁移到广东可能获得一份稳定工作的机会比在浙江更高。这方面，广东劳动力市场相对于浙江有显著竞争优势。

工资报酬的水平方面:用“小时工资”表示工资水平,以拥有一份长期稳定工作的外来劳动者为对象。模拟发现,相对于迁移目的地为“浙江”的劳动者,迁移目的地为“江苏”的劳动者在工资水平上不存在显著的优势。但同样与迁移目的地为“浙江”的劳动者比较,在控制教育、经验、性别等个体人力资本特征因素的基础上,迁移目的地为“广东”“上海”的劳动者具有显著更高的工资水平,即同样的外出务工者,迁移到广东或上海从事一份长期稳定的工作,能够获得比迁移到浙江更高的工资。高素质的外出务工者接受更好的教育,付出更多的人力资本投资,寻求成本(人力资本投资成本)与收益(人力资本投资收益)的基本平衡是劳动决策的基本依据。这方面,广东、上海的劳动力市场相对于浙江有显著竞争优势。

社会保障的程度方面:用劳动者所享有的“单位负担、单位与自己共付”的“养老保险、失业保险、工伤保险、住户公积金”的数量表示享有社会保障的程度,以拥有一份长期稳定工作的外来劳动者为对象。模拟发现,相对于迁移目的地为“浙江”,劳动者迁移到“江苏”并不会在享有社会保障方面获得更好的待遇,但如果迁移到“上海”,同等条件下劳动者将获得更高程度的社会保障。与迁移目的地为“广东”比,迁移来“浙江”的劳动者享有更多的社会保障,这说明,浙江劳动者虽然在获得长期稳定工作的机会、在工资报酬水平方面不及广东,但在拥有社会保险数量方面超过广东。这方面,上海的劳动力市场相对于浙江有显著竞争优势。如果不考虑浙江经济中建筑业份额相对较高且浙江省对工伤保险的监督严格而规范这一事实,浙江劳动力市场在劳动者享有社会保障方面,相对于广东有显著的竞争优势。

发展提升的条件方面:用劳动者获得“由政府或当前雇主参与付费的培训”的机会多少表示发展提升的条件优劣,以拥有一份长期稳定工作的外来劳动者为对象。模拟发现,相对于迁移到“浙江”,迁移目的地为“江苏”“上海”并不能给同样的劳动者显著增加培训提升的机会,但迁移到“广东”,劳动者可能得到的“由政府或当前雇主参与付费的培训”机会显著多于“浙江”。获得工资回报是劳动的目的,谋利升迁和发展的机会也是重要的目标。尤其对于那些高素质劳动者而言,在一个劳动岗位上能否完善自己、提升自己，获得进步和发展的机会，是劳动决策的重要内容。这方面，广东的劳动力市场相对于浙江有显著竞争优势。

总结上述四个方面，"广东"在就业机会、工资回报、发展条件方面比浙江更有优势；"上海"在工资回报、社保程度方面比浙江更有优势。"江苏"的劳动力市场，没有显示出比"浙江"更具吸引力的现象，但为什么迁移进入"江苏"的劳动者平均受教育年数高于浙江 0.59 年、大专及以上比例比浙江高 0.38 个百分点、小学及以下比例比浙江低 11.19 个百分点，这可能与前述浙江以民营经济为主，家庭式管理文化浓厚，一定程度上存在的对"外籍"劳动者的歧视现象有关。

课题负责人:钱雪亚

［参考文献］

[1] 王杰. 浙江人口发展与沿海省份的比较研究[EB/OL]. 浙江统计信息网 http://www.zj.stats.gov.cn/ztzl/dxdc/rkcydc/ktxb_2024/201409/t20140905_144443.html.

[2] 白南生，李靖. 农民工就业流动性研究[J]. 管理世界，2008(7).

[3] 蔡昉，都阳，王美艳. 户籍制度与劳动力市场保护[J]. 经济研究，2001(12)。

[4] 高芸，张丞. 农村劳动力反复流动行为的决定因素分析[J]. 农业技术经济，2010(3).

[5] 郭志刚，巫锡炜. 泊松回归在生育率研究中的应用[J]. 中国人口科学，2006(4).

[6] 刘家强，王春蕊，刘嘉汉. 农民工就业地选择决策的影响因素分析[J]. 人口研究，2011(2).

[7] 卢海阳，钱文荣. 就业状况，社会保障与农民工城市间再流动意愿[J]. 南方人口，2013(2).

[8] 马红旗. 我国省际流动人口的特征——基于全国第六次人口普查数据

[J].人口研究,2012(6).

[9] 马继迁.农民工就业质量的省际差异:江苏与浙江的比较[J].华东经济管理,2013(12).

[10] 魏张建武,李楠,赵勋.农民工就业流动性影响因素研究——基于珠三角地区的调查[J].农业经济与管理,2012(3).

浙江未来十年劳动力供给预测及影响性分析

劳动年龄人口的绝对数下降意味着人口红利的逐步消失，劳动参与率的降低使得劳动力市场上的经济活动人口更趋减少。长期以来，浙江过多依赖低端产业、低成本劳动力的增长方式已难以为继。本文将通过剖析劳动力供给的变化趋势，对未来十年劳动力供给进行预测，并从经济模式、产业结构和公共财政支出等三方面分析劳动力短缺对浙江经济产生的影响。

一、影响劳动力供给的因素及其变化

劳动年龄人口的数量及构成是影响劳动供给的最基本因素。任何一个经济体，劳动年龄人口的数量都决定了劳动供给的潜在水平；与此同时，人口因素相对于工资水平、经济形势等短期因素，对劳动力供给的影响更具备长期性、稳定性。因此，从劳动年龄人口数量、结构变化进行观察，可以相对容易地预测未来劳动力的供给情况。

(一)劳动年龄人口的变化

1.劳动年龄人口总量由升转降

伴随经济的快速发展，浙江吸引了大量的外来务工人员。省外流入人口数量大，年龄结构相对较年轻，使得16—64岁劳动年龄人口①从2000年的3300.3万人增至2010年的4155.5万人，十年增幅达25.9%，明显快于全部常住人口16.4%的增幅，进而推动劳动年龄人口比重在人口老龄化的背景下，仍能持续提高，达到76.3%，比2000年上升近6个百分点。

随着新中国成立后两次"婴儿潮"出生的人口逐渐步入老年以及外来人口回流等影响，近几年16—64岁劳动年龄人口增长速度明显递减，劳动年龄人口总量和比重均在2011年达到顶峰:2011年，全省16—64岁劳动年龄人口为4169.4万人，占总人口的比重为76.3%；2012年开始减少，幅度不大，比2011年减少1.7万人，占比下降0.2个百分点；但2013年一下就比上年减少6.9万人，占比又下降0.4个百分点，且2014年还在继续下降。也就是说，浙江的劳动力市场发生了"符号"的变化，即过去劳动年龄人口是正增长，从2012年开始，就是负增长，绝对数在减少。

表1　2000—2014年部分年份常住人口、劳动年龄人口数及占比

年份	常住人口(万人)	16—64岁劳动年龄人口(万人)	劳动年龄人口占比(%)
2000	4679.9	3300.3	70.52
2010	5446.5	4155.5	76.30
2011	5463.0	4169.4	76.32
2012	5477.0	4167.7	76.09
2013	5498.0	4160.8	75.68
2014	5508.0	4152.4	75.39

这是自1964年第二次人口普查以来，16—64岁的劳动年龄人口比重首次出现下降，每年新进入劳动年龄人口的规模逐年下降，而退出劳动年龄人口的人数不断增加。这对于依靠大量外来劳动力"支撑"的浙江人口来说，是非常值得关注的人口结构重大转折。

① 在劳动力调查中，16岁及以上的人口都被视作调查对象，但实际上老龄人口由于劳动能力下降，实际的劳动供给水平有限。因此，本文将16至64岁的人口定义为劳动年龄人口。

2.分年龄、城乡、文化程度的劳动年龄人口呈现不同变化

我省劳动年龄人口总量已出现拐点是不争的事实,在劳动年龄人口缓慢下降的同时,其内部年龄结构、城乡流动以及劳动者素质等方面也逐渐发生微妙的变化。

(1)青壮年劳动力数量攀至顶峰,年轻劳动力出现下降趋势。进入2010年以来,我省人口老龄化进程明显加快。2014年,全省65岁及以上老年人口比2010年第六次人口普查时多了82.8万人,占比上升1.39个百分点。人口老龄化不仅意味着老年人口的比重和规模不断增大,同时也意味着劳动年龄人口中高年龄组劳动力人口比重和规模的不断上升。2014年51—64岁高年龄组劳动力人口达996.8万人,比2010年人口普查时多了约131万人;而16—24岁年轻劳动力出现较大幅度下降,为606.0万人,比2010年减少约188万人;25—50岁青壮年劳动力人口在2012年和2013年达到高点,均为2568.8万人,随着劳动年龄人口内部年轻组和老年组出现此消彼长的现象,2014年25—50岁劳动年龄人口也呈现出下降的趋势。该年龄组别的劳动力人口不仅体力和精力都比较充沛,同时也具有一定的知识储备,属于就业市场的中坚力量。若25—50岁劳动年龄人口持续减少,必将对劳动力供给产生巨大影响。

表2 2000—2014年部分年份分年龄段人口数

单位:万人

年份	16—24岁	25—50岁	51—64岁
2000	648.9	2121.6	529.8
2010	794.1	2495.4	866.0
2011	761.0	2518.2	890.2
2012	704.9	2568.8	894.0
2013	658.8	2568.8	933.2
2014	606.0	2549.6	996.8

(2)农村劳动力老化严重,剩余劳动力转移有限。经过多年来大规模的劳动力城乡流动,当前我省农村的实际人口老龄化水平已经超过了城镇地

区。农村不仅老龄化的程度较高，而且老龄化速度较快，城乡老龄化差距逐步拉大。2010 年，全省农村 65 岁及以上老年人口比重达到 13.0%，比城镇高 5.9 个百分点，城乡差距比 2000 年拉大 3.5 个百分点。对比我省第五次和第六次人口普查分城乡的人口金字塔图，可以看到 2010 年城镇人口年龄结构虽然比 2000 年有所上移，但仍处于典型的“中间大、两头小”橄榄状，中青年人较多、老年人和少儿较少，当前劳动力供给充足，人口的社会负担相对较轻；反观 2010 年农村人口金字塔，底部收缩，上部变宽，中位年龄快速上移，40 岁以上农村人口占全部农村人口的比重超过一半，老年人口比重的升高及育龄人群比重的降低，将导致未来人口再生产趋势呈负增长，劳动后备力量持续减少。

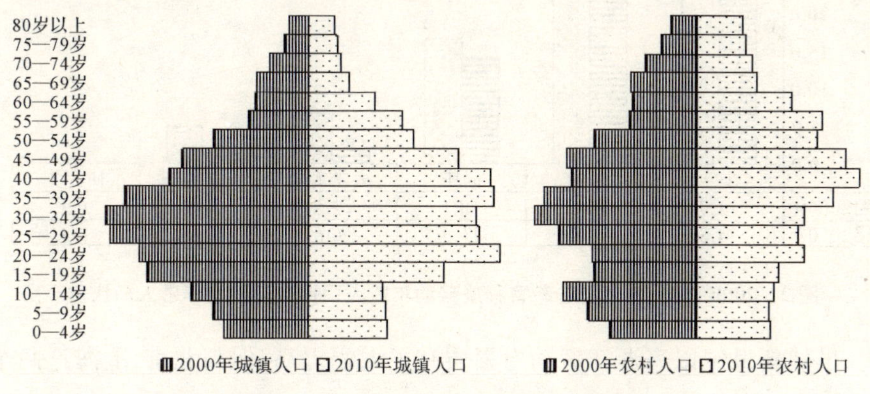

图 1　2000、2010 年分城乡人口金字塔

人口老龄化的城乡倒置，导致农村作为劳动力“蓄水池”的作用难以继续发挥。从第六次人口普查数据来看，在农村 16—64 岁劳动年龄人口中，40 岁以上劳动年龄人口约为 841.3 万人，占一半还多，这些人由于意愿和受教育程度等原因，很难在城市中找到匹配的工作；16—40 岁农村劳动年龄人口有 663.4 万人，并出现逐年下降的趋势。按照目前的农业发展水平，每年仍需要 500 万左右的农业劳动力，无论从目前还是从未来城镇化发展趋势看，农村尚未转移并能够转移出去的剩余劳动力都是非常有限的。

(3)劳动者受教育程度大幅提高，但与京沪差距拉大。影响劳动者质量的重要因素之一就是其受教育水平。一般来说，劳动者质量与受教育程度呈正相关，受教育程度越高，劳动者的质量越高，反之，则越低。通过2000年及2010年两次人口普查数据来看，16—64岁劳动年龄人口受教育程度有了大幅提高，尤其是受过高等教育的人口（即大专及以上人口，下同）从2000年的142万人增加到2010年的495万人，占全部劳动年龄人口比重从2000年的4.3%一跃为2010年的11.9%。

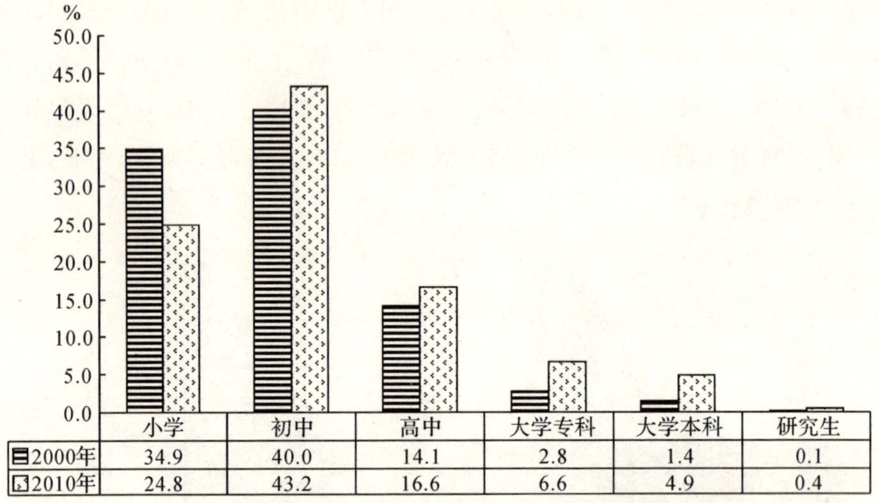

	小学	初中	高中	大学专科	大学本科	研究生
2000年	34.9	40.0	14.1	2.8	1.4	0.1
2010年	24.8	43.2	16.6	6.6	4.9	0.4

图2　2000年与2010年分教育程度劳动年龄人口占全部劳动年龄人口比重

虽然新世纪以来浙江劳动力素质有了大幅提高，但与北京、上海这两个高学历人口集聚的直辖市相比，劳动年龄段的高学历人口占比差距仍不断拉大，分别从2000年的相差16.4、9.3个百分点，扩大到2010年相差24.4、13.6个百分点。这主要是浙江的外来劳动力人口文化素质较低造成的。2010年，浙江外来人口1182.4万人，占全部常住人口的21.7%。其中，大专及以上人口比重仅为4.0%，只相当于全国平均水平的三分之一，位居东部地区经济发达六省市的最后一位，也是31个省区市的最末位。

表3　2010年全国及部分省市劳动年龄段高学历人口比较

	劳动年龄人口（万人）	高学历人口（万人）	占劳动年龄人口比重（%）
全国	97453.6	11442.1	11.7
北京	1610.1	585.1	36.3

续 表

	劳动年龄人口(万人)	高学历人口(万人)	占劳动年龄人口比重(%)
上海	1858.3	473.4	25.5
江苏	5896.9	820.3	13.9
山东	7031.4	812.4	11.6
广东	7795.6	867.3	11.1
浙江	4155.5	495.0	11.9

(二)劳动参与率的变化

劳动力的供给不仅与劳动年龄人口数量有关,同时也受劳动参与率的影响。劳动参与率在计算上是指经济活动人口(包括就业人口和失业人口)占劳动年龄人口的比重①,是测量并反映劳动力市场运行状况的一个最基本的指标。它体现的是人们参与经济活动的程度,反映的是人们参与劳动的状况。劳动参与率是经济发展、受教育程度、社会保障水平、退休制度和人口结构等因素综合影响的结果。

1.总体劳动参与率较高但趋向逐步降低

我省劳动年龄人口的劳动参与率较高,2010 年第六次人口普查总体劳动参与率为 73.4%,略低于 2000 年第五次人口普查时的 74.5%,在全国位于中等水平,但与发达国家和一些中等收入国家相比,仍属于较高水平。从发展趋势看,伴随市场经济水平和社会保障体制的建立和完善,浙江总体劳动参与率呈现的是一种逐渐下降的态势,与发达国家的趋势基本一致。快速的城镇化进程是总体劳动参与率下降的重要影响因素:十年来,随着农业机械化、产业化的快速发展,大批被解放的农村劳动力转移至城镇,占据的多是些低端、劳动密集型岗位;同时,随着生活水平的提高和保障制度的完善,许多原本占据这些岗位的“40、50”城镇人口干脆退出劳动力市场,成为

① 由于不同国家对劳动年龄人口的界定不一致,国际劳工组织约定劳动参与率=16 岁及以上经济活动人口/全部 16 岁及以上人口,中国沿用了这个标准,本文中的劳动参与率均按照这个公式来计算。

非经济活动人口,从而降低了总的劳动参与率。

2. 分性别、分年龄的劳动参与率呈现不同变化

劳动参与率曲线是劳动参与率随年龄变化所形成的曲线,既反映了不同性别、不同年龄的劳动参与率的差异,又反映出人口生命周期中的劳动就业变动规律。2000 年和 2010 年两次人口普查调查时点的分性别、分年龄的劳动参与率,显示出了随着时间的推移我省分性别的劳动参与年龄人口的形态变化(见图 3)。

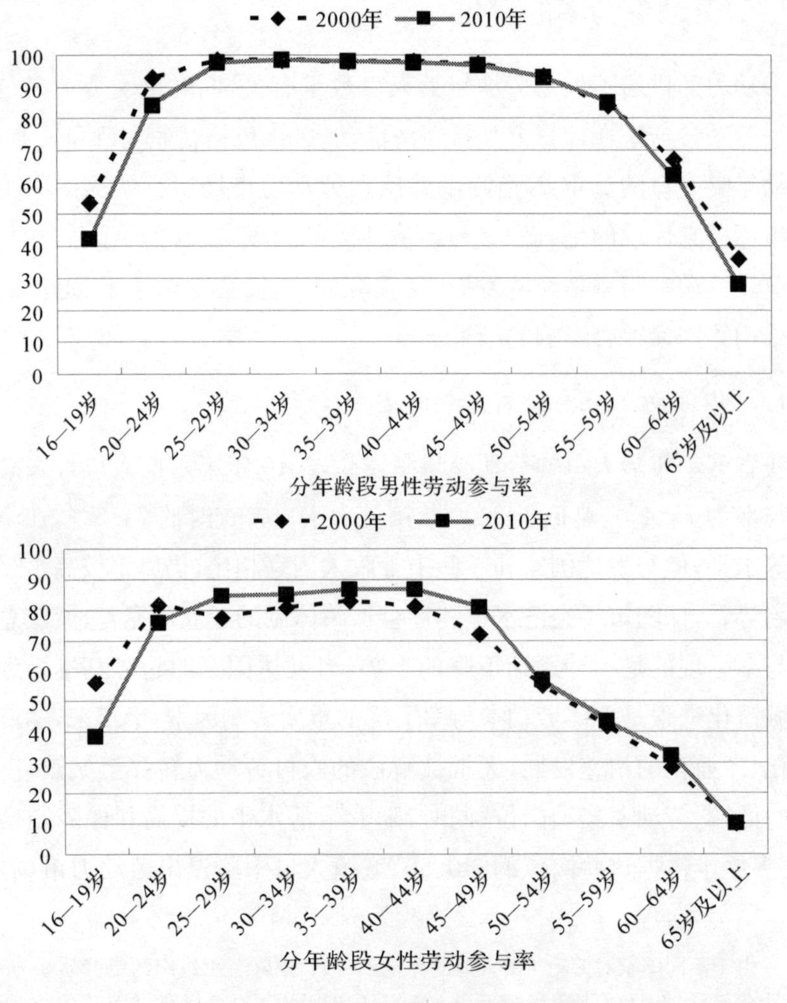

图 3　分性别、分年龄的劳动参与率

(1)低年龄组劳动参与率有较大幅度降低。自2000年以来,无论男性人口还是女性人口,16—24岁组的劳动参与率大幅度下降。女性人口从2000年的70.2%下降到2010年的61.7%,下降8.5个百分点;而男性人口也从2000年的74.8%下降到2010年的68.0%,下降6.8个百分点。这显然与我省初高中就学、升学率的大幅度提高以及大学"扩招"等教育因素密切相关,就学时间的延长导致新加入劳动年龄人口的人群劳动参与率不断降低。

(2)在其他年龄组,男性劳动参与率总体保持稳定,女性同期劳动参与率在稳步提升。由图3描述,劳动参与率随着年龄的增长缓慢上升,高参与率一直保持到50岁左右,然后开始逐步下降,呈现出明显的倒U形生命周期特征。分性别看,男性劳动参与率一直维持相对稳定的状态,10年来基本没有变化,55岁以上男性劳动参与率比2000年还有所降低;女性各年龄段劳动参与率比2000年普查时均有了明显的提升,其中以25—50岁女性劳动参与率上升最快,平均上升约6个百分点。女性自身、家庭、社会各方面的综合因素促进了女性劳动参与率的提高。一方面,政府大力发展义务教育,提高了女性的受教育程度和人力资本积累,通过一系列政策积极倡导女性平等就业,提高其在劳动力市场上的竞争地位;另一方面,我省日益健全的幼儿教育机制和养老机制,使得儿童、老人的教育、扶养得到妥善的处理,从家庭结构方面为女性参与劳动提供了强有力的支持。

(3)随着受教育程度的提高,劳动参与率也在提高。劳动者作为就业主体,综合素质的高低是其获得就业机会的前提条件,其中劳动者受教育程度和专业技术水平是劳动力素质的主要体现。表4描述的是2010年分教育程度的劳动参与率,很显然,我省劳动参与率和受教育程度之间呈现出一种正相关的关系。以初中学历劳动者的劳动参与率和就业比重①最高,基本上是随着受教育程度的提高,劳动参与率和就业人口比也相应提高,两者趋势基本一致;从未上过学的劳动者劳动参与率和就业人口比重都最低,仅为32.6%和32.0%(见表4)。

① 就业人口比:16岁及以上实际就业人口占全部16岁及以上人口的比重。

表 4　2010 年浙江省不同受教育程度劳动者的劳动参与率和就业人口比状况

单位:%

指标	合　计	未上过学	小　学	初　中	高　中	大学专科	大学本科	研究生
劳动参与率	73.4	32.6	68.6	85.8	71.2	77.2	70.9	70.8
就业人口比	71.1	32.0	67.2	83.2	67.7	73.7	69.0	69.5

(三)未来劳动力供给的趋势判断

由于不同阶段的劳动年龄人口在个人特征和劳动供给行为上存在不同的特点,劳动年龄人口的老龄化必然会对劳动供给的数量产生影响。一方面,接近法定退休年龄的劳动年龄人口,其劳动参与率呈明显下降的趋势,考虑到劳动年龄人口的老龄化,劳动供给的数量会由于老龄组劳动力的比重提高而下降;另一方面,基础教育的普及和高等教育的拓展,青年人的受教育年限将不断提高,导致低龄组的劳动年龄人口的劳动参与率进一步下降。

与此同时,随着时间的推移,劳动年龄人口的平均受教育水平会因为队列效应[①]而不断提高。即便教育部门维持当前的发展水平,到 2020 年,我省劳动年龄人口的人力资本量也将由于队列效应提高约 5%。队列效应带来的人力资本存量增加,一定程度上延缓了劳动年龄人口老龄化对劳动力市场带来的负面冲击。

从以上几个方面来看,在保持现有退休制度的情况下,总体的劳动供给形势会因为劳动年龄人口老龄化而更加趋于紧张。同时,临近退休年龄的人口数量逐年增加,也意味着生产性人口和赡养人口之间此消彼长的关系开始加速,这不仅会对养老保障制度产生不可忽视的影响,也将成为制约经济增长的重要因素。

① 队列效应:由于出生在某一个时段的人们在成长过程中经历了类似的社会环境,从而导致不同出生队列间的特征差异。

二、浙江未来十年劳动力供给预测

(一)GM(1,1)模型的建模理论

灰色系统是“部分信息已知、部分信息未知”的“小样本”“贫信息”的不确定系统,它通过对“部分”已知信息的生成、开发,实现对现实世界的确切描述和认识。灰色系统理论建模的主要任务是根据具体灰色系统的行为特征数据,充分开发并利用不多的数据中的显信息和隐信息,寻找因素间或因素本身的数学关系。通常的办法是采用离散模型,建立一个按时间做逐段分析的模型,对数据及其分布的限制要求小,在采集一组时间序列数据后,通过 GM(1,1)模型进行预测。该方法不但预测精度高,而且可以进行长期预测,用累加生成拟合微分方程,符合能量系统的变化规律。本文决定采用灰色预测模型 GM(1,1)预测未来十年的浙江分年龄段的劳动年龄人口。

建立 GM(1,1)模型只需要一个数列,其简单的微分方程形式(白化形式的微分方程)是

$$\frac{dx}{dt} + ax = u$$

利用常数变易法解得,通解为

$$x(t) = ce^{-at} + \frac{u}{a}$$

若初始条件为 $t = 0, x(t) = x_0$,则可得到微分方程的特解为

$$x(t) = (x_0 - \frac{u}{a})e^{at} + \frac{u}{a}$$

将求解得到的代入微分方程的解式(也称时间响应函数)

由于 $x^{(0)}(1) = x^{(1)}(1)$,因此求导还原得

$\hat{x}^{(0)}(k+1) = -a(x^{(0)}(1) - \frac{u}{a})e^{-ak}$

上述两式便为 GM(1,1)的时间响应式,及灰色系统预测模型的基本

算式。

在模型最后，对求得的$\hat{y}^{(1)}(k+1)$模型进行精度检验。如果检验结果可用，则可利用模型进行预测，否则，建立残差模型进行修正。

(二)分年龄段劳动年龄人口的GM(1,1)实证分析

将表2中2010—2014年浙江省分年龄段人口原始数据代入，可得16—24岁，25—50岁，51—64岁三组序列的平均相对误差分别为0.26%，0.68%，0.73%，均小于1%，精度很高，不需要再对模型进行修正。由此测算未来十年的各年龄段人口数，如表5所示。

表5　未来十年分年龄段劳动年龄人口预测

单位：万人

年龄	2015年	2016年	2017年	2018年	2019年
16—64岁	4127.1	4106.8	4089.5	4075.8	4065.5
其中：16—24岁	564.0	523.3	485.5	450.5	418.0
25—50岁	2543.5	2534.1	2524.8	2515.5	2506.2
51—64岁	1019.6	1049.4	1079.2	1109.8	1141.3
年龄	2020年	2021年	2022年	2023年	2024年
16—64岁	4058.6	4054.8	4053.9	4056.2	4061.0
其中：16—24岁	387.9	359.9	333.9	309.9	287.5
25—50岁	2497.0	2487.8	2478.6	2469.5	2460.4
51—64岁	1173.7	1207.1	1241.4	1276.8	1313.1

(三)劳动力供给预测

一个区域实际的劳动力供给(即经济活动人口，包括就业人员和失业人员)，不仅取决于劳动年龄人口，也受该区域劳动参与率的影响。所以本文对未来十年的分年龄段劳动参与率也做出了相应的预测，分别列出低、中、高三个方案。

低方案：受升学率提高、大学教育普及等因素的影响，16—24岁组的劳

动参与率继续降低，降幅与2000—2010年间的年均降幅一致，为0.76%，其他组劳动参与率保持不变。

中方案：各年龄组劳动参与率维持不变。

高方案：51—64岁年龄组的劳动参与率由于受教育程度水平、社会政策引导等因素而有所提高，其他组劳动参与率保持不变。关于51—64岁年龄组劳动参与率年均上升幅度的预测，本文把我省情况与北京、上海人均受教育程度较高的两个直辖市以及江苏、广东（经济结构与我省类似，外贸依存度较高）两省做了分析对比，结果如表6所示：2010年浙江省50—64岁年龄组劳动参与率比2000年还略有下降，但在五省市中仍名列前茅，仅次于江苏；北京、上海由于大量青壮年外来人口占用了岗位，50—64岁老年组的劳动参与率处在较低的水平。所以，笔者认为浙江50—64岁老年组的劳动参与率已处于高位，未来十年并不会有较大的增长，年均增幅0.2%左右。

表6　2010年部分省市50—64岁劳动参与率对比

单位：%

年龄组	浙江	北京	上海	江苏	广东
50—64岁	64.1	36.3	38.4	66.4	59.7
其中：50—54岁	75.6	54.5	55.3	77.7	73.8
55—59岁	64.7	32.0	38.7	68.5	60.1
60—64岁	47.3	11.5	11.4	49.8	36.9

基于以上三个方案，本文对浙江未来十年的实际劳动力供给进行了测算，得到表7的结果。2014年的劳动力供给约为3360万人，根据预测，十年后的实际劳动力供给至少要比2014年下降60万人左右。

表7　未来十年浙江劳动力供给预测

单位：万人

	2015年	2016年	2017年	2018年	2019年
低方案	3337.5	3318.0	3300.9	3286.7	3275.1
中方案	3341.8	3325.9	3312.0	3300.4	3291.0

续 表

	2015 年	2016 年	2017 年	2018 年	2019 年
高方案	3343.9	3330.1	3318.5	3309.3	3302.4
	2020 年	2021 年	2022 年	2023 年	2024 年
低方案	3266.2	3259.5	3255.1	3253.0	3252.8
中方案	3283.8	3278.7	3275.4	3274.2	3274.6
高方案	3297.9	3295.6	3295.3	3297.2	3300.9

三、劳动力供给下降对浙江经济产生的影响性分析

(一)储蓄率降低,促进向消费主导的经济增长模式转型

储蓄率是反映一个国家(或地区)储蓄发展水平的重要指标,包括总储蓄率和个人储蓄率。总储蓄率是指一国储蓄金额占国民生产总值的百分比,是居民个人储蓄、公司企业储蓄及政府机构储蓄的总和;而个人储蓄率是指个人储蓄金额占个人收入总额的百分比,西方经济学认为可以用平均储蓄倾向和边际储蓄倾向来加以说明,前者是指储蓄在收入中所占的比例,后者是指储蓄增量在收入增量中所占的比例。储蓄率除了主要受到收入水平的影响之外,还受经济政策、人口就业情况、国民消费结构等多方面重要因素的影响。

根据生命周期理论,个人储蓄率随人的年龄增长而呈倒 U 形变化,青年时期和退休时期收入低,储蓄率相对较低,而中年时期收入较高,储蓄率一般随之升高。随着浙江人口老龄化日益加剧,浙江储蓄率也应呈现逐步走低的趋势。我们对 2004—2014 年这十年的个人边际储蓄倾向进行测算,将人均城乡居民本外币储蓄存款年末增量①作为储蓄增量,人均城乡居民

① 人均城乡居民本外币储蓄存款年末增量=(当年城乡居民本外币储蓄存款年末余额-去年城乡居民本外币储蓄存款年末余额)/当年年末常住人口。

可支配收入[①]的年度差额作为收入增量，来计算这十年来的边际储蓄倾向（见图 4）。可见 2004—2010 年间，边际储蓄倾向一直不断上升，但 2010 年以后，边际储蓄倾向的趋势发生逆转，呈逐渐走低的态势，与上文的人口老龄化趋势不谋而合。另一方面，根据 IMF 对 115 个国家数据的研究发现，劳动年龄人口占比与总储蓄率呈正相关关系，劳动年龄人口占比下降 1 个百分点，总储蓄率下降 0.7 个百分点。浙江的劳动年龄人口占比 2011 年达到顶峰，然后开始下滑，总储蓄率也随之降低，这与个人储蓄率的变化趋势也基本一致。

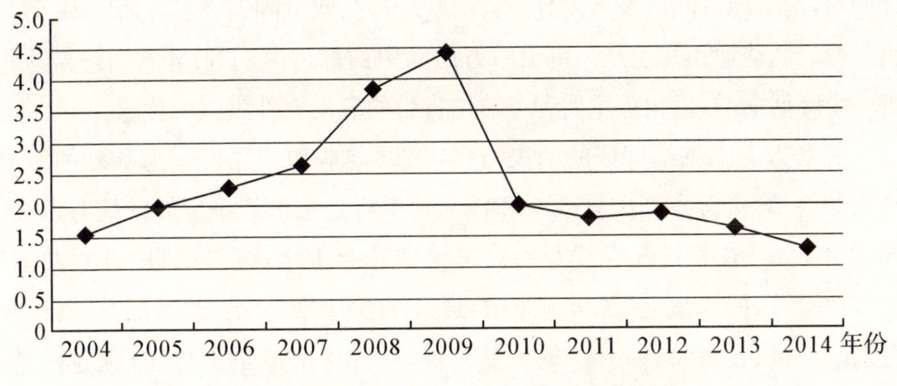

图 4　浙江省 2004—2014 年个人边际储蓄倾向

因此，随着劳动年龄人口总量下降、结构老龄化，浙江的储蓄率在未来会持续走低，从而改变国民收入中消费和储蓄分配的比例，影响资本形成，一定程度上压低投资率，促进经济由投资主导模式向消费主导的增长模式转变。2007 年以前，我省经济发展主要是依靠投资和出口，面对产能过剩，外需疲软，劳动成本不断上涨的客观环境，这种发展模式显然难以为继；然而国内消费市场增长空间巨大，如果潜在的居民消费需求能够得到充分释放，让消费需求规模与消费结构升级决定投资结构变化，不仅能增加有效投资，还为下一轮经济的高速增长找到了支撑点。2014 年，浙江生产总值（GDP）为 40154 亿元，比上年增长 7.6%，其中第三产业增长 8.7%，服务业

① 人均城乡居民可支配收入＝城镇居民人均可支配收入×城镇化率＋农村居民人均可支配收入×（1－城镇化率）

成为经济增长的最大来源。经济结构已然发生积极变化，三次产业增加值结构由2013年的4.7：47.8：47.5调整为4.4：47.7：47.9，第三产业比重首次超过第二产业，消费对经济的拉动作用不断加强。

(二)劳动力素质提高，驱动“倒逼式”产业结构调整

自2004年浙江小微企业就早早感受到“招工难”，劳动力短缺现如今已成为常规现象。随着人口结构老龄化和劳动年龄人口减少，若维持浙江现有产业结构模式不变，未来企业缺工率和劳动力成本上升压力将越发凸显；与此同时，由于地区间的发展差异、资源禀赋不同、政策倾斜等多方面原因，劳动密集型的制造业正发生从东部沿海省份向中西部地区的“雁阵式”转移，这将进一步降低安徽、贵州等主要劳务输出省份的劳动力外出打工意愿。

劳动力无限供给特征的消失，宣告了以资本和劳动投入为基础的发展模式的终结，资源重新配置效应和技术效率将是未来经济发展的核心因素。2012年以来，省委省政府就开始突出转型升级主线，统筹推进“五水共治”“三改一拆”“四换三名”等重大举措，通过“关停淘汰一批、改造提升一批、整合入园一批、合理转移一批”的主要方针，全方位形成倒逼机制，腾笼换鸟、优化资源配置，整治提升省内重污染高耗能行业和低小散行业；同时，越来越多的浙江企业通过实现生产技术革新，以“机器换人”赚取更多红利，2014年浙江省使用的工业机器人总量约占全国的15%，居各省市区第一位，浙江的经济发展已逐步进入新的运行常态。

另一方面，浙江劳动年龄人口中受教育程度较低的情况与外来人口素质不高具有较大关联性。根据2010年第六次人口普查的数据，每5个常住人口中就有超过1人来自省外，在这些外来人口中，低学历人口占比在80%以上，大专及以上人口比重仅为4.0%，外来劳动力素质居31个省区市的最末位。随着外来人口回流趋势的显现，省内劳动力素质结构有望进一步优化。同时全国高校毕业人数仍在大幅增长，预计未来几年将持续年均20万左右的增幅，这也为企业提高技术创新和科研能力提供了扎实的人力资本基础。在省委省政府提出“创业富民、创新强省”的总战略后，由企业主导的创业创新平台已在各地不断涌现，随着“千人计划”的深入实施，以大

学生和科研人员为主体的“技术红利”时代即将到来。

(三)赡养比下降,增大社会公共财政负担

人口老龄化的加深会从赡养比①方面,对基本养老保险制度的收支产生重要影响。当该比率较低时,说明缴费者多于领取者,会形成收入大于支出的情况;当该比率较高时,表明领取者多于缴费者,会逐步形成收入少于支出的情况。

随着医疗健康条件的改善,人类预期寿命不断提高,不同发展水平的地区和国家都面临人口老龄化问题。但同世界其他经济体相比,由于收入水平的差异,我国存在“未富先老”的忧虑。全球老龄化程度最严重的国家日本,2014 年人均 GDP 是我国的 6 倍,德国是我国的 7 倍,美国相当于我国的 8 倍,就连韩国也是我国的 3 倍多。

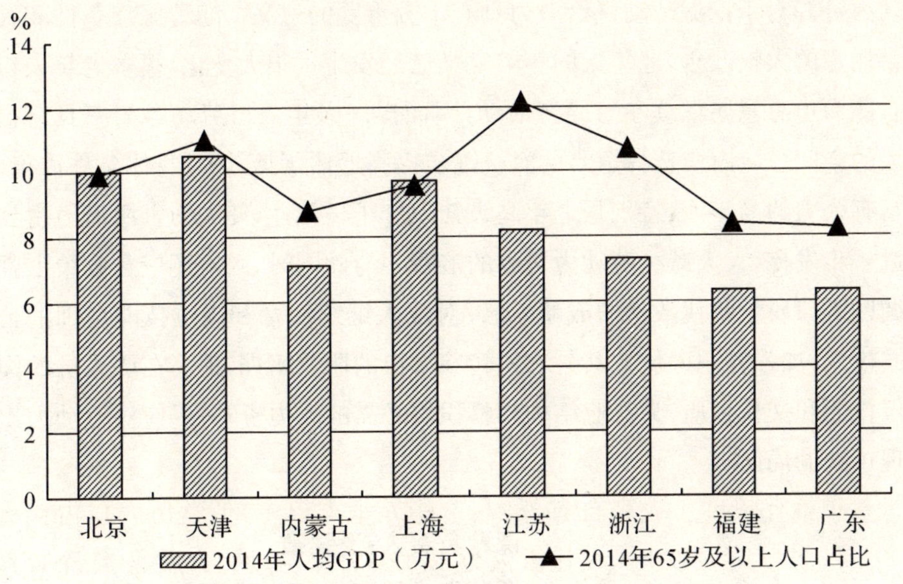

图 5　部分省市区人均 GDP 与 65 岁及以上人口占比

① 赡养比:主要是指缴纳社保基金人口与领取社保基金人口之比。

从国内来说，浙江在全国人均 GDP 突破 1 万美元大关①的 8 省市中也不占优势。如图 5，浙江人均 GDP 位于京津沪三个直辖市和江苏省之后，仅排第五；而 65 岁及以上人口占比却高居第三，低于江苏约 1.5 个百分点，与天津基本持平。2014 年，我省劳动年龄人口占总人口的比例约为 75%，按目前趋势发展下去，到 2050 年该比例会低于 65%。即未来几十年我省基本养老保险制度的赡养比会不断下降，且有可能下降为 2∶1 以下，即每两个在岗职工要供养一个领取养老金者，这意味着依靠在岗职工不到 20% 的工资收入所积累的养老基金收入会远不足以支付约占领取养老金者工资收入 60%的养老基金支出，养老保险基金的缺口将会迅速扩大。同时，政府使用于老年人社会保障的费用也将大幅增加，这会给社会公共财政带来较为沉重的负担，从而使得经济增长面临结构性制约因素。

劳动力供给不断下降的趋势已经不可避免，如何充分利用好现有的劳动力资源对于挖掘劳动供给潜力具有十分重要的意义。随着医疗条件和社会保障的大幅改善，老年人的年龄定义已经发生了很大变化，很多老年人口有能力也有意愿继续参与经济活动，因而提高老年人口劳动参与率具有很大的空间。政府应选择适当的时机逐步提高退休年龄，鼓励身体条件许可、富有余力的老年人，特别是老年高级知识分子再就业，使人力资源潜力得到进一步发挥，大大减少劳动力资源的浪费。与此同时，政府还应在政策上强调以人口质量替代数量的战略，加大对成人继续教育和岗位技能培训的公共投入，加强在职人员尤其是农村转移人口的职业培训，提高在职人员的岗位技能和文化素质，为产业结构调整积累必需的人力资本，以应对劳动力出现短缺的局面。

课题负责人：潘强敏

课题组成员：章剑卫　俞炳林　罗　斌

赵　静　巴　博

执　笔　人：赵　静

① 注：按照世界银行不同阶段的收入标准，人均 GDP 达到 1 万美元后，标志着一国或地区的经济发展水平已达到中等发达国家水平。

基于行政记录人口普查方法的国际比较

一、引　言

作为官方统计调查体系的重要构成，周期性的人口普查是获取我国人口统计信息的主要途径。然而，无论是采取所有登记户统一填报短表的数据收集形式，还是调整成90%的登记户填报短表、10%的登记户填报长表的数据收集形式，传统的人口普查仍不可避免地存在"调查成本高、数据质量低、普查机构和居民负担重"等难题。21世纪以来，随着信息全球化进程的加快，政府部门为实现监管和服务等目的，通过登记、报告、行政许可审批、检查等方式收集和存储的人口行政记录资源越来越丰富，大量行政管理部门正在源源不断地产生海量即时的电子化数据，汇成极为丰富的行政记录大数据资源。由于具有较强的内容对接性、较高的数据质量和较低廉的数据采集成本，包含各类人口信息的行政记录经过筛选、编辑、集成、链接等一系列"统计化"操作之后便可"生产"出人口普查的全部（或大部分）信息。据此，改革传统人口普查方法，开展基于行政记录的人口普查被视为有效破解传统统计调查难题的途径之一，亦是顺应大数据时代充分挖掘人口行政记录资源的必然之选。

西方国家对行政记录运用于官方统计调查的实践探索始于20世纪60年代。迄今，芬兰、奥地利、荷兰、瑞士、瑞典、比利时、以色列、西班牙、拉脱维亚、波兰、德国等国家均已普遍采用基于行政记录的人口普查以代替高成本、高工作量和低效率的传统人口普查，积累了相当丰富的实践经验。相比之下，尽管我国政府部门和学术界对行政记录的重视程度与日俱增，但有关行政记录应用于官方统计调查的研究脚步仍显滞后。为进一步推进我国行政记录应用于官方统计实践的发展，加快我国传统人口普查方法的改革步伐，本文尝试较系统地探讨基于行政记录人口普查方法的基本框架，对不同模式人口普查的实施步骤进行阐释。基于此，本文将对成功实施基于行政记录人口普查代表性国家的经验予以国际比较。

二、基于行政记录的人口普查方法的基本框架

经过文献检索，我们尚未发现纯粹从理论层面来探讨基于行政记录的人口普查方法的论著，但发现该方法根植于行政记录统计学（Register-based Statistics）的理论研究。1995 年，丹麦统计局出版的《Statistics On Persons In Denmark：A Register-based Statistical System》一书揭开了行政记录统计学理论研究之先河。可惜的是，该书仅止于对行政记录特征的分析和行政记录统计学发展前景的描绘。真正尝试构建行政记录统计学完整理论框架的研究当数 A. Wallgren 和 B. Wallgren 于 2007 年合著出版的《Register-based Statistics：Administrative Data for Statistical Purposes》。2014 年，由 Thomas Laitila 与他们共同修订完成的第二版《Register-based Statistics：Statistical Methods For Administrative Data》则进一步对该理论框架进行了完善。

不同于传统统计调查，行政记录调查（Register-based Survey）是充分运用行政记录系统（Administrative Register System）[或综合运用行政记录系统和已存在统计数据系统（Existed Statistical Data System）]获取调查信息的一种新方法（A. Wallgren 等，2014）。遵循该定义思路，我们可将基于行政记录的人口普查（Register-based Population Censes）定义为"充分运用人口行政记录系统（或综合运用人口行政记录系统和已存在的人口统计数据系统）获取新人口普查统计信息的过程"，其核心是人口行政记录的"统计化

操作(Register-statistical Processing)”。根据新人口普查统计信息的来源,基于行政记录的人口普查可归为两种模式:完全基于行政记录系统的人口普查模式(Totally Register-based Population Censes,简称“完全模式”)和综合运用抽样调查和行政记录系统的人口普查模式(Population Censes Combined Use of Sample Surveys and Register Data,简称“组合模式”)。其中,前者是指新人口普查统计信息完全源自(或推断自)人口行政记录系统(或已存在的人口统计数据系统),后者则指新人口普查统计信息分别源自(或推断自)人口行政记录系统(或已存在的人口统计数据系统)和专门组织的人口抽样调查。当然,实施基于行政记录的人口普查需要若干前提条件,比如需要存在大量可靠的、包含人口信息和统一识别编码的行政登记记录,以形成行政记录资源保障;需要出台能保障行政记录及时登记与更新、保障统计部门有权利检索其他机构的行政记录库、保障行政机构之间和谐合作等的相关法律,以形成法律保障;等等。

根据 A. Wallgren 等(2014)对行政记录统计学的相关阐述,针对人口普查的特点,我们将分别从“完全模式”人口普查方法和“组合模式”人口普查方法两个角度,对基于行政记录的人口普查方法的基本框架进行探究。

(一)“完全模式”人口普查方法的基本框架

我们认为,“完全模式”人口普查方法的基本框架可以如图 1 所示,共有 5 个步骤。

首先是包含人口信息的行政记录类型的筛选。行政记录类型繁多,该如何选择合适的行政记录?由于行政记录不是专门为人口普查而登记,因此其登记单位与人口普查的统计单位并非一致。但我们认为,只要与人口普查之间满足“准匹配关系”的行政记录均可被选择成为人口行政记录系统的数据来源。“准匹配关系”包含两层含义:一层含义是“单位准匹配”,是指行政记录登记单位与人口普查统计单位基本对应。人口普查的统计单位是“每一位常住居民”,那么所有以“居民个人”为登记单位的行政记录均符合成为行政记录系统数据来源的要求,不论其登记单位是“每一位 60 岁以上的老年人”“每一位有收入的居民”或是“每一位在校生”等等;另一层含义是

"内容准匹配"，是指行政记录登记内容与人口普查（部分）内容基本对应。人口普查不外乎收集有关人口数量、结构、分布、家庭和居住环境等方面的信息，只要登记内容涉及上述信息的行政记录均可被选择成为数据来源，而无论其登记单位对象是人还是其他事物。

其次是基本记录库的形成与人口行政记录系统的构建。基本记录库是人口行政记录系统的主要构成。基本记录库的形成存在三种途径：第一种途径是直接从包含人口信息的行政记录类型中选择一个（或几个）记录，形成"独立"结构的基本记录库，如直接选择"出生人口登记记录"为基本记录库；第二种途径是将几类行政记录链接形成"多合一"结构的基本记录库，如将"出生人口登记记录""税收收入登记记录""社会劳动保障登记记录"等经身份识别码（PIN）、寓所识别码（DIN）等编码的链接合成"人口基本登记记录库"，形成"三合一"结构的基本记录库；第三种途径是几类行政记录链接形成以一个为主、其他为辅的"多对一"结构的基本记录库，如分别将"税收收入登记记录""社会劳动保障登记记录"与"出生人口登记记录"链接，形成"出生人口登记记录"为主，"税收收入登记记录""社会劳动保障登记记录"为辅的"二对一"结构的基本记录库。进一步地，不同基本记录库之间经身份识别码（PIN）、建筑物识别码（BIN）、住宅识别码（BIN）、企业识别码（EIN）、组织机构识别码（OLUIN）等识别编码的链接形成人口行政记录系统。

一个人口行政记录系统所包含的基本记录库个数并不固定，完全可根据普查范围、普查内容和行政记录基本条件等因素来设定。构建形成的人口行政记录系统应具备两个特征：(1)登记覆盖面要广。行政记录系统中的登记单位集合（Object Sets）一般应覆盖人口普查总体，便于为获取人口普查全部单位的基本信息提供框架。(2)登记项目至少要包含一个识别编码（也可称为"链接编码"）。这是链接不同基本记录库资源的前提，也是集结人口行政记录系统资源和统计局已存在统计数据资源的必要条件。

再次是人口行政记录系统与已存在人口统计数据系统的对接。作为官方统计信息的发布者，统计局往往存在常规的数据收集系统，积累了较丰富的人口统计数据资源，汇聚于"已存在的人口统计数据系统"之中。鉴于"已

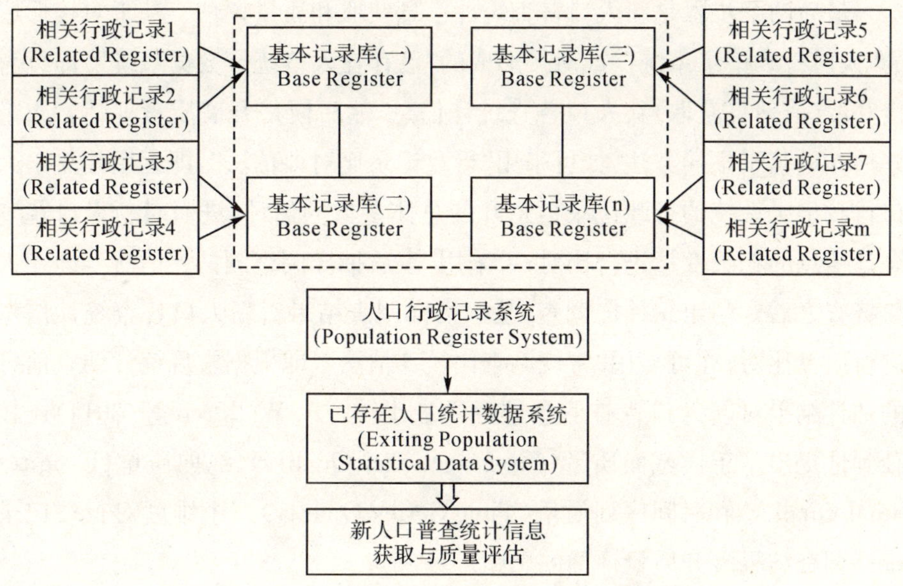

图 1 “完全模式”人口普查的基本实施框架

存在的人口统计数据系统”亦可构成新人口普查信息的数据来源,如何将其与人口行政记录系统对接便成为了“完全模式”人口普查的第三个步骤。我们认为,对接两个系统可通过以下两种方式:(1)以“人口行政记录系统为主”的对接方式。该方式是指将“已存在人口统计数据系统”的记录经由链接编码的识别与基本记录库中的匹配记录进行变量合成,进而形成扩展的人口行政记录。据此,“已存在人口统计数据系统”的相关记录将合并至各基本记录库。(2)以“已存在人口统计数据系统为主”的对接方式。该方式是指将基本记录库中各记录经由链接编码的识别与“已存在人口统计数据系统”的匹配记录进行变量合成,最终将行政记录库中的全部(或部分)记录合并至已存在统计数据系统。一般地,当人口行政记录系统的记录涵盖面与人口普查对象相当时,较适宜选择以“人口行政记录系统为主”的对接方式,反之则应选择以“已存在人口统计数据系统为主”的对接方式。当然,两种方式的对接过程远比描述的复杂,其中将涉及一系列技术问题,如数据库之间的匹配方法、不同记录之间的合并方法、记录变量的一致性处理方法、缺失值的处理方法等等。

最后两个步骤是新人口普查统计信息获取和质量评估。基于对接形成的“人口行政记录系统”（或对接形成的“已存在人口统计数据系统”）即可直接获取（或估算获取）新人口普查统计信息，然后便是开展质量评估。质量评估亦可基于不同方法，如可采用“行政记录比对评估法”，即运用独立于人口行政记录系统的行政记录信息开展总体参数的估计，进而对新人口普查统计信息的相关变量进行比对；可采用“事后抽样调查测试评估法”，即在人口普查之后专门组织抽样调查，基于抽样调查结果对新人口普查统计信息进行质量比对；亦可采用“常规调查比较评估法”，即根据常规统计调查信息的估计结果对新人口普查信息进行质量比较。A. Wallgren 等（2014）还较独到地提出基于横截面质量（Cross-sectional Quality）、纵向质量（Longitudinal Quality）和时间序列质量（Time Series Quality）三个维度对行政记录统计调查结果展开质量评估的思路。

（二）“组合模式”人口普查方法的基本框架

由于“组合模式”的人口普查信息需要部分来源于专门组织的抽样调查，因此其步骤略比“完全模式”复杂，基本框架如图 2 所示。

具体来看，前三个步骤与“完全模式”人口普查方法基本相同，第四步为“抽样调查设计与实施”。人口行政记录系统往往能为抽样调查提供一个质量较高的抽样框。鉴于抽样调查的主要目的是获取对接形成的“人口行政记录系统”（或对接形成的“已存在人口统计数据系统”）尚未涉及的普查信息，因此抽样调查的主题、调查对象、调查范围、具体组织形式、样本量、数据获取方法等要素的设计应视已存在数据资源的丰裕度、调查经费、调查时限等客观因素而定，并没有统一的模式可论。“组合模式”人口普查方法的第五步是新人口普查统计信息的获取和质量评估。相应地，基于“组合模式”的新人口普查统计信息亦可分两种途径获取：一种是从对接形成的“人口行政记录系统”（或对接形成的“已存在人口统计数据系统”）中“直接获取”，另一种是基于抽样调查信息“估算获取”。相比之下，“估计获取”途径更为复杂，尤其当抽样调查信息存在缺失值（Missing Values）、多值变量（Multivariables）、涵盖问题（Coverage Problem）等特殊问题时，具体估计量和估计形式的选择更需视情况而定(A. Wallgren 等,2014)。至于新人口普查统计信息质量的评估,其方法与“完全模式”人口普查基本一致。

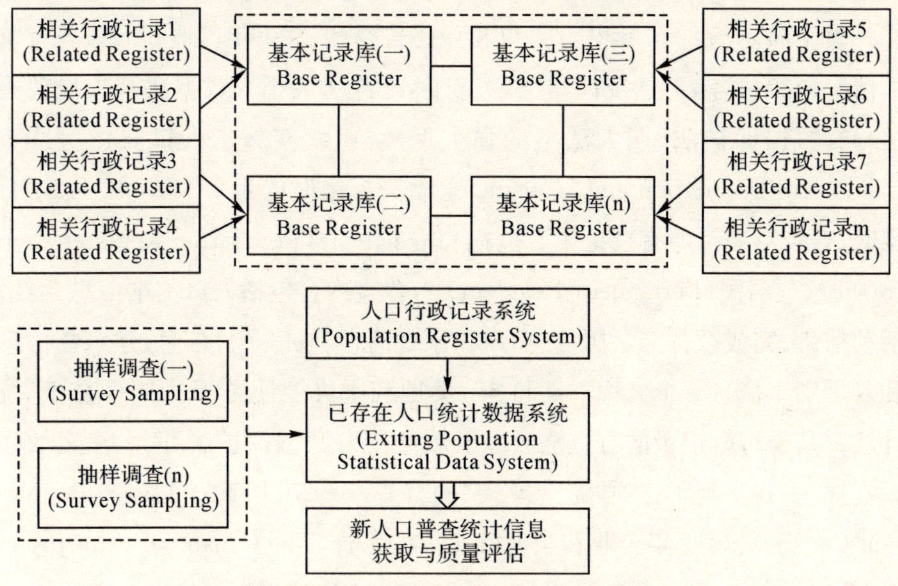

图 2 “组合模式”人口普查的基本实施框架

三、“完全模式”人口普查和“组合模式”人口普查的国际比较

(一)“完全模式”人口普查国际比较

迄今为止,丹麦、芬兰、奥地利、澳大利亚、比利时、瑞典、挪威等西方国家已开始实施“完全模式”的人口普查。我们选择芬兰和奥地利两国,以 2010 年芬兰人口和住房普查(Census of Population and Housing)和 2011 年奥地利人口普查(Population Census)为例,对两国“完全模式”人口普查的经验进行比较。选择芬兰的主要原因是其属于世界上最早且最成功开展“完全模式”人口普查的国家之列,较具代表性;而选择奥地利则缘于其公开

发布的相关资料相对完整，较具参考价值[①]。

1. 普查基本情况比较

表 1 描述了 2010 年芬兰人口和住房普查和 2011 年奥地利人口普查基本情况。2010 年，芬兰统计局（SF）基于《统计法》《个人数据法》《人口普查法》和《数据保护法》四大法案的强大保障，组织实施了人口与住房普查（Census of Population and Housing）。普查标准时点为 2010 年 12 月 31 日零时；普查对象为所有登记于芬兰人口登记中心（Population Register Centre）的永久居民（Permanent Resident）[②]，普查内容包括人口基本信息、经济活动信息、完成教育与学历信息、户和家庭信息、住房条件信息、建筑物信息和夏季别墅信息 7 个方面。2011 年，奥地利中央统计局（SA）同样基于《统计法》《基于行政记录的普查法》《电子政务法》《数据保护法》四大法案的强大支撑，一并实施了三项“完全模式”的普查——2011 年人口普查（Population Census）、2011 年企业和当地就业单位普查（The Census of Enterprises and Their Local Unit of Employment）和 2011 年建筑物与住房普查（Register-based Building and Housing Census）。其中，人口普查标准时点是 2011 年 10 月 31 日零时；普查对象为所有登记于奥地利中央人口登记（The Central Population Register）的常住人口（Resident Population）[③]。鉴于第一次

① 尽管实施“完全模式”人口普查的国家都会发布人口普查的基本信息，但大部分信息仍过于笼统。相较而言，奥地利发布的信息相对细致，这也是我们选择奥地利作为代表性国家的原因之一。

② 2010 年芬兰人口和住房普查对永久居民的定义为“普查标准时点在芬兰人口登记中心的人口信息系统（Population Information System）中登记且拥有法定住所的所有居民，不论国籍”。同时，对居住在芬兰的外籍人士，若其居住时间超过一年（包括一年）则被纳入普查对象；寻求庇护的外籍人士不纳入普查对象；外国大使馆、贸易使馆和领事馆的工作人员及家庭成员均不纳入普查对象，除非他们是芬兰公民。

③ 2010 年奥地利人口普查将四类个体排除在人口普查对象之外，分别是：(1)普查标准时点已经死亡但仍存在于中央人口登记库的个体；(2)在中央人口登记库中有两个及以上主要居住地的个体（保留一个）；(3)普查标准时点在奥地利拥有主要居住地但登记时间少于 90 天的个体；(4)仅存在于中央人口登记（其他行政记录中不存在）且无回应的个体。SA 对仅存在于中央人口登记库的个体邮寄问卷，如果 14 天内得不到回复，则将其从中央人口登记中删除。

实施"完全模式"的人口普查,其普查内容相对较少,只涉及人口基本特征、经济活动信息、完成教育与学历信息、家庭信息4部分。

2.行政记录类型选择和基本记录库比较

芬兰具有十分充足的行政记录资源。为构建人口和住房普查的行政记录系统,SF遵循"单位准匹配"原则选择了包括中央人口登记记录(CPR)、税务管理部门税收登记记录(TR)、劳动部求职者登记记录(RJA)、中央养老保障机构养老金登记(RP)、国防部征兵登记记录(CR)、社会保障机构最低生活保障登记记录(RMLS)、中央和地方公务员登记记录(CSR)等行政记录类型;而遵循"内容准匹配"原则选择的行政记录包括建筑物与住房登记记录(DBR)、不同私营部门雇佣关系登记(ERR)、车辆管理所车辆登记记录(RC)等。在此基础上,形成了"以CPR为主,TTR、RJA、RP、CR等共计30余种行政记录为辅"的"多对一"结构的基本记录库和由DBR直接构成的独立结构基本记录库,基本记录库之间通过PIN、RIN链接形成行政记录系统。与SF不同的是,SA选择的行政记录均为"单位准匹配"类型,包括中央人口登记记录(CPR)、中央社会保障登记记录(CSSR)、失业登记记录(UR)、税收登记记录(TR)、儿童津贴登记记录(CAR)、外国人中心登记记录(CFR)、联邦政府公务员登记记录(RPS)、汽车车主登记记录(RCO)、社会福利领取登记记录(RSWR)、征兵登记记录(CR)和非正式民用服务登记记录(RACS)。其基础记录库包含4个:由AR、CFR、RPS、RCO、RSWR、CR、RACS分别与CPR链接形成的"七对一"辅助结构基本记录库;直接由CSSR、UR、TR形成的3个独立结构基本记录库,各基本记录库之间通过个人身份编码(b-PIN)实现链接并形成行政记录系统。与常规的识别编码不同,b-PIN是PIN基于复杂算法衍生形成的一种编码,是带有加密程序的识别码。遵循《数据保护法》对数据隐私保护的相关规定,奥地利的各项行政记录登记均设置了独特的带有加密程序的b-PINs。行政部门将带有加密程序b-PINs的行政记录传输给SA之后,由SA向数据委员会提请解密以实现行政记录系统的链接与匹配。

表 1　芬兰 2010 年人口和住房普查和奥地利 2011 年人口普查基本情况

国家	普查名称	普查标准时点	普查对象	普查内容
芬兰	人口与住房普查	2010 年 12 月 31 日零时	永久居民	(1)基本信息(包括性别、地区分布、婚姻状况、宗教、常住地等); (2)经济活动信息(包括经济活动主要类型、就业状态、行业、职业、工作场所、收入等); (3)完成教育与学历信息(包括最高学历和主修专业); (4)户和家庭信息(包括户的种类和大小以及家庭的种类和大小); (5)住房信息(包括住房单元大小、房间数目、制热系统等); (6)建筑物信息(包括建筑物类型、建筑年份、建筑材料、建筑物主要用途等); (7)夏季别墅信息(包括修建年份、建筑物坐标、建筑面积等)。
奥地利	人口普查	2011 年 10 月 31 日零时	主要人口	(1)人口基本特征(包括常住地、出生日期、出生国家、性别、国籍、出生国家、婚姻状况等); (2)经济活动信息(包括经济活动主要类型、就业状态、行业、职业、工作场所、收入等); (3)完成教育与学历信息(包括最高学历和主修专业); (4)家庭信息(家庭大小、家庭成员等)。

3. 已存在统计数据系统基本结构比较

对于 2010 年人口和住房普查，SF 利用了 3 项已经存在的统计数据，分别是学生登记数据(SR)、企业和机构商业统计数据(REE)和完成教育与学位登记数据(CEDR)。该三类人口统计数据主要为人口行政记录系统提供辅助信息，并不直接形成普查信息的来源。SA 利用了 4 项已存在的统计数据来补充人口行政记录系统资源，分别为企业和当地就业单位商业登记数据(BR)、建筑物与住宅房屋登记数据(HR)、教育程度登记数据(EAR)、在校学生或学生登记数据(PSR)。与芬兰 2010 年人口和住房普查相比，奥地利 2011 年人口普查所借助的人口统计信息相对较多且直接构成普查信息的数据来源。

4. 人口行政记录系统和已存在人口统计数据系统的链接途径比较

对于人口行政记录系统和已存在人口统计数据系统的对接，2010 年芬兰人口和住房普查和 2011 年奥地利人口普查均选择了“以行政记录系统为主”的对接模式，其对接形成的人口行政记录系统被称为“新人口普查统计系统（New Census Statistical System，简称 NCSS）”。芬兰和奥地利的主要分歧体现在对两个系统对接途径的处理。SF 主要选择 PIN、EIN、OLUIN 等常规识别码实现系统的链接，SA 则强化了数据保护目的而综合使用了带有加密程序的 b-PINs 和常规的地址编码（AC）、雇佣编码（e-PIN）实现系统的链接。

5. 新人口普查统计信息的获取与质量评估方法比较

SA 和 SF 均直接从 NCSS 获取人口普查的全部信息。对于新人口普查统计信息质量的评估，SA 综合使用了“事后抽样调查测试评估法”和“常规调查比较评估法”两类方法。一方面，SA 抽取了 2％的普查对象并对其进行问卷调查，基于调查估计结果对新人口普查统计信息质量进行比对；另一方面，SA 基于常规的 LFS 调查估计结果对新人口普查统计信息质量进行比对。与 SA 相比，SF 构建了更为严格的质量评估框架（Quality Framework），从原始行政记录质量、人口行政记录系统质量和 NCSS 质量三个层面设置了不同的评估方法和评估流程。其中，评估原始行政记录质量分文档记录质量、数据预处理质量和外部原因三个角度，评估方法包括专家访谈（Expert Interview）、微观普查（Microcensus）、质量评分等；评估人口行政记录系统质量主要运用信度函数理论（Dempster-Shafer Theory）等贝叶斯方法对不同属性变量（如唯一属性变量、多重属性变量、衍生属性变量等）的数据质量进行评估；评估 NCSS 质量则主要基于模型估算方法进行评估。

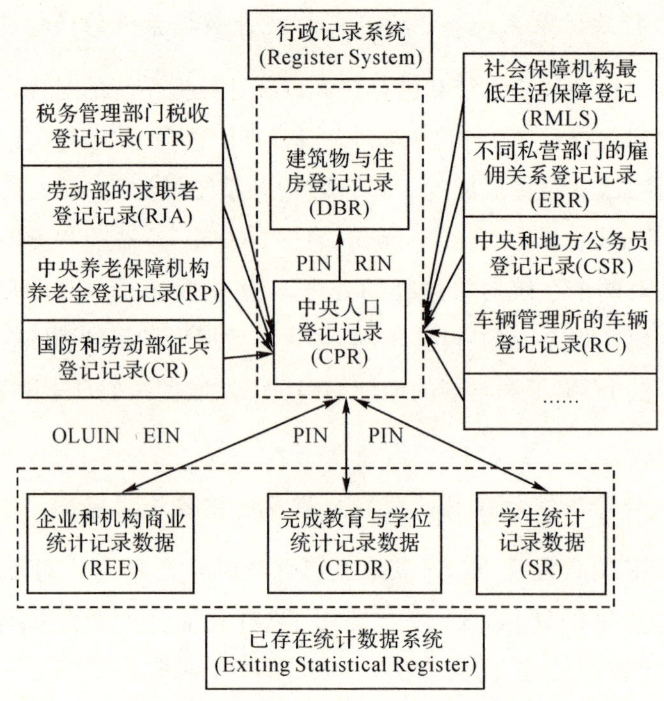

图 3　芬兰“完全模式”人口普查基本框架

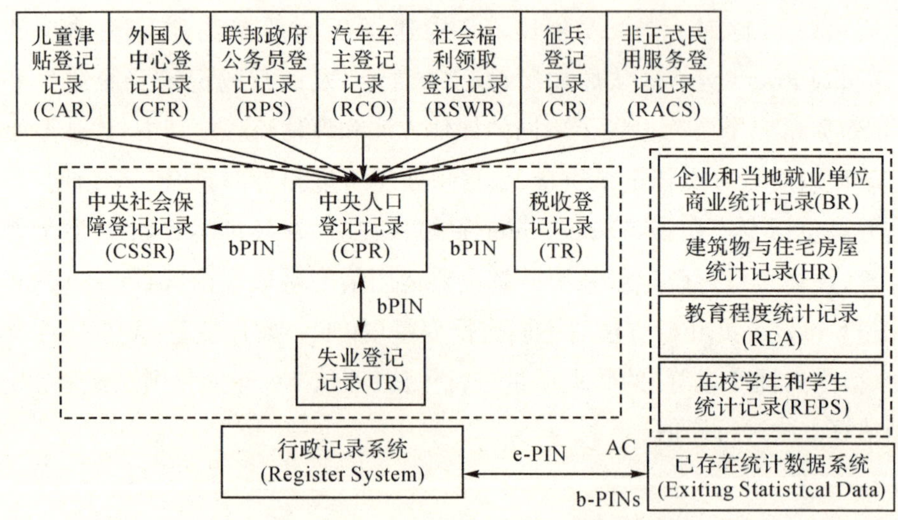

图 4　奥地利“完全模式”人口普查基本框架

(二)“组合模式”人口普查国际比较

迄今,荷兰、瑞士、德国、以色列、西班牙、拉脱维亚、新加坡、意大利等较多国家选择“组合模式”的人口普查。我们选择了资料信息相对完整的瑞士与荷兰两国,以“2010 年瑞士人口普查(The Swiss Census)”和“2001 年荷兰虚拟人口普查(The Dutch Virtual Census)”为例,对两国“组合模式”人口普查的实施经验进行比较①。

1. 普查基本情况比较

荷兰和瑞士的人口普查基本情况如表 2 所示。2001 年,荷兰中央统计局(CBS)基于《荷兰数据保护局法规》和《普查法》两大法律条款的保障,组织实施了“虚拟人口普查(The Dutch Virtual Census)”。普查标准时点为“2001 年 1 月 1 日零时”;普查对象为人口登记记录的全部常住居民②;普查内容涉及人口基本特征、家庭特征、住房特征、教育特征和就业特征 5 方面信息。就具体组织形式来看,虚拟人口普查采用了“行政记录调查为主”的组合模式,即人口基本特征、家庭特征、住房特征信息等人口普查主要信息源自人口行政记录系统和已存在统计数据系统,其余信息则由专门组织的抽样调查提供。2011 年,瑞士联邦统计局(FSO)基于《联邦统计法》《联邦数据保护法》《联邦人口普查法》《瑞士联邦统计调查条例》和《关于统一官方人口登记的联邦法案》五大法律条款的强大保障,组织实施了“瑞士人口普查(The Swiss Census)”。普查标准时点为“2010 年 12 月 31 日零时”;普查对象为“在联邦人口行政记录登记的全部合法居民”;普查内容涉及人口基本特征、地理空间特征、劳动力市场和经济特征、教育特征、迁移特征、家庭

---

① 特别需要说明的是,荷兰于 2011 年也实施了“组合模式”的人口普查,但荷兰中央统计局(CBS)网站仅发布了普查结果并未对普查的操作情况进行介绍。我们也无法从其他文献中获取相关信息。出于资料可获得性考虑,我们以 2001 年人口普查为例,对荷兰“组合模式”人口普查的成功经验进行分析。

② 荷兰的常住居民包括暂时离开该国的人口,如海员等;包括暂住在国外但又在荷兰某市登记的人口;包括集体户人口,如福利院、养老院等;包括居住在国内且在人口登记记录中登记的国外人员;不包括暂时来荷兰的人员,如外交人员、游客等。

结构特征、住房特征、建筑物特征、交通特征 9 方面信息。与荷兰采用的“行政记录调查为主”的组合模式不同，瑞士人口普查采用了“抽样调查为主”的组合模式，即劳动力市场和经济特征、教育特征、迁移特征、家庭结构特征、住房特征等主要信息由专门组织的抽样调查提供，而人口基本特征和地理空间特征信息源于人口行政记录系统和已存在人口统计数据系统。

2. 行政记录类型选择和基本记录库形成比较

CBS 选择的行政记录类型均为“单位准匹配型”，包括人口登记记录(PR)、公安部外国人员登记记录(RFP)、社会保障登记记录(RSS)、老年人抚恤金登记记录(ROPF)、专属养老金和生命保险记录(REPLI)、从业者或自雇者工作登记记录[(S)EJR]、员工保险登记记录(EIS-E)、财政基础登记记录(FBR)、最终所得税评估利润登记记录(RFITAPS)、水电供应登记记录(RWES)等十几类。其基本记录库包含三个，包括由 REPLI 直接形成的独立结构基本记录库，由 RSS、RFP、RWES、ROPF 分别与 PR 链接形成的“四对一”辅助结构基本记录库，由(S)EJR 直接形成的独立结构基本记录库，基本记录库之间由税号与 PIN 相链接形成人口行政记录系统。较不同的是，FSO 选择了三类“单位准匹配型”的行政记录——各州和社区的人口登记记录(PRMC)、联邦个人数据登记记录(FPDR)、联邦建筑物与住房登记记录(FRDB)和一类“内容准匹配型”的行政记录——商业登记记录(BR)。其基本记录库同样包含三个，分别是由 PRMC、FPDR 合并形成的“二合一”结构基本记录库——个人登记记录(PR)、由 FRDB 直接形成的“独立”结构基本记录库、由 BR 直接形成的“独立”结构基本记录库，基本记录库之间由建筑物编码(BI)与住宅编码(DI)相链接形成的行政记录系统。

3. 已存在人口统计数据系统基本结构比较

对于 2001 年的人口普查，CBS 只利用了一项已存在人口统计数据，即 2000 年劳动力调查(LFS)数据。因此，其已存在人口统计数据系统结构较为单一。同时，2000 年 LFS 数据具有两方面的应用：一是为人口行政记录系统界定经济活动人口类型提供参照；二是作为辅助信息提高专门组织抽样调查的估计精度。不同的是，对于 2010 年瑞士人口普查而言，其已存在人口统计数据系统的结构相对复杂，分别由2009年劳动力调查统计(LFS)数据、2009年收入和生活调查(SILC)数据和2009年家庭预算调查(HBS)数据构成。与荷兰已存在统计数据的“辅助”作用具有显著差异的是，上述三项调查数据直接构成瑞士2010年人口普查部分项目数据来源。

表2　瑞士和荷兰的人口普查基本情况

国家	普查名称	普查标准时点	普查对象	普查内容	普查模式
荷兰	荷兰虚拟人口普查	2001年1月1日零时	荷兰常住人口	(1)人口基本特征(包括性别、出生地、年龄、国籍、一年前的居住国家、目前居住区、婚姻状况等)； (2)家庭特征(Family characteristic)[包括家庭情况(Family situation)、家庭状况(Family status)、家庭核心类型(Family nucleus type)、孩子数目等]； (3)住户特征(Household characteristic)：私人体户构成(Private household composition)、住户情况(Household status)、住户面积(Household size)、住户中除家庭核心成员外的其他人情况； (4)教育特征(包括教育程度)； (5)就业特征[包括职业、经济活动类型(包括就业、失业、退休及其他)、经济地位(包括雇员、雇主、失业、接受教育、退休、从事家族事业及其他)、工作类型(全职、长短期兼职、雇主)、行业类别(NACE)等]。	行政记录调查为主的组合模式

续 表

国家	普查名称	普查标准时点	普查对象	普查内容	普查模式
瑞士	瑞士人口普查	2010年12月31日零时	联邦人口行政记录登记对象	(1)地理空间特征(包括主要居住地、第二居住地); (2)人口基本特征[包括性别、出生日期、年龄、婚姻状况、国籍(第一和第二)、合法居住地(Residence permit)、主要语言、所属宗教]; (3)劳动力市场和经济特征[包括劳动力市场状况、就业现状、职业现状、工作时间所占比例、目前的职业、社会职业类别(Socio-professional category)、企业经济类型(雇主填报)、企业地点(雇主填报)、企业规模(雇主填报)、企业法律性质(雇主填报)]; (4)教育特征(包括最高学历、目前受到的教育和培训活动、掌握的技能); (5)迁移特征(包括出生地、迁入本国时间及原始国家、获得瑞士国籍的年份和方式); (6)家庭结构特征[包括家庭规模(成员数)、家庭中的身份(Position in household)、家庭类型(Type of household)]; (7)住房特征[房屋性质(Type of occupancy)(租赁或其他)]; (8)建筑物特征[包括建筑物类型(单间、两间或多间)、建筑物规模(包括层数、住宅数)、建筑物寿命、小区基础设施和技术设备]; (9)交通特征(包括交通方式、交通目的地、交通持续时间等)。	抽样调查为主的组合模式

4. 专门组织的抽样调查设计比较

为获取行政记录系统尚未涉及的人口普查信息,CBS专门组织开展了两项抽样调查——2001年就业和收入调查(SEE)和2001年劳动力调查(LFS)。SEE是一项一次性的截面抽样调查,CBS进行了较复杂的抽样设计。考虑到行政记录系统较少涉及小型企事业单位的信息,其调查样本局限于较小单位,调查内容主要包括企事业单位就业人员的收入、工作时间、工作类型等就业特征。不同的是,2001年LFS是一项针对15岁及以上住户居民的月度抽样调查,是连续性的纵向抽样调查。从2001年1月开始,每月调查样本大约10万人，同时按照6—0轮换模式进行样本轮换，逐月提供有关职业、教育水平等与普查变量的一致性信息。由于人口普查的主要信息源自抽样调查，FSO专门组织了三项调查以获取行政记录系统尚未涉及的人口普查信息，分别是2010年结构调查（SS）、2010年主题调查（TS）和2010年综合调查（OS）。其中，SS是一项年度抽样调查，在拥有15000人以上的地区、州和公社范围内实施，调查对象为居住在私人住户的15周岁以上居民，调查内容主要涉及人口经济结构和文化结构信息。2010年，FSO共选取20万人口的样本，以电子问卷或纸质问卷两种途径收集数据；TS是一项年度抽样调查，分别基于“流动性”“教育”“健康”“家庭”和“语言、宗教和文化”五个主题轮流开展，5年循环一次。2010年的TS以“流动性”为主题，FSO共选取10000人作为随机样本，以电话辅助计算机的方式完成数据收集，据此估计整个瑞士国家和主要地区人口的有关交通方式、交通目的地和交通持续时间等方面的详细信息；OS也是一项年度调查，其调查主题根据形势需要灵活选择。2010年的调查主题是“互联网的使用情况”，该调查选择了3000人作为样本，通过电话辅助计算机的方式采集数据以开展国家层面的信息估计。

5.人口行政记录系统、已存在人口统计数据系统与抽样调查数据的链接途径比较

为实现人口行政记录系统、已存在人口统计数据系统与抽样调查数据的有效链接，CBS开发了一种由个人身份特征组合形成的组合链接码（UCI）。UCI是编码组合，主要用来提高记录库缺失PIN、税号（SoFi-number）等常规识别码时的记录匹配效率。较常用的UCI如“性别编码＋出生日期编码＋地址编码”①。比较来看，2010年瑞士人口普查的链接关系相对简单。行政记录系统经由PIN实现与已存在人口统计数据系统的链接。已存在的LFS数据、SILC数据和HBS数据分别经PIN和BI、DI实现与人口行政记录系统的对接。需要说明的是，2010年瑞士人口普查和2001年

① 住址编码往往由邮政编码和门牌号码的组合来代替，邮政编码由4个数字和2个字母构成。

荷兰虚拟人口普查还应涉及人口普查信息的质量评估，但无论如何检索，我们无从获取任何相关信息资料。

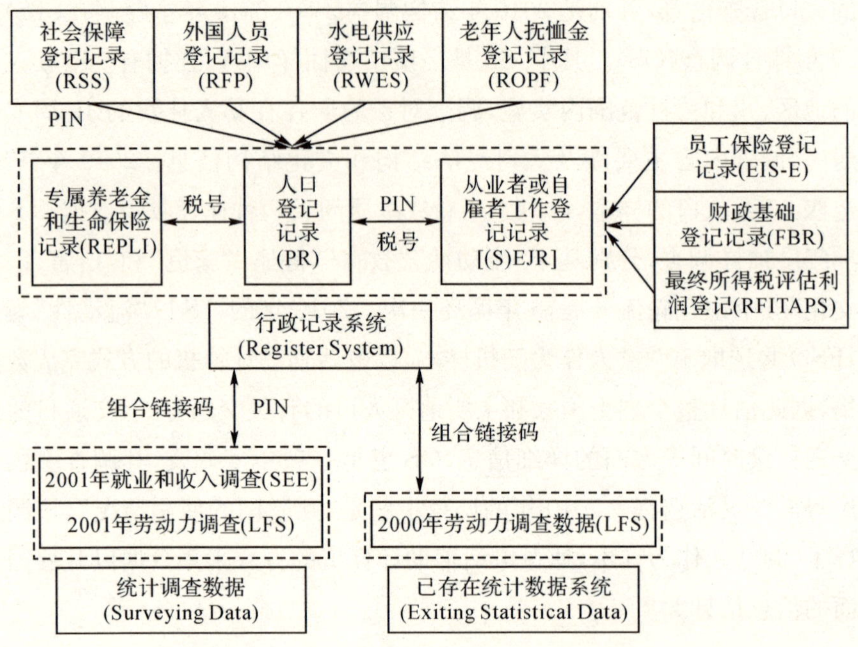

图 5　荷兰“组合模式”人口普查基本框架

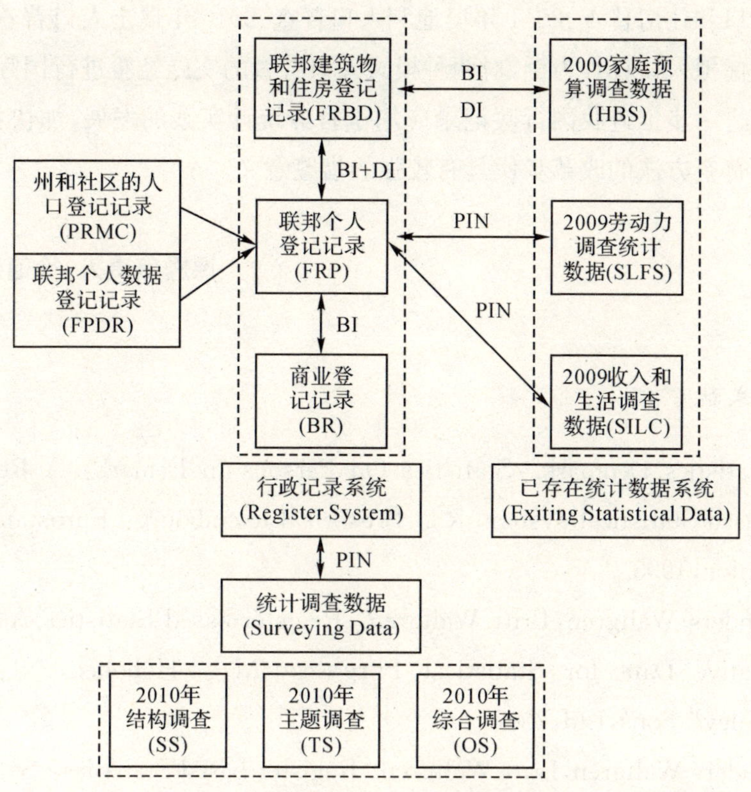

图 6　瑞士"组合模式"人口普查基本框架

四、结　语

面对源源不断形成的人口行政记录大数据资源，各国政府已普遍意识到开展基于行政记录的人口普查是改革传统人口普查的有效途径之一，部分西方国家已率先完成了由传统人口普查向"完全模式"人口普查或"组合模式"人口普查的方法转变。本文基于行政记录统计学的相关理论较系统地阐述了基于行政记录的人口普查方法的基本框架，对"完全模式"人口普查和"组合模式"人口普查的实施步骤进行解析。进一步地，我们兼顾代表性和资料可获得性考虑，选择芬兰、奥地利、瑞士、荷兰四个国家，以 2010 年芬兰人口和住房普查、2011 年奥地利人口普查、2010 年瑞士人口普查、2001 年荷兰虚拟人口普查为例，对两种模式人口普查的实施经验进行国际比较。本文对进一步推进我国行政记录应用于官方统计实践的发展、加快我国传统人口普查方法的改革步伐具有较强的借鉴意义。

课题负责人：徐蔼婷

［参考文献］

[1] Statistics Denmark. Statistics On Persons In Demark: A Register-based Statistical system[R]. Brussels/Luxembourg: Eurostat Publication, 1995.

[2] Anders Wallgren, Britt Wallgren. Register-based Statistics Administrative Data for Statistical Purposes [M]. Hoboken, NJ: John Wiley&Sons, Ltd, 2007.

[3] Anders Wallgren, Britt Wallgren. Register-based Statistics: Statistical Methods for Administrative Data[M]. Hoboken, John Wiley&Sons, Ltd, 2014.

[4] Riitta Harala. Use of Register and Administrative Data Sources for Statistical Purposes——Best Practices of Statistics Finland[R]. 2004.

[5] Berka, C. , Humer, et al. A quality framework for statistics based on administrative data sources using the example of the Austrian census 2011[J]. Austrian Journal of statistics, 2000, 39(4): 299—308

[6] Manuela Lenk. Methods of Register-based Census in Austria[R]. 2012. http://www. statistik. at/web_de/static/methods_of_register-based_census_in_austria_055160. pdf

[7] Statistics Finland. Use of Survey Data(LFS) to Evaluate the Quality of Register-based Census in Finland[R]. 2012. http://www. unece. org/fileadmin/DAM/stats/documents/ece/ces/ge. 41 use ofregister/WP 11

Finland. pdf

[8] Christopher, B. and Humer. S. Combination of evidence from multiple administrative data sources: quality assessment of the Austrian register-based Census 2011 [J]. Statistical Neerlandica, 2012, 66 (1): 18—33.

[9] Prins, C. J. M. Dutch population statistics based on population register data[J]. Monthly Bulletin of Population Statistics. 2000: 9—15.

[10] Eric Schulte Nordholt, Marijke Hartgers, Rita Gircour. The Dutch Virtual Census of 2001: Analysis and Methodology[M/OL]. Statistics Netherlands, 2004: 243—261.

嘉善县域统计科学发展示范点建设情况

一、县域开展统计科学发展示范点建设的意义

1. 管理体制和要求决定了县域必须要有十分全面而且强大的统计体系

在我国现行统计系统中，县域统计机构发挥着承上启下的重要作用，既是基层统计调查的组织者，又是基层统计调查的执行者，地位十分特殊，县级统计数据质量直接影响全省乃至全国的统计数据质量。随着经济发展进入新常态，复杂的经济现象和多元的经济成分对县域统计工作提出了更高的要求，因此必须要建立全面而且强大的县域科学统计体系，来提升基层统计基础，确保统计数据质量，提高统计服务能力。

2. 县域统计科学发展示范点建设必须要有统计方法创新和统计服务创新

我国的政府统计系统是顶层设计的自上而下的一个体系，要想建立全面而强大的县域统计体系，就必须在符合整个统计架构的基础上，对统计方法和统计服务进行创新，规范统计工作，提升统计效率，加快信息化技术在县域统计工作中的应用。

3. 县域统计科学发展示范点建设必须要开展新业态、新模式、新经济的统计研究

在县域层面对新业态、新模式、新经济进行研究，对开展更高层面相应研究有着重要的参考意义。作为县域统计科学发展示范点，不管是从科学性还是示范性上讲，都必须要立足于县域对新业态、新模式、新经济进行研究，探索在相应领域如何有效开展统计工作。

4. 嘉善作为国家县域科学发展示范点，发展目标明确，统计服务指向具体

嘉善作为全国县域科学发展示范点，将建设产业转型升级引领区、城乡统筹先行区、开放合作先导区、民生幸福新家园作为发展目标，需要有一套更加完善的县域统计工作体制，来服务县域科学发展示范点建设，准确反映“三区一园”建设成效。因此建设县域统计科学发展示范点，是服务国家县域科学发展示范点的需要。

二、建设县域统计科学发展示范点的主要措施

在省、市统计局将嘉善县域统计科学发展示范点建设工作列为工作重点之后，嘉善县统计局于 2014 年初全面启动了示范点建设工作。根据浙江省统计局关于《嘉善县统计局关于创新统计工作推进县域统计科学发展示范点建设的请示》的批复，嘉善县统计局在 2014 年和 2015 年推动了十大项目的实施：

(一)研究嘉善县域科学发展评价指标体系设置

在省、市统计局领导的指导下，嘉善县统计局深入研究县域科学发展评价指标体系，利用自己的专业和数据优势，与县有关部门多次研究，根据要体现科学性和导向性、要体现普适性和典型性、要体现超前性与衔接性、要体现战略性与操作性等原则，建立了《嘉善县域科学发展评价指标体系》。

《指标体系》包括经济建设、社会建设、文化建设、生态文明建设、民主法治建设五大领域，由 32 项具体指标构成。

（二）深化统计工作站建设

近年来，随着嘉善部分特色园区企业的不断进驻和特色行业的不断集聚，政府对特色园区和特色行业的发展越来越关注，为了弥补现有统计制度在行业统计、特色园区统计方面的不足，嘉善县统计局于 2014 年分别成立了西塘镇服装辅料行业统计工作站和罗星街道归谷创业园统计工作站。统计工作站作为镇（街道）统计中心的延伸，均配备了 2 名以上的工作人员，有固定的办公场所，并在县统计局的指导下，制定了完善的工作制度，在行业内或者园区内开展统计调查工作。

统计工作站成立以来，更好地服务了地方经济建设：一是可以及时掌握特色行业、园区的经济走势。西塘镇的服装辅料行业（主要是纽扣制造）2014 年底有工业企业 969 家、个体工业经营户 1034 户。但是，由于这些企业和个体大部分规模较小，没有达到规模以上水平，因此靠现有的统计制度很难及时了解该行业的经济动向。统计工作站建立以来，在市、县统计局指导下，利用联网直报平台，抽取 148 家企业、274 户个体户定期进行抽样调查工作，并专门组织了样本统计人员的培训。运行半年多来，为地方党委、政府及时、准确地反映了服装辅料行业的经济运行情况。二是可以及时掌握特色行业、园区内的企业投产、入规情况。由于特色园区统计工作站服务的对象更加集中，因此可以更加精确地掌握一些新企业的经营情况。比如归谷创业园统计工作站对新企业的监测从成立跟踪至正式投产，并定期了解企业生产经营情况，帮助企业及时入规。统计工作站成立以来，归谷创业园新排摸出 2 家新进规企业、4 家小升规企业。三是可以集中精力拓展统计服务领域。统计工作站的成立，可以集中精力为特色行业或特色园区内的企业提供更多的服务，比如归谷创业园统计工作站就对企业做到了保姆式服务，不但进行统计工作方面的指导，还帮助企业开展报税等服务，为企业排忧解难。统计服务领域的拓展，一方面建立起了与企业之间的良好关系，方便统计工作的开展；另一方面能够及时了解企业的财务数据，为提高企业统计报表质量提供帮助。

2015年,嘉善县统计局准备在已经建立统计工作站的基础上,进一步深化统计工作站建设。一是深化统计工作站制度建设。进一步明确统计工作站的工作职责与工作要求,建立人员和专业的岗位责任制,在统计基础、数据管理、统计服务等方面不断完善工作制度,规范统计工作站的运行。二是继续探索在重点行业建立统计工作站。在全县规模较大并且企业较多的行业比如木业家具、电子信息、通用设备等行业中建立统计工作站,加强对行业统计数据的监测分析。三是进一步拓展统计工作站的统计功能。突出统计工作站为地方经济提供针对性服务的特点,及时掌握特色行业、园区的经济运行情况。为特色行业或特色园区内的企业提供统计保姆式服务,对统计工作进行一条龙式指导,帮助企业排忧解难。

(三)深化统计信息化平台建设

随着经济发展进入新常态,社会各界对统计工作的要求越来越高。为了提高统计工作的质量和效率,嘉善县统计局在统计信息化平台建设方面进行了积极创新,依托传统统计产品的发布基础,采用信息化技术手段,于2014年开发了一套面向统计服务的手机App信息化平台软件,为县、镇各级领导及时了解和掌握统计资料提供了更为便捷的服务渠道。手机服务信息化平台共包含县市指标、乡镇指标、指标进度、统计信息、调研分析、图表对比等六个方面,使用者可以使用手机很方便地查询我县主要经济指标的现状、历史变动情况以及周边县市区的排名对比情况,并且可以在数据与统计图表间方便地切换。

手机软件的运行得到了各级领导的普遍认可。归纳起来主要具有以下几个优势:一是及时性。由于主要经济指标较多,各项指标的出数时间又不同,以前的纸质数据必须等到全部出来后才能统一发布,缺乏时效性。而手机App数据传输区别于传统纸质模式,各项数据一旦确定即可实现实时传输,使得每个用户能在第一时间掌握相关指标,过程简单、及时、高效,大幅度地提高了统计产品对领导的服务意义。二是便捷性。由于传统纸质方式承载的信息量不够大,经常会出现由于携带不全导致统计数据服务缺乏全面性。通过信息化软件的渠道，把统计产品电子化后，大量的资料整合在手机上，领导可以实现随时随地查阅各类统计资料，解决了传统的携带问题，大幅度地提高了统计产品对领导的服务便捷性。三是高效性。通过前期调研，按照领导实际需求整合了六大功能模块，区别于传统纸质片段化阅读模式，依托于软件的信息化集成功能，实现了人对数据连贯性解读思维的习惯。把各项数据的趋势、排名、进度和关联对比等功能进行了有效的结合，加上文字模块的实时补充，深入精确地提升统计信息化服务功能。四是安全性。手机App客户端只针对指定的手机号码传输，保证了数据传输的范围和对象，有效保障统计数据的定向使用，防止数据泄露，确保数据公布安全。

2015年，嘉善县统计局进一步探索统计信息化建设，提高统计源头数据质量，减轻企业统计负担，提升统计工作效率。一是探索统计电子台账体系建设。探索建立集统计原始记录、统计过录表格、统计台账、统计报表数据于一体的电子台账体系，统计调查单位可以根据统计原始记录输入相关数据后，自动生成过录表格、电子台账以及统计报表需要的数据，减少企业因为计算原因造成的统计数据差错。二是进一步完善手机App统计服务信息化平台。在已有的以公布统计数据表格为主的手机App统计服务信息化平台基础上，进一步开发统计信息、调研分析等模块，将该平台打造成一个更加综合的信息化平台。三是开展网络统计教育培训。对相关人员通过网上报名、网上授课、网上测试的形式开展统计继续教育培训，实现统计继续教育培训的高效、便捷化。

(四)实行统计分片责任指导工作

2015年，嘉善县统计局以分片网格化管理的思路开展局领导分片责任指导制度。一是结合实际情况，进行合理分片。根据统计基础、经济规模、工作配合等方面的情况将全县各镇(街道)划分为4个片区，每个领导班子成员及联系科室分别负责联系指导相应片区的统计工作，加强联系指导工作力度。二是落实责任制度，保障工作取得实效。建立了联系基层的长效工作机制，规定联系领导和联系科室对责任片区的统计工作现场指导、协调和走访统计调查对象的次数，对责任片区内遇到的统计问题进行一条龙式服务。并对分片责任指导工作进行监督、检查，定期召开相关情况的汇报会。三是明确工作内容，确保工作有的放矢。从推动镇（街道）统计中心基础工作提高、指导村（社区）统计基础工作建设、提升统计调查对象的统计基础工作、确保普查和专项调查顺利开展、推动统计联审辅导等常态工作、指导统计服务水平的提升等六大方面明确工作内容，力求分片责任指导工作能够有的放矢。

分片责任指导制度实施以来，对统计基层基础推动作用明显：一是统计调查对象的检查指导得到加强。2015 年以来，嘉善县统计局对基层调查对象走访检查已经超过了 300 人次，部分专业对责任片区内的调查对象走访实现了全覆盖。二是镇（街道）统计基础得到加强。根据制度要求，县统计局专业人员每个月均赴责任片区指导统计工作，通过与基层统计人员的深入交流，对基层实情了解更深，方便对今后工作做出更有针对性的安排。三是统计服务能力得到提升。深入基层的次数多了，专业人员对经济运行的直观印象得到加强，统计预警监测、分析调研能力都得到了提高。四是专业人员协调工作能力得到加强。专业人员在基层开展统计工作指导时，必须要协调处理基层统计工作中遇到的困难和问题，锻炼了综合协调能力，使统计专业人员队伍得到更全面的发展。

（五）实施统计服务“双提升”工程

统计队伍的素质直接影响着统计工作开展的成效，嘉善县统计局于 2015 年开展了以提升统计中心主任履职能力和全县统计专业人员业务能力为重点的统计服务“双提升”工程。

对于镇（街道）统计中心负责人以提升履职能力为主。一是建立学习交流机制。定期组织统计中心主任对统计业务工作、统计基层基础、统计服务能力等内容进行学习和交流，并建立学分制对学习交流结果进行评价。二是建立帮扶促进机制。根据分片责任指导工作的安排，责任领导和联挂科室负责对片区内的统计中心主任进行多对一的帮扶和促进，争取年内有 2 个以上的统计中心达到嘉兴市四星、五星级镇（街道）统计中心标准。三是建立交叉检查机制。定期组织中心主任集中交叉检查统计业务台账、工作制度建设、工作落实情况等，取长补短，提升自身的履职能力。四是建立谈心谈话机制。不定期与统计中心主任谈心谈话，督促主任注意听取基层统计人员的意见建议，及时掌握他们的思想动态，拉近相互之间的距离。五是建立考核使用机制。建立对统计中心主任的考核制度，每年将考核结果反馈镇（街道），在考核中表现特别优秀的人员，向镇（街道）建议将统计工作考核结果作为提拔使用的依据。六是探索建立首席统计员制度。在镇（街道）统计人员中，结合学习、培训、考核等综合表现，每年开展“首席统计员”评选，由县统计局进行命名。

对于县、镇两级统计专业人员以提升业务能力为主。一是强化统计业务能力培训。每个专业每年至少开展一次针对县镇统计专业人员的业务培训工作，提升统计专业人员的专业业务能力。年内组织两次综合性专题培训。二是开展统计讲堂活动。定期邀请上级统计专家和经济专业人士来统计课堂进行讲课，提升全县统计专业人员的统计理论水平和实践能力。三是加强统计联审辅导。县局专业人员在开展全县性专业联审辅导的同时，加强督促乡镇专业人员开展统计联审辅导工作，提升统计中心专业人员专业审核能力。并将统计联审辅导纳入年度专业考核和统计中心工作考核之中。四是开展分片责任辅导。组织县局专业人员对责任片区内的统计专业人员进行业务辅导，提升业务开展能力。五是开展统计技能竞赛。组织开展统计法规、行业代码编写、计算机应用能力、统计分析能力等方面的技能竞赛活动，激发统计工作激情。

（六）完善星级统计中心评价工作

为了加强统计基层基础建设，提高统计工作能力，在统计系统中营造创先争优氛围，嘉善县统计局自 2004 年开始进行星级统计中心创建工作。至 2014 年底，全县 9 个镇（街道）统计中心全部达到了三星级以上统计中心标准，其中，5 个统计中心评创为五星级统计中心。

星级统计中心评价工作的开展，对提升镇（街道）统计基础起到了重要作用：一是统计队伍力量得以壮大。2014 年底，全县 9 个镇（街道）统计中心共有专兼职统计人员 64 名，每个统计中心统计人员均超过 5 名。同时，统计人员素质不断提升，目前，各统计中心统计人员中，大专学历及以上的统计人员有59名，其中29名拥有统计、会计、计算机等与统计相关职称。二是硬件设施不断完善。截至2014年底，9个镇(街道)统计中心都有独立办公用房，经费、设备均能满足日常统计工作需要。三是统计基础不断规范。星级统计中心创建带动了统计基础工作水平的提高。全县各统计中心都制定了专业岗位职责和业务工作流程，并且将这两种制度制牌上墙。同时，建立健全了专业统计调查项目布置落实、统计台账、统计资料的收集整理发布制度。每年根据本镇(街道)实际，制定并强化工作人员目标责任制考核。全部镇(街道)建立了企业联挂制度，由镇(街道)领导班子人员牵头，统计中心人员作为成员具体实施，定期对基层企业进行业务指导。同时，县局专业人员也积极下基层对企业进行调研和检查指导，发现问题及时解决，并做好分析和汇报工作，为领导科学决策保驾护航。各镇(街道)统计中心根据县局下发的进一步规范统计台账的意见，全面落实到镇(街道)及村(社区)。四是统计服务水平不断提高。各镇(街道)统计中心在编印2014年度统计年鉴资料的基础上，都按月编印月度综合统计资料，力求统计资料提供及时、准确。同时，各镇(街道)统计中心还积极开展各类调查研究，撰写统计分析材料，做到每月都有分析文章。

2015年，嘉善县统计局在原先星级统计中心评创的基础上，将进一步完善星级统计中心评价工作。一是完善星级统计中心评价体系。在原有星级统计中心评价体系上，对检查内容、检查流程、加扣分标准等方面进一步明确，确保评价结果公平、合理。二是对星级统计中心进行差异化管理。对星级不高的统计中心，以辅导提高基层基础为重点，争取队伍力量的加强、数据质量的提高；对星级较高的统计中心，以指导统计特色、创新工作为主，探索适应新形势的有效统计工作方法，提高统计服务能力。

(七)建立经济运行预警监测机制

为了提高统计对经济运行预警监测的效率，嘉善县统计局拟建立动态预警监测体系。工业方面，根据企业主要经济指标的运行情况，建立红、黄、绿三色自动监测预警体系，红色代表企业运行状况变差、黄色代表企业运行情况稳定、绿色代表企业运行情况变好，根据颜色对企业运行情况进行动态监测。

服务业方面，细化行业门类的预警监测，对批零住餐、房地产、金融等行业根据主要指标的运行趋势开展预警监测，并将预警监测结果及时与相关部门进行对接联系。农业方面，加大对粮食、畜禽等监测工作力度，采取多种措施进一步提升统计监测的数据质量，并做好对监测数据的分析汇报工作。

(八)开展统计诚信示范单位和统计“三好”单位评创工作

嘉善县统计局开展了以统计诚信示范单位和统计“三好”单位评创为核心的统计调查对象正面清单工作。一是推进统计诚信示范单位创建工作。5月份，在“四上” 统计单位中，对统计机构健全、统计人员完备，统计台账和原始记录规范、齐全，统计报表制度贯彻执行良好，统计数据质量准确，统计信息化工作先进，统计资料管理制度健全，能模范执行统计法律、法规和规章的企业评为统计诚信示范单位，树立统计工作先进典型。二是开展统计“三好”单位评创。准备在全县范围内评选出一批统计数据质量好、统计基础工作好、统计配合程度好的统计“三好”单位，并在报纸上进行公布，扩大影响力。对统计“三好”单位的日常管理以提高促进为主，指导企业弥补统计工作中的不足，并作为统计诚信示范单位的备选企业。

(九)建立重点专业统计工作规范

目前，县域层面对主要专业的统计工作规范不健全，为此嘉善县统计局于2015年对名录库、工业、投资、能源、科技等重点专业建立统计工作业务规范。一是规范了数据的上报过程。严厉禁止统计代报、私自修改统计数据等违反统计法律法规的情况。二是规范数据审核评估。要求统计中心专业人员按照专业要求开展审核和评估，特别加强对数据质量的评估工作，让乡镇专业人员自己判断数据是否合理。三是规范数据应用。建立乡镇对外数据提供、数据分析的模板化流程，要求统计中心由专人负责对外提供数据，确保提供的数据符合统计要求。

(十)规范部门统计工作

在县域层面的部门统计工作是比较薄弱的一个环节，为了提高部门统计工作，嘉善县统计局准备制定规范部门统计工作的文件，实现部门统计工作水平的提高。一是加强部门统计基础建设。健全部门统计的组织网络，明确部门统计工作制度，加快部门统计信息化建设步伐，保障部门统计所需人力、物力和财力。二是完善部门统计协调机制。健全基本单位名录库维护更新机制，完善部门统计联席会议机制、部门统计巡查制度和部门统计工作通报制度，探索建立部门统计资料和部门间统计信息共享机制，完善大型普查和专项调查部门协作机制。三是规范部门统计工作。规范统计标准的使用、地方统计调查项目设立和开展、部门统计资料报送，加强部门统计数据质量管理，完善部门统计信息发布机制。四是加强部门统计服务水平。指导部门利用各自掌握的部门统计数据开展统计监测和分析，及时向党委、政府和社会公众提供优质统计信息咨询服务。

三、县域统计科学发展示范点建设成效

经过了近一年半的建设，嘉善县域统计科学发展示范点建设取得的成效开始显现，嘉善统计工作水平得到了进一步提升。

(一)消除了一些机制障碍，统计工作更加流畅

在原先的统计体系中，部门统计工作、镇(街道)统计工作以及部分特色行业和重点园区的统计工作比较薄弱，在数据的获得与共享方面存在一些障碍。嘉善县统计局通过规范部门统计工作制度、完善星级统计中心评价以及建立统计工作站等工作的开展，一方面加强了部门与镇(街道)统计工作的力量；另一方面也消除了其他职能部门、镇(街道)与统计部门在工作机制中存在的障碍，明确了数据在三者间的获得、审核、流转、发布的职责，使得统计工作更加顺畅，提升了统计工作效率。同时，嘉善县统计局还在统计工作的末梢有针对性地建立了统计工作站，清除了统计工作盲区，为地方政府开展具体工作提供更好的信息支撑。

(二)增加了一些工作手段,统计服务更加完善

在“互联网+”思路的引导下,嘉善县统计局充分利用了信息化手段,开发了针对县域统计工作的手机 App 信息化平台软件、电子台账系统和预警监测体系,为社会大众、统计调查单位以及县内各级领导提供多样、高效、有针对性的统计服务。同时,嘉善县统计局的服务重点也更向基层调查单位倾斜,组织局内业务骨干独立开发的电子台账系统可以有效减轻企业统计工作量,提高统计数据的准确性,得到企业统计人员的广泛好评。

(三)提升了一些能力水平,统计队伍更加精良

嘉善县统计局通过开展统计服务“双提升”行动、分片责任指导、建立重点专业统计工作规范等工作,打造了一支严谨、高效、富有活力的统计队伍。一方面营造了自我提升的良好氛围,统计中心主任与业务人员参与统计培训教育的积极性有了明显提高,而且还激发了统计人员的创造性,提出了多项创新工作;另一方面通过制度的规范与约束,明白什么可以做,什么不可以做,统计队伍依法统计的意识有了明显提高。统计文化也欣欣向荣,统计人员积极参加统计竞赛、表演统计法律宣传节目等。在人员编制难以增加的问题下,统计队伍向精良化发展。

(四)树立了一些先进典型,统计氛围更加良好

嘉善县统计局每年都会评出一批先进典型:在部门层面,每年评定出统计先进集体;在镇(街道)层面,先进的统计中心得到更高的星级;在企业层面,统计诚信示范单位成为统计工作的先进标杆;在个人层面,统计工作认真负责的人员评为先进个人。通过在报纸等媒介上的宣传,激发参评对象做好统计工作的积极性,同时为统计工作好的单位和个人争取在政策和人事等方面的利益,努力营造争先创优、真实统计的良好氛围。

课题负责人:王美福

课题组成员:李国明　杭新江　周东春

傅吉青　张荣飞

国家和地区能耗总量衔接方法研究

从2006年开始，我国逐步建立起涵盖国家、省、市、县(市、区)的全社会能耗统计核算体系，为开展节能降耗、资源节约、环境保护和应对气候变化等工作发挥了重要作用，但也存在不少问题，主要是国家和各省市区的能耗总量衔接问题。初步测算，国家能耗总量与各省市区能耗合计数据存在24.5%的差距。能耗总量数据不衔接的突出问题，使得中国能源统计数据质量在国际上受到质疑，影响了我国在国际碳排放谈判中的利益。因此，需要通过制度设计，消除国家和地区能耗总量差异，确保能耗总量的长期衔接，为节能降耗等工作提供更为准确的数据支撑，提高统计公信力。

一、国家和地区能耗总量差异情况

(一)基本情况

2013年，各省市区加总能耗总量约46.7亿吨标准煤，比全国的37.5亿吨多出约9.2亿吨标准煤，相当于全国数的24.5%左右。其中，煤炭消费总量差异为23%左右，成品油、天然气和焦炭等能源品种也存在一定程度的差异。我省与各市能耗总量合计也存在一定差异，2013年，各市能耗总量合计1.99亿吨标准煤，比全省1.88亿吨高5.6%，各市与所属县相加的能耗总量之间也存在一定程度的差异。

(二)差异分析

从2006年开始,国家和各省市区均编制年度能源平衡表,将国家和地区各能源品种生产、流通和消费数据以棋盘式表格的形式体现。通过对能源平衡表主要数据的分析,国家和地区能耗总量差异主要在于:

1. 国家能耗总量存在低估

对国家能源平衡表主要数据进行分析,国家能耗总量数据相对偏低。一是能源消费量数据小于供应量。以煤炭为例,2012年全国能源平衡表显示煤炭供应总量达38.0亿吨,但消费总量为35.3亿吨,其中2.7亿吨的差异归入平衡差额,相当于总消费量的7.6%,这一差额远超过主要发达国家数值,说明能源实际消费量数据大于现有统计数。二是能源期末库存量增长过快。2012年煤炭期末库存量比上年增加约1.2亿吨,2005—2012年,煤炭库存基本呈逐年增长趋势。煤炭库存统计是在规模以上工业统计报表的基础上,根据全社会煤炭生产、消费和进出口数据相互平衡后的结果,存在一定的估算成分。煤炭期末库存量增加,主要原因是消费统计数据与实际相比偏低,导致生产量与消费量相减后得到的期末库存量数据偏大。

2. 各省市区能耗总量存在高估

对地方能源平衡表数据及主要部门统计数据的综合分析,各地能耗数据与实际相比有高估成分。一是地区发电煤耗数据高于中电联发布的统计数据。中电联的发电煤耗统计数据质量相对较高,国家能源平衡表采用发电煤耗数据与中电联基本一致,但大部分地区能源平衡表中发电煤耗高于中电联的统计数据。若国家与地区平均发电煤耗差距为10克标准煤,则能耗总量差异为3900万吨标准煤,相当于总能耗的1%左右。二是地区热力消费量高于中电联统计的热力产出量数据。由于热力无法储存,且基本不存在省际流通情况,热力消费量与地区热力产出量数据应基本一致,国家能源平衡表的热力消费量与中电联统计的热力产出量数据基本一致。但各省市区热力消费量数据明显高于地区电力局统计的热产出数据,加总数明显高于国家统计数。以2012年为例,各省市区总热力消费量有55亿吉焦,比全国高17亿吉焦，折合标准煤约5000万吨，约相当于全国总能耗的1.5%。三是地区电力消费量高于中电联统计数据。从各地电力统计数据情况看，全国共有15个省份规模以上工业报表统计的工业用电量大于中电联统计的全部工业用电数据，其中9个省份差距在10%以上，说明地区规模以上工业报表统计数据偏大，导致以此为基础编制的能源平衡表中全社会能耗统计数据偏大。

二、产生国家和地区能耗总量差异的主要原因

导致能耗总量差异的原因是多方面的，既有统计制度方法的原因，也有统计数据质量的原因，但根本原因是层层考核带来的数据扭曲问题。

(一)分级能耗核算体系是差异产生的制度原因

我国在核算国家和地区能耗总量时实施分级核算制度，全国能耗总量并非由各省份加总得到，而是通过对全国能源相关基础数据的测算和汇总得到。地区能耗总量由各省市区根据本地区基础数据测算，国家负责对各地核算数据的审核、评估和指导。在核算方法上，国家以供应端核算为主，通过核算能源供应总量确定消费量；地区以消费端核算为主，即直接核算各行业能源消费量，加总得到全社会能耗总量。分级核算制度从两方面影响国家和地区能耗总量数据的衔接。一是分级核算的基础数据存在差异。在全国和地区能耗核算基础数据中，规模以上工业实施全面统计，通过超级汇总得到国家和地区数据。因此，规模以上工业企业，国家与地区的能耗总量是衔接的。但由于统计力量有限，其他行业无法实施全面调查制度，参照国际能源统计常用做法，采用抽样调查、重点调查等方法并结合行业电力消费数据测算能耗总量，其测算方法、样本代表性和基础数据完整度均存在一定差异，测算得到的能耗总量数据可能出现不衔接的情况。二是不同核算方法之间的差异。国家以供应端方法为主核算能耗总量，通过测算能源供应总量确定全国能源消费总量数据，即能耗总量＝能源供应总量＝能源生产

量+期初库存+进口量-出口量-期末库存。其中,生产量、库存量等数据分别通过能源生产和能源购销存统计得到,进出口数据从海关取得。在国家层面,供应端测算方法能较为准确地测算能耗总量数据,这也是国际通行做法。但能源的地区间流通统计难度较大,在地区层面,仍以消费端核算方法为主。

(二)层层考核带来的数据扭曲是差异产生的根本原因

"十一五"以来,我国实施严格的节能降耗考核措施,全国与各地区均将节能降耗目标(即单位 GDP 能耗降低率)作为约束性指标,确保地区间节能降耗指标的衔接成为能源统计工作的重中之重,这也是国家节能降耗工作有效向下传导的必然要求。通过实施严格的下管一级能耗核算制度①,我国能源统计基本确保各级单位 GDP 能耗降低率的衔接。"十一五"期间及"十二五"前四年全国单位 GDP 能耗降幅与各省市区加权数基本一致。单位 GDP 能耗降低率指标由能耗增速和 GDP 增速两个指标计算得到,三个指标中,全国和地区单位 GDP 能耗降低率指标是衔接的,但 GDP 增速不衔接,必然导致能耗增速和总量的不衔接。2005—2012 年,全国和各省市区 GDP 年均增速差异约 2.0 个百分点,到 2012 年,按 2005 年价格计算的全国和各省市区 GDP 总量差距约 23.0%。在单位 GDP 能耗降幅衔接的情况下,由此引起的能耗总量差距也在 23%左右。GDP 增速不衔接,有统计数据质量和核算方法的原因,但最根本的是层层考核所带来的数据扭曲。如根据国家"十二五"发展规划,国家 GDP 年均增长目标是 7%,但各省市区加权平均是 10%,两者相差 3 个百分点。各级统计部门在实际工作中,迫于各方面的干扰和压力,GDP 测算数据难免受规划数影响,导致数据的失真和偏差②。

---

① 现行全社会能耗核算实行下管一级统计制度,即各省能耗总量和单位 GDP 能耗降低率数据由省统计局负责核算,报国家统计局审核认定,各市能耗总量由省统计局审核认定。

② 文兼武:"从理论上来说,计划是确定预期目标,统计则反映实际进程,两者并没有必然联系,但在实际工作过程中,一旦计划目标完成情况不理想,对各级政府目标考核的压力自然就会转嫁到统计部门,各级统计部门就会感受到一种无形而巨大的压力。"

三、改善能耗总量历史数据的衔接方法

消除国家和地区能耗总量的差异，首先要对能耗历史数据进行调整，通过对能源平衡表中各主要能源品种生产、流通和消费数据的评估，结合行业和部门统计数据，分品种逐项调整国家和地区能耗数据。在此过程中，既要将国家数据中低估部分往上调整，也要将地区数据中高估部分往下调整，使国家和地区能耗数据都尽量逼近真实，确保能耗历史数据的基本衔接。2013 年我国开展经济普查工作，基础统计数据较为全面，因此可以以 2013 年为调整基础年份。

(一)根据能源平衡表平衡关系调整国家数据

针对国家能源平衡表中供应量大于消费量、年末库存数逐年增加以及能源消费总量数据相对偏低的问题，依据国家能源平衡表内部平衡关系，提高煤炭和成品油消费总量，缩小能源供应和消费平衡差额，同时降低主要能源品种库存变化量，使期末库存量数据更为合理。

(二)拓展数据来源，调整地区数据

1. 利用中电联的统计资料调整电力、热力和发电煤耗数据

中电联已建立涵盖全社会的非常完善的电力生产、消费和流通统计体系，统计数据质量较高，通过电力线路关口电量统计的全社会用电总量、发电煤炭消耗量以及热力产出量等数据，准确性都比较高，这些数据也是国家编制能源平衡表的重要依据之一。因此，各地应统一标准，根据中电联的统计资料调整相关数据。一是将各地发电煤耗调整为与中电联的统计数据基本一致；二是各地的全社会电力消费量数据必须与中电联基本一致；三是根据热力无库存且较少存在省际间流通的特点，将各地热力消费量调整为与中电联的热力产出量数据基本一致。

2. 根据供应端统计调整天然气和成品油消费数据

我国虽然尚未建立系统、完整的地区能源供应和流通统计调查体系，但通过主要能源供应公司可以获得部分能源品种的供应数据，作为调整地区能耗总量的依据。其中，天然气流入、流出量可通过省级天然气公司获得，由于天然气主要通过管道供应，不存在库存问题，天然气公司能较为准确统计城市天然气供应总量，作为核定地区天然气消费总量的依据；成品油流通数据可按两大石油公司统计的地区成品油批发和零售量，作为核定地区成品油消费量的主要依据。

3. 根据第三次经济普查调整工业煤炭消费数据[①]

2013 年开展的第三次经济普查，对全部工业、限额以上批零贸易、住宿餐饮和重点服务业企业进行了较为全面的能耗调查，主要包括煤炭、成品油、电力和天然气等能源品种。其中，煤炭消费主要集中在工业行业，因此可以作为调整地区工业煤炭消耗量的重要依据，即地区能源平衡表中工业煤炭消费数据应与经济普查的全部工业煤耗数基本一致。经济普查中成品油的调查仍不够全面，如居民成品油消费以及个体或挂靠某一公司的营运客、货车成品油消费均难以纳入经普调查范围，且这部分消费量占比也较大，因此难以作为调整地区能耗数据的依据。电力和天然气的消费量仍以电力公司和天然气公司统计数据为准，经济普查数据可以作为调整的辅助依据。

四、改进能耗核算制度的思路

在能耗总量历史数据调整到位的前提下，不断改进能耗核算制度，逐步建立上下衔接的地区全社会能耗核算方案，是实现国家和地区能耗长期衔接的重要保障。

---

① 指工业终端煤炭消费数据。

目前,地区全社会能耗核算主要包括季度和年度两套核算方案。季度核算每季度开展一次,以规模以上工业用能和全社会用电等数据为基础,利用行业能耗增长和增加值增长的相关关系以及各行业能耗总量和能源利用效率变化特点,测算地区能耗增速以及单位 GDP 能耗降低率等数据。年度核算每年开展一次,通过编制能源平衡表的方式,根据政府综合统计、部门统计及企业统计数据,分别统计主要能源品种生产、流通和消费数据,构建全社会能源平衡关系,最终汇总得到全社会能耗情况。目前存在的主要弊端:一是能源平衡表测算能耗总量的作用未充分体现。由于节能降耗管理和考核工作的需要,必须在次年 3 月份左右确定上一年度能耗总量数据,而年度平衡表编制时间一般为次年 5 月份左右,因此通常的做法是根据四季度核算的单位 GDP 能耗降低率和 GDP 增速推算能耗增速和能耗总量数据作为年度数据,平衡表则在该数据基础上编制,其核定能耗总量的作用并未充分体现。二是能耗总量数据受 GDP 数据质量影响。由于能耗总量数据是在单位 GDP 能耗降低率数据确定后根据 GDP 增速推算得到的,在单位 GDP 能耗降低率数据衔接的情况下,如果 GDP 数据不衔接,能耗总量数据也会出现不衔接的情况。三是能耗核算所需基础数据尚有欠缺。现行能耗统计体系中,规模以上工业能耗和全社会电耗实行全面统计,两者合计占全社会能耗的 80%左右,剩下的 20%能耗情况尚未建立全面统计制度。四是分级核算制度中存在地方利益导向问题。节能降耗作为约束性指标,各地在核算该数据时难免存在地方利益导向问题,导致各地核算数据与全国数据产生一定程度的背离。尽管在分级核算制度中,国家可以设定各类数据评估方法控制各省市区数据质量,但间接的数据质量评估难以完全解决这一问题。

因此,改进能耗核算制度应根据国家和地区能耗总量差异情况及其具体表现,以能耗总量衔接为目标,充分发挥能源平衡表作用,从能源供应和消费两个角度,合理利用政府、部门及大企业能源统计数据,准确核算能耗总量数据。

(一)拓宽数据来源,确保季度与年度核算数据的一致

由于统计时效性的要求,通过编制年度能源平衡表确定年度能耗总量

难以满足节能管理和考核工作的需要。因此,在第四季度能耗核算时,借鉴能源平衡表编制方法,利用主要能源品种供应和消费数据对季度测算结果进行评估和修正,确保季度和年度数据的衔接。电力数据从中电联统计报表中取得,可以具体到主要行业大类消费情况;煤炭数据中,终端消费部分从规模以上工业能耗统计报表中取得,发电和供热部分从中电联发电统计表中取得;天然气消费数据从各省市区天然气公司取得,其中用于发电的天然气数据可以从规模以上工业能耗表中取得,两者相减后得到生活天然气消耗量作为核定生活能耗的重要依据;成品油可以从主要成品油供应企业取得本地区成品油供应量数据。通过拓宽数据来源的方式,对主要能源品种消费量进行测算,作为季度核算的重要补充,确保季度核算结果与年度平衡表测算结果的基本一致。

(二)创新核算方法,探索建立地区供应端核算方案①

在地区消费端核算基础上,探索建立地区供应端核算方案,从消费和供应两个角度核准地区能耗总量数据。一是完善地区能源流通调查,新建省际间能源流通调查表,对主要能源品种流通情况开展调查,在此基础上,可充分利用部门统计数据,通过中电联、两大石油公司、天然气省级公司收集电力、成品油和天然气的省际间流动数据。二是建立并逐步完善地区供应端能耗测算方法,对供应端调查数据进行整理加总,得到地区能源供应总量,作为消费端测算的重要补充。

(三)加强数据评估,多角度修正核算数据

根据历年能耗和GDP增长相关关系、地区能源弹性系数变化规律、产业结构变动特点等地区能耗增长规律,对核算得到的能耗数据加以评估。一是根据行业增加值增长数据评估能耗增速的合理性,主要是对第一产业、第二产业中的建筑业和第三产业中扣除交通运输部分加以评估,根据行业增加值及主要能源品种消费情况,对行业能耗数据加以校核、修正。二是根

① 具体测算方法见附件,国家统计局已着手开展该项工作。

据历年行业能耗弹性系数修正核算数据，以 3 年或 5 年行业平均能源消费弹性系数及增加值增速计算行业能耗增速，对测算结果进行校核、修正。

（四）改变核算组织模式

现有的分级能耗核算制度有助于充分利用地区能耗统计力量，发挥各地的积极性和主动性，但也存在着地方利益导向影响核算数据质量的问题。因此，一方面，以逐步建立国家为主导的统一核算体系为目标，在全国能耗总量核算大框架下制订地区能耗核算方案，尽量减少两者在核算方法、基础数据和样本代表性等方面的差异；另一方面，要充分发挥各地在统一核算体系中的积极性，通过地区之间匿名联审、交叉审核和异地互审等方式加强对地区核算数据质量的把关，从制度层面消除地区和国家之间的数据差异。

（五）转变节能降耗考核模式

要保证能耗总量数据的长期衔接，最重要的是实现能耗核算数据与 GDP 数据的脱钩，其中考核模式的转变至关重要，现有的单耗考核模式需要得到改变。节能降耗工作应将能耗总量或增速作为约束性考核指标，实施能耗总量考核模式。在今后的核算工作中，围绕能耗总量考核，逐步建立独立的以能耗总量及其增速为核心指标的核算体系，能耗总量和增速数据的合理性应作为判断数据质量的唯一标准，而不是以单耗降低率的合理性作为判断标准；GDP 及相关行业增加值数据作为能耗测算的参考，但不作为反推能耗总量的依据。只有这样，才能最终实现能耗数据和 GDP 数据的脱钩，避免因 GDP 数据质量问题影响能耗数据的衔接。

课题负责人：陈　红
课题组成员：沈　曦　王　珍　池　照
莫丰勇　张朝英
执　笔　人：池　照

统计指标体系设置的科学性研究

统计指标体系的设置是统计调查制度贯彻实施的前提条件，也是对统计数据质量进行保障的关键环节。经过多年的探索和努力，我们已经建立了一套较为完整的统计调查制度体系，为国家宏观调控、社会经济运行和行业管理提供了坚定的制度支撑。统计改革取得初步成效，统计方法制度不断规范和完善，统计信息化水平不断拓展和提高，统计服务能力不断精准和提升。但与此同时，各级党委政府、社会公众对于统计数据的需求和要求也越来越高，统计指标体系因其不适用性、滞后性呈现出诸多亟待解决的难题。因此，根据科学发展、提质增效和转型升级的新特点、新要求，大力推进统计指标体系改革创新，充分发挥统计指标体系的引领导向作用，全面深化统计改革，尤其是统计方法制度的改革，是我们统计工作必须要认真思考和研究的重要问题。

根据党的十八大，十八届二中、三中全会指示精神，我们要坚持改革创新，推动统计生产力的发展和统计生产方式的变革，切实提高统计方法制度反映新形势和解决新问题的能力，有力推动统计事业科学发展。要建立健全科学完整和有效引导科学发展、提质增效、转型升级的统计指标体系；建立健全全面反映经济建设、政治建设、文化建设、社会建设、生态文明建设五位一体总体布局建设进程的统计制度体系；建立健全技术手段先进、获取渠道多样的统计调查方法体系；建立健全管理严格规范、过程质量可控的统计管理体系。本文在工作实践的基础上，通过对现行统计指标体系的梳理，结合国外在统计指标体系设置上的先进经验和主要做法，提出对统计指标体系设置进行改革的建议和措施，旨在进一步深化统计指标体系改革，切实减轻基层人员统计负担，增强统计数据的科学性、准确性、权威性，提高统计部门的公信度。

一、统计指标体系概述

统计指标体系是由一系列具有内部联系的能够反映国民经济现象数量特征的统计指标所构成的概念体系。就应用范围而言，大到全国性的统计指标体系，小到地区乃至行业的统计指标体系，都提供了不同层次、不同角度对特定社会经济现象的数字描述。

统计指标体系的设置，绝不是心随意动的信手拈来，更不是官僚主义的敷衍应对。作为一个复杂的有机整体，统计指标体系里的各个指标既相互联系，又相互补充。建立统计指标体系需要围绕一定的主旨，遵循科学规范的原理，使用专业的办法进行，以求尽可能全面、有效地反映和分析客观事物和现象。在统计指标体系设置的过程中，主要遵循以下原则：

一是整体性原则。毋庸置疑，在统计指标体系设置过程中，首要考虑的应是统计指标体系的整体设计，即解决“为什么做”“怎么做”的问题。应紧紧围绕“需求”建立好统计指标体系的整体框架，并对各个指标进行具体设计。比如《反映提质增效转型升级统计指标体系》，是针对经济下行压力加大，产能过剩矛盾加剧，总需求结构失衡等问题而提出的，构建目的是为了更加全面、准确地反映我国提质增效转型升级情况，为政策调整提供依据。因此，在统计指标设计的总体框架上，会着重关注经济安全平稳运行、结构优化、产业升级、质量效益提升、科技创新强化、资源环境改善、人民生活水平提高等方面。

二是层次性原则。统计指标体系整体框架初定之后，接下来需要考虑指标序列的分层问题。可以说，统计指标体系与体系内的各指标，是整体与部分的有机联系，要依据各指标与体系间的关系、指标与指标间的关系，对各指标进行分层、有序排列，使众多指标围绕主旨形成实事求是、专业有序、层次分明的逻辑队列。如《反映提质增效转型升级统计指标体系》先是根据关注点分设 8 个一级指标，再在每个一级指标下设置 4—8 个具体的二级指标。

三是相关性原则。如前所述，指标是统计指标体系的重要组成因素，每个指标对整体调查预期结果的映射相关性，都关系到最终数据的准确性和有效性。在指标的具体设置中，需要关注指标的概念、获得方式、计算方法等。设置的指标间既相互联系，又有所区别，避免重复、交叉指标的出现。要保证统计指标的可解释性、可获得性、可比性以及专业性。

目前，浙江省除了国家层面布置的《一套表统计调查制度》《国民经济核算统计报表制度》《基本单位统计报表制度》《工业统计报表制度》等 47 项常规统计报表制度(包括统计局、调查总队)，省级层面，为更好地服务地方政府，统计局系统设立了 35 项统计监测评价项目。

表 1　统计监测评价项目情况表

序号	名称
01	浙江省发展方式转变评价指标体系
02	浙江省地方党政领导实绩分析评价
03	浙江省 14 个产业集聚区监测评价体系
04	浙江省民生指数编制指标体系
05	浙江省统筹城乡发展 推进城乡一体化综合评价指标体系
06	浙江省全面小康进程监测评价指标体系
07	浙江省海洋经济发展示范区建设统计监测
08	浙江省工业强县建设综合评价
09	浙江省信息化发展指数评价
10	浙江全社会 GDP 能耗、GDP 电耗、规模以上工业增加值能耗及其降低率监测通报
11	浙江省生态文明建设评价
12	浙江省扩大有效投资考核评价体系
13	浙江省物流业统计监测体系
14	浙江省基本公共服务均等化实现度评价
15	浙江省科技进步统计监测
16	浙江省“八倍增、两提高”专项行动监测

续表

序号	名称
17	浙江省健康养老监测评价
18	浙江省文化发展指数
19	浙江省妇女儿童发展规划统计监测评价
20	浙江省粮食监测
21	浙江省开发区(工业园区)循环经济统计监测
22	浙江省扶贫统计监测
23	浙江省开发区(园区)统计监测调查
24	浙江省高技术服务业统计监测体系
25	浙江省软件和信息服务业统计监测体系
26	浙江省文化服务业统计监测体系
27	浙江省城镇住房保障与房地产业监测体系
28	浙江省城乡社区服务业统计监测体系
29	浙江省旅游业统计监测体系
30	浙江省金融业统计监测体系
31	浙江省电子商务行业统计监测体系
32	浙江省反映经济转型升级统计指标体系
33	物质富裕精神富有现代化浙江评价指标体系
34	浙江省新型城市化评价
35	浙江省社会发展水平综合评价

二、当前统计指标体系存在的问题

统计指标体系科学、全面、精准与否,是统计工作水平的重要标志,更是统计数据质量保障的坚实基础。近年来,我们在统计方法制度改革方面做了一系列卓有成效的探索和实践,以更权威、更科学、更开放的方式生产统计,做好统计服务。但是,罗马非一日所能建成,现行统计指标体系依然存在着一些问题，这既有历史性的原因，也有时代性的因素。

（一）就一定程度而言，无法充分满足当下经济社会发展形势、政策导向的需要

归根结底，统计指标体系的存在是为了获得科学、准确的统计数据，为客观反映、分析经济社会发展形势提供依据，乃至于为各级党委政府决策提供参考。一方面，统计指标体系应经济社会发展需求、政府决策需要而生；另一方面，依据统计指标体系所获取的数据结果又将会对政府决策、经济社会发展产生难以估量的后果，因此，建立科学、及时、准确的统计指标体系非常重要。2012年，党的十八大报告提出要建设五位一体总布局，即经济建设是根本，政治建设是保证，文化建设是灵魂，社会建设是条件，生态文明建设是基础。再审视我们现行统计指标体系，反映经济建设的指标居多，占总体指标数量的62.7%，其次是社会建设相关指标，占14.9%，反映政治建设、文化建设的指标较少，分别仅占1.8%和3.3%。

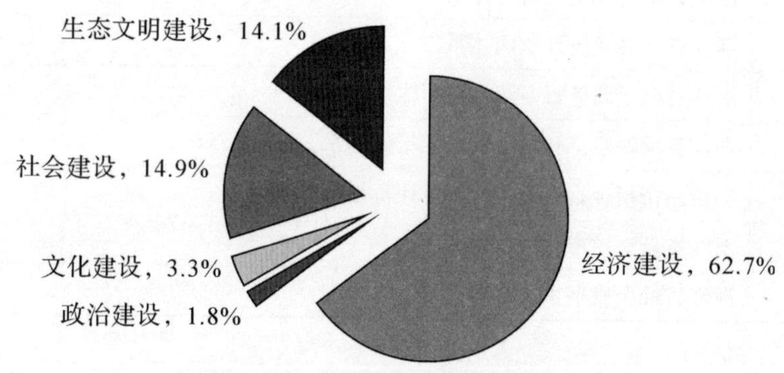

图1　反映五位一体总体布局指标情况

从反映社会经济现象数量和质量的角度看，现行统计指标体系中数量指标相对较为完整，质量指标相对较为薄弱。反映生产性规模总量的指标居多，占总体指标数量的40.5%，涉及经济结构（2.3%）、科技活动（2.4%）、能源资源消耗（2.9%）的指标较少，三者相加都不足10%。

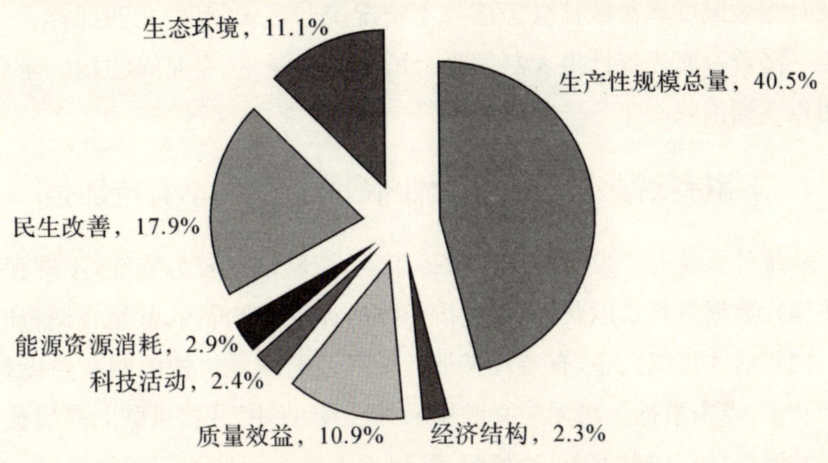

图 2　反映总量、结构、效益等属性的指标情况

(二)统计指标口径不一致,交叉重复现象明显

近些年来,随着经济社会快速发展,政府、公众对统计数据的关注度和需求度逐渐加大,与此同时,政府统计也由默默无闻的幕后工作被推至幕前,舆论对于统计数据的质疑压力不断。原因自然是多方面的,但其中一个旷日持久的重要因素,即统计指标口径不一致,从而导致数出多门,乃至于公众无法理解。

一是来自于综合统计与部门统计间的矛盾,这是主要的。政府统计包括综合统计与部门统计,综合统计职能主要是国情、国力基本情况调查,由我们统计系统承担,部门统计则主要负责各自的专业性统计调查。因此,除了统计系统承担的大量统计调查项目,各部门依据实际工作需要,也实施开展了大量的部门统计调查项目。因管理机制上的独立性、指标设计上的片面性以及沟通上的难以协调,或多或少会导致统计调查项目统计指标设计的口径不一致以及交叉重复现象,这难以避免。但随着大数据时代的到来,部门交流机制的畅通完善,综合统计与部门统计间的指标口径不一致、交叉重复等现象应会得到进一步规避。二是来自于综合统计系统内部各专业间的矛盾。由于各专业各司其职,难免存在若干指标不一致,交叉重复。比如《社会综合统计报表制度》《环境综合统计报表制度》《城市社会经济基本情况统计报表制度》《县域社会经济基本情况统计报表制度》之间即存在一些重复。随着一套表统计报表制度平台的进一步深化，专业间的指标矛盾将会得以逐渐消除。

（三）指标数据公开性、有效性偏弱，信息共享有待加强

从统计系统对外发布的统计数据来看，资料信息较为笼统，不够深入，有些指标数据资料难以获得，有些指标数据资料发布滞后，甚至在调查时点的一两年后才得以公布，有效性偏弱。一些政府统计机构的网站建设处于僵尸状态，点击数据资料无应答或显示“处于建设中”或提供陈旧滞后数据，使得政府统计在信息发布、政策解读、舆论引导方面处于不利位置，无法切实发挥统计服务效能。

目前，在综合统计与部门统计之间，综合统计内部各专业间，指标数据的共享依然不够，交流畅通机制尚未完全建立。信息上的不对称，指标的滞后、不衔接和难以获取，必然又影响建立健全、完善和有效使用统计指标体系，可以说，这是一个恶性循环，也是导致前文统计指标口径不一致、交叉重复的深层次根源。2014 年，国务院办公厅转发国家统计局《关于加强和完善部门统计工作意见的通知》（国办发〔2014〕60 号）文件提出，要推进部门间统计信息共享，建立统计信息共享机制，加快构建统计信息共享数据库，这是通向统计指标体系科学完善，统计方法制度改革创新的必由之路。

三、国外统计指标体系设置的经验做法

（一）欧盟统计局

欧盟统计局是欧盟的官方统计部门，其自身并不收集统计数据，各成员国或相关国家的官方统计机构自行收集统计数据，经核实和分析后发送到欧盟统计局，由欧盟统计局为欧盟提供欧洲层面上的统计数据，以便进行国家和地区间的比较。其职责主要是：制定欧盟统计政策、提供统计数据的行

政服务、收集所需统计数据的技术结构。随着世界各国对问卷测试关注度的日渐提升，为支持欧盟各成员国开展问卷测试，2006 年，欧盟统计局起草了《欧盟统计系统问卷开发和测试推荐实践手册》。

手册指出，问卷的设计由问卷的概念化展开，基于多重因素（图 3）进行指标的科学性设置，测试则是一个反复循环过程，一般建议至少做两个或者更多阶段的问卷测试，包括问卷开发初期、问卷修订阶段以及修订完成后的测试。为切实保障统计数据质量，欧盟统计局提出，在数据收集之前，调查问卷应当采用恰当的方法进行评估，包括问卷预测试、实际情况模拟填报、深度访谈、小组讨论、测试人员支持等。不管使用何种方法，都必须满足三项标准，一是内容标准，比如，问题问得对不对；二是认知标准，比如，调查对象是否愿意和有能力阐述问题的答案；三是可行性标准，比如调查对象能否轻松地完成问卷。目前，欧盟有超过半数的成员国设立了预测实验室，以求进一步科学、规范问卷设计的整体流程。

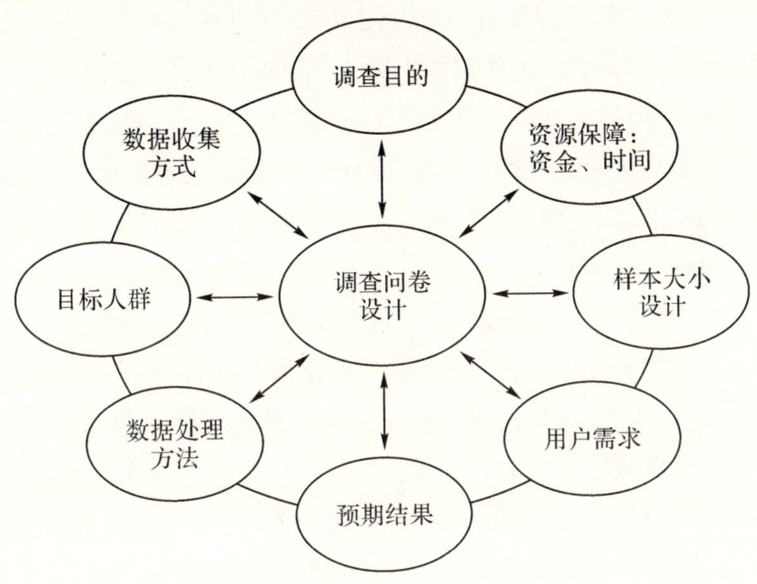

图 3　问卷设计综合考虑因素

(二)德国联邦统计局

出于对高质量统计数据的追求,德国联邦统计局致力于统计指标体系设置的及时性、标准化和协调化研究,以期达到官方统计数据质量最大化、调查对象负担最小化、调查成本最小化以及对资源的有效利用。自 2006 年以来,德国联邦统计局开始在统计局内部实施统计指标体系设置的预测试,2007 年,设立测试实验室,2008 年将其扩充为一个可行性工作站。

预测试流程分为四个工作模块,一是定性预测试,二是调查问卷咨询,三是小组讨论,四是定量预测试。定性预测试阶段历时 3 个月,由 15 个潜在的调查对象利用 PAPI 或者 CAWI 工具在预测试实验室、家里或者办公室里进行填写,主要是为了获得关于调查对象对指标的理解性、可行性的一些信息;调查问卷咨询历时 3 至 4 周,由预测试实验室的工作人员进行专家式的审查,对改进问卷内容、设计交流和讨论看法;小组讨论历时 6 至 8 周,由 6—8 个潜在的调查对象或在此方面的专家(包括内部专家和外部专家)来进行讨论,针对问卷中所使用的指标的可理解性做进一步交流讨论;定量预测试历时 6 个月,依据调查方案展开实地的数据收集,需要超过 100 名潜在的调查对象来配合完成调查问卷,通过这个阶段,处理应对真正调查中会出现的各种状况,获得错误回答和遗漏回答的一个概率,并计算调查对象填报完成表格的一个平均时间。

一阶段中定性数据的收集,并不仅仅依赖于我们常规经验上所认知的语言交流。德国联邦统计局的预测试实验室拥有电脑、半球摄像机、定向麦克风、眼球追踪仪等,主要是为了观察在定性测试过程中,潜在的调查对象对于问卷指标设置最忠实的内心反应。该阶段会综合使用观察法、认知性访谈、问卷评估对调查对象进行测试,并最终利用 TSM 记录器和 MAXQDA 进行定性数据分析,得出高标准化的指标设置结果。

(三)加拿大统计局

加拿大统计局在 1986 年设立调查问卷设计资源中心(QDRC),初衷是开展调查问卷设计和评估的研究,成为一个收集、发展和传播调查问卷设计领域知识的平台。其主要职能为：对调查问卷的设计提供建议、审核调查问卷、开展关于调查问卷设计和评估方法的研究、提供关于调查问卷设计和调查问卷评估的培训。在加拿大统计局，所有的调查问卷在用于收集数据之前必须都得用双语进行测试，且测试计划必须与 QDRC 协商，由 QDRC 负责审核测试之前和修订之后所有的调查表。

在调查问卷编制方面，加拿大统计局遵循以下步骤：一是确定调查问卷的目的和信息需求，二是与数据使用者协商，三是 QDRC 审核初定的调查问卷，四是 QDRC 提供初步问题建议，五是 QDRC 审核修订后的调查问卷，六是进行调查问卷测试，七是根据测试结果完成调查问卷的设计。QDRC 在调查问卷的审核中，着重关注指标术语、指标解释、误差来源、指标分类、指标排序和布局、指标设计的一致性等问题。可以说，调查问卷自产生之后，将会经历无数次的修改、审核和测试过程（图 4），直至达到统计设计的预期目的。

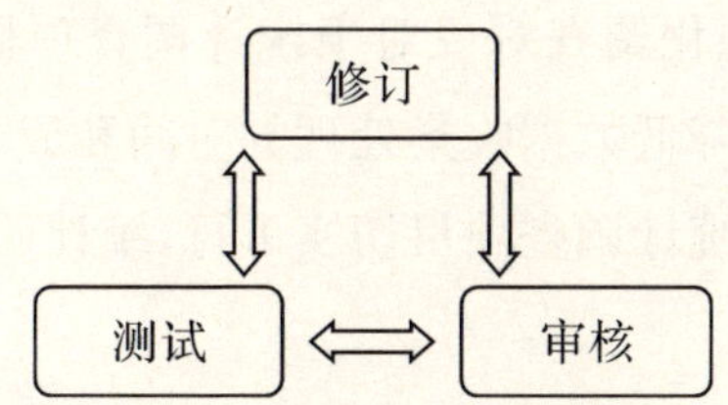

图 4　修订—测试—审核循环往复过程

QDRC 采用的定性测试方法主要是一对一的认知性面谈，用于获取详细的反馈信息，以及小组讨论（集中座谈），用于获知对调查问卷有深度的想法。定性测试历时 6 周，依据调查种类和规模、调查总体特征、调查内容、调查采集方法等，由专业的招募公司选择恰当的参与者参与。认知性访谈将由一位经验丰富的主持人或评估人员引导，通过单向镜、音频记录、非交互式观察员完成对面谈的测试。小组讨论则是在一组人（通常为 8—12 人）之间使用认知性方法，评估潜在调查对象对概念的认识、对敏感指标以及指标采集方法等的反应。与德国联邦统计局不同的是，QDRC 并不拥有测试实验室，也不使用任何特殊的软硬件，多数场地仅需要简单的设置。

四、国外做法的经验启示

（一）对新增的统计调查项目增设可行性测试环节

目前我国统计指标体系的设置主要采用专家意见制，由统计系统专业人员或相关领域的专家根据调查目的进行一系列的设计步骤，包括概念的明确化和可操作化、调查问卷的措辞和结构、视觉设计的恰当使用以及技术上电子问卷的可实施等。这样的模式保证了统计调查项目的专业化，但是，由于专家认知角度与调查对象的差异，有时会出现概念不相匹配、措辞无法理解等问题，使得调查问卷“曲高和寡”，调查对象不得要义甚至给出错误的回答。因此，对于新增的统计调查项目，有必要增设可行性测试环节，通过反复的、系统的测试，强化调查对象对于统计调查项目的认知度和理解性，促进数据捕捉和编码，降低数据收集处理的时间和成本。可以说，专业的设计和系统性的测试，是统计调查项目切实可行，统计调查数据真实可靠的必要保障。

（二）建立可行性测试实验室

有条件的地区，可以建立可行性测试实验室，通过电脑、摄像机、麦克风、眼球追踪仪等设备，更好地观察潜在调查对象在问卷填写过程中的自然反应。通过眼球活动和鼠标点击，来洞察潜在调查对象在阅读、搜寻和完成问卷中传达出的信息。这些信息有助于了解潜在调查对象对于调查问卷设计结构、内容模块、上下衔接等方面的真实反应。

（三）在可行性测试环节着重关注潜在调查对象对于统计调查项目的意见反馈

潜在调查对象关于统计调查项目的意见反馈非常重要和关键，可以通过一对一的认知性访谈、深度访谈、小组讨论等方式，完成如下表 2 的填写，从而获知潜在调查对象对于调查问卷设计和措辞等方面的信息,比如措辞是否简单直接、问题是否明晰易懂、问题排序是否合理以及是否存在诱导性、敏感性的问题需要规避。与潜在调查对象之间的交流互动在问卷设计和修改过程中需要多次反复进行,直至统计调查项目设计最终完成。

表 2 统计调查表可行性测试评估表

制度(方案)名称				
报表名称(表号)				
测试评估方法	□地区试点 □小组讨论 □一对一面谈 □其他			
填报用时				
一、统计指标				
序号	名称	问题类型(可多选)	问题描述	修改建议
1		①名称表述不准确 ②指标解释难理解 ③指标口径不一致 ④数据获得有困难 ⑤选项设置不完整 ⑥计算方法太复杂 ⑦计量单位不合理由 ⑧其他		
2		①名称表述不准确 ②指标解释难理解 ③指标口径不一致 ④数据获得有困难 ⑤选项设置不完整 ⑥计算方法太复杂 ⑦计量单位不合理由 ⑧其他		
二、统计分类标准				
序号	名称	分类标准类型	应用情况	修改建议
1		①国家标准 ②部门标准 ③非标准		
2		①国家标准 ②部门标准 ③非标准		

续 表

制度(方案)名称			
报表名称(表号)			
测试评估方法	□地区试点	□小组讨论	□一对一面谈 □其他
填报用时			

三、统计数据上报时间

存在问题	问题描述	修改建议
①时间不合理 ②时间有冲突 ③其他		

四、整体表式设计

序号	评价内容	问题描述	修改建议
1	版面设计		
2	排序结构		
3	问卷长度		
4	其他		

五、电子调查表

序号	评价内容	问题描述	修改建议
1	界面设计		
2	软件操控		
3	功能设置		
4	整体性能		
5	其他		

评价人姓名：　　　　单位：　　　　联系方式：

统计调查表可行性测试评估表(表2)主要关注潜在调查对象对于统计指标、统计分类标准、统计数据上报时间、整体表式设计、电子调查表五个方面的相关信息和建议,并观察潜在调查对象的填报用时,显然,过长的用时将会过度消耗潜在调查对象的注意力,增加问题回答的随意性和误差性。诸如调查范围、调查对象、上报方式、上报频率等调查问卷的其他相关方面,会更倾向于专家意见,故表2设计中不予包括。

五、统计指标体系改革创新的建议

统计指标体系的改革创新,究其根本,并不仅仅只是统计指标体系的改进和完善,更深层次而言,涉及到统计服务理念、统计管理体制、统计工作机制的革新。这是一个循序渐进的过程,也是一个披坚执锐的过程。

(一)进一步深化一套表统计改革

自2010年正式推进一套表统计改革以来,统计数据生产方式发生了重大变革。一套表按照"统一设计、整体推进、分工协作、分步实施"的原则,以调查对象为核心,在不改变现有组织机构设置和专业分工的情况下,整合报表,规范指标,对数据采集过程进行统一组织。经过5年来的大力推进,一套表改革在名录库完整规范、数据库统一管理、工作效率提升、数据质量提高等方面都取得了重大成果,但在制度整合、指标管理等方面依然存在着一定的缺陷,有待进一步改进完善。统计指标体系规范化管理是推行一套表的重要基础和前提,持续推进一套表深化改革,就必须建立一套标准统一、含义清晰、指标唯一的统计指标体系。因此,下一阶段的一套表改革应致力于元数据库的开发和完善,在现代信息技术条件下,采用元数据标准描述、管理和使用统计指标,实现统计指标体系库的科学、规范和统一。

(二)建立分工合理、优势互补的综合统计、部门统计联动机制

我国现行统计管理体制是混合型管理模式,有其优势,但也有其弊端。目前,综合统计承担了过多的统计调查任务,甚至原本由部门统计来做会更具优势的一些项目,也一并承担了。与此同时,综合统计与部门统计之间的交叉重复,造成基层负担过重、政府资源浪费、统计公信力下降等问题。因此,要充分发挥混合型管理体制的优势,将可以利用部门优势来完成的统计

调查项目交由部门统计去完成，建成充分利用统计资源、合理分配统计成本，集中与分散有机结合的统计管理体制。继续推进综合统计与部门统计间统计指标体系、统计标准体系等的规范化和标准化，形成分工合理、优势互补、信息共享的联动机制，尽可能地促进综合统计、部门统计间的合作、交流和共享。

（三）强化统计指标体系设计能力，推进可行性测试研究应用

由欧盟统计局、德国联邦统计局、加拿大统计局的经验做法可以看到，统计指标体系的科学设置非常重要，事关调查实施的成功与否，更关乎统计数据的准确与否。一方面，在统计指标体系设置中，要注意总体框架与内部层次的协调，适当增加非经济领域的描述性、评价性指标，比如政治建设、文化建设相关指标，力求全面、及时、准确反映社会经济发展状况满足社会焦点的需要；另一方面，在具体统计指标的设计上，可借鉴发达国家的成功做法，推行可行性测试研究应用。可行性测试通过潜在调查对象和专家的意见反馈，可以有效促进调查问卷的科学规范，提高调查问卷的可操作性。目前，我们立足现有条件，结合固定资产投资改革试点和全国1%人口抽样综合试点分别在海宁市和杭州市探索性地开展了可行性测试，采取预测试、测试、评估三个环节，重点测试指标概念是否明晰，问卷设计是否合理，数据获得是否容易等。同时，在统计调查项目申报审批环节，也相应设置了可行性测试评估的硬性要求，要求地方统计调查项目的新增必须通过座谈会、专家意见等方式来进行可行性测试，形成可行性测试研究报告，以此作为立项依据的一个重要组成部分。可以说，可行性测试的研究应用将会是下一阶段统计指标体系改革创新的重要方向，通过测试工作的规范化、机制化和常态化，推进统计指标体系的进一步完善和革新。

（四）依法推进统计数据信息共享

大数据时代的到来，促使统计信息化建设进一步加强，统计数据的生产方式进一步提升。依托大数据，统计人员可以在海量数据中通过科学、专业的方法掘取统计所需要的数据信息加工处理，形成有效的统计数据信息，从

而创造新的经济社会价值。如果说，在旧有条件的束缚下，无法实现数据资源的畅通共享，不同部门统计指标多头布置，从而导致统计指标体系的不规范、不统一，统计数据发布混乱无章，那么，在我们日渐融入大数据并从中获益的同时，我们也应意识到，大数据使得部门间的数据共享、交流协作成为可能。综合统计与部门统计间应依法通过大数据平台开放有效数据资源，通过签订协议的方式，依法明确信息共享的内容、方式、时限、渠道以及应承担的责任，建立统计信息共享机制，促进部门间的资源共享，乃至于面向社会公众的资源共享，使统计数据成为价值高、寿命长、应用广的数据。按照物理分散、逻辑集中、统一管理、普遍共享的原则，建设和完善综合统计与部门统计间的信息共享数据库，通过统计数据共享、优化配置，解决统计指标口径不一致、交叉重复难题，实现统计数据可持续发展，为创建现代化服务型统计提供技术保障。

课题组负责人:朱飞飞
课 题 组 成 员:周　琳　莫乐平
牛域宁　劳　印
执　笔　人:周　琳

关于更好发挥财政资金服务粮食生产的调研与建议

2013年12月召开的中央经济工作会议将粮食安全上升为三大国家安全战略之一，指出："依靠自己保口粮，集中国内资源保重点，做到谷物基本自给、口粮绝对安全，把饭碗牢牢端在自己手上，是治国理政必须长期坚持的基本方针。"浙江是第二大缺粮省，产需缺口大，保障压力重。长期以来，省委、省政府高度重视粮食生产，积极出台扶持政策，逐年加大扶持力度，努力确保农户收益，基本止住了粮食生产下滑的趋势。

为掌握当前财政扶持粮食生产政策情况，更好发挥财政资金作用，2014年，浙江省统计局在全省范围开展了一次财政资金服务粮食生产情况的调查，共涉及11个市、71个县(市、区)、188个乡镇，走访了各级财政、农业、粮食等部门；以问卷调查的方式对有代表性的种粮大户、一般种粮农户进行实地调查，分别收回有效问卷358份和349份。本文利用调查情况，深入分析浙江财政资金服务粮食生产面临的问题，研究更好发挥财政资金作用的对策建议。

一、财政扶持政策的现状

(一)中央与省级财政扶持政策

当前，中央与省级政策主要有14个(详见表1)，其中：中央有2个，省级有12个；水稻产业提升和粮食生产功能区以奖代补为项目类政策，其余12个为补贴类政策；稻麦种植大户直补、统防统治、水稻集中育秧补贴、水稻政策性保险、商品有机肥补贴、旱粮生产直接补贴等6个政策针对种粮大户，其余8个政策对种粮大户、一般种粮农户均有不同程度涵盖。

表1　中央与省级财政扶持政策基本情况

扶持级次	名称	补贴标准	2011—2013年总额（万元）	发放对象及范围
中央	农作物良种补贴	小麦、玉米和油菜每亩补10元，水稻和棉花每亩补15元。	69976	种植水稻、油菜、小麦、玉米和棉花的农户。
	农资综合直补	约每亩52元。	339091	所有种粮农户。
省级	农机购置补贴	按购机价1/3左右，实行定额补贴；省级：对于联合收割机、烘干机追加30%左右的补贴。	128663	纳入实施范围并符合补贴条件的本省籍农牧渔民、农场（林场）职工和从事农机作业的农业生产经营组织。
	稻麦种植大户直补	每亩30元，其中省补25，地方配5元，	31302	全年稻麦种植面积20亩以上的种粮大户。
	早稻订单稻谷奖励及水稻订单种子奖励	每50公斤30元，每亩不超过240元，订单种子不超过常规稻种240、杂交300元。	28677	交售省级储备早稻谷（订单水稻种子）的种粮大户、粮食专业合作社社员、制种基地农户。
	水稻机械化作业补贴	每亩40元。	27200	应用水稻机插、油菜机收的农户。
	统防统治补贴	每亩40元。		接受服务面积500亩以上的植保、粮食、农机等合作社病虫害统防统治的农户。
	水稻集中育秧补贴	最高不超每亩40元。	13500	功能区和水稻高产创建重点示范片内，接受一季育秧大田面积100亩（含）以上的育秧专业户等服务主体。

续 表

扶持级次	名称	补贴标准	2011—2013年总额（万元）	发放对象及范围
省级	大小麦政策性保险	保险金额每亩300元，保费每亩22.5元，省定93%保费补助。	5170.65（2012年开始实施）	种植面积10亩及以上的大户；种植面积不足10亩的农户可通过专业合作社或以村、乡镇（街道）为单位，列明细清单，以统保方式参加保障。
	水稻政策性保险	保险金额为每亩400元或600元，保费每亩30元或45元，省定93%保费补助。	32120.3	水稻种植面积20亩及以上的种植大户等。
	商品有机肥补贴	按实际应用数量，在省给予每吨150元补贴。	7950	施用商品有机肥相对集中连片面积200亩以上的农民专业合作社、种植大户和农业龙头企业等。
	旱粮生产直接补贴	省里补贴每亩125元。	0（2014年开始实施）	对经农业部门认定的连片100亩以上旱粮生产基地种植者。
		省里补贴每亩20元。	0（2014年开始实施）	对套种同一旱粮作物100亩以上的种植者。
	水稻产业提升项目扶持		54700	本项目主要扶持水稻生产基础设施建设和水稻生产“三新”技术（水稻省工省力高产栽培技术、病虫害物理生物防治技术和“千斤粮万元钱”高效生态循环模式）推广两个环节。
	粮食生产功能区以奖代补项目扶持	2012年开始每年安排8000万元。	16000（2012年开始实施）	对列入当年建设计划并通过验收通过、种植一季以上粮食作物的粮食生产功能区实行以奖代补，支持粮食生产功能区基础设施、农田治理提升、社会化服务和技术推广等四个方面。

据财政部门统计，2011 年至 2013 年，14 个中央与省级财政扶持政策资金合计 75.44 亿元，其中 2013 年为 28.34 亿元，2012 年至 2013 年年均增长 16.0%。分预算级次看，中央资金 40.91 亿元，占 54.2%；省级资金 34.53 亿元，占 45.8%。分资金类型看，补贴类 68.37 亿元，占 90.6%；项目类 7.07亿元，占 9.4%。农资综合直补、农机购置补贴、农作物良种补贴居前三，比重分别为 45.0%、17.1%、9.3%。

（二）市县级财政扶持政策

近年来，在中央、省级扶持政策的要求和带动下，各市、县（市、区）除配套执行省级政策规定外，部分还增配标准、增设扶持政策，不断加大贴补力度。配套政策主要为农机购置补贴、稻麦种植大户直补、水稻机械化作业补贴、统防统治补贴、旱粮生产直接补贴、政策性保险补贴、商品有机肥补贴等。增设政策主要集中在鼓励种粮大户、鼓励旱粮生产、促进土地流转和连片种植、奖励高产、推进机械化生产、粮食功能区提产等方面。

二、财政扶持政策的积极作用

（一）促进了浙江粮食生产基本稳定

2011 年至 2013 年，粮食播种面积分别为 1881.20、1877.33 和 1880.61 万亩，基本保持稳定，其中：早稻播种面积分别为 167.64 万亩、166.02 万亩、172.67 万亩；晚稻播种面积分别为 1174.52 万亩、1082.87 万亩、1070.42万亩（见图 1）。2013 年，重点扶持建设的省级粮食功能区平均粮食复种指数为 1.58，远高于 0.87 的全省耕地平均粮食复种指数。近几年，经济作物的种植效益普遍高于粮食种植效益，在粮食种植吸引力逐步减弱的情况下，最终还能保持粮食播种面积基本稳定，财政扶持政策起到了至关重要的作用。

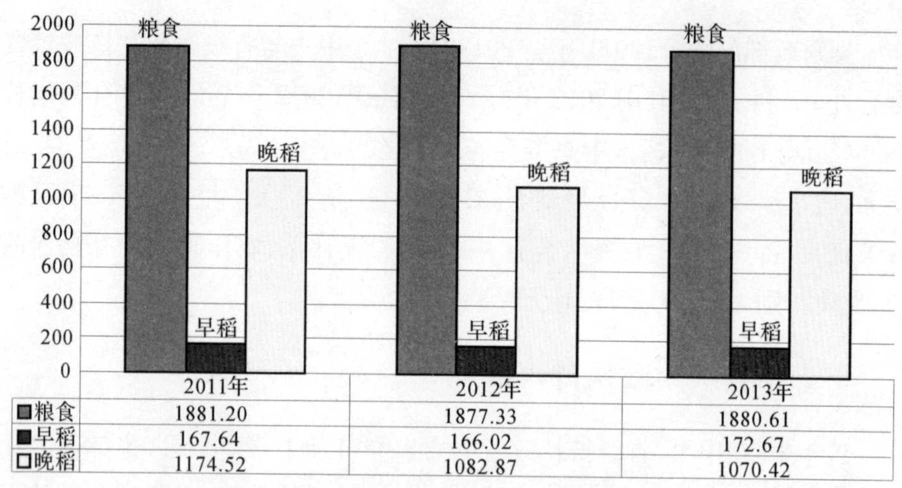

	2011年	2012年	2013年
■粮食	1881.20	1877.33	1880.61
■早稻	167.64	166.02	172.67
□晚稻	1174.52	1082.87	1070.42

图1　2011—2013年粮食作物播种面积变化情况(单位:万亩)

(二)稳定了种粮农民的积极性

财政扶持政策让种粮农民获得了实在的利益,提高了收入,稳定了农民种粮积极性,受到了普遍欢迎。调查显示,96.9%的种粮大户、81.7%的一般种粮农户认为财政扶持提高了自己的种粮积极性,其中分别有62.6%、21.2%认为积极性有很大的提高;74.6%的种粮大户、61.2%的一般种粮农户对扶持资金标准表示满意或较满意。调查显示,种粮大户能获得平均约212元/亩的扶持资金,占每亩平均利润的58.3%;一般种粮农户能获得平均约96元/亩的扶持资金,占每亩平均利润(含自身人工成本)的19.2%。

(三)推进了粮食生产现代化进度

财政扶持政策围绕服务粮食生产全过程,初步形成了价格补贴、直接补贴和服务支持等功能互补,综合补贴和专项补贴相结合的政策体系。特别是近几年财政发放农机购置补贴大幅增长(2013年比2011年增长24.6%),有力推动了种粮农户对农机的购置,对推进粮食生产规模化、现代化进程和提高劳动生产率发挥了重要作用。据省农业厅统计,2013年种粮大户有4.4万户;总播种面积为424.9万亩,比2011年增加22.5%;户均播种面积达96.57亩，比2011年增加28.0%。

三、财政扶持政策存在的问题

(一)政策宣传效果需进一步提高

调查显示，一般种粮农户对农资综合直贴、农作物良种补贴认知度超过80%，但对其他政策认知度较低，基本在50%上下，均低于种粮大户对政策的认知度(见图2)。83.9%的一般种粮农户对种粮大户的种粮收益情况不了解或者不太了解，49.1%的一般种粮农户不清楚是否存在针对种粮大户、一般种粮农户有不同的政策。这些都影响了政策执行效果。

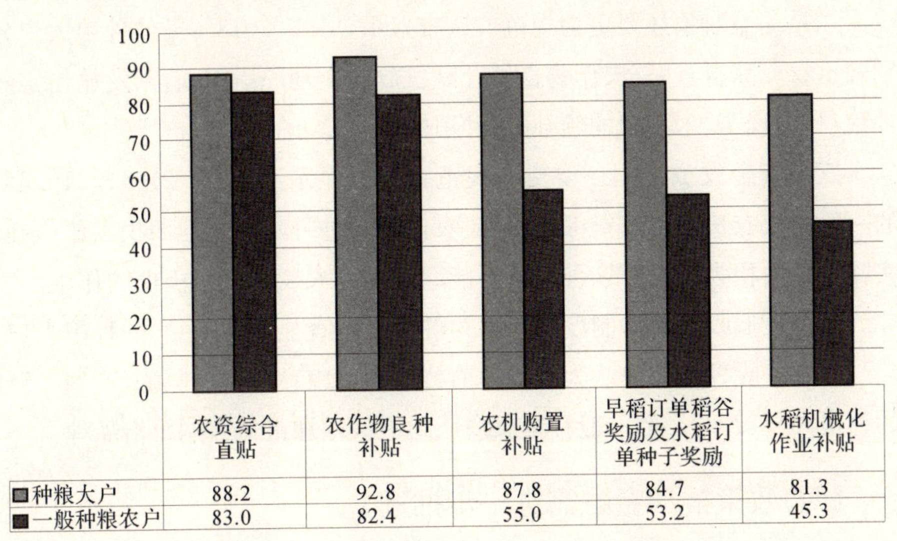

	农资综合直贴	农作物良种补贴	农机购置补贴	早稻订单稻谷奖励及水稻订单种子奖励	水稻机械化作业补贴
种粮大户	88.2	92.8	87.8	84.7	81.3
一般种粮农户	83.0	82.4	55.0	53.2	45.3

图2　种粮大户和一般种粮农户对政策的认知度(单位:%)

(二)政策扶持力度需进一步加大

据统计，2013年浙江粮食价格比2012年上涨2.8%。而种粮成本增长约10.6%。种粮大户获得扶持资金约212元/亩，仅占种粮成本1280元/亩的16.6%，绝对额相比较少。因此，扶持资金和粮价的增长带来的收益赶不上成本增加带来的损失，导致农户从财政扶持中得到的收益大打折扣。

种粮扶持资金与种植经济作物扶持资金相比差距较大，再加上种粮收益同种植经济作物每亩上千甚至上万元的利润形成了鲜明反差，农民改种经济作物意愿强烈。调查显示，有74.6%的一般种粮农户由于收益低而不愿意种植粮食。

（三）政策设计实施需进一步完善

一是政策种类过多。一方面，政策多达几十种，职能单位不少，不少政策落实由同一单位的不同部门负责，信息难以及时共享，影响了资金统筹效果；另一方面，资金发放的人力、财力重复投入，行政成本过高，也增加了农民不必要的麻烦。调查显示，分别有53.9%、64.2%的种粮大户、一般种粮农户认为需要对当前过多的政策进行整合。

二是受益对象还要更为规范。调查显示，31.6%、13.0%的种粮大户分别表示农资综合直贴、农作物良种补贴发放给土地原承包人，未发放给实际种粮户，出现了"未种田的领补贴，种田的没补贴"的现象。

三是资金发放依据还要更为规范。调查显示，分别有21.4%、15.6%的一般种粮农户表示农资综合直贴、农作物良种补贴按耕地面积发放，未以实际播种面积为依据。这种方法不能起到调动农民种粮积极性的作用。

四是最低收购价格制度还要更为健全。调查显示，78.4%的种粮大户、60.1%的一般种粮农户认为应该提前公布各类粮食的最低收购价。44.7%的种粮大户、26.7%的一般种粮农户认为应该增加最低收购价格品种。

（四）政策撬动金融需进一步推进

调查显示，55.1%的种粮大户有贷款需求，但其中70.7%认为获取贷款比较难或很难，主要原因为手续复杂（占45.7%）和可担保物少（占34.2%）。57.0%的种粮大户认为当地没有或者不知道有政府担保贷款的机制，19.9%的种粮大户认为虽然有担保但还很不完善，主要原因见图3。78.8%的种粮大户认为当地没有或不知道有贷款的财政贴息政策。想做种粮大户的一般种粮农户中有35.9%由于没有启动资金或贷款难而一直没行动，其中温州市达 49.1%。

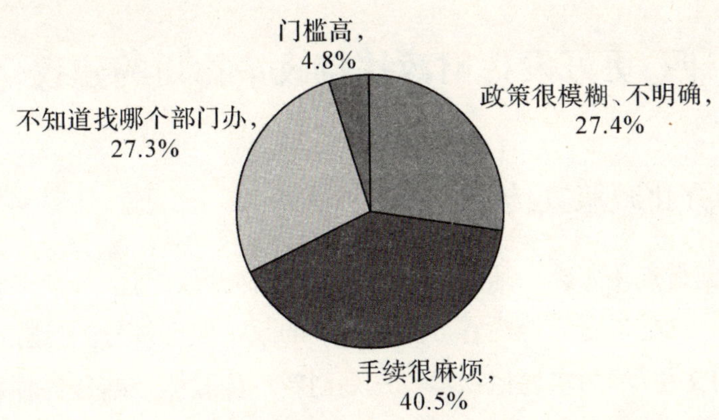

图 3　政府部门担保从金融机构获取贷款机制不完善的主要表现

(五)政策助推保险需进一步健全

24.7%的种粮大户和 63.5%的一般种粮农户认为当地没有或不知道有涉及种粮的自然灾害保险补助政策；40.0%的种粮大户认为当地没有或不知道有针对规模种植的自然灾害保险补助政策。同时，种粮大户和一般种粮农户普遍反映自然灾害保险保额太低。此外，保险公司对灾后定损缺乏技术力量，对灾害风险缺乏分散渠道，唯恐遇到大灾出现超赔，不敢提高保额。目前水稻颗粒无收最多能获得的赔偿是 600 元/亩，根本无法弥补成本。

(六)粮食订单数量需进一步增加

粮食订单是省市根据储备粮订单收购计划，结合各市、县(市、区)种粮的实际情况，制订粮食订单收购数量。由于投售粮食订单价格高于市场价，且可以获得补贴，种粮农户对订单份额需求逐步上升。但现有粮食订单数不足，导致出现分配订单难、种粮大户争取订单难的情况。据粮食部门统计，2013 年浙江粮食订单实际收购数量为 78.60 万吨，仅占粮食总产量的 10.7%，其余 89.3%产量扣除自给外，粮食销售流通都依靠农户自己解决。

四、更好发挥财政扶持政策作用的建议

(一)强化政策宣传,注重大户效应

一是创新宣传媒体。通过传统媒体、新媒体开设专栏,开展多种形式的宣传活动。二是丰富宣传内容。除条目式的政策罗列,增加专题内容,用群众语言,图文并茂,力求通俗易懂。三是创新宣传载体。结合各种农村集体性活动散发宣传材料,通过小品、植入农村题材电视等艺术形式宣传。

一般种粮农户是种粮大户最主要的潜在发展对象,调查显示,44.1%的一般种粮农户有成为种粮大户的想法。因此,重点宣传解读种粮大户政策,积极采取多种方式、载体,努力提高一般种粮农户对种粮大户政策的认知度。

(二)加大扶持力度,重视间接扶持

一是建立与相关指标联动的增长机制。充分考虑种粮成本上涨、市场价格变化、农村居民人均纯收入增长、财政支出等因素,逐年提高扶粮支出占财政支出的比重。二是加强生产资料成本调控。坚持市场发挥决定作用的前提下,加强对主要生产资料价格的宏观调控,切实控制过快增长。三是提高订单收购数量。在保证粮食安全的前提下,尽量减少外省采购、粮食进口,增加省内储备粮订单收购数量。四是适当增加最低收购价格的粮食品种。

在加大直接扶持的同时,也不能忽视间接扶持的作用。一是加大基础设施投入。提高粮食生产基础设施在农业投资总额中的比重,提升抵御灾害风险能力和耕地种粮单位效益。二是加大科技投入。加大科研投入,鼓励推广高产品种,充分发挥科技作用,提升现代化水平,实现增产增收。三是加大服务体系建设投入。扶持发展各种社会化的中介服务,健全粮食生产公共服务机构,加强技能培训,支持和吸引大中专毕业生。

(三)完善扶持政策,强化发放监管

完善扶持政策方面,一是推进政策整合,形成集聚效应;推进各单位减少负责资金管理部门,减少行政成本。二是推进粮食价格形成机制与政府补贴脱钩的改革,建立粮食目标价格制度,在市场价格过高时补贴低收入消费者,在市场价格低于目标价格时按差价补贴种粮者。三是缩短发放时间,提高资金到位效率。

强化发放监管方面,一是严格发放要求。按照实际播种面积造表登记,严格把关,严格公示,坚决杜绝"未种田的领补贴,种田的没补贴"的现象。二是加强重点监管。将村组干部和种粮大户作为重点监管户,进行重点核查。三是强化监督。加强监督检查,健全信访登记、核查和通报制度,向社会公布监督电话。

(四)突出扶持重点,兼顾政策公平

一是重点扶持规模生产。加大种粮大户扶持,加大土地流转支持,鼓励承包经营权有序适度流转,壮大新型组织。二是重点扶持功能区生产。完成粮食生产目标的关键在于粮食功能区,加大功能区基础建设投资和扶持力度,不鼓励非粮化,遏制非粮化倾向。三是重点扶持生态化生产。加大对无公害优质粮食的扶持力度,支持无公害生态粮食基地建设,促进有机施肥,引导粮食生产向优质、高产、高效、生态和安全迈进。

调查显示,35.2%的一般种粮农户对当前政策不满意的主要原因为"跟种粮大户比,补贴太少";如果政策相同,62.0%的一般种粮农户会提高积极性。此外,浙江省省情也决定了土地经营规模平均水平不可能太大,家庭经营还是最基本的形式。因此,在鼓励规模化生产的同时,也要加大对一般种粮农户的支持,"两条腿"不能过于长短不一。

(五)加强金融扶持,创新担保机制

一是积极支持农村商业银行建设,发展农村合作金融,大力培育农村金融服务主体。二是争取加大对涉粮贷款业务金融机构的税费优惠政策力

度，降低运营成本。三是积极争取对符合粮食生产金融服务要求的县域农村商业银行和农村合作银行，适当降低存款准备金率。四是加大对新型农村金融机构和基础金融服务薄弱地区银行业金融机构的定向费用补贴。五是加大对种粮农户的借贷资金贴息比率，减轻借贷压力。

一方面，研究探索建立农村信用担保中心和农村产权交易中心，由前者对申请抵押贷款和信用贷款的种粮农户进行信用调查并给其担保，由后者对种粮农户抵押的土地、房屋进行转让。种粮农民不能按时偿还贷款，担保中心代为偿还，同时暂时获取土地经营权，通过交易中心再流转，收回代偿本息后，再将土地退回种粮农户；另一方面，加大财政担保政策宣传，降低申请门槛，简化申请手续，缩短申请时长。由此撬动金融资金，破解种粮融资难的问题。

（六）增强风险补偿，稳定政策预期

从2013年“菲特”台风的影响来看，自然灾害对种粮农户的收益影响非常大，一次灾害过后，很可能导致颗粒无收，沉重打击农户的种植积极性。为此：一是建立健全大灾风险分散机制，加大灾后财政补偿力度。二是健全自然灾害保险制度，加大保费财政扶持，推动保险公司提高理赔额度。三是扩大粮食品种保险覆盖面。四是加大涉粮保险业务税费优惠，减少保险运营成本。逐步形成“种粮有保险，风险不用愁”的共识。

调查中，部分有转型种粮大户意向的一般种粮农户表示，由于担心扶持政策不能一直延续，也影响了他们的决心。因此，一方面，尽早公布每年的财政扶持政策，以便种粮农户早计划、早准备；另一方面，研究制定中长期粮食生产财政扶持政策规划，探索上升法律层次的可能，通过建立健全全面、稳定、可持续的扶持政策，稳定收入预期，提高种粮积极性。

课题负责人：王科跃

课题组成员：褚英国　吴圣寒

附件1

走访______市/______县(市、区)财政扶持政策负责部门提纲

一、粮食生产财政扶持政策基本情况

补贴种类	补贴对象与范围	补贴金额标准	计算补贴依据	发放方式	发放时间	2011—2013年合计发放金额	发放机构及具体内设部门	发放流程
农资综合直贴								
农作物良种补贴								
农机购置补贴								
稻麦种植大户直补								
早稻订单稻谷奖励及水稻订单种子奖励								
水稻机械化作业补贴(不含统防统治)								
统防统治补贴								
水稻集中育秧补贴								

说明:1.各市、县(市、区)的补贴,请自行补充。补贴种类不仅限于粮食生产,也包括流通领域(如粮食局在收购领域)的补贴种类、项目扶持类(如水稻产业提升、粮食生产功能区以奖代补)等。
2.计算补贴依据是指承包耕地面积、实际种植面积、人口数等。

二、粮食生产财政扶持政策存在的问题与改革建议

附件 2

________县(市、区)种粮大户

粮食生产财政扶持政策问卷调查

乡(镇、街道)名称:________

调查对象姓名:________　调查时间:2014 年 5 月　日

1. 您共经营________亩(保留 1 位小数)可种植粮食作物的耕地。其中从户籍所在村集体承包耕地________亩(保留 1 位小数);租入、包入和转入________亩(保留 1 位小数),平均每亩承租费用________元。2013 年粮食作物的实际种植面积为________亩(保留 1 位小数),领取补贴总额________元。2013 年种粮平均利润为________元/亩;平均总成本为________元/亩、年总成本增长率为________%,其中:平均人工成本为________元/亩、平均农资成本为________元/亩、平均机耕机种成本为________元/亩。

2. 您是否了解种粮补贴相关政策?请按表中选项逐一回答。(问题中未涉及的补贴种类,请填写至空白处。)

补贴种类	是否了解该政策(是打√,否打×)	2013 年领取金额(元)	是否公示(是打√,否打×)	是否清楚您应该领取多少补贴额(是打√,否打×)	计算补贴依据(A 表示承包耕地面积,B 表示种植面积,C 表示人口数)	土地流转后补贴发放给谁(A 表示原承包户,B 表示实际种植者)	发放时间(年月)	如需调整发放时间,您建议?(年月)
农资综合直贴								
农作物良种补贴								
农机购置补贴					无须填	无须填	无须填	无须填
稻麦种植大户直补						无须填		

续 表

补贴种类	是否了解该政策(是打√,否打×)	2013年领取金额(元)	是否公示(是打√,否打×)	是否清楚您应该领取多少补贴额(是打√,否打×)	计算补贴依据(A表示承包耕地面积,B表示种植面积,C表示人口数)	土地流转后补贴发放给谁(A表示原承包户,B表示实际种植者)	发放时间(年月)	如需调整发放时间,您建议?(年月)
早稻订单稻谷奖励及水稻订单种子奖励					无须填	无须填	无须填	无须填
水稻机械化作业补贴(不含统防统治补贴)						无须填		
统防统治补贴						无须填		
水稻集中育秧补贴						无须填		

3. 您对当前粮食生产财政补贴政策是否满意?

A. 满意

B. 较满意

C. 一般

D. 不满意,具体原因:________________

4. 您对当前粮食生产财政补贴标准是否满意?

A. 满意　　B. 较满意　　C. 一般　　D. 不满意

5. 粮食生产财政补贴政策是否提高了您的种粮积极性?

A. 有很大提高　　B. 有提高,但一般

C. 没提高

6. 对当前粮食生产补贴额度年度增长情况是否满意?

A. 满意　　B. 较满意　　C. 一般　　D. 不满意,增长太少

7. 您是否需要从金融机构获取用于粮食生产的金融贷款?

A. 不需要　　B. 无所谓　　C. 需要

8. 如您需要贷款,从各类金融机构获取用于粮食生产的金融贷款难易程度如何?

A. 很难　　B. 比较难　　C. 容易

9. 从各类金融机构获取用于粮食生产的金融贷款较难的主要原因有?(可以多选)

A. 担保物少

B. 手续复杂

C. 申请周期过长

D. 其他,________________

10. 如您需要贷款,当地是否建有政府部门担保从各类金融机构获取用于粮食生产金融贷款的机制?

A. 有,比较完善

B. 有,但很不完善

C. 没有(包括不知道)

11. 如果政府部门担保从各类金融机构获取用于粮食生产贷款的机制不完善,主要表现有?

A. 政策很模糊、不明确　　B. 手续很麻烦

C. 不知道找哪个部门办　　D. 门槛高

12. 如您需要贷款,当地是否有从各类金融机构获取用于粮食生产贷款的财政贴息政策?

A. 有,贴息比例是________%　　B. 没有(包括不知道)

13. 当地是否有涉及种粮的自然灾害保险投保财政补助政策?

A. 有,具体政策:________________

____

B. 没有(包括不知道)

14. 如果有涉种粮的自然灾害保险投保财政补助政策,主要针对哪些粮食品种?

A. 早稻　　B. 晚稻　　C. 玉米　　D. 小麦

E. 其他，具体：________________

15. 当地是否有针对粮食规模种植的自然灾害保险投保财政补助政策？

A. 有，具体政策：________________

____

B. 没有（包括不知道）

16. 您认为各品种粮食的最低收购价政策，对您种植该品种粮食的意愿是否有影响？

A. 有很大影响　　B. 有影响，但不大

C. 没影响

17. 当地粮食最低收购价公布时间为______月，您认为是否需要提前？

A. 非常需要，越早越好　　B. 需要，但不是很在意

C. 不需要，根本无所谓

18. 除稻谷外，您认为需要增加哪些品种粮食的最低收购价？可多选（　　）

A. 小麦　　B. 玉米

C. 其他，请列举：________________

D. 无所谓

19. 当前通过土地流转获取土地容易吗？

A. 容易　　B. 一般　　C. 不容易　　D. 不清楚

20. 是否有促进土地流转的财政补贴政策？

A. 有，请列明：________________

B. 有，但是补贴标准太低，作用不大

C. 没有

D. 不知道

21. 您认为当前补贴政策是否需要整合？

A. 不需要

B. 需要，具体建议：________________

____

22. 如果没有财政补贴，您是否还愿意种植粮食作物？

A. 继续种植　　　　B. 调减面积

C. 改种其他　　　　D. 不再承包大片土地了

23. 当地粮食生产的财政补贴政策，是否针对种粮大户、一般种粮农户有不同的补贴标准？

A. 是，不同。请列举各补贴政策的具体差异：________________

____

____

B. 相同

C. 不清楚

24. 对今后粮食生产财政补贴政策，您有哪些建议？

____

____

____

____

____

附件 3

________县(市、区)一般种粮农户粮食生产财政扶持政策问卷调查

乡(镇、街道)名称:________

调查对象姓名:________　　　调查时间:2014 年 5 月　日

1. 您共有________亩(保留 1 位小数)可种植粮食作物的耕地,2013 年粮食作物的实际种植面积(即播种面积)为________亩(保留 1 位小数)。2013 年种粮平均利润为________元/亩,取得各类补贴总额为________元。
2. 如您不大愿意种粮,主要原因为?(可多选)
   A. 收益低
   B. 太麻烦
   C. 不会种
   D. 其他,________________________________
3. 您是否了解种粮补贴相关政策?请按表中选项逐一回答。(问题中未涉及的补贴种类,请填写至空白处。)

补贴种类	是否了解该政策(是打√,否打×)	2013 年领取金额(元)	是否公示(是打√,否打×)	是否清楚您应该领取多少补贴额(是打√,否打×)	计算补贴依据(A表示承包耕地面积,B表示种植面积,C表示人口数)	土地流转后补贴发放给谁(A表示原承包户,B表示实际种植者)	发放时间(年月)	如需调整发放时间,您建议?(年月)
农资综合直贴								
农作物良种补贴								
农机购置补贴					无须填	无须填	无须填	无须填

续 表

补贴种类	是否了解该政策(是打√,否打×)	2013年领取金额(元)	是否公示(是打√,否打×)	是否清楚您应该领取多少补贴额(是打√,否打×)	计算补贴依据(A表示承包耕地面积,B表示种植面积,C表示人口数)	土地流转后补贴发放给谁(A表示原承包户,B表示实际种植者)	发放时间(年月)	如需调整发放时间,您建议?(年月)
早稻订单稻谷奖励及水稻订单种子奖励					无须填	无须填	无须填	无须填
水稻机械化作业补贴(不含统防统治补贴)						无须填		

4. 您对当前粮食生产财政补贴政策是否满意?

A. 满意　　B. 较满意　　C. 一般　　D. 不满意

5. 您如果对当前粮食生产财政补贴政策不满意,主要原因?(可多选)

A. 补贴额太低

B. 跟种粮大户比,补贴太少

C. 补贴标准不公平

D. 其他,具体原因:____

____

6. 您对当前粮食生产财政补贴标准是否满意?

A. 满意　　B. 较满意　　C. 一般　　D. 不满意

7. 粮食生产财政补贴政策是否提高了您的种粮积极性?

A. 有很大提高　B. 有提高,但一般　C. 没提高

8. 您对当前粮食生产补贴额度年度增长情况是否满意?

A. 满意　　B. 较满意　　C. 一般　　D. 不满意,增长太少

9. 当地是否有涉及种粮的自然灾害保险投保财政补助政策?

A. 有,具体政策:____

____

B. 没有(包括不知道)

10. 如果有涉种粮的自然灾害保险投保财政补助政策,主要针对哪些粮食品种?

A. 早稻　　B. 晚稻　　C. 玉米　　D. 小麦

E. 其他,具体:____

11. 您认为各品种粮食的最低收购价政策,对您种植该品种粮食的意愿是否有影响?

A. 有很大影响　　B. 有影响,但不大　　C. 没影响

12. 除稻谷外,您认为需要增加哪些品种粮食的最低收购价? 可多选

A. 小麦

B. 玉米

C. 其他,请列举:____

D. 无所谓

13. 当地粮食最低收购价公布时间为______月,您认为是否需要提前?

A. 非常需要,越早越好　　B. 需要,但不是很在意

C. 不需要,根本无所谓

14. 您认为当前补贴政策是否需要整合?

A. 不需要

B. 需要,具体建议:____

____

15. 如果没有财政补贴,您是否还愿意种植粮食作物?

A. 继续种植　　B. 调减面积　　C. 改种其他

16. 当地粮食生产的财政补贴政策,是否针对种粮大户、一般种粮农户有不同的补贴标准?

A. 是,不同。请列举各补贴政策的具体差异:________________________

____

B. 相同

C. 不清楚

17. 如果享受的补贴政策与种粮大户享受的补贴政策一样，您会提高种粮的积极性吗？

A. 会　　B. 无所谓　　C. 不会

18. 您了解种粮大户的种粮收益情况吗？

A. 了解　　B. 知道一点，但不是很清楚

C. 不了解

19. 您想做种粮大户吗？

A. 不想做

B. 非常想，准备行动了

C. 有想过，但仅想想而已

20. 如果您想做种粮大户，但是一直没行动，主要原因是？（可多选）

A. 怕麻烦

B. 自己没启动资金

C. 贷款难

D. 其他，____

21. 对今后粮食生产财政补贴政策，您有哪些建议？

创新驱动浙江制造业产业结构升级的实证分析

一、研究背景和研究意义

现阶段，转变经济增长方式、优化产业结构是浙江经济“稳增长、调结构”的重要内容，产业结构调整迫在眉睫。制造业在工业体系中占据主导地位，是国民经济的支柱和基础。打造浙江制造业先进基地，走新型工业化道路，对推进制造业产业结构升级意义重大。

创新是经济增长的新驱动力，是实现产业升级与提升国际竞争力的最重要途径，而创新投入是实现创新的基础。R&D 经费内外部支出、技术改造、技术引进和消化吸收，不同类型的创新投入对促进创新的作用存在差异，因而对推进不同要素密集型产业结构升级的影响也存在差异。

浙江制造业结构升级现状如何？创新投入对制造业及不同要素密集型产业结构升级有怎样的影响？这些都是当前浙江工业化进程中亟须解决的问题。鉴于此，本项目用产业结构高度化值来衡量产业结构升级，测算浙江制造业高度化值、内部行业高度化值以及不同要素密集型产业高度化值，客观反映浙江制造业结构升级的现状，了解浙江制造业发展和产业结构升级所依靠的核心因素，从而有利于政府有针对性地制定产业政策。运用2007—2013 年浙江制造业行业面板数据，从创新投入角度出发，实证分析R&D 经费内外部支出、技术改造经费支出、技术引进经费支出和消化吸收经费支出对浙江制造业结构升级的影响，为有效配置创新投入，通过创新驱动制造业结构升级提供理论指导。

二、制造业结构升级的定量测算与分析

(一)产业结构升级的内涵

综合诸学者的观点，产业结构升级就是产业结构从较低级形态逐渐向较高级形态演进的过程，也可称为产业结构高度化的过程。产业结构升级不仅仅体现在产值比重和劳动力比重的变化上，主要是技术水平的演进，其核心是劳动生产率的不断演进。产业结构升级可以理解为在特定资源与环境条件下，按照产业结构演进规律而使产业发展的层次与水平不断提高的动态过程，是产业及其结构由低生产率、低附加值状态向高生产率、高附加值状态的演变趋势。本项目主要考虑制造业内部的结构升级。

(二)制造业产业结构升级的定量测算

1. 制造业分类

由于某些年份数据的缺失，本项目选取了浙江省规模以上工业企业23个制造业行业(除石油加工、烟草制造业等垄断性行业以及数据中有零项的行业外)，首先利用2013年两个分类指标数据：R&D经费强度(R&D经费内部支出占主营业务收入比重)和R&D人员占从业人员比重(李廉水，2012)，运用系统聚类中的Ward法，将制造业23个行业分为两类：技术密集型产业和非技术密集型产业，具体见表1。

表1　不同要素密集型产业分类表

产业类型	行业分布
技术密集型产业	金属制品业，通用设备制造业，医药制造业，电气机械及器材制造业，专用设备制造业，仪器仪表及文化、办公用机械制造业，化学原料及化学制品制造业，通信设备、计算机及其他电子设备制造业

续 表

产业类型	行业分布
非技术密集型产业	农副食品加工业，饮料制造业，塑料制品业，纺织业，皮革、毛皮、羽毛(绒)及其制品业，黑色金属冶炼及压延加工业，家具制造业，有色金属冶炼及压延加工业，橡胶制品业，纺织服装、鞋、帽制造业，造纸及纸制品业，木材加工及木、竹、藤、棕、草制品业，非金属矿物制品业，化学纤维制造业，交通运输设备制造业

2. 制造业结构升级的定量测算公式

本项目认为，产业结构升级过程就是产业结构高度化过程，因此用产业结构高度化值来衡量产业结构升级。产业结构高度化包含了两个内涵：一是比例关系的演进，二是劳动生产率的提高。从而产业结构高度化值为比例关系和劳动生产率乘积，比例关系选择增加值所占比重。

每个行业的高度化值的计算公式为：

$$H_{it} = V_{it} \times LP_{it} \tag{1}$$

产业结构高度化值计算公式为：

$$H = \sum V_{it} \times LP_{it} \tag{2}$$

式(1)中，H_{it} 表示第 $t(t = 1—7)$ 年制造业内第 $i(i = 1—23)$ 个行业高度化值，V_{it} 表示制造业内每个行业增加值所占比重，代表了其在制造业中的重要性，LP_{it} 表示劳动生产率。本项目选择各行业工业增加值与从业人员的比值计算劳动生产率。制造业高度化值为各个行业劳动生产率的加权平均之和，而制造业每个行业的高度化值为劳动生产率与其增加值所占比重的乘积。

3. 工业增加值的推算

为保证数据的一致性，本项目选择的时间跨度为 2007—2013 年。为计算每个行业增加值所占比重及劳动生产率，必须获取每个行业增加值的数据。通过数据整理发现，完整的行业增加值与总产值只有 2005—2007 年的数据，在 2008 年以后只有工业总产值数据。通过观察 2005—2007 年各行业增加值率数据，发现各行业增加值率在 2005—2007 年的变化比较稳定，于是本项目利用三年移动平均法，对浙江省制造业2008—2013年各个行业的增加值率进行估算，进而推算各行业的增加值。

4. 高度化值的测算结果及分析

根据式(1)计算制造业高度化值、各行业高度化值以及技术密集型产业和非技术密集型产业高度化值，具体的结果见表2。

表2 浙江省制造业、各行业以及不同要素密集型产业高度化值

	2007	2008	2009	2010	2011	2012	2013
制造业	11.54	10.96	11.50	14.58	17.47	19.52	20.12
非技术密集型产业	6.58	5.55	6.23	8.27	8.89	10.80	10.76
农副食品加工	0.11	0.12	0.12	0.13	0.16	0.33	0.36
饮料制造业	0.30	0.41	0.36	0.45	0.28	0.62	0.32
纺织业工业	0.93	0.98	1.03	1.11	1.36	1.48	1.61
纺织鞋帽制造业	0.35	0.26	0.27	0.33	0.34	0.55	0.60
皮革、毛皮、羽毛(绒)及其制品业	0.32	0.21	0.17	0.24	0.23	0.23	0.25
木材加工及木、竹、藤、棕、草制品业	0.19	0.09	0.10	0.23	0.15	0.15	0.16
家具制造业	0.09	0.06	0.06	0.11	0.08	0.09	0.19
造纸及纸制品工业	0.29	0.33	0.17	0.25	0.31	0.33	0.37
化学纤维制造业	0.64	0.54	0.56	0.69	0.77	0.80	0.77
橡胶制品业	0.15	0.08	0.08	0.17	0.14	0.04	0.05
塑料制品业	0.95	0.47	0.39	1.01	0.55	0.81	0.80
非金属矿物制品业制造业	0.44	0.51	0.53	0.62	0.86	1.11	1.18
黑色金属冶炼及压延加工	0.61	0.00	1.00	1.13	1.38	1.85	1.93
有色金属冶炼及压延加工	0.53	0.64	0.41	0.77	1.02	0.99	1.07
交通运输设备制造业	0.70	0.85	0.96	1.03	1.26	1.42	1.09
技术密集型产业	4.96	5.41	5.27	6.31	8.58	8.72	9.36
医药制造业	0.47	0.48	0.50	0.35	0.41	0.67	0.68
通用机械制造业	0.73	0.91	0.81	1.10	1.24	1.09	1.21
专用设备机械制造业	0.37	0.29	0.31	0.63	0.43	0.30	0.47

续 表

	2007	2008	2009	2010	2011	2012	2013
电气机械及器材制造业	0.89	1.03	1.04	1.18	1.43	1.54	1.63
仪表仪器及文化、办公用机械制造业	0.20	0.15	0.17	0.20	0.24	0.26	0.27
金属制品业工业	0.36	0.40	0.41	0.37	0.49	0.39	0.31
化学原料及化学制品制造业工业	1.49	1.82	1.79	2.14	3.91	4.05	4.38
通信设备、计算机及其他电子制造业	0.44	0.34	0.23	0.35	0.42	0.41	0.42

根据表2绘出制造业高度化值、技术密集型产业和非技术密集型产业高度化值趋势图，见图1。

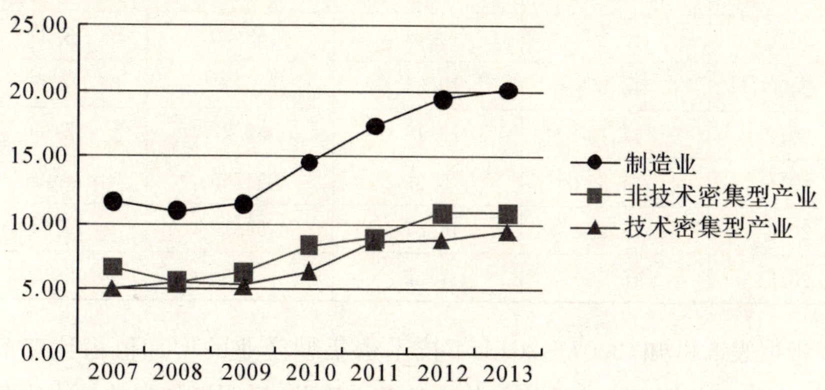

图1　2007—2013年浙江省全部制造业及不同要素密集型产业高度化值

图1呈现了浙江省制造业、技术密集型产业与非技术密集型产业的高度化值发展趋势。2007—2013年浙江省制造业高度化值均值总体呈上升趋势，高度化值均值从2007年的11.54，上升到2013年的20.12，年均增长10.62%，由此说明浙江省制造业一直处于升级的过程中，可见浙江省的制造业发展、产业政策在这阶段是卓有成效的。2008年浙江省制造业高度化值略有下降，主要是因为非技术密集型产业高度化值下降，可能是受到金融危机的影响。

从不同要素密集型产业来看，非技术密集型产业高度化值每年均高于技术密集型产业。观察图1趋势变化可知，2007—2013年技术密集型产业和非技术密集型产业的高度化值总体呈上升趋势，说明技术密集型产业和非技术密集型产业处于升级的过程中，这一阶段产业政策在这两大要素密集型产业还是有一定效果。产业结构高度化有两大内涵，一是增加值占比，表示产业的重要程度，另一个就是劳动生产率的演进。比较2007—2013年技术密集型产业和非技术密集型产业的增加值占比和劳动生产率数据，来寻找技术密集型产业和非技术密集型产业高度化值呈上升趋势的原因(表3)。

表3 2007—2013年两个要素密集型产业增加值占比和劳动生产率

	技术密集型产业		非技术密集型产业	
	增加值占比(%)	劳动生产率(万元/人)	增加值占比(%)	劳动生产率(万元/人)
2007	43.82	9.54	56.18	9.38
2008	46.30	10.14	53.70	8.38
2009	43.85	10.31	56.15	9.36
2010	44.73	12.16	55.27	12.09
2011	45.35	15.32	54.65	14.06
2012	45.28	16.37	54.72	14.81
2013	46.50	17.36	53.50	15.53

根据表3可知，2007—2013年技术密集型产业的增加值占比略有增加，而非技术密集型产业的增加值占比略有下降，说明浙江省的技术密集型产业增加值在工业中的地位上升。2007—2013年技术密集型产业劳动生产率呈现逐年上升趋势，从2007年9.54万元/人，增长到2013年17.36万元/人，增长幅度明显高于增加值比重，由此可见，技术密集型产业高度化值上升主要依靠劳动生产率的提高。2007—2013年非技术密集型产业劳动生产率也呈现逐年上升趋势，增长幅度略低于技术密集型产业。因此，无论是技术密集型产业还是非技术密集型产业，浙江省制造业高度化值上升主要是依靠劳动生产率的提高。

从制造业高度化值计算结果和计算过程可知，浙江制造业一直处于升级的过程中，制造业结构升级的核心是劳动生产率的提高，结论验证了王岳平(2004)和刘伟(2008)论述：工业(产业)结构升级的核心是劳动生产率的演进。

三、创新投入对制造业结构升级的影响

创新作为经济增长的新驱动力，是实现制造业结构升级的最重要途径。不同类型的创新投入是创新的基础，自主研发、技术改造、技术引进和消化吸收都是创新投入的重要形式，是实现技术进步、提高劳动生产率的重要途径，不同类型的创新投入对不同要素密集型产业结构升级的影响作用存在差异。本项目从创新投入的角度，实证分析不同类型的创新投入对技术密集型产业和非技术密集型制造业结构升级的影响。

（一）变量选取和数据说明

创新投入指标主要有 R&D 经费内部支出、R&D 经费外部支出、技术改造经费支出、技术引进经费支出、消化吸收经费支出。由于本项目将浙江省规模以上工业企业制造业 23 个行业分为非技术密集型产业和技术密集型产业，因此本项目先考虑从整体分析创新投入对制造业结构升级的影响，然后分别分析创新投入对这两个要素密集型产业结构升级的影响。表 4 列出了本项目的被解释变量和解释变量，时间跨度为 2007—2013 年。

表 4　模型的被解释变量和解释变量

被解释变量	各行业高度化值
解释变量	R&D 经费内部支出
	R&D 经费外部支出
	技术改造经费支出
	技术引进经费支出
	消化吸收经费支出
	R&D 经费内外部支出交互项
	技术引进经费支出与 R&D 经费内部支出交互项

本项目所用的数据均来自于《浙江统计年鉴》《浙江科技统计年鉴》，为了保证数据的一致性，选取的时间跨度为2007—2013年，由于2007—2008年R&D经费外部支出缺失，因此用科技经费外部支出代替。其他数据缺失运用平均数法和移动平均法估算。

（二）模型设定与计量检验

本项目三个基本模型设定如下：

$$lny_{it} = \gamma + \alpha_1 lnx_{1it} + \alpha_2 lnx_{2it} + \alpha_3 lnx_{3it} + \alpha_4 lnx_{4it} + \alpha_5 lnx_{5it} + \mu_{it} \quad (3)$$

$$lny_{it} = \eta + \beta_1 (lnx_{1it} \times lnx_{2it}) + \beta_2 (lnx_{1it} \times lnx_{4it}) + \mu_{it} \quad (4)$$

式中 y_{it} 表示2007—2013年浙江省规模以上工业企业制造业23个行业高度化值；x_{1it}—x_{5it} 分别表示2007—2013年浙江省规模以上工业企业制造业23个行业 *R&D* 经费内部支出、*R&D* 经费外部支出、技术改造经费支出、技术引进经费支出和消化吸收经费支出；α_1—α_5 分别表示两个模型中 *R&D* 经费内部支出、*R&D* 经费外部支出、技术改造经费支出、技术引进经费支出和消化吸收经费支出对高度化值的弹性；β_1，β_2 分别表示R&D经费内外部支出交互项对高度化值的弹性、技术引进经费支出与R&D经费内部支出交互项对高度化值的弹性。

在对原序列数据进行面板单位根检验（平稳性检验）和协整检验的基础上，对模型（3）和模型（4）进行参数估计。

（三）参数估计与结果分析

根据要素密集程度不同，制造业可以分为技术密集型和非技术密集型。首先不考虑交互项，以全部制造业、技术密集型产业、非技术密集型产业分别建立模型一。分析创新投入的不同类型对制造业结构升级的影响以及创新投入对不同要素密集型产业的作用。

1. 不同类型创新投入对不同要素密集型产业升级的作用

首先把 lnx_1—lnx_5 全体变量引入模型，利用Eviews 7.2进行参数估计，结果如表5所示。发现除了 lnx_1 对高度化值有显著影响，其他作用都不大，推测可能是由于多重共线性造成的影响，求出各变量相关系数矩阵如表 6 所示。

表 5　不同创新投入对不同要素密集型产业的模型估计结果

变量		全部制造业	技术密集型产业	非技术密集型产业
$\ln x_1$	*R&D* 经费内部支出	0.5305 * * * (4.6902)	0.4874 * * (1.9945)	0.7179 * * * (4.6578)
$\ln x_2$	*R&D* 经费外部支出	0.06526 (−0.753)	−0.056 (0.3567)	0.0248 (0.2303)
$\ln x_3$	技术改造经费支出	0.0304 (−0.308)	0.3089 (1.2118)	−0.1275 (−0.151)
$\ln x_4$	技术引进经费支出	−0.0794 (−0.889)	0.2081 (1.1367)	−0.1153 (1.1348)
$\ln x_5$	消化吸收经费支出	0.1640 * * (1.9764)	0.0527 * (1.8233)	0.1839 * (1.8942)
R^2		0.2860	0.3877	0.3000
F 统计量		12.420 * * *	6.3341 * * *	8.4433 * * *

注：* * *，* * 和 * 分别表示检验统计量的值在 1%，5%和 10%的显著性水平下显著，括号内为相应检验统计量的值。

利用 stata 求出各变量的相关系数矩阵为：

表 6　各变量相关系数矩阵

	lny					
ln$y$	1					
$\ln x_1$	0.8170	1				
$\ln x_2$	0.7853	0.7515	1			
$\ln x_3$	0.7623	0.6424	0.3321	1		
$\ln x_4$	0.7584	0.6462	0.2214	0.3311	1	
$\ln x_5$	0.7885	0.5865	0.2215	0.1013	0.2556	1

由表 6 可知，$\ln x_1$，$\ln x_2$，$\ln x_3$，$\ln x_4$，$\ln x_5$ 与被解释变量都高度相关，而 $\ln x_1$ 与 $\ln x_2$，$\ln x_3$，$\ln x_4$，$\ln x_5$ 相关系数比较高，得出 $\ln x_1$ 与其他变量存在显著相关性。为避免模型中的共线性问题，删去变量 $\ln x_1$，模型拟合如表 7

所示。

表 7　剔除 R&D 内部经费投入后的模型估计结果

变量		全部制造业	技术密集型产业	非技术密集型产业
$\ln x_2$	R&D 经费外部支出	0.1460＊＊ (1.9543)	0.2597＊＊ (2.4833)	−0.0253 (−0.1610)
$\ln x_3$	技术改造经费支出	0.1131＊ (1.6315)	0.3367＊ (1.7324)	0.4366＊＊ (2.0803)
$\ln x_4$	技术引进经费支出	0.005 (0.0548)	0.2639＊ (1.7764)	−0.0587 (−0.5303)
$\ln x_5$	消化吸收经费支出	0.1002 (1.0966)	0.1381 (0.8261)	0.1295 (0.2243)
R^2		0.1847	0.3620	0.1453
F 统计量		8.8368＊＊＊	7.2366＊＊＊	4.2507＊＊＊

从创新投入的角度看，不同类型的创新投入对制造业结构升级的影响不同。其中 R&D 经费内部支出对制造业结构升级的影响是最显著的。

结合表 5 和表 7，R&D 经费内部支出、R&D 经费外部支出、技术改造经费支出对制造业结构升级的弹性系数均显著，分别为 0.5305，0.1460 和 0.1131，说明 R&D 经费内部支出、R&D 经费外部支出、技术改造经费支出对制造业结构升级均有促进作用；而技术引进经费支出和消化吸收经费支出对制造业结构升级的弹性系数均不显著，说明技术引进经费支出和消化吸收经费支出对制造业结构升级没有明显的作用。从整体来看，浙江制造业大部分是属于非技术密集型产业，行业的技术含量较低，技术改造周期小于自主研发，因此从短期来看，技术改造对制造业结构升级具有促进作用。浙江省制造业企业目前虽然非常重视技术引进，但是关键技术难以从国外获取，大多数只是购买国外先进的技术设备，企业只注重引进而忽视了对引进技术的消化吸收，消化吸收能力的欠缺，阻碍了将引进技术转化为自身核心技术的进程，也制约了技术二次创新能力的发展，从而导致技术引进经费支出和消化吸收经费支出对制造业结构升级的作用不明显。

从不同要素密集型产业的角度来分析，无论对于技术密集型产业还是非技术密集型产业，内部 R&D 投入都是促进结构升级的重要因素，除此之外，主要依赖于技术改造经费。技术引进经费支出、消化吸收经费支出、R&D 经费外部支出对非技术密集型产业结构升级影响都不显著。因为非技术密集型产业主要依靠劳动力和资本的投入，产品的技术含量较低，企业创新更多依赖员工的工作经验驱动的工艺流程改进，从而提高劳动生产率，促进产业结构升级。技术改造的特点是成本低、周期短、见效快，从短期来看，技术改造对促进劳动生产率的作用显著，因此现阶段非技术密集型产业结构升级对技术改造的依赖明显。而技术引进经费支出和消化吸收经费支出对非技术密集型产业的结构升级影响不明显。

对技术密集型产业而言，R&D 经费内外部支出、技术引进经费支出、技术改造经费支出对结构升级均有正向的促进作用，消化吸收经费支出对技术密集型产业结构升级没有显著影响。技术密集型产业的产品技术含量高，技术发展迅猛，产品生命周期短，创新变得日益复杂，与时俱进才能支撑企业持续稳定的发展，技术密集型产业的结构升级最主要依赖于密集的内部研发活动。同时，没有企业能够完全依赖自身的 R&D 满足创新要求，从外部获取创新资源促进创新变得日益重要，外部 R&D、技术引进对技术密集型制造业企业的结构升级均有显著的促进作用。消化吸收经费支出对技术密集型产业结构升级没有明显促进作用，企业普遍存在重技术引进而忽视消化吸收现象，消化吸收能力的不足，制约了进行二次创新的能力发展，从而对技术密集型产业结构升级的作用不明显。

2. 交互项对不同要素密集型产业的影响

为进一步分析 R&D 经费内外部支出之间的交互影响对促进制造业结构升级的作用，本项目引入交互项 $\mathrm{Ln}x_1 \times \mathrm{Ln}x_2$ 和 $\mathrm{Ln}x_1 \times \mathrm{Ln}x_4$，依次对全部制造业、技术密集型产业、非技术密集型产业拟合计量模型。参数估计结果见表 8。

表 8　交互项对不同要素密集型产业的模型估计结果

变量		全部制造业	技术密集型产业	非技术密集型产业
$\mathrm{In}x_1\times\mathrm{In}x_2$	R&D 经费内外部支出交互项	0.0117 * * (1.9949)	0.0007 (0.0830)	0.0232 * * * (3.0224)
$\mathrm{In}x_1\times\mathrm{In}x_4$	R&D 经费内部支出与技术引进支出交互项	0.0094 * (1.6562)	0.0267 * * * (3.7808)	0.0041 (0.5900)
R^2		0.2178	0.3685	0.1954
F 统计量		22.0010	15.4642	12.3888

由表 8 可以看出，R&D 经费内部支出与 R&D 经费外部支出的交互项、R&D 经费内部支出与技术引进经费支出的交互项与制造业结构升级都存在显著的促进作用，意味着内部 R&D 活动与外部 R&D 活动之间存在交互作用，企业开展较强的内部 R&D 活动的同时，进行密集的外部 R&D 活动，加强与高校、科研机构与其他企业的合作，注重引进国外先进技术，有利于促进浙江省制造业结构的升级。

对于技术密集型产业而言，R&D 经费内部支出与技术引进经费支出的交互项对其结构升级有显著的正向作用，但是 R&D 经费内部支出与 R&D 经费外部支出的交互项对其结构升级作用不显著。结合表 7，说明对于技术密集型产业的行业，因技术的迅猛发展，企业加强外部 R&D 合作能促进创新，加快转型升级。通过引进国外先进技术，能促进创新，更强的内部 R&D 活动能更有效地吸收利用国外先进技术。

对非技术密集型产业而言，R&D 经费内部支出与 R&D 经费外部支出的交互项对其结构升级作用显著，R&D 经费内部支出与技术引进经费支出的交互项对其结构升级作用不显著。结合表 7，说明对于非技术密集型产业的行业，因内部 R&D 活动不足，企业没有充分利用外部技术知识的能力，仅仅依赖外部 R&D，不能有效地促进创新和转型升级。只有在较强的内部 R&D 能力前提下，与外部 R&D 合作才能起正向的促进作用。现阶段，对于非技术密集型产业的行业，更多地利用内部 R&D 和内部技术改造等手段，加快新产品的开发和品牌建设，推进产业升级。

四、研究结论与建议

(一)研究结论

1. 浙江制造业一直处于升级过程中,制造业结构升级的核心是劳动生产率的提高

从制造业结构高度化程度值的总体趋势来看,2007—2013 年浙江制造业高度化值呈上升趋势,从 2007 年的 11.54 上升到 2013 年的 20.12,技术密集型产业和非技术密集型产业的高度化均值呈上升趋势。

2. 现阶段浙江制造业处于以非技术密集型产业为主,劳动密集型向资本密集型和技术密集型发展的阶段

从浙江省 2007—2013 年制造业结构要素升级指标数据来看,技术密集型发展程度均在 7%—8%之间,说明浙江省目前的制造业结构进程还处于较低水平,但现出逐渐上升的趋势。从增加值比重来看,技术密集型产业增加值逐年增加,但目前非技术密集型产业的增加值占比仍然大于技术密集型产业增加值,表明浙江省制造业正处于劳动密集型向资本密集型和技术密集型发展的阶段。

3. 现阶段浙江制造业结构升级的关键,是行业内部高度化水平的提升

制造业结构升级内部高度化指标分成两大类型,一类为反映制造业生产要素的升级,即生产要素从主要依赖劳动为主,到主要依赖资金为主,到主要依赖技术为主演进;另一类为制造业行业内部高度化的体现,这也是制造业转型升级的两条主要路径。对于浙江制造业来说,制造业生产要素的升级与制造业行业内部高度化都很重要,但现阶段要突出关注制造业行业内部高度化的发展。

4. R&D经费内部支出对于制造业结构升级有显著的促进作用，但是目前浙江企业R&D投入仍显不足

R&D经费内部支出对于制造业结构升级有显著的促进作用，但是从R&D强度来看，浙江省制造业企业R&D投入非常低，2013年规模以上工业企业的R&D强度只有1.3%。发达国家的经验表明，企业研发经费投入只有达到其销售收入的5%以上，才有较强的竞争力，2%只能维持企业的基本生存，1%则企业极难生存。目前浙江省规模以上工业企业与发达国家2.5%—4%的水平相比差距非常明显。企业技术创新经费投入不足，制约企业创新能力的提升和发展。

5. R&D经费外部支出对于不同要素密集型产业有不同影响，对技术密集型产业制造业结构升级有显著的促进作用

R&D经费外部支出对于制造业结构升级有促进作用，从不同要素密集型产业来看，R&D经费外部支出对于技术密集型产业制造业结构升级有显著促进作用，而对非技术密集型产业制造业结构升级没有显著影响。对于非技术密集型产业，仅依赖外部R&D对促进产业升级没有作用，只有在充分的内部研发基础上进行外部研发合作才有意义。

6. 技术改造经费对促进制造业结构升级非常重要

现阶段，技术改造经费对于制造业结构升级有显著的促进作用，尤其对于非技术密集型产业。技术改造经费具有周期短、见效快的优点，被很多行业作为提高劳动生产率的首选，在短期内加强技术改造对于产业结构升级非常重要。

7. 技术引进经费和消化吸收经费对制造业结构升级没有起到应有的作用

技术引进经费支出和消化吸收经费支出对于制造业结构升级的作用不显著。我国重视创新建设的起步很晚，国内创新水平、研发能力不足，大部分都是依靠引进的国外先进技术。浙江省作为我国东部沿海经济较为发达的省份，近些年也加大了国外先进技术的引入，但企业只重视领先技术的引

进,轻消化吸收再创新,消化吸收强度不够。日本和韩国成功的经验是在技术引进的同时大幅度增加对消化吸收的投入,这两国技术引进与消化吸收费用的比例大致保持在1∶5到1∶8的水平。近几年,企业逐渐重视消化吸收能力,但浙江省规模以上工业企业引进与消化吸收费用的比例还一直在2∶1左右的水平。消化吸收费用的不足导致企业陷入"引进、落后、再引进、再落后"的恶性循环,成为许多企业失去创新动力的直接原因。浙江企业的二次创新能力和水平仍然较低,大多停滞在模仿阶段。所以我们要重视如何将引进的国外先进技术转化为本省的核心技术,增强自主品牌建设,促进产业升级。

(二)建议

1.重视教育投入和培训,全面提高劳动者素质

制造业结构升级的核心是提高劳动生产率。针对劳动生产率的提高,主要有两个方面的途径:一是提高劳动者素质;二是提升企业技术创新能力。

现阶段,浙江制造业正处于由劳动密集型向资本密集型和技术密集型发展的过程。要加快制造业结构升级的进程,必须全面提高劳动者素质。加大教育投入,积极推进素质教育,注重能力培养,倡导终身学习,逐渐从"人口红利"向"人才红利"发展。

2.继续加大研发投入,进一步提高企业自主创新能力

技术进步是提高劳动生产率的有效途径,而创新是技术进步的源泉。新技术的发展,会使制造业的产业格局、产业链高度等发生质的改变,从而改变生产方式,提高劳动生产率。实证结果表明,无论是技术密集型产业还是非技术密集型产业,研发投入对产业结构升级均有正向作用,尤其是技术密集型产业。通过不断加大研发投入,有利于进一步提高企业自主创新能力,这样才有助于提高企业劳动生产率,从而推动制造业结构升级。

3. 大力实施技术改造，进一步提升劳动生产率

技术改造具有成本低、工期短、见效快、能耗少等特点。浙江制造业主要以非技术密集型产业为主，而实证表明，技术改造投入对浙江制造业，特别是非技术密集型产业影响最大。非技术密集型产业通过技术改造，改进工艺流程，加强过程控制以及质量管理，可以较快地提升劳动生产率，从而推动制造业结构升级。

4. 加快建立以企业为主体、产学研用紧密结合的开放型技术创新体系

实证已经表明，企业内外部研发相结合有助于提高创新效率，促进产业结构升级。企业可以通过与其他企业、科研院所和高等院校合作，充分利用科研院所和高等院校的知识创新能力，充分吸收其他企业的长处，并将科研成果转化为生产力，从而提高劳动生产率，促进制造业结构升级。形成跨区域的企业、大学和科研院所、中介组织、金融机构、政府的互动机制，形成有利于创新要素流动、高效配置和创造的制度体系，加快建立以企业为主体，市场为导向，产学研用紧密结合的开放型技术创新体系，促进创新资源的互补共享，充分利用全球创新资源。

5. 加强技术引进、消化吸收再创新能力

通过实证表明，整体上浙江制造业技术引进和消化吸收投入并没有起到一定作用，这是浙江制造业重技术引进、轻消化吸收，二次创新能力缺乏而导致的。因此必须加强技术引进、消化吸收再创新能力，将技术引进、消化吸收与自主创新相结合，在技术引进、消化吸收的基础上进行二次创新，促进技术进步，提高劳动生产率，推动制造业产业结构升级。

课题负责人：陈钰芬

课题组成员：孙　鹏　陈金泽

卢荣钊　程慧琴

执　笔　人：陈钰芬　孙　鹏

截面相依面板数据模型的统计推断

一、引　言

信息化时代不断地呈现出丰富且多样的面板数据集，一方面为科学研究提供了多角度多方位思考的可能性，另一方面因时间维度及截面维度的增加也给我们分析增加了难度。面板数据分析，特别是大面板数据(这里指时间维度 T 和截面维度 N 均很大的面板数据)分析越来越受到经济、金融、生物医学、环境科学等领域的重视。面板数据固定效应模型因其能解决一部分内生性问题，反映不同个体间的差异等诸多优点，现已被广泛应用到各领域。但经典的固定效应模型对特异误差项(下文如未说明，误差项即指特异误差项)有严格的假定，既要求同一个体不同时间上误差项相互独立，也要求不同个体间误差项相互独立，即误差项不存在序列相关和截面相依。忽略序列相关和截面相依都将导致模型参数估计的非有效性以及标准误估计的有偏性。

序列相关和截面相依现象在实际中普遍存在。例如，研究世界各国经济发展时，一国当前的经济发展水平往往与前期水平有关。同时，由于全球经济一体化趋势愈演愈烈，各国经济状况往往受到其他国家的影响。因此不少学者对序列相关和截面相依面板数据进行了研究，其中以参数建模方法居多。在序列相关方面，Lillard &Willis (1978)在讨论收入函数时引入序列相关的误差项，得到更为合理的经济学结论；Baltagi & Li (1994，a，b)针对误差项服从 AR(p)或者 MA(q)过程时，基于数据变换方法得到有效的参数估计；Galbraith & Zinde (1995)将变换矩阵方法运用于误差项服从ARMA(p,q)过程的模型。在截面相依方面，Andrews (2005)考虑了由共同冲击导致的截面相依建模问题；在假定截面相依由空间经济个体之间的相互作用引起时，Anselin (1988)提出了面板 SAR 等处理截面相依的参数模型；当截面相依由未被观察到的共同冲击引起时，Coakley et al. (2002)、Pesaran (2006)以及 Bai (2009)等用共同因子模型来刻画截面相依。相对而言，在处理序列相关和截面相依的面板数据分析文献中，非参数建模方法较少。例如，Chamberlain (1982)建议在每个时期设定一个多元方程构成方程组来处理序列相关问题，类似地也可以处理截面相依问题，该方法类似于系统 GMM 估计，可以处理任意形式的序列相关或截面相依。Gonçalves (2011)提出了移动分块自助法，将误差序列相关形式放宽到 α 混合过程并允许存在任意形式的截面相依。Vogelsang (2012)给出了异方差、自相关以及空间相依情形下的稳健标准误。

虽然在已知序列相关和截面相依的形式时，参数建模更有优势，甚至能够得到估计方差的 CR 下界，但是在实际中参数建模存在诸多困难。随机的外在经济冲击带来的结构变动，导致各经济体内部变动的无规律以及彼此之间关系的不可测，从而使得在实际情形中的序列相关或者截面相依很难用一种形式去刻画。即便经济结构能在一定时期内保持稳定，因检验误差结构的方法存在理论假定，不同检验方法往往会得到矛盾的结论，对于误差形式的识别也绝非易事。因此，尽管与参数方法相比，非参数方法可能会损失估计的效率，但在实际中更受到推崇。不过，前面提到的处理序列相关和截面相依的面板数据分析文献中的非参数方法各有其局限性，例如，系统 GMM 这类非参数方法不能同时处理序列相关和截面相依问题；Gonçalves (2011)和 Vogelsang (2012)的方法虽然可以同时处理序列相关和截面相依问题，但是他们的假定过于严格，如前者要求序列相关形式满足 α 混合，后者要求所定义的残差和组内中心化解释变量乘积的部分和服从维纳过程等。

本文基于二次推断函数中的拓展得分向量，采用移动分块经验似然方法来处理序列相关和截面相依情形下的线性面板固定效应模型。二次推断函数由 Qu et al.（2000）提出，该方法能处理存在群内相关性的分层数据和纵向数据，并且在工作系数矩阵误设时检验统计量仍满足卡方分布。对纵向数据的移动分块经验似然由 Qiu & Wu（2013）提出，通过对矩方程的移动分块，使得经验似然能处理组内相关性满足混合鞅过程的纵向数据模型，既放宽了组内相关的形式又充分利用了经验似然的数据依赖置信区域等诸多优势。尽管经验似然自 Owen（1988）提出已有二十几年历史，但经验似然在面板数据分析中的应用并不多，如 Zhang et al.（2011）将经验似然应用到固定效应部分线性面板模型，但要求误差项满足独立同分布条件。经验似然与二次推断函数结合的方法更少，只有 Li & Pan（2013）将两者结合起来处理纵向数据，但只考虑了纵向数据的组内相关性。因此，为了利用非参数方法对序列相关和截面相依形式的稳健性这一优势，本文将二次推断函数中的拓展得分向量和移动分块经验似然方法结合，提出新方法——基于拓展得分向量的移动分块经验似然。新方法允许任意形式的截面相依并且只要求序列相关满足混合鞅过程，该要求在实际情形中具有较大优势。由于序列相关性往往随着时间而衰减，所以若完全不对其进行假定容易导致信息损失，同时又要保证序列相关假定的一般性，因此本文要求其满足混合鞅过程。相比序列相关，截面相依的形式更为多样，既有类似序列相关逐渐衰减的现象，如空间计量中的空间相依，又有不具备衰减性的现象，如共同因子模型。因此本文对截面相依的形式不加以任何限制。

下文的组织结构如下：第二部分详细介绍本文提出的新方法及其思想来源。第三部分给出新方法的大样本性质及证明；第四部分对提出的新方法进行统计模拟，并与 Gonçalves（2011）和 Vogelsang（2012）的方法进行比较；第五部分的实证分析中，用新方法研究 CO_2 排放量和城市化水平之间的关系，最后给出新方法的优缺点及推广方向。

二、基于拓展得分向量的移动分块经验似然

(一)截面相依的处理——拓展得分向量的构造

考虑如下固定效应模型:

$$yit = x'_{it}\beta + \alpha_i + \varepsilon_{it}, i = 1,2,\cdots,N, t = 1,2,\cdots,T, \tag{1}$$

其中 x_{it} 和 β 为 K 维列向量,α_i 为不随时间变化的个体效应,ε_{it} 为特异误差项。对式(1)做组内中心化变换有:

$$\tilde{y}_{it} = \tilde{x}'_{it}\beta + \tilde{\varepsilon}_{it}, i = 1,2,\cdots,N, t = 1.2,\cdots,T, \tag{2}$$

其中 $\tilde{x}_{it} = x_{it} - \frac{1}{T}\sum_{t=1}^{T} x_{it}, \tilde{y}_{it} = y_{it} - \frac{1}{T}\sum_{t=1}^{T} y_{it}, \tilde{\varepsilon}_{it} = \varepsilon_{it} - \frac{1}{T}\sum_{t=1}^{T} \varepsilon_{it}$。

GEE 由 Liang&Zeger(1986)提出,可以用来稳健地估计存在群内相关的纵向数据广义线性模型。其主要贡献是在原本估计的伪似然方程中引入了工作相关系数矩阵,即使在其错误设定的情况下仍能得到一致估计。但 Liang&Zeger(1986) 主要是考察群内相关性,即纵向数据的序列相关问题,这里我们借鉴 GEE 的思想针对截面之间的相依性构造如下方程:

$$U(\beta) = \sum_{t=1}^{T} \tilde{X}'_t \Omega_t^{-1}(\tilde{y}_t - \tilde{X}'_t\beta), \tag{3}$$

其中 $\tilde{X}_t = (\tilde{x}_{1t},\cdots,\tilde{x}_{Nt})'$, $\tilde{Y}_t = (\tilde{y}_{1t},\cdots,\tilde{y}_{Nt})'$, $\Omega_t = Cov(\tilde{Y}_t) = A_t^{1/2}R(\alpha)A_t^{1/2}$,$R(\alpha)$ 为假定的工作相关系数矩阵,注意到每个时刻的工作相关系数矩阵保持不变,即要求截面相依结构在所考察的时期内保持不变,A_t 为时刻 t 被解释变量的方差,即:

$$A_t = diag\{Var(\tilde{y}_{1t}),\cdots,Var(\tilde{Y}_{Nt})\}。$$

然而 Qu et al. (2000) 指出,在工作相关系数矩阵误设时 GEE 估计是非有效的。他们建议将 GEE 中假设的工作相关系数矩阵的逆用一组基矩阵表示,再利用GMM求解构造的拓展得分向量,提出二次推断函数方法(QIF),该方法是半参数有效的。借鉴 QIF 思想,我们定义截面相依的拓展得分向量

如下，

$$S_t(\beta)=\begin{cases}\tilde{X}'_t A_t^{-1/2} M_1 A_t^{-1/2}(\tilde{Y}_t-\tilde{X}'_t\beta)\\ \tilde{x}'_t A_t^{-1/2} M_m A_t^{-1/2}(\tilde{Y}_t-\tilde{X}'_t\beta)\end{cases}, \tag{4}$$

其中$\{M_1,\cdots,M_m\}$为m个基矩阵，M_1为单位阵，其余矩阵为对称矩阵且元素中只包含0或1。对于一些常见的工作相关系数结构都可用少数几个基矩阵表示，如$R(\alpha)$为可交换(CS)结构时只需两个基矩阵就可将其表示，M_2矩阵为次主对角线元素取1其余元素取0的基矩阵。

(二)序列相关的处理——移动分块经验似然

注意上文中所构造的序列将截面相依信息考虑在内，然而因其存在序列相关，不能直接用GMM或者经验似然进行求解，因此我们借鉴Qiu & Wu (2013)的移动分块经验似然方法进行模型求解。

移动分块经验似然的思想是将存在相依性的一些矩方程进行移动分块，通过分块将原本存在相依结构的矩方程转换成分块之间渐近独立但分块内部保留相依结构的分块序列，再利用经验似然方法对分块处理后的矩方程进行参数估计。本文提出基于拓展得分向量的移动分块经验似然(Moving-blocks Empirical likelihood based on extended-scores，简记为MELE)，构造如下移动分块经验似然函数：

$$LQ(\beta)=\max\left\{\overset{Q}{\underset{j=1}{\pi}} pj : pj>0,\sum_{j=1}^{Q}{}_{pj}=1,\sum_{j=1}^{Q}{}_{pj}B_j(\beta)=0\right\}, \tag{5}$$

其中$B_j(\beta)=\frac{1}{M}\sum_{t=1}^{M}S_{(j-1)L+t(\beta)}$，$Q=[(T-M)/L]+1$，$[x]$表示取整运算，$M$和$L$是依赖于$T$的正整数，$M$是分块的长度(下文简称带宽)，$L$是相邻两块起始点的距离，$L\leqslant M$，当$T$趋向无穷时，要求满足$M=o(T^{1/2})$，$L=O(M)$。

通过求解式(5)，可以得到：

$$P_j=\frac{1}{Q(1+\gamma(\beta)B_j(\beta))}, \tag{6}$$

其中为拉格朗日乘子，满足：

$$G_1(\beta,\gamma) \stackrel{\Delta}{=\!=} \frac{1}{Q}\sum_{j=1}^{Q}\frac{B_j(\beta)}{(1+\gamma'(\beta)B_j(\beta))}=0, \tag{7}$$

因此有：

$$\log LQ(\beta) = -\sum_{j=1}^{Q}\log(1+\gamma'(\beta)B_j(\beta)), \tag{8}$$

定义经验对数似然函数：

$$LQ(\beta) = -\log LQ\beta = \sum_{j=1}^{Q}\log(1+\gamma'(\beta)B_j(\beta)), \tag{9}$$

定义：

$$G_2(\beta,\gamma) \xrightarrow{\Delta} = \frac{1}{Q}\sum_{J=1}^{Q}\frac{1}{(1+\gamma'(\beta)B_j(\beta))}A'_j\gamma(\beta)=0, \tag{10}$$

这里 $A_j = \frac{1}{M}\sum_{t=1}^{M}D(j-1)L+t, D_t = (\tilde{x}'_t A_t^{-1/2}M_1 A_t^{-1/2}\tilde{x}'_t, \cdots, \tilde{x}'_t A_t^{-1/2}M_M A_t^{-1/2}\tilde{x}_t)'$。通过求解 $G_1(\beta,\gamma)=0$ 和 $G_2(\beta,\gamma)=0$ 可以解出参数 β 的估计 $\hat{\beta}$。

三、大样本性质

这部分我们给出参数估计的大样本性质，从而可以进一步做参数的假设检验。在给出渐近理论之前需要如下一些基本假设。

假设 1：β 的参数空间 Θ 为紧集，且参数真值 β_0 为 Θ 的内点。

假设 2：可积序列 $\{\{Z_{it}, \mathbb{Z}_{it}\}_{t=-\infty}^{\infty}\}_{i=1}^{\infty}$ 是阶为 $-1/2$ 的 L_2 一混合鞅序列向量，$\{\mathbb{Z}_t\}$ 是 $\mathbb{Z}$ 的 σ 一子域，$\{\mathbb{Z}_t\}$ 在 t 上非减，其中 $(x'_{1t}, \varepsilon_{1t}, \cdots, x'_{Nt}, \varepsilon_{Nt}) \stackrel{\Delta}{=\!=} zt$.

假设 3：矩阵 $\lim_{T\to\infty}\frac{1}{T}Var(\sum_{t=1}^{T}S_t(\beta_0)) = V, E[D_t] = D$

假设 4：存在 $\delta > 0$ 使得 $E\|z_t\|^{2+\delta}$ 有界，其中 $\|\cdot\|$ 为欧式范数。

假设 5：$E(u_{it} \mid X_i, \alpha_i) = 0$，其中 $X_i = (x_{i1}, x_{i2}, \cdots, x_{iT})'$.

假设 6：$rank(\sum_{t=1}^{T}E(\ddot{x}'_{it}\ddot{x}_{it})) = rank[E(\ddot{x}'_{it}\ddot{x}_{it})] = k$.

假设 2 对误差项的序列相关进行了一定的限制，它要求误差项满足混合鞅性质。混合鞅假定一方面使得序列相关形式一般化，包含了混合过程、ARMA 过程等诸多情形，同时又不像截面相依一样完全没有结构限制。假设 4 对解释变量和误差项的阶数进行了限定。假设 5 为严格外生性假设，该假设意味着误差项满足零均值假定，且任意时刻的误差项与所有时刻的解释变量无关。假设 6 保证了矩阵可逆，从而保证了解的唯一性。

定理 1 在假设 1 到假设 6 下，当 $T\to\infty$ 时(7)和(10)式以概率 1 成立，并且有解 $\hat{\beta}$ 在开球 $\|\hat{\beta}-\beta\|\leqslant T^{-1/(2+\delta)}$ 内。

定理 1　保证了参数 $\hat{\beta}$ 的一致性，这和 Qiu&Wu(2013)的结论类似。

定理 2　在假设 1 到假设 6 的条件下，当 $T\to\infty$ 时

$$\sqrt{T}(\hat{\beta}-\beta)\to N(0,\Sigma)$$

其中 $\Sigma=(D'V^{-1}D)^{-1}$。

注 1：定理 2 表明移动分块经验似然的估计 $\hat{\beta}$ 具有渐近正态性，对于有限样本，Σ 的估计如下：

$$\hat{\Sigma}=M\left\{\left[\sum_{j=1}^{Q}{}_{\hat{p}j}A'_{j}\right]\left[\sum_{j=1}^{Q}{}_{\hat{p}j}B_{j}(\hat{\beta}'_{j})(\hat{\beta})\right]^{-1}\left[\sum_{j=1}^{Q}{}_{\hat{p}j}A_{j}\right]\right\}^{-1}$$

其中 $\hat{p}_j=\dfrac{1}{Q(1+\gamma'(\beta)B_j(\beta))}$。

定理 3　假定 $\beta=(\beta'_1,\beta'_2)'$，其中 β_1 和 β_2 分别是 γ 维和 $p-\gamma$ 维向量。对于原假设 $H_0:\beta_1=\beta_1{}^0$ 的剖面经验对数似然比检验统计量，在原假设成立条件下，当 $T\to\infty$ 时，

$$W=p\gamma[2l_Q(\beta_1^0,\tilde{\beta}_2^0)-2l_Q(\tilde{\beta}_1,\tilde{\beta}_2)]\sim x_\gamma^2,$$

其中 $\tilde{\beta}_2^0$ 是 $l_Q(\beta_1^0,\beta_2)$ 关于 β_2 求极值得到的估计，$p\gamma=T/MQ$。对于有限样本，可将 X_γ^2 替换成为 F 分布，

$$W\sim\frac{\gamma(Q-1)}{Q-\gamma}F_{\gamma,Q-\gamma}.$$

根据定理 3 我们可以用来做参数的假设检验。事实上我们也可以根据定理 2 来进行假设检验。

四、蒙特卡罗模拟

(一)MELE 的模拟结果

考虑模型 $Y_{it}=x_{it}b+a_i+u_{it}, i=1,2,\cdots,N, t=1,2,\cdots,T$,其中 y_{it} 表示第 i 个体在时刻的被解释变量,相应地 x_{it} 表示解释变量,b 是未知待估参数,a_i 为个体效应,u_{it} 为误差项,这里设定 $b=3$,a_1 产生于标准正态总体。分别考虑误差项为强截面相依(情形一)和弱截面相依(情形二)两种情形,其中强截面相依由因子结构产生,弱截面相依由空间结构产生。两种情形数据产生过程如下:

情形一(因子结构):$u_{it}=0.5f_t+\varepsilon_{it}, f_t=0.5f_{t-1}+v_t, \varepsilon_{it}=0.5\varepsilon_{it-1}+v_{it}$,其中 $f_1\sim N(0,1), v_1\sim N(0,0.75^2), \varepsilon_{it}\sim N(0,0.075^2), v_{it}\sim N(0,0.075^2)$。考虑到固定效应模型设定中解释变量 x_{it} 与个体效应 a_i 之间的相关性,解释变量产生分两步,首先产生 η_{it},之后产生 x_{it}:$x_{it}=\eta_{it}+a_1, \eta_{it}=0.5gt+s_{it}, g_t=0.5g_{t-1}+\pi t, S_{it}=0.5s_{it-1+v_{it}}$,其中 $g_1\sim N(0,1), \pi_1\sim N(0.075^{)}2, S_{it}\sim N(0,0.075)^2, v_{it}\sim N(0,0.075)^2$。以上所有来自正态总体的随机变量均相互独立。

情形二(空间结构):$u_{it}=0.5u_{i,t-1+\varepsilon_{it}}, x_{it}=\eta_{it}+a_i, \eta_{it}=0.5\eta_{i,t-1+\omega_{it}}$,初值 $u_{i,1}$ 和 $\eta_{i,1}$ 来自标准正态分布。ε_{it} 和 ω_{it} 的空间相依结构产生分两步,首先对于给定的时间,产生 N 个独立同分布的标准正态随机变量,分别放置在 $\sqrt{N}\times\sqrt{N}$ 的正方形网格上,其次对这 N 个随机变量进行更新。更新规则为:对应位置随机变量加上其一阶相邻随机变量的一半,即 ε_{it} 和 ω_{it} 满足空间自相关系数均为 0.5 空间 $AR(1)$ 过程。

为了初步判断新方法的效果,我们考察情形一数据产生机制下 95% 置信区间的实际覆盖率。设定 N=10,30,50,100,500;T=50,100,200,300,500 这几种情形。选取 4 种带宽 M 和相邻分块起始点距离 L 的组合,(L=5,M=5),(L=1,M=5),(L=10,M=10),(L=1,M=10),当 L=M 时表

示分块之间不存在重叠，而当 $L=1$ 时表示分块之间重叠程度最高。每种情形重复 1000 次进行模拟，基矩阵个数取为 2，M_1 为单位阵，M_2 由迭代计算得到，计算 95% 置信区间的覆盖率列于表 1。

表 1　不同 M 和 L 下 95%置信区间覆盖率

	T \ N	10	30	50	100	500		T \ N	10	30	50	100	500
L=5 M=5	50	85.4	83.3	84.3	84.7	85.0	L=10 M=10	50	65.4	64.1	68.6	69.1	72.2
	100	91.9	91.1	90.4	91.1	90.2		100	85.6	85.5	86.2	85	84.0
	200	92.5	92.4	92.8	93.0	91.7		200	90.5	91.0	93.0	92.1	91.3
	300	92.4	93.6	94.1	94.3	94.0		300	93.0	94.2	93.2	93.5	94.8
	500	94.2	94.0	94.2	93.2	95.8		500	94.5	94.1	93.9	93.8	94.6
L=1 M=5	50	85.7	85.0	86.5	88.9	85.8	L=1 M=10	50	74.9	76.6	74.8	74.1	72.3
	100	91.4	92.8	91.1	91.9	91.4		100	88.4	88.6	88.9	88.5	88.5
	200	92.1	92.7	93.5	92.5	92.2		200	91.2	91.3	92.5	92.5	91.1
	300	93.5	93.1	93.8	92.0	93.9		300	92.3	92.5	94.1	94.1	94.0
	500	94.3	94.6	95.2	93.4	93.9		500	93.2	95.1	94.0	94.3	94.0

不难发现，对于不同 N，随着 T 的增加，实际覆盖率均越来越接近理论覆盖率，但 N 对覆盖率的影响不明显。T 较小时不同 M 和 L 组合的覆盖率均较差，T 较大时不同 M 和 L 组合的覆盖率均比较理想。可见本文的方法只适用于面板时间维度较大的情形，但对于截面维度 N 不存在明显限制。另外我们还发现，对于 T 较小时，较多的分块表现效果较好。

(二)MELE 与移动分块自助方法以及 FIXED-B 比较

据我们所知，目前能同时处理截面相依和序列相关固定效应模型的方法还不多。如移动分块自助法(下文简记 MBB)由 Gonçalves (2011)提出，通过整个截面的移动分块，既保持了截面的相依结构，也保持了块内时间维度上的相关性。该方法是目前可以处理固定效应模型中序列相关满足混合条件以及截面相依为任意形式的方法。另外，Vogelsang (2012)给出的 Fixed-b(下文简记 FIXB)检验统计量，可以针对序列相关和截面相依情形下的参数估计进行正确的统计推断。当 N 固定时，其方法允许截面相依为任意情形。因此，有必要将新方法与该两种方法进行比较。数据产生机制如上文中的情形一和情形二。情形一下 N 取 10 和 30，情形二下 N 取 9 和 25，两种情形 T 均取 300 和 500。因三种方法均涉及带宽的选择，鉴于 MBB 模拟时间长，这里只选取 L＝M＝2，5，10 三种情形。计算 95％置信区间覆盖率和相应置信区间长度列于表 2 和表 3。

表 2　强截面相依下 MELE 和 MBB 以及 FIXB 的比较

实际覆盖率				置信区间长度			实际覆盖率				置信区间长度		
N＝10				MEL			N＝30				MEL		
T＝300	MELE	MBB	FIXB	E	MBB	FIXB	T＝300	MELE	MBB	FIXB	E	MBB	FIXB
				0.080	0.097	0.099					0.047	0.076	0.076
M＝2	91.6	91.0	91.2	9	5	0	M＝2	91.3	91.7	90.9	0	2	4
				0.088	0.105	0.107					0.053	0.080	0.083
M＝5	92.3	92.5	92.1	2	0	8	M＝5	93.3	92.5	93.5	3	8	2
				0.091	0.104	0.110					0.053	0.081	0.085
M＝10	93.0	91.3	92.7	1	9	8	M＝10	94.2	93.6	92.9	3	1	6
实际覆盖率				置信区间长度			实际覆盖率				置信区间长度		
N＝10				MEL			N＝30				MEL		
T＝500	MELE	MBB	FIXB	E	MBB	FIXB	T＝500	MELE	MBB	FIXB	E	MBB	FIXB
				0.062	0.076	0.076					0.036	0.059	0.059
M＝2	92.0	90.3	90.7	4	8	9	M＝2	91.9	89.1	89.9	2	4	6
T＝300	MELE	MBB	FIXB	E	MBB	FIXB	T＝300	MELE	MBB	FIXB	E	MBB	FIXB
				0.068	0.082	0.083					0.041	0.063	0.064
M＝5	94.2	92.9	94.4	5	1	7	M＝5	94.0	91.3	92.8	1	8	7
				0.071	0.083	0.086					0.041	0.064	0.066
M＝10	93.5	93.2	94.0	5	2	0	M＝10	94.1	93.6	93.9	8	5	6

表 3　弱截面相依下 MELE 和 MBB 以及 FIXB 的比较

覆盖率				置信区间长度			覆盖率				置信区间长度		
N=9				MEL			N=25				MEL		
T=300	MELE	MBB	FIXB	E	MBB	FIXB	T=300	MELE	MBB	FIXB	E	MBB	FIXB
				0.105	0.122	0.123					0.066	0.074	
M=2	90.9	90.8	90.4	3	2	4	M=2	91.9	88.4	91.9	1	4	0.0752
				0.114	0.130	0.133					0.072	0.078	
M=5	93.3	92.6	92.5	9	6	7	M=5	93.0	93.2	92.8	9	8	0.0820
				0.119	0.129	0.138					0.074	0.079	
M=10	93.3	91.8	94.7	4	7	4	M=10	93.0	90.7	93.8	0	6	0.0835
覆盖率				置信区间长度			覆盖率				置信区间长度		
N=9				MEL			N=25				MEL		
T=500	MELE	MBB	FIXB	E	MBB	FIXB	T=500	MELE	MBB	FIXB	E	MBB	FIXB
				0.080	0.095	0.095					0.049	0.058	
M=2	90.5	90.5	90.3	9	1	9	M=2	91.4	92.4	88.7	9	1	0.0587
				0.089	0.102	0.104					0.055	0.062	
M=5	93.2	90.7	92.8	6	9	4	M=5	93.2	91.4	92.7	2	5	0.0636
				0.093	0.103	0.107					0.058	0.063	0.0652
M=10	93.7	92.3	93.0	2	7	6	M=10	94.0	93.1	93.3	4	2	4

从表 2 和 3 不难发现,从总体上看,无论是强截面相依还是弱截面相依情形,截面维度大小对覆盖率影响不明显。由于时间维度取 300 和 500 均已较大,所以两类时间下覆盖率也没有明显差异。在本文的数据产生机制下,且带宽取 2 时,三种方法的覆盖率均偏低。

与 MBB 相比,几乎所有的情形下 MELE 的覆盖率均优于 MBB。与 FIXB 相比,MELE 的覆盖率均与 FIXB 差不多,特别当 M 取 5 或 10 时两者均非常接近 95%理论覆盖率。置信区间长度 MELE 均优于 MBB 和 FIXB,长度缩短 7.6%到 39%不等。因此我们认为总体上新方法优于 MBB 和 FIXB。

考察 MELE 相比于 MBB 和 FIXB 缩短的置信区间幅度。不同截面相依强弱以及截面维度下，时间维度的变化对置信区间缩短幅度不明显，最多相差1%左右，例如截面维度为10，时间维度为300和500时，MELE相比于FIXB分别缩短18.0%和17.9%。强截面相依情形下，截面维度30时MELE缩短的置信区间长度约为截面维度10时缩短的置信区间长度的2倍，分别缩短36.8%和17.0%；相反，在弱截面相依情形下，截面维度小时置信区间长度缩短较截面维度大时多，但两者相差不大，分别缩短13.1%和11.2%。同时，强截面相依情形下MELE缩短的置信区间长度较弱截面相依情形下多。因此我们认为，MELE在大N强截面相依的实际应用中具有明显优势。

五、CO_2 排放量与城市化水平关系的实证分析

（一）实证模型提出

城市化进程伴随着产业结构等因素的调整，势必会影响到 CO_2 排放（下文如没有特殊说明，碳排放即 CO_2 的排放）。许多研究者从不同角度根据不同类型的数据对其进行了研究，但所得结论并不一致。Dietz & Rosa(1997)提出的STIRPAT模型已被广泛应用于生态、社会和经济等诸多领域。本文在现有文献如邱瑾和马青(2014)的基础上，考虑模型时间维度的大小，将STIRPAT模型进行改进，提出了针对 CO_2 总排放量的扩展STIRPAT模型，模型如下：

$$\ln I_{it} = \alpha_i + \beta_1 \ln U_{it} + \beta_2 \ln P_{it} + \beta_3 \ln A_{it} + \beta_4 \ln EX_{it} + \varepsilon_{it}$$

其中 I_{it} 代表 i 个个体时刻 t 的 CO_2 排放总量（单位千吨）；变量 U_{it} 表示城市化水平，采用城镇人口占总人口比例作为城市化水平变量；控制变量有人口总数 P_{it}、经济发展水平 A_{it}、国际贸易分工 EX_{it} 这三个变量，后两者分别用人均 GDP（2012年不变价美元/人）以及货物和服务出口占 GDP 比重来刻画。α_i 表示第 i 个个体的固定效应，ε_{it} 为模型的特异误差项。

考虑选取数据要尽可能地选取时间维度大的面板数据，又鉴于面板数

据的可获得性，我们选取了66个国家（地区）1960—2009年50年所对应的数据。数据从世界银行发展指数（在线数据库）获得并进行了整理。为了考察不同阶段各因素对碳排放的影响，本文依据2009年样本国家（地区）城市化率对其均匀分成三组，城市化水平最低组记为S_1、最高组记为S_3，介于两者之间的记为S_2。对三组数据分别进行估计能了解各城市化阶段各影响因素对碳排放的影响。

（二）模型检验及估计

首先对模型选择进行检验。在使用混合模型的原假设下，全体数据、S_1，S_2，S_3组数据面板回归模型的F统计量值分别是262.51，297.38，284.10，176.08，对应p值近似均为0，强烈拒绝原假设，表明不应使用混合模型。采用豪斯曼检验来判断模型是使用随机效应模型还是固定效应模型，在使用随机效应模型的原假设下，卡方统计量值为227.70，124.79，26.18，12.25，除了S_3组对应p值为0.0156，其余均近似为0，说明在5%的显著性水平下拒绝使用随机效应模型，因此认为采用固定效应模型最为合理。

考察误差项可能存在的序列相关和截面相依。在固定效应模型基础上，对误差项的序列相关和截面相依进行检验。首先采用Wooldridge（2002）的组内自相关检验来检验特异误差项是否存在自相关，计算发现F统计量值为96.686，42.868，75.603，369.619对应p值近似为0，说明误差项存在非常强的序列相关。为了对误差项序列相关形式有直观上的认识，本文选取全体数据组中三个国家（日本、印度、英国）FE估计的残差项做出折线图。从图1中可以看到日本、印度、英国的残差项随着时间分别呈先升后降、上升、下降的趋势，因此显然不能用单一误差结构对这三个国家的误差形式进行统一刻画，更不能对总体66个国家（地区）的误差项进行单一误差结构假定。其次，采用Friedman（1937）、Pesaran（2004）、Fress（1995）的方法分别对四组数据截面相依进行检验，12个检验统计量对应p值均近似为0，强烈拒绝不存在截面相依的原假设，因此可以认为误差项之间存在截面相依。

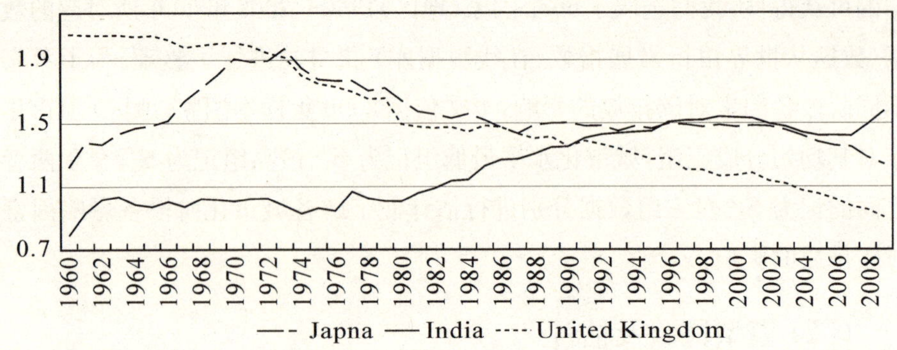

图 1 三个国家特异误差项折线图

考虑到误差项存在序列相关和截面相依，且形式未知，分别采用 MELE、MBB、FIXB 对固定效应模型进行估计，由于时间维度 50 较小，这里带宽选择 M=L=2。同时为了和忽略序列相关和截面相依的估计方法以及忽略截面相依时的方法进行比较，本文给出了经典固定效应模型估计和移动分块经验似然（下文简记 FE、MBEL），另外还给出了可行 GLS 估计（下文简记 FGLS）。具体结果列于表 4 至表 7，其中表格数据区域单元格中上方为估计的参数，下面括号内为参数 95%置信区间。从表中可以看到：首先从点估计角度来看，FGLS 估计的结果与其他四者估计的结果差别较大，其他四者相差不大，特别是 FE、MELE 以及 FIXB 估计结果是一样的。其次从系数的显著性来看，除了 S_2 组中系数 β_4 和 S2 组中系数 β_3 的显著性 MELE 与其他四种方法有差异，其余参数估计的符号和显著性都一致。另外我们也发现，在所有 16 个估计参数的置信中，最短置信区间个数 MELE 占 9 个。

（三）模型解释

本文以 MELE 的估计结果分两个层面对四个模型进行解释，首先分析各影响因素在 S_1 到 S_3 阶段对 CO_2 排放量的影响，其次分析全体和各阶段模型中各因素对碳排放的影响。

1. 各因素 S_1 到 S_3 阶段对碳排放影响。

（1）城市化水平对碳排放量的影响。三阶段城市化水平弹性系数均为正，统计显著，系数值从 S_1 到 S_3 有先增后减的趋势。说明在城市化过程中，碳排放量随着城市化水平的提高而增加，但增加的幅度在城市化初期阶段较低，在城市化中期阶段达到最大，之后城市化后期增加幅度开始减少。在所有阶段中，城市化水平对碳排放影响为正的原因有：一是城市化会影响居民的消费结构，城市化进程不仅使城市居民越来越倾向于发展型和享乐型的高碳商品，而且城市居民对非城市居民的"示范效应"也会改变农村居民的生活和消费方式，进而导致碳排放的增加。二是城市化的进程带来的耕地和林地的减少也间接导致了碳排放量的增加。另外城市化对碳排放量增加幅度出现先增后减的原因可能是城市化过程中的两种"力量"作用的结果，即产业结构等变化引起的能源消费强度增加和城市密度提高引起的居住和交通能源的节约。因此，总体上在三个时期前者力量都较后者大，但我们认为初期产业结构变化较缓慢，所以相比于中后期第一股力量作用并不大，而中后期城市化进程加快，使得能量需求大大增加，另外，后期各国对环境问题的关注，寻求发展低碳经济等导致总体城市化水平对碳排放影响较中期减弱。

(2)人口总量对碳排放量的影响。人口总量在三个模型的弹性系数均为正，统计显著，但 S_1 组人口弹性系数为 0.254，相比于 S_2 和 S_3 要小很多，但 S_3 略比 S_2 大。这说明人口增长会促进碳排放，但是在城市化初期影响较中后期小。这符合以往的研究结果，也证明了 Malthus 的观点，即人口增长会对环境造成负面影响。因 S_1 组为城市化率最低的国家(地区)，因此该国家(地区)居民对高能耗产品的消费相对较低，从而使得人口对碳排放的边际贡献较其他国家(地区)小，S3 组系数比 S_2 组系数略大也验证了这一点。

(3)人均 GDP 对碳排放量的影响。就人均 GDP 弹性而言，三模型的系数均为正，但 S_3 组数据统计不显著，这与其他方法估计的显著性不同，并且从 S_1 到 S_3 系数值不断减少。因人均 GDP 刻画了经济发展水平，说明经济发展水平对碳排放量有促进作用，但作用不断减弱，到城市化后期，经济发展对碳排放没有明显作用。原因是在城市化初期的国家(地区)经济发展水平较低，城市化后期国家(地区)经济发展水平较高，中间阶段国家(地区)介于两者之间，这从 S_1、S_2、S_3 组 50 年的人均 GDP 也可以看出，分别是 465.4、1448.6、6281.1 美元。这就验证了环境库兹涅兹曲线，即经济发展水平初期碳排放随着经济的发展而增加，后期随着经济的发展而减少。S_3 系数不显著的原因是该组国家（地区）经济较发达，部分国家已发展到库兹涅兹曲线下降阶段，而部分国家仍处在上升阶段，总效用使得经济发展对碳排放的影响不显著。

(4)货物和服务出口对碳排放量的影响。本文用货物和服务出口占 GDP 比例来描述一个国家（地区）的贸易情形，所占 GDP 比例越高，说明这个国家（地区）向其他国家（地区）出口的商品越多。该变量三个模型的弹性系数均为正，统计显著，而其他方法估计 S_2 组弹性系数不显著，另外 S_1 组系数值最大而 S_2 组系数值最小。这意味着各阶段出口都会导致当地碳排放量的增加，但城市化中间阶段的国家（地区）出口对碳排放影响最小，初期阶段的国家（地区）最大，后期阶段的国家（地区）影响其次。出现这种两头大中间小的可能原因是，城市化水平较低国家以落后的粗放型方式出口产品，出口的商品需消耗较多资源。而城市化水平较高的国家 GDP 总量大，与城市化水平中间的国家比，出口增加相同百分比意味着更多商品的输出，因此 S_3 组货物和服务出口对碳排放量的影响较 S_2 组大。

2. 四个模型中各因素对碳排放的影响

(1)从总体来看，总人口、城市化水平、经济发展水平以及货物和服务出口对碳排放都有显著正影响，但弹性系数依次减小。说明就目前全世界范围而言，人口总数的增加仍然是碳排放量增加的最主要因素，城市化进程对碳排放的作用仍然很强，全球碳排放量仍然会随着经济发展水平的提高而增加。这意味着从长期来看，全球碳排放量仍然将随着城市化进程、人口的增长以及经济的发展而不断增加。值得注意的是，因各国（地区）之间的贸易具有对等性，一国出口商品就一定有另一国进口商品，因此货物和服务出口对碳排放影响为正并不意味着在全球范围内出口会导致碳排放量增加，而仅仅表示单个国家的出口会导致本国（地区）碳排放的增加。当然还有一种可能的原因来解释出口比增加会导致全球碳排放量增加，因货物和服务出口一定程度上能反映全球贸易活动的往来，出口比越高说明贸易越多。贸易过程中货物服务的运输会消耗能源，从而导致全球碳排放量的增加。

(2)对于城市化水平初期阶段国家(地区)，经济发展和城市水平提高是引起碳排放量增加的两大主要因素，且两种作用相差不大，弹性值约是出口和总人口数弹性值的两倍。城市化发展到中期，城市化水平步入快速发展阶段，对碳排放作用急剧上升，在所考察的四个因素中处于第一并且弹性远远大于其他三项，分别是总人口弹性的3倍，人均GDP的5倍，出口百分比的35倍。在城市化后期阶段，城市化水平对碳排放作用仍处在第一位，人均GDP的增加已不对碳排放产生显著影响。原因已在上文解释，这里不再重述。

表4　全体数据五种方法求解结果

全体数据	MELE	MBB	FIXDB	FGLS	FE	MBEL
β_1	0.680	0.654	0.680	1.263	0.680	0.680
	(0.598, 0.763)	(0.561, 0.746)	(0.656, 0.704)	(1.212, 1.315)	(0.587, 0.774)	(0.531, 0.829)
β_2	0.764	0.774	0.764	0.981	0.764	0.764
	(0.708, 0.820)	(0.630, 0.914)	(0.744, 0.784)	(0.964, 0.998)	(0.690, 0.838)	(0.658, 0.870)
β_3	0.232	0.231	0.232	0.225	0.232	0.232
	(0.027, 0.437)	(0.189, 0.274)	(0.229, 0.235)	(0.219, 0.232)	(0.214, 0.250)	(0.199, 0.265)
β_4	0.189	0.186	0.189	0.062	0.189	0.189
	(0.151, 0.228)	(0.093, 0.279)	(0.117, 0.261)	(0.055, 0.069)	(0.147, 0.232)	(0.116, 0.263)

表 5 S_1 数据五种方法求解结果

S_1 组	MELE	MBB	FIXDB	FGLS	FE	MBEL
β_1	0.570	0.563	0.570	0.792	0.570	0.570
	(0.542, 0.599)	(0.459, 0.667)	(0.491, 0.650)	(0.691, 0.893)	(0.457, 0.684)	(0.490, 0.650)
β_2	0.254	0.264	0.254	0.959	0.254	0.254
	(0.209, 0.299)	(0.162, 0.366)	(0.231, 0.277)	(0.930, 0.988)	(0.142, 0.367)	(0.176, 0.333)
β_3	0.597	0.594	0.597	0.357	0.597	0.597
	(0.500, 0.695)	(0.545, 0.644)	(0.596, 0.598)	(0.315, 0.399)	(0.559, 0.636)	(0.558, 0.637)
β_4	0.337	0.327	0.337	0.121	0.337	0.337
	(0.310, 0.364)	(0.231, 0.423)	(0.279, 0.395)	(0.083, 0.158)	(0.279, 0.395)	(0257, 0.417)

表 6 S_2 数据五种方法求解结果

S_2 组	MELE	MBB	FIXDB	FGLS	FE	MBEL
β_1	1.630	1.593	1.630	1.356	1.630	1.630
	(1.627, 1.633)	(0.316, 1.870)	(1.480, 1.780)	(1.094, 1.617)	(1.372, 1.888)	(1.429, 1.831)
β_2	0.570	0.571	0.570	1.097	0.570	0.570
	(0.564, 0.576)	(0.425, 0.717)	(0.525, 0.615)	(1.045, 1.149)	(0.445, 0.695)	(0.464, 0.675)
β_3	0.232	0.232	0.232	0.174	0.232	0.232
	(0.214, 0.250)	(0.184, 0.280)	(0.231, 0.233)	(0.140, 0.208)	(0.207, 0.257)	(0.198, 0.268)
β_4	0.047	0.054	0.047	0.032	0.047	0.047
	(0.044, 0.051)	(−0.038, 0.147)	(−0.109, 0.203)	(−0.004, 0.067)	(−0.013, 0.107)	(−0.024, 0.119)

表 7 S_3 数据五种方法求解结果

S_3 组	MELE	MBB	FIXDB	FGLS	FE	MBEL
β_1	1.358	1.268	1.358	1.450	1.358	1.358
	(1.314, 1.401)	(0.737, 1.799)	(0.567, 2.148)	(1.211, 1.689)	(1.162, 1.553)	(0.990, 1.725)

续 表

S_3组	MELE	MBB	FIXDB	FGLS	FE	MBEL
β_2	0.576	0.594	0.576	0.999	0.576	0.576
	(0.541, 0.612)	(0.332, 0.856)	(0.509, 0.643)	(0.965, 1.033)	(0.418, 0.734)	(0.385, 0.767)
β_3	0.079	0.081	0.079	0.149	0.079	0.079
	(−0.149, 0.308)	(0.039, 0.123)	(0.078, 0.081)	(0.121, 0.176)	(0.051, 0.108)	(0.048, 0.111)
β_4	0.156	0.143	0.156	0.018	0.156	0.156
	(0.124, 0.189)	(−0.001, 0.287)	(0.044, 0.268)	(−0.010, 0.048)	(0.068, 0.245)	(0.049, 0.263)

六、小　结

本文有效结合二次推断函数中的拓展得分向量和移动分块经验似然方法来求解线性固定效应模型，新方法允许特异误差项存在任意形式的截面相依以及混合鞅形式的序列相关。但新方法要求截面相依形式在所考察的时间内不变。通过蒙特卡罗模拟比较发现，无论是强截面相依还是弱截面相依下，新方法较现有的方法有效，能大大提高估计精度，对于截面维度 N 很大时效果依然很好。进一步通过实例分析发现，新方法得到的结论与实际情形符合。新方法的提出使得研究者在对误差结构完全未知的情形下，可以进行较为合理的统计推断，这无疑会使得固定效应模型的运用更加广泛。当然，新方法也有不足，例如要求时间维度 T 较大，时间维度较小存在覆盖不足的问题，因此对于传统的微观面板数据，新方法不适用。另外新方法还可以对其进行适当推广：首先可以考虑存在序列相关和截面相依的双因素误差模型中；其次可以将线性模型推广到非线性或者部分线性模型；最后也可以考虑将新方法与共同因子模型、空间计量等参数方法结合。

课题负责人：邱　瑾

［参考文献］

［1］Lillard LA，Willis RJ. Dynamic Aspects of Earning Mobility［J］. Econometrica，1978，46(5)：985—1012.

［2］Baltagi BH，Li Q. A Simple Recursive Estimation Method for Linear Regression Models with AR(p) Disturbances［J］. Statistical Papers，1994，35(1)：93—100.

［3］Baltagi BH，Li Q. Estimating Error Component Models with General MA(q) Disturbances［J］. Econometric Theory，1994，10(2)：396—408.

［4］Galbraith JW，Zinde V. Transformations the Error-components Model for Estimation with General ARMA Disturbances［J］. Journal of Econometrics，1995，66(1—2)：349—355.

［5］Andrews DWK. Cross-Section Regression with Common Shocks［J］. Econometrica，2005，73(5)：1551—1585.

［6］Anselin L. Spatial Econometrics：Methods and Models［M］. Kluwer Academic Publishers，Dordrecht，1988.

［7］Rafael E，Hoyos D，Sarafidis V. Testing for Cross-Sectional Dependence in Panel Data Models［J］. The Stata Journal，2006，6(4)：482—496.

［8］Pesaran MH. Estimation and Inference in Large Heterogeneous Panels with a Multifactor Error Structure［J］. Econometrica，2006，74(4)：967—1012.

［9］Bai J. Panel Data Models with Interactive fixed Effects［J］. Econometrica，2009，77(4)：1229—1279.

［10］李楠，邵凯，王前进. 中国人口结构对碳排放影响研究［J］. 中国人口·资源与环境，2011，21(6)：19—23.

城市交通碳排放的动态仿真模拟及低碳交通发展路径优化研究
——以杭州为例

一、引　言

随着经济全球化进程的不断加快，能源短缺和由于温室气体排放造成的气候变暖问题日益凸显。交通运输作为化石燃料消耗较高的重点行业，已成为温室气体和大气污染排放的重要来源之一。从能源供给和环境容量看，交通运输的发展正面临着日益严峻的资源和环境约束，推进低能耗、低污染、低排放的低碳交通迫在眉睫。为此，交通部于2011年初决定，选择包括杭州在内的10个城市开展低碳交通运输体系建设试点工作。2012年初，又确定16个城市为第二批低碳交通试点城市，并要求试点城市将低碳试点方案纳入本地经济和社会发展规划。

杭州地处全国最具经济活力的长三角地区，在经济基础和社会发展上都具有较强的实力，也是低碳交通运输体系建设试点城市之一。但是，杭州人多地少，自然资源匮乏，环境承载容量有限。而且近年来机动车增长速度过快，给城市的能源消耗和环境带来极大的压力。最新研究结果表明，机动车、工业生产、燃煤、扬尘等是当前我国大部分城市环境空气中颗粒物的主要污染来源，占85%—90%。其中北京、杭州、广州和深圳的首要污染来源是机动车。可见，作为全国最著名的风景旅游城市之一和生活品质之城，并纳入首批低碳交通试点城市的杭州，构建低碳交通体系框架并提出节能减排和低碳发展的具体对策，已成为杭州市交通业可持续发展的一项重大而紧迫的战略任务。

二、城市交通运输发展的现状分析

(一)城际交通运输发展状况

1.城际客运总量逐年上升,但客运方式结构变化不大

(1)城际客运量。从表1可以看出,杭州市1995—2013年交通客运量总量呈逐年上升的趋势,18年间客运总量增加了119.07%。其中,民航增幅最大,增长了8.75倍,而水路交通增长较少,仅增加了61.36%。

表1　杭州市城际运输客运量

单位:万人次

运输方式 / 年份	铁路	公路	水路	民航	合计
1995	1242	14921	339	118	16620
1996	1112	15184	273	145	16714
1997	1040	15623	260	111	17034
1998	1120	15925	235	115	17395
1999	1168	16369	235	110	17882
2000	1202	17102	179	124	18607
2001	1342	18707	148	145	20342
2002	1574	19213	108	194	21089
2003	1534	19510	89	215	21348
2004	1908	20372	237	316	22833
2005	2011	21431	304	378	24124
2006	2124	22961	267	458	25810
2007	2255	24836	306	629	28026

续 表

运输方式 年份	铁路	公路	水路	民航	合计
2008	2498	25630	277	679	29084
2009	2494	26454	372	796	30116
2010	2741	29671	456	904	33772
2011	2962	30305	595	916	34778
2012	3112	31126	592	989	35819
2013	3717	30994	547	1151	36409

(2)客运方式结构。从客运方式结构来看,公路是城际客运中最主要的方式,其次是铁路运输,而水路和民航所占比例较小。具体来看,1995—2013年公路和铁路运输占城际客运总量的95%以上,其中公路客运始终是城际客运的主力军,占比一直保持在85%以上。不过近年来,公路客运占比由于铁路、民航、水路的增加而略有下降(表2)。

表2 杭州市城际客运方式结构

(%)

运输方式 年份	铁路	公路	水路	民航
1995	7.47	89.78	2.04	0.71
1996	6.65	90.85	1.63	0.87
1997	6.11	91.72	1.53	0.65
1998	6.44	91.55	1.35	0.66
1999	6.53	91.54	1.31	0.62
2000	6.46	91.91	0.96	0.67
2001	6.60	91.96	0.73	0.71
2002	7.46	91.10	0.51	0.92
2003	7.19	91.39	0.42	1.01
2004	8.36	89.22	1.04	1.38
2005	8.34	88.84	1.26	1.57

续表

运输方式 年份	铁路	公路	水路	民航
2006	8.23	88.96	1.03	1.77
2007	8.05	88.62	1.09	2.24
2008	8.59	88.12	0.95	2.33
2009	8.28	87.84	1.24	2.64
2010	8.12	87.86	1.35	2.68
2011	8.52	87.14	1.71	2.63
2012	8.69	86.90	1.65	2.76
2013	10.21	85.13	1.50	3.16

2. 城际货运总量快速增长,运输方式结构有所变化

(1)城际货运量。1995—2013 杭州市货运总量呈不断上升的趋势,18 年间货运量增长了 150.46%,年平均增加 6.31%。其中公路、水路在货运总量方面占有绝对优势,其次为铁路;而民航的货运总量极小(表 3)。

表 3 杭州市交通运输货运量

单位:万吨

运输方式 年份	铁路	公路	水路	民航	合计
1995	482	7021	2842	2	10347
1996	445	7735	2780	2	10962
1997	406	7932	2676	1	11015
1998	418	8196	2713	2	11329
1999	403	8037	3241	3	11684
2000	417	7865	3173	4	11459
2001	452	8588	3398	5	12443
2002	446	10391	3504	6	14347
2003	438	12118	4253	6	16815

续 表

运输方式 年份	铁路	公路	水路	民航	合计
2004	480	13117	5289	9	18895
2005	525	13539	5833	12	19909
2006	569	14588	5754	13	20924
2007	573	16484	5500	12	22569
2008	483	16822	5232	13	22550
2009	427	16536	5396	13	22372
2010	379	19148	6371	17	25915
2011	331	21755	6727	18	28831
2012	322	23243	6503	20	30089
2013	284	23884	6545	22	30734

(2)货运方式结构。从货运方式结构来看,公路和水路承担了杭州货运95%以上的任务,铁路和民航作为货运的补充,占比不到5%。从货运方式的结构变化来看,公路、民航货运量占比呈现逐步上升的趋势;水路的货运量占比变化不大;铁路的货运量占比逐步下降(表4)。

表4　各种货运方式占货运总量的比率

(%)

运输方式 年份	铁路	公路	水路	民航
1995	4.66	67.86	27.47	0.02
1996	4.06	70.56	25.36	0.02
1997	3.69	72.01	24.29	0.01
1998	3.69	72.35	23.95	0.02
1999	3.45	68.79	27.74	0.03
2000	3.64	68.64	27.69	0.03
2001	3.63	69.02	27.31	0.04
2002	3.11	72.43	24.42	0.04

续 表

年份＼运输方式	铁路	公路	水路	民航
2003	2.60	72.07	25.29	0.04
2004	2.54	69.42	27.99	0.05
2005	2.64	68.00	29.30	0.06
2006	2.72	69.72	27.50	0.06
2007	2.54	73.04	24.37	0.05
2008	2.14	74.60	23.20	0.06
2009	1.91	73.91	24.12	0.06
2010	1.46	73.89	24.58	0.07
2011	1.15	75.46	23.33	0.06
2012	1.07	77.25	21.61	0.07
2013	0.92	77.71	21.30	0.07

(二)城市客运发展状况

1. 城市化和机动化速度加快,促使城市交通需求大大增加

(1)城市化进程特征。伴随着全球城市化的第三次大浪潮,杭州也进入了城市化的快速发展阶段。1995—2013 年间,杭州城市人口由 191.43 万人增加到 393.88 万人,城市化率也由 1995 年的 32.01%增加到 2013 年的 55.74%,平均每年新增城镇人口 11.25 万人,平均年增长 4.09%(图 1)。预计到 2020 年,杭州的城镇化率将达到 76.42%,这给杭州未来的城市交通带来了巨大的压力。

(2)机动化发展状况。自 1995 年以来,杭州市机动车保有量总体呈快速增长的趋势,从期初的 18.42 万辆,到 2005 年突破 100 万辆,到 2013 年增加到 250 多万辆。平均每年增加 18.31 万辆,每天增加 500 辆,平均增速达到 11.32%(图 2),远远高于经济增长的速度。而机动车高增长、高强度使用、高密度集中的特点使得杭州市的交通形势十分严峻,由此带来的交通

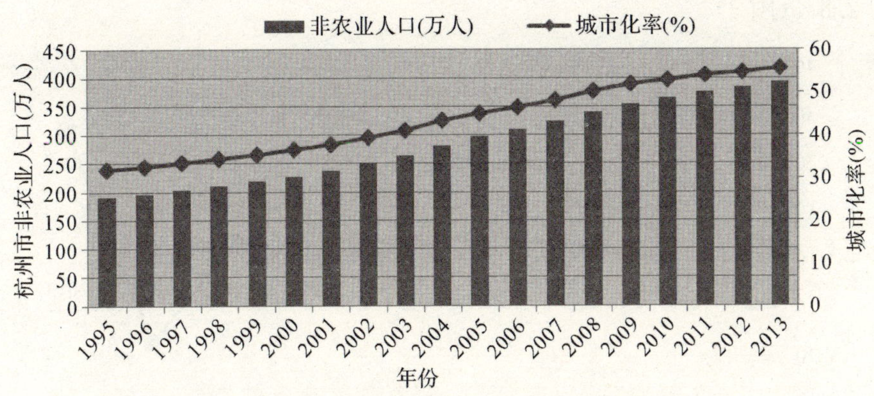

图 1　杭州市城市化人口和城市化率

能源消耗和碳排放压力也非常之大。

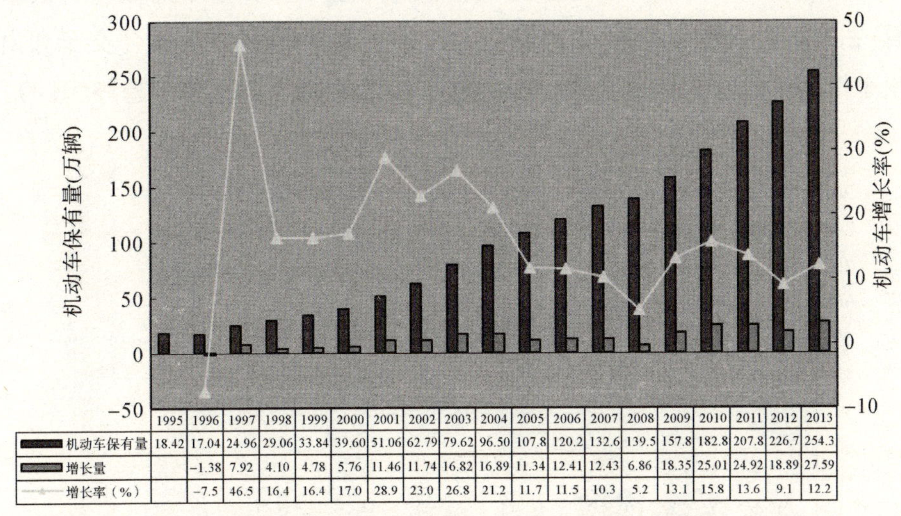

	1995	1996	1997	1998	1999	2000	2001	2002	2003	2004	2005	2006	2007	2008	2009	2010	2011	2012	2013
机动车保有量	18.42	17.04	24.96	29.06	33.84	39.60	51.06	62.79	79.62	96.50	107.8	120.2	132.6	139.5	157.8	182.8	207.8	226.7	254.3
增长量		−1.38	7.92	4.10	4.78	5.76	11.46	11.74	16.82	16.89	11.34	12.41	12.43	6.86	18.35	25.01	24.92	18.89	27.59
增长率（%）		−7.5	46.5	16.4	16.4	17.0	28.9	23.0	26.8	21.2	11.7	11.5	10.3	5.2	13.1	15.8	13.6	9.1	12.2

图 2　1995—2013 年杭州市机动车增长趋势图

2. 私家车保有量迅速上升，出行结构发生显著变化

截至 2005 年底，杭州市私家车保有量为 28.28 万辆，到 2013 年底正高达 159.36 万辆，8 年内增长了 4.64 倍，年均增长率为 24.12%，而且增长没有趋缓的迹象，甚至有快速增长的态势。与此同时，城市公交车数量的年平均增速仅为 8.7%，个别年份甚至出现了负增长；出租车的平均增长速度仅

为 2.8%(图 3)。

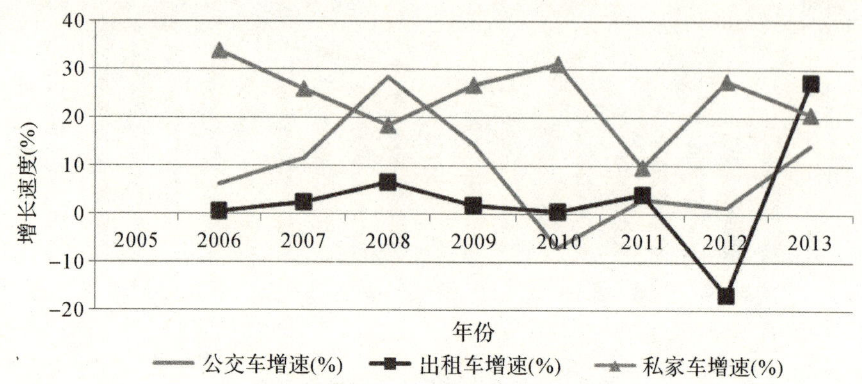

图 3　杭州城市客运交通工具增速图

从城市客运的三大交通工具:公交车、出租车和私家车的数量构成来看,私家车占了绝大多数(占城市客运交通工具的 95%以上),公交车和出租车作为城市公共交通工具,占比不到 5%,而且呈不断下降的趋势(图 4)。

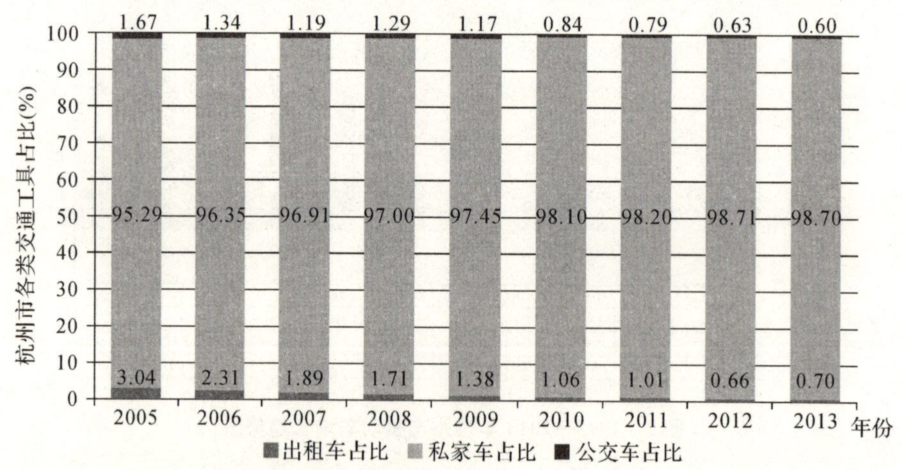

图 4　公交车、出租车和私家车数量比率图

可见,不论从增长速度还是数量占比来看,未来一段时间内私家车拥有量都呈现出持续高增长的态势,这一方面会影响城市交通的出行结构,另一方面也会导致城市交通能源消耗急速增长、交通拥堵加剧、事故频发及城市环境恶化等。

三、城市交通能源消耗碳排放的统计测度及驱动因子分解

(一)城市交通能源消耗及碳排放的统计测度

1. 交通能源消耗及碳排放的测度方法

参考《2006 年 IPCC 国家温室气体清单指南》可将移动源(交通运输)CO_2 排放的计算方法分为“自上而下”和“自下而上”两种方法计算燃料消耗,进而计算 CO_2 排放量。

(1)交通运输燃料消耗测算方法。

①方法一:基于交通运输燃料消耗的“自上而下”法

基于交通运输燃料的“自上而下”方法测算交通领域的碳排放可以根据燃烧的燃料数量及 CO_2 排放因子进行计算,公式如下:

$$E = \sum_j E_j \tag{1}$$

式中,E 为各种交通运输方式燃料消耗总量,j 为能源类型(如汽油、柴油、天然气等),E_j 为各种能源消费量。

②方法二:基于交通行驶里程(VKT)的“自下而上”法

基于交通行驶里程(VKT,Vehicle kilometers travelled)的“自下而上”法需要收集各类交通工具的保有量、行驶里程、各种燃料经济性水平(单位燃料消耗)等数据进行测算。

$$E = \sum_{i,j} [V_{i,j} \cdot S_{i,j} \cdot x_{i,j}] \tag{2}$$

式中,i 为交通工具类型(如机动车、轮船、火车、飞机等),$V_{i,j}$ 为使用燃料类型 j 的交通工具类型 i 的数量,$S_{i,j}$ 为各类交通工具使用燃料 j 每年行驶的里程,$x_{i,j}$ 为 i 类交通工具使用燃料 j 的平均燃料消耗(即单位里程能耗)。

鉴于数据资料收集的可行性,在运输方式的客、货周转量统计数据可获得时,可将式(2) 进行适当的变换,根据总换算周转量进行计算,公式如下:

$$E_{co_2} = \sum_{i,j}[T_{i,j} \cdot y_{i,j}] \tag{3}$$

式中，$T_{i,j}$、$y_{i,j}$ 分别为不同交通类型、不同燃料类型的交通工具总换算周转量及单位运输工作量能耗（即单位周转量能耗）。

参照 IPCC 指南，按照运输方式对能源消耗进行统计，其中对于杭州市营运性运输能耗，采用“自上而下”方法测算；而对于非营运运输（私家车）的能耗，则依据“自下而上”法进行测算。

（2）交通运输二氧化碳排放测算方法。以二氧化碳排放度量碳排放，仅核算交通 CO_2 直接排放，不包括由于电力使用的间接排放。依据式（1）—（3）对中国各种交通运输方式的燃料消耗量进行测算，考虑到中国能源使用特点及实际情况，根据不同能源的折算系数、排碳因子、固碳率及碳氧化率对各类能源的 CO_2 排放因子进行分解计算，进而测算中国交通运输 CO_2 排放量的方法如下：

$$E_{co_2} = \sum_{j} E_j \cdot EF_j = \sum_{i} E_j \cdot k_j \cdot ef_j \cdot (1 - cs_j) \cdot o_j \cdot (44/12) \tag{4}$$

式中，E_{co_2} 为能源消费导致的 CO_2 排放总量，E_j 为各种能源消费量，EF_j 为 CO_2 排放因子，k_j、ef_j、cs_j、o_j 和分别为能源折算系数、排碳因子、固碳率和碳氧化率（如表 5 所示），数值 44 和 12 分别为 CO_2 和 C 的摩尔量。

表 5　各种能源系数表

能源	能源折算系数（kJ/kg 或 m^3）	排碳因子（t/TJ）	固碳率（%）	碳氧化率
原煤	20908	24.74	0.02	0.900
焦炭	28435	29.41	0.02	0.928
原油	41816	20.08	1.47	0.979
燃料油	41816	21.09	1.47	0.985
汽油	43070	18.90	1.47	0.980
煤油	43070	19.60	1.47	0.986
柴油	42652	20.17	1.47	0.982

续 表

能源	能源折算系数(kJ/kg 或 m³)	排碳因子(t/TJ)	固碳率(%)	碳氧化率
天然气	38 931	15.32	1.70	0.990

注:各系数值参考《中国能源统计年鉴》《城市温室气体清单研究》和 IPCC。

2. 杭州市交通能源消耗及碳排放测算与分析

基于数据的可获得性及可行性,并与交通部《建设低碳交通运输体系指导意见》的要求相适应,所研究的城市交通包括公路、水路及城市客运三大子行业,其中城市客运是最主要的组成部分,其交通工具涉及公交车、出租车及私家车等。参考《杭州统计年鉴》、杭州市交通统计公报等有关交通运输的相关数据,测算杭州市 2005—2013 年的交通能源消耗和碳排放量如表 6 所示。

表 6 杭州市 2005—2013 年交通能源消耗和碳排放量

年份	公路		水路		公交车		出租车		私家车	
	能源消耗量(万吨标准煤)	碳排放量(万吨)	能源消耗量(万吨标准煤)	碳排放量(万吨)	能源消耗量(万吨标准煤)	碳排放量(万吨)	能源消耗量(万吨标准煤)	碳排放量(万吨)	能源消耗量(万吨标准煤)	碳排放量(万吨)
2005	46.72	114.77	10.38	25.49	11.78	24.48	18.33	36.25	21.10	41.74
2006	47.77	117.35	12.03	29.56	11.29	23.47	17.78	35.24	24.73	48.91
2007	55.81	137.10	11.50	28.26	12.98	27.12	18.09	35.86	31.16	61.63
2008	57.56	141.40	11.10	27.27	15.42	32.37	19.26	38.27	36.90	72.99
2009	91.71	225.30	10.98	26.97	19.00	39.90	20.23	40.80	46.85	92.67
2010	123.61	303.68	16.33	40.12	19.44	40.85	18.07	36.09	61.45	121.56
2011	125.59	308.54	16.98	41.71	20.14	42.12	18.58	36.97	67.43	133.39
2012	126.24	310.13	17.42	42.80	20.25	42.27	19.19	38.05	86.07	170.25
2013	126.82	311.56	17.84	43.83	23.17	48.15	24.46	48.49	103.98	205.68

测算结果表明,2005 年以来杭州各种运输方式的能源消耗和碳排放总量均呈快速上升的趋势。其中公路运输的能源消耗和碳排放量分别由 2005 年的 46.72 万吨标准煤和 114.77 万吨增加至 2013 年的 126.82 万吨

标准煤和 311.56 万吨，增长了约 1.7 倍；水路运输的能源消耗和碳排放量分别由 10.38 万吨标准煤和 25.49 万吨增加至 17.84 万吨标准煤和 43.83 万吨，增加了 70%左右；城市客运的能源消耗和碳排放量则分别由 51.21 万吨标准煤和 102.48 万吨增加至 151.60 万吨标准煤和 302.32 万吨，增加了 1.96 倍，其中私家车能源消耗和碳排放增加最为迅猛，8 年间增长了将近 4 倍。可见，由于私家车的迅猛增长给未来城市交通的能源消耗和碳排放量带来严峻的挑战，杭州市公路运输节能减排任重道远。

从杭州交通运输三大子行业的能源消耗碳排放占比及变化趋势来看(图 5、图 6)，水路的交通能耗、碳排放量是最小的，所占比例不超过 10%且略呈现下降趋势，表明水路交通这种方式是最为环保的，但在杭州市交通运输中占比一直较低；城际公路运输和城市客运的能源消耗一直占据绝大部分比重，两者占比较为接近，均在 40%左右，但其中的公交和出租运输能源消耗和碳排放量占比较低，略高于水路运输但远低于私家车。而且，不可忽视的是，私家车碳排放的未来上升势态尤为明显。

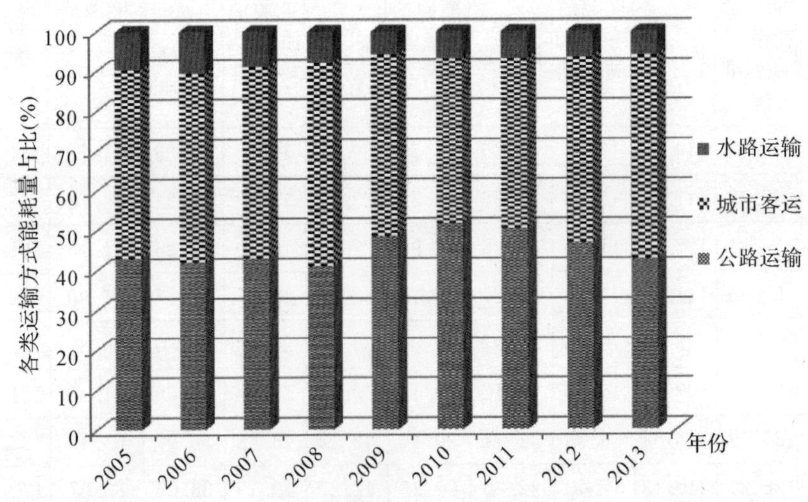

图 5　不同交通方式能耗占比图

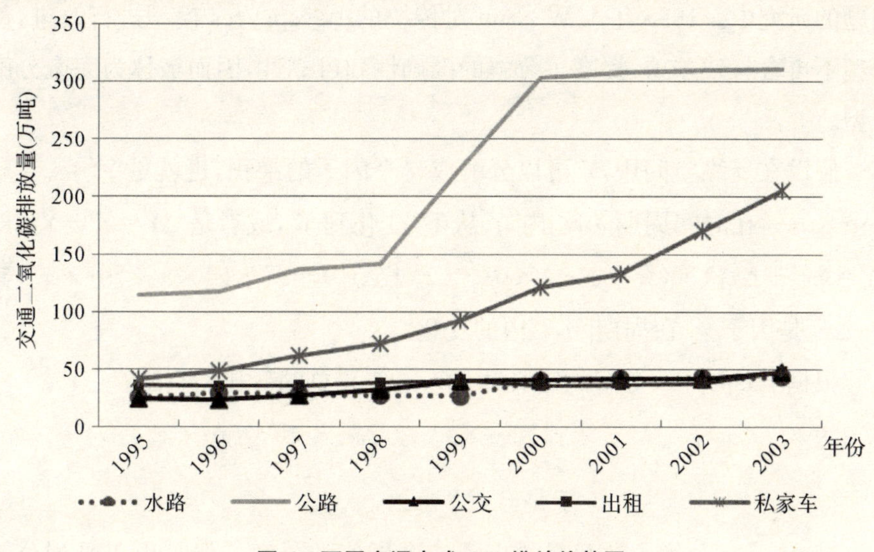

图 6　不同交通方式 CO_2 排放趋势图

(二)城市交通能源消耗的驱动因素分解

因素分解常用的方法有拉氏分解法(Laspeyres)、对数平均的 Divisa 指数(LMDI)分解法、结构分解法和 Fisher 分解法等，其中，Layspeyres 和 Divisia 分解方法是目前最常见的方法。鉴于影响交通能源消耗数据的可获得性与不同分解方法的特点，依据 Laspeyres 完全分解法考虑了所有影响因素的变动对于目标量的影响效应等优势，首先利用 Laspeyres 完全分解法，对影响交通能源消耗的驱动因素进行分解并计算各个驱动因素的贡献率，以探讨各驱动因素效应的作用机理；其次，由于影响交通碳排放的因素众多，适宜应用扩展的 Kaya 恒等式对影响碳排放的因素进行细分，而对数平均的 Divisa 指数(LMDI)法没有分解剩余且易于计算，得到的结果具有平稳性等原因，项目在扩展的 Kaya 恒等式的基础上，采用 LMDI 分解法构建分解模型，分解出碳排放的驱动因素并计算其贡献率。

1. Laspeyres 完全分解法原理

1871 年，Layspeyres 提出了以基期价格为权重的指数，主要用此方法来解决社会经济问题，1973 年第一次石油危机的爆发后逐渐被应用在能源问题的研究中。1998 年 J. W. Sun 对传统的 Layspeyres 模型进行改进，使模型不再含有残差项，提高了分解的准确性和可靠性，因而被称为完全分解模型。

假设在 n 维空间中，Y 可以分解成 n 个因子的乘积，也就是 $Y=x_1\times x_2\times\cdots\times x_n$。在时间周期[0,$t$]内，$Y$ 从 Y^0 变化到 Y^t，或者是 $\Delta Y=Y^t-Y^0$，即 $\Delta Y=(x_1^0+\Delta x_1)\times(x_2^0+\Delta x_2)\times\cdots\times(x_n^0+\Delta x_n)-x_1^0\times x_2^0\times x_3^0\times\cdots\times x_n^0$，其中，$\Delta x_i$ 是因子 x_i 在周期[0,t]内的变化。

根据 Laspeyres 分解的定义，因子 x_i 对 Y 总的变化的贡献是：

$$x_{i-effect}=x_1^0\times x_2^0\times\cdots\times x_{i-1}^0\times\Delta x_i\times x_{i+1}^0\times\cdots\times x_n^0 \tag{5}$$

$$\text{于是有：}\Delta Y=\sum_{i}^{n}x_{i-effect} \tag{6}$$

Laspeyres 分解方法只是给出了一个近似的分解。但是由于受到分解过程中残差等问题的困扰，计算结果的精确度仍需要提高。依据 Sun 给出的无残差项的完全分解 Laspeyres 方法，可以将残差项中忽略的影响因素补充到计算结果中。

在 Laspeyres 完全分解方法中，改进后的因子 x_i 对 Y 总的变化的贡献方程是：

$$x_{i-effect}=\frac{Y^0}{x_i^0}\Delta x_i+\frac{1}{2}\sum_{i\neq j}\frac{Y^0}{x_i^0x_j^0}\Delta x_i\Delta x_j+\frac{1}{3}\sum_{i\approx j\neq k}\frac{Y^0}{x_i^0x_j^0x_k^0}\Delta x_i\Delta x_j\Delta x_k+\cdots+\frac{\Delta x_1\Delta x_2\cdots\Delta x_n}{n} \tag{7}$$

2. 杭州市交通能源消耗的 Laspeyres 驱动因素分解

基于 Laspeyres 分解模型对交通部门的能源消费进行分析，某时期能源消耗可以分解为：

$$\begin{aligned}PE'&=\sum_{i=1}^{5}\frac{PE_i^1}{PE^t}\times\frac{PE^t}{GDP^t}\times GDP^t\\&=\sum_{i=1}^{5}P_i^t\times G^t\times GDP^t\end{aligned} \tag{8}$$

其中，PE 表示交通运输的能源消耗总量；PE_i（i=12,3,4,5）分别表示公路、水路、城市客运中的公交、出租车、私家车的能源消耗总量；GDP 是杭州市生产总值(以 1978 年为基期进行价格平减)。$P_i^t=\frac{PE_i^t}{PE^t}$表示不同交通方式的能源消耗结构;$G^t=\frac{PE}{GDP}$表示单位$GDP$ 的能源强度。用 P_{effect} 表示能源消耗结构的影响,G_{effect} 表示经济结构的影响,GDP_{effect} 表示经济活动的影响。

根据完全分解模型,能源消耗变化量 ΔPE 可分解如下:

$$\Delta PE = P_{effect} + G_{effect} + GDP_{effect} \tag{9}$$

其中:

$$G_{effect} = \sum_i^5 \Delta G \times P_i^{t-1} \times GDP^{t-1} + \sum_i^5 \Delta G \times \frac{\Delta P_i \times GDP^{t-1} + P_i^{t-1} \times \Delta GDP}{2} + \sum_i^5 \frac{\Delta P_i \times \Delta G \times \Delta GDP}{3} \tag{10}$$

$$GDP_{effect} = \sum_i^5 \Delta GDP \times P_i^{t-1} \times G^{t-1} + \sum_i^5 \Delta GDP \times \frac{\Delta P_i \times G^{t-1} + P_i^{t-1} \times \Delta G}{2} + \sum_i^5 \frac{\Delta P_i \times \Delta G \times \Delta GDP}{3} \tag{11}$$

$$P_{effect} = \sum_i^5 \Delta P_i \times G^{t-1} \times GDP^{t-1} + \sum_i^5 \Delta P_i \times \frac{\Delta G \times GDP^{t-1} + G^{t-1} \times \Delta GDP}{2} + \sum_i^5 \frac{\Delta P_i \times \Delta G \times \Delta GDP}{3} \tag{12}$$

根据交通能耗的分解模型,分解各影响因子的效应值和贡献率如表 7 和表 8 所示。

表 7　交通能耗消耗的 Laspeyres 分解因子效应值　　　单位:万吨

年份	P_{effect}	G_{effect}	GDP_{effect}	ΔPE
2005—2006	4.55E−15	−0.06	5.35	5.30
2006—2007	−2.49E−16	−0.06	16.00	15.93
2007—2008	1.53E−14	−0.07	10.77	10.70
2008—2009	−1.93E−14	−0.08	48.61	48.52
2009—2010	2.00E−14	−0.11	50.26	50.15
2010—2011	−3.04E−14	−0.12	9.93	9.81

续 表

年份	P_{effect}	G_{effect}	GDP_{effect}	ΔPE
2011—2012	−2.04E−14	−0.13	20.58	20.45
2012—2013	2.24E−14	−0.14	27.23	27.09
2005—2013	−8.08E−15	−0.76	188.72	187.96

表 8　交通能耗 Laspeyres 分解的驱动因子贡献率　　(%)

年份	P_{effect}	G_{effect}	GDP_{effect}
2005—2006	8.60E−14	−1.04	101.04
2006—2007	−1.57E−15	−0.38	100.38
2007—2008	1.43E−13	−0.63	100.63
2008—2009	−3.97E−14	−0.17	100.17
2009—2010	3.98E−14	−0.21	100.21
2010—2011	−3.10E−13	−1.24	101.24
2011—2012	−9.96E−14	−0.63	100.63
2012—2013	8.60E−14	−0.52	100.52
2005—2013	−4.29E−15	−0.41	100.42

根据 Laspeyres 完全分解方法对能源消耗的驱动分解结果(表 7 和表 8),能源消耗结构(P_{effect})效应很微弱,对抑制能源消耗的作用并不明显;经济结构的影响(G_{effect})对节能基本上都起着积极的负向作用,表明经济结构的调整与优化降低交通能源消耗,特别是近几年来,改变能源消耗的经济结构,多使用节能、新能源汽车对交通能源消耗起着积极有效的抑制作用;而经济活动的影响(GDP_{effect})分解结果一直为正,贡献占比最大,是驱动能源消耗的最主要因素。

(三)城市交通碳排放驱动因子分解及其影响效应分析

1. 交通碳排放因素分解的 Kaya 扩展模型

Kaya 恒等式的得名主要因为它是 1989 年日本教授 Yoichi Kaya 在 IPCC 的一次研讨会上最先提出,它通过一种简单的数学公式将经济、政策和人口等因子与人类活动产生的 CO_2 建立起联系，依据此等式建立交通 CO_2 排放的因素分解模型如下：

$$CO_2 = \frac{CO_2}{PE} \times \frac{PE}{GDP} \times \frac{GDP}{POP} \times POP \tag{13}$$

Kaya 恒等式结构简单，易于操作，已在能源与环境经济经济领域得到较为广泛的应用。但因为其考察的变量数目有限，所能得到的研究结果基本仅限于 CO_2 排放与能源、经济及人口在宏观上的量化关系。在此，引入能够表征具体行业能源消耗碳排放的特点、结构及能源效率的变量，对 Kaya 恒等式进行扩展，分解交通碳排放的驱动因子如下：

$$CO_2 = \sum_{i=1}^{5} \frac{CO_{2i}}{PE_i} \times \frac{PE_i}{PE} \times \frac{PE}{GDP} \times \frac{POP_u}{POP} \times \frac{GDP}{POP_u} \times POP \tag{14}$$

其中，CO_2 表示交通碳排放总量；PE 表示交通工具的能源消耗总量；$PE_i(i=1,2,3,4,5)$分别表示公路、水路、城市客运中的公交、出租车、私家车的能源消耗总量；POP_u、POP 分别代表杭州城镇人口和总人口。将(14)式简化为：

$$CO_2 = \sum_{i=1}^{5} co_2e_i \times peps_i \times pep \times pop_u \times gdp_u \times POP \tag{15}$$

其中 $co_2e_i = \frac{CO_{2i}}{PE_i}$ 分别表示各种运输方式的能源消耗碳排放强度；$peps_i = \frac{PE_i}{PE}$ 表示不同交通方式的能源消耗结构；$pep = \frac{PE}{GDP}$ 表示单位 GDP 的能源强度；$pop_u = \frac{POP_u}{POP}$ 表示城市化率；$gdp_u = \frac{GDP}{POP_u}$ 为城镇人均 GDP，表示城市经济发达程度。

2. 交通碳排放驱动因子的 LMDI 分解

LMDI 分解法是一种完全的、不产生残差的分解分析方法，其分解结果具有加和及乘积两种形式，且易于相互转换。

具体形式如下：设 $Y_i = X_{1i} \times X_{2i} \times \cdots \times X_{ni}$，$Y = \sum_{i=1}^{m} Y_i$ 为被分解的因素，其中 i 表示的不同分类，如不同能源品种、不同产业等。X_{ji} 则表示影响 Y_i 的第 j 种因素。若以 0 为基期，t 为报告期，当 $X_{ij}^t \neq X_{ij}^0$ 时，其乘法分解形式为：

$$D_{Xj} = exp\sum \frac{(Y_i^t - Y_i^0)/(lnY_i^t - lnY_i^0)}{(Y^t - Y^0)/(lnY^t - lnY^0)} \cdot ln\left(\frac{X_{ji}^t}{X_{ji}^0}\right) \tag{16}$$

加法分解形式为:

$$\Delta Y_{Xj} = \sum_i \frac{(Y_i^t - Y_i^0)}{(lnY^t - lnY^0)} ln(\frac{X_{ji}^t}{X_{ji}^0}) \tag{17}$$

特别的,当 $X_{ij}^t = X_{ij}^0$,$ln\left(\frac{X_{ji}^t}{X_{ji}^0}\right)$的系数为 X_{ij}^t。

由于 LMDI 分解法的加和形式和乘积形式是无差异的,从易于理解的角度,选取加和形式进行分解。

记从 0 年到 t 年的二氧化碳差值称为总效应 ΔC($\Delta C = CO_{2t} - CO_{20}$),LMDI 加法分解表达式如(18)式所示:

$$\Delta C = \Delta C_{co_2e} + \Delta C_{peps} + \Delta C_{pep} + \Delta C_{pop_u} + \Delta C_{gdp_u} + \Delta C_{POP} \tag{18}$$

ΔC 由 6 个部分组成:能源结构碳强度变化引起的能耗及碳排放强度效应 $\Delta C_{co_2e_i}$;不同交通工具能源消耗量占交通总消耗的比重,即能源消耗效应 ΔC_{peps_i};单位 GDP 的能源消耗量,即能源强度效应 ΔC_{pep};城镇化水平引起的城镇化效应 ΔC_{pop_u};城镇人均 GDP,引起经济发展效应;分别由人口数量变化引起的人口效应 ΔC_{POP}。

3. 杭州市交通碳排放驱动因子分解的实证分析

(1)数据收集及处理。基于数据的可获得性及可行性,主要对 2005—2013 年杭州交通能源消耗及碳排放进行测算。各种交通工具的能源消耗和碳排放详细数据见上文的统计测算,经济、人口等相关数据均来源于历年《浙江统计年鉴》,其中 GDP 数据均以 1978 年不变价格进行平减。

(2)实证结果分析。根据式(17)和(18)对杭州交通碳排放进行 LMDI 驱动因素分解,结果如表 9 和表 10 所示。

表 9 杭州交通碳排放驱动效应的 LMDI 分解结果 单位:万吨

年份	ΔC_{co_2e}	ΔC_{peps}	ΔC_{pep}	ΔC_{pop_u}	ΔC_{gdp_u}	ΔC_{POP}	ΔC
2005—2006	0.08	−0.14	−21.37	7.82	23.21	2.20	11.80
2006—2007	0.14	−0.37	−1.33	9.53	25.01	2.45	35.44

续 表

年份	ΔC_{co_2e}	ΔC_{peps}	ΔC_{pep}	ΔC_{pop_u}	ΔC_{gdp_u}	ΔC_{POP}	ΔC
2007—2008	0.22	−1.78	−7.62	13.05	16.09	2.36	22.32
2008—2009	0.61	4.22	73.81	11.33	20.29	3.08	113.34
2009—2010	−0.37	3.72	58.81	10.36	40.12	4.02	116.67
2010—2011	−0.32	−1.48	−30.92	10.83	37.07	5.26	20.43
2011—2012	−0.23	−5.02	−4.17	8.34	37.84	4.01	40.77
2012—2013	−0.20	−6.00	11.93	10.40	32.62	5.45	54.20
2005—2013	−0.06	−6.85	79.13	81.66	232.26	28.83	414.97

表 10　杭州交通碳排放驱动因子贡献率的 LMDI 分解结果　(%)

年份	ΔC_{co_2e}	ΔC_{peps}	ΔC_{pep}	ΔC_{pop_u}	ΔC_{gdp_u}	ΔC_{POP}
2005—2006	0.68	−1.20	−181.08	66.29	196.72	18.60
2006—2007	0.40	−1.05	−3.76	26.90	70.59	6.92
2007—2008	0.98	−7.96	−34.16	58.46	72.11	10.56
2008—2009	0.54	3.72	65.12	10.00	17.90	2.72
2009—2010	−0.32	3.19	50.41	8.88	34.39	3.45
2010—2011	−1.57	−7.24	−151.34	52.98	181.43	25.73
2011—2012	−0.55	−12.32	−10.24	20.45	92.81	9.84
2012—2013	−0.36	−11.06	22.00	19.19	60.18	10.06
2005—2013	−0.01	−1.65	19.07	19.68	55.97	6.95

由表 9 和表 10 可知，能源强度效应(ΔC_{pep})、城镇化水平引起的城镇化效应(ΔC_{pop_u})、经济发展效应(ΔC_{gdp_u})是杭州交通运输碳排放的三个主要决定因素。2005—2013 年，杭州市交通能源结构碳强度的上升导致交通 CO_2 排放量下降了 0.06 万吨；不同交通工具能源消耗量占交通总消耗的比重下降导致交通 CO_2 排放量下降了 6.85 万吨；单位 GDP 的能源消耗的影响导致交通 CO_2 排放量增加了 79.13 万吨；城镇化水平的提高、单位城镇人口 GDP 的上升及人口数量变化分别导致交通 CO_2 排放量增加了 81.66 万吨、232.26 万吨和 28.83 万吨。

四、城市交通能源消耗碳排放SD动态仿真模拟及情景优化

系统动力学（system dynamics，SD）方法是麻省理工学院的 Jay W. Forrester 教授于 20 世纪 60 年代创立的一门研究复杂系统动态变化的科学方法，该方法注重系统内部结构和反馈机制，是一种定性——定量——定性，逐渐深化推进，分析和解决问题的方法，此方法在处理非线性、多变量、多反馈的复杂系统问题方面具有无可比拟的优势。交通环境系统是一个复杂的大系统，而且系统各因素之间相互影响、相互作用，整个交通环境系统不仅是复杂的，而且是动态的，引入该理论进行建模不但克服了传统模型考虑系统因素较少的缺点，还可以更有效地模拟系统。

（一）系统动力学理论介绍

系统动力学理论运用系统结构决定系统功能的原理，将系统构建为结构、功能的因果关系图式模型，利用反馈、调节和控制原理进一步设计反映系统行为的反馈回路，最终建立系统动力学模型，并借助计算机对此模型进行模拟实验。

（1）因果回路图

因果回路图（causal loop diagrams）用来描述相互关联的系统，并用仿真语言 Dynamo 来定量仿真系统的动态变化特性。在因果回路图中包括因果箭、因果链和反馈回路三部分。

（2）存量流量图

存量流量图是一种直观明晰的图形表示法，明确系统反馈回路，可以更加深入研究系统。在存量流量图中主要包括以下变量：

①状态变量：描述系统积累效应的变量称为状态变量，反映对时间的积累。在存量流量图中，用 [L] 表示状态变量。

②速率变量：反映系统的状态变量变化快慢的变量称为速率变量，速率

变量的输出控制着状态变量的增减变动，速率变量是状态变量与参变量的函数，用 来表示。

③辅助变量：在决策过程中，充当状态变量和速率变量之间载体和转换过程的中间变量。

④常量变量：在整个系统研究过程中变化微小或基本不变的变量。

⑤影子变量（外部变量）：变量的变化是由系统外部因素引起的，不是由系统内部其他变量引起的。

⑥表函数：描述用一般函数或辅助变量无法定义的变量间的非线性关系的函数称为表函数。

（二）交通能源消耗与碳排放系统边界确立及因果回路图

依据系统论原理和交通能源消耗碳排放的驱动因素分解结果，一个完整的城市客运交通能源消耗碳排放系统不仅包括各类交通工具的能源消耗与碳排放量，而且还包括城市人口、经济、社会环境、消费政策和各类交通运输工具的保有量等模型。鉴于水路能耗及碳排放占比低，且城市交通公路运输中很大部分涉及城际运输，基于数据资料的可收集性，本部分内容主要针对城市客运机动车辆的能源消耗和碳排放。居民收入、能源消耗与政府的交通政策构成了该系统的输入，输出是以二氧化碳衡量的排放量及以出行量衡量的为居民提供的出行服务，具体内容如下图 7 所示。

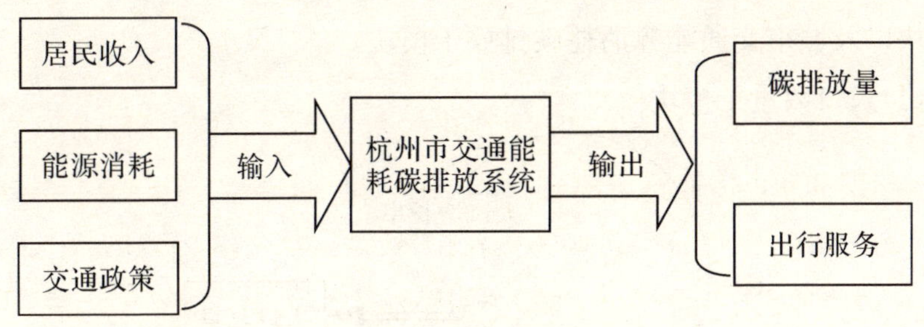

图 7　系统边界

进一步将城市交通能源消耗碳排放系统划分为三个子模块：人口数量子模块、城市交通发展子模块以及城市交通能源消耗碳排放子模块。城市交通能源消耗碳排放系统的主要因果回路图如图 8 所示：

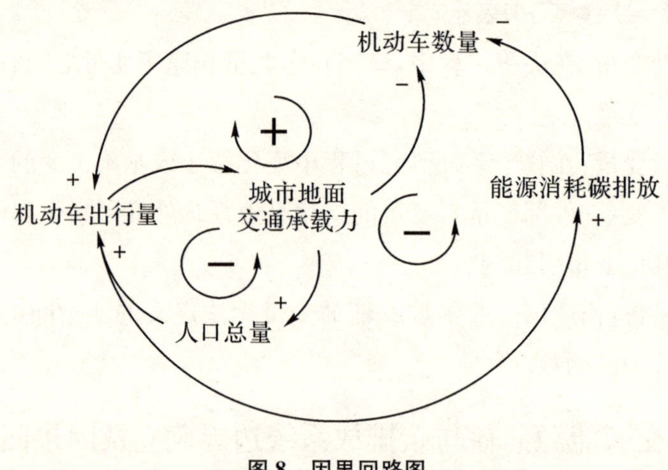

图 8 因果回路图

(三)城市交通能源消耗碳排放 SD 动态仿真模型构建

SD 模型的仿真模拟、预测期间为 2005—2020 年，时间间隔为 1 年。其中，2005—2012 年对 SD 模型进行模拟，进而确定系统参数和对模型进行检测；2012—2020 年对 SD 模型进行情景设置和优化设计。

1. SD 模型存量流量图

该城市交通系统可以分为三个子模块：人口数量子模块、城市交通发展子模块以及城市交通能源消耗碳排放子模块。

(1)人口数量子模块。

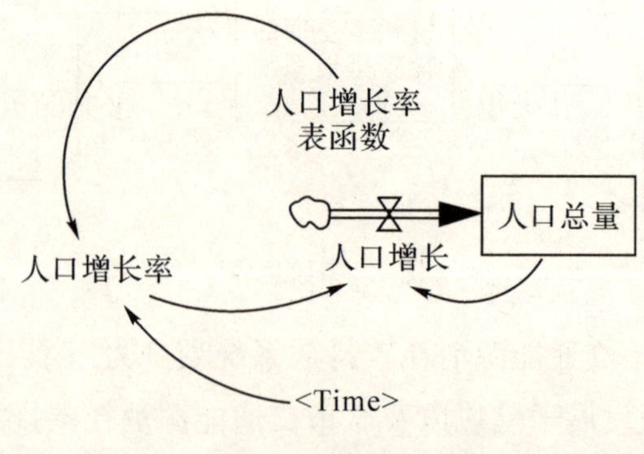

图 9 人口数量流图

人口数量子模块包括 1 个状态变量、1 个表函数、1 个速率变量、1 个辅助变量。

(2)城市交通发展子模块

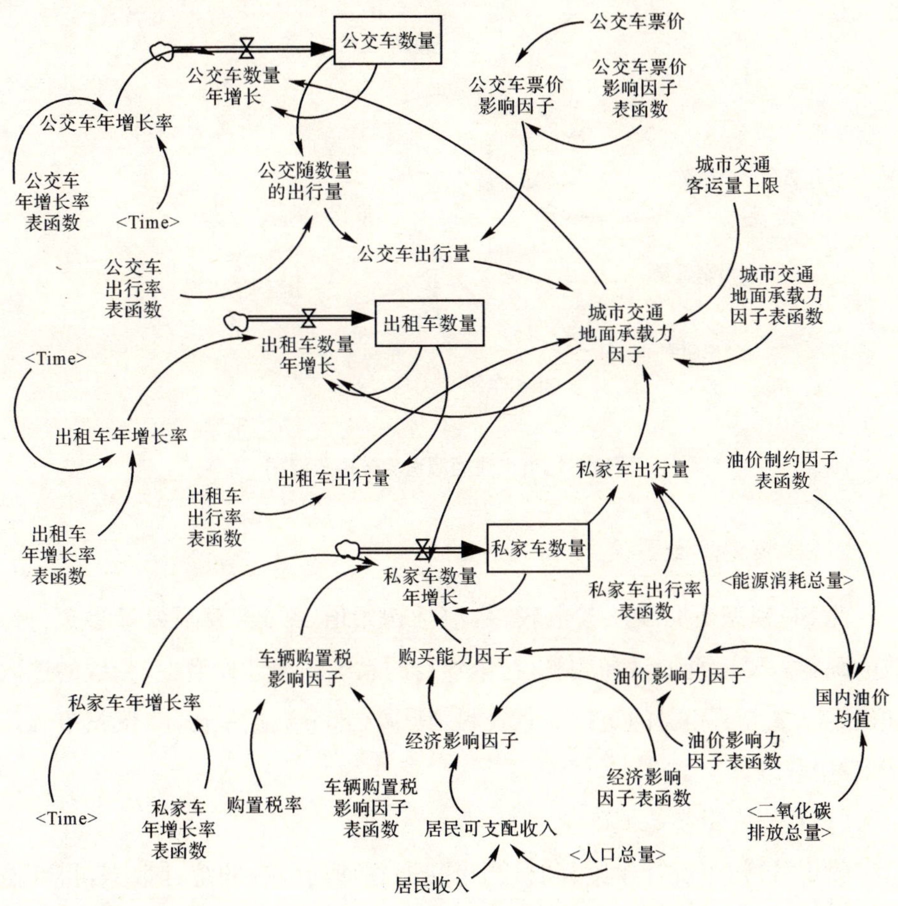

图 10　城市交通发展流图

城市交通发展子模块包括 3 个状态变量、3 个速率变量、14 个辅助变量及 12 个表函数、4 个常数。

(3)城市交通能源消耗碳排放子模块

城市交通能源消耗碳排放子模块包括 8 个辅助变量、9 个常量、3 个外部变量。

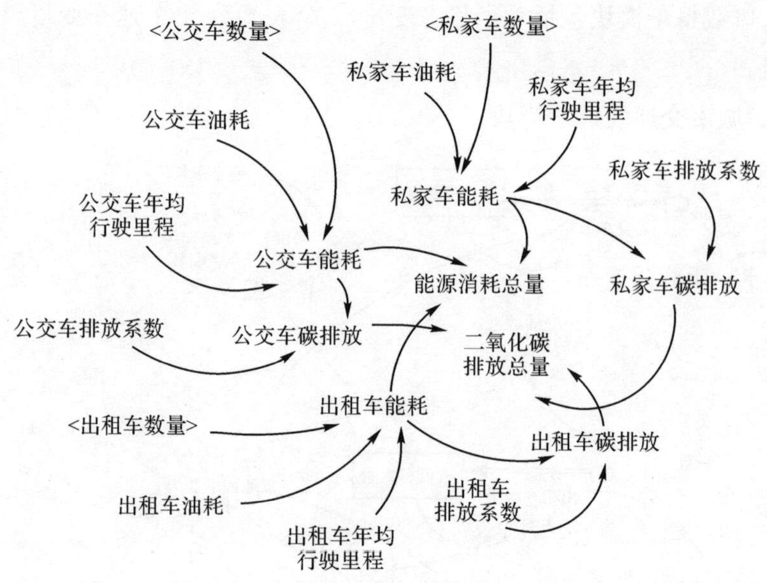

图 11　城市交通能源消耗碳排放流图

2. SD 模型参数界定

此 SD 模型研究涉及参数较多，包括初始值、常数、表函数等参数。参数的确定需要反复调试和测算，在本项目的系统动力学模型中，参数的选取和确定时参考了相关的统计文献资料，其中大部分数据从历年《杭州市统计年鉴》中获取。

(1)状态变量初始值确定

收集《杭州市统计年鉴》和杭州市交通管理局公布的统计数据，得到该 SD 模型的状态变量初始值，如表 11 所示。

表 11　状态变量初始值

变量名	初始值	单位
私家车数量	323401	辆
出租车数量	8320	辆
公交车数量	5650	辆
人口总量	660.45	万人

(2)常数值的确定

参考相关文献和《杭州市统计年鉴》,城市客运交通系统的常数值取值如表12所示:

表12　城市客运交通SD模型常数值

变量名称	单位	常数值
公交车票价	元	1.5
购置税率	Dmnl	10%
城市交通客运量上限	万人次	600000
公交车排放系数	千克/升	2.75
公交车油耗	升/千米×辆	0.03
公交车年均行驶里程	千米	20000
私家车排放系数	千克/升	2.75
私家车油耗	升/千米×辆	0.08
私家车年均行驶里程	千米	24000
出租车排放系数	千克/升	2.75
出租车油耗	升/千米×辆	0.08
出租车年均行驶里程	千米	90000

3.城市交通能源消耗碳排放SD仿真建模

利用Vensim-PLE软件,依据所建立的城市客运交通SD模型对交通能耗碳排放进行仿真模拟,结果如图12和图13所示。

(四)城市交通能源消耗碳排放的情景仿真预测与优化设计

1.情景设置

根据杭州市"十二五"的交通规划,预计在"十二五"期末公交车数量要增加到9040辆,并使期末公共交通出行分担率达到40%。同时,依据私家车限购和不限购情形下所估算的私家车年增长率15%和22%,设计两种不同的情景,通过SD模型来模拟预测:

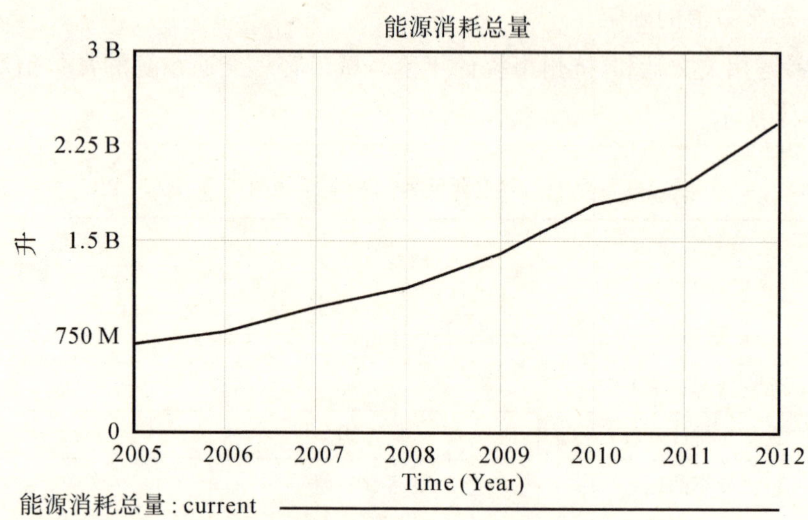

图 12　能源消耗总量仿真图

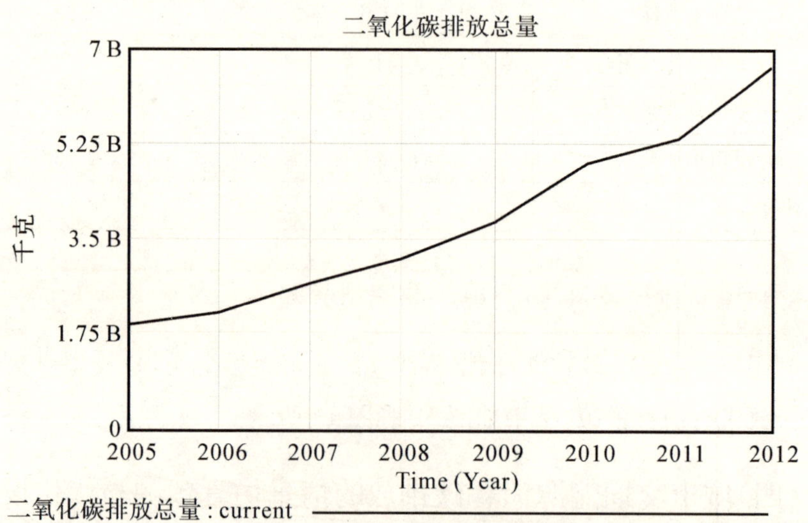

图 13　二氧化碳排放总量仿真图

情景一：不考虑“十二五”规划，既不提高公共交通分担率，也不对公交车数量调整，即公交车数量按目前增长率增长。

情景二：依照“十二五”规划要求，提高公共交通分担率，将公交车数量增至“十二五”末期 9040 辆左右。

在两种情景下，可以通过控制以下参数，来设计方案：

(1)私家车的年增长率。

(2)私家车的油耗。

则在每个情景下，共有 4 个方案，分别可以降低私家车的油耗及控制私家车的年增长率，方案如表 13 所示：

表 13　不同方案设置

方案	私家车油耗	私家车年增长率
方案 1	8	22%
方案 2	8	15%
方案 3	6	22%
方案 4	6	15%

2. 杭州市交通能源消耗与碳排放情景预测与优化设计

(1)情景预测。运用 Vensim-PLE 软件，在情景一、二的 4 种方案下分别预测出杭州市 2012—2020 年交通能源消耗和碳排放量，结果如图 14 至图 17 所示。

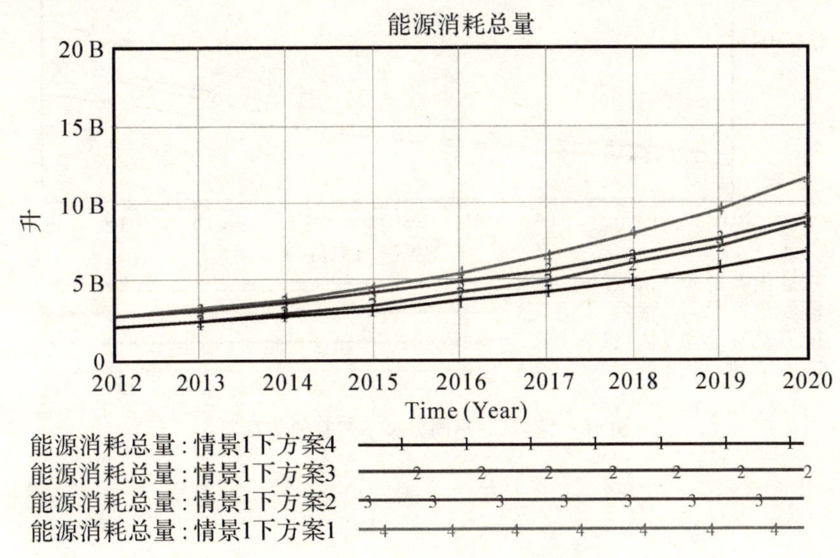

图 14　情景一：不同方案下能耗的仿真图

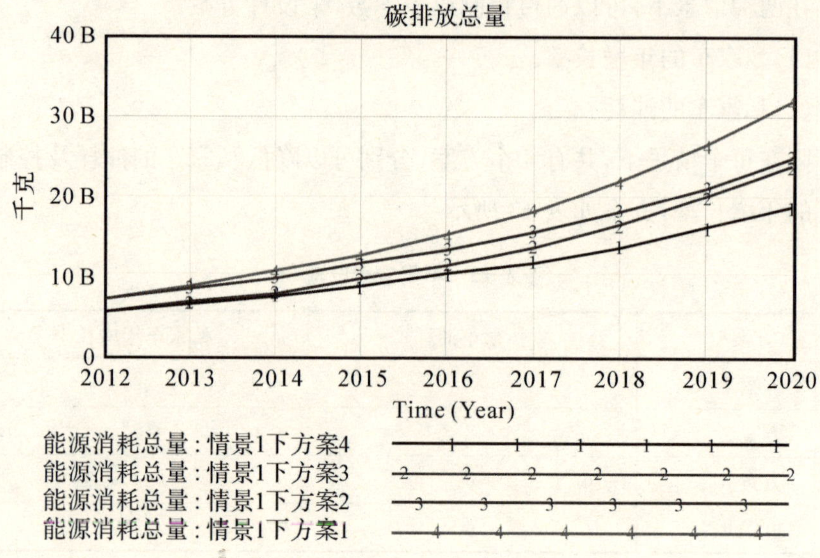

图 15　情景一:不同方案下碳排放的仿真图

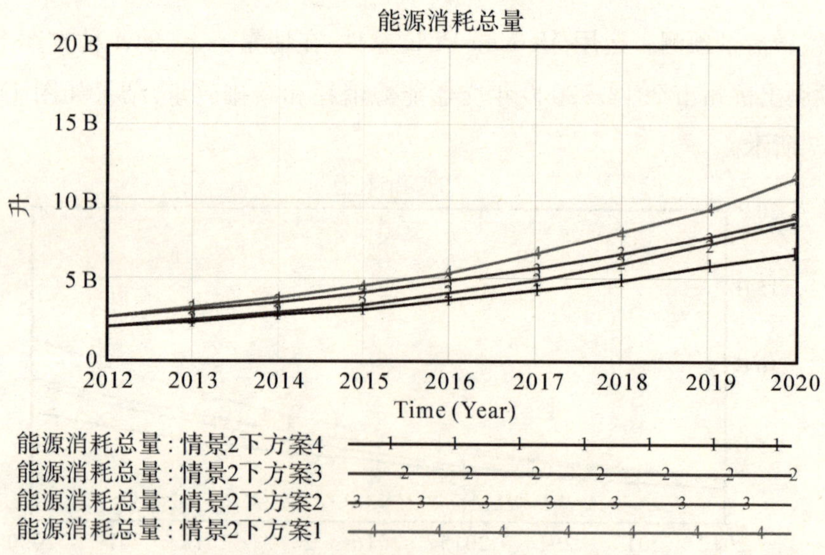

图 16　情景二:不同方案下能耗的仿真图

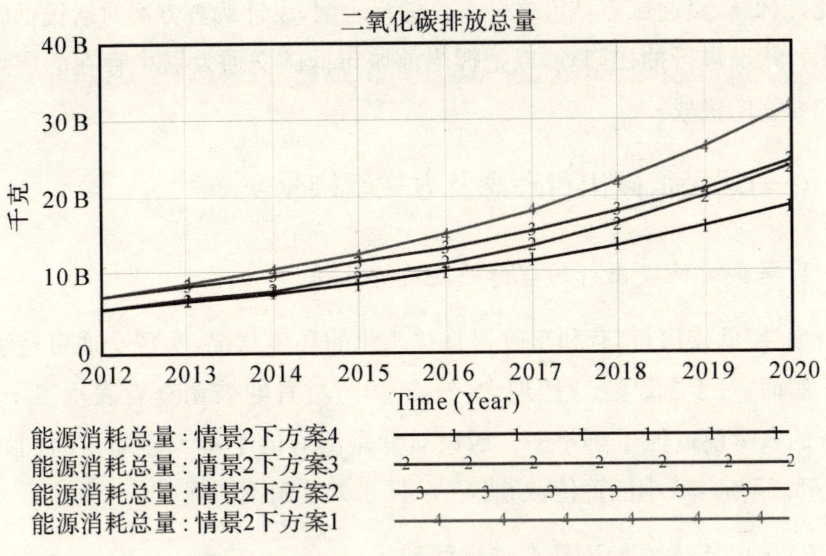

图 17 情景二：不同方案下能耗的仿真图

结果表明，两种情景中城市交通能源消耗、碳排放量最低的均是方案4，即同时降低私家车油耗系数和控制私家车数量增长率。

(2)不同情景的最佳方案比较分析。比较图 15 与图 17，对比两种情景下最佳方案的交通能源消耗及碳排放结果，可知两种情景下最佳方案的能耗及碳排放量相差不大。因此，既增加公交车数量又提高公共交通分担率的情景，并不会大幅增加能耗及碳排放量。在情景一和情景二下，可知降低私家车油耗系数(方案 3)和限购时控制私家车增长率 15%(方案 2)均对节能减排起一定的作用。

五、城市低碳交通发展的问题与挑战

城市交通能源消耗碳排放的测度结果表明，私家车能源消耗碳排放占比远超于城市公共交通，这与机动车的迅猛增加及居民出行方式的选择等因素息息相关。居民对低碳交通的认知，出行理念及方式选择，对低碳出行系列措施的意愿和态度等将直接影响低碳交通的发展和政策的实施效应。

为此,以低碳交通试点城市之一——杭州为例,设计调查方案对居民低碳交通出行状况进行抽样调查,以把握当前城市低碳交通发展中存在的焦点问题和面临的挑战。

(一)居民低碳出行理念及方式亟待改变

1. 居民对低碳出行的理念缺乏足够认识

倡导"低碳出行"有利于改善日益恶化的环境状况,实现交通可持续发展。然而,对于"低碳出行"理念,只有 10%左右的被调查者表示很了解,45%的人听说过但了解不多。居民对低碳出行的了解大多通过新闻媒体(占 65.83%),从小区宣传、亲朋好友、同事处了解到的极少。

2. 居民低碳出行还存在许多障碍

目前只有 32.56%的居民能在认可低碳绿色出行理念的基础上做到尽量低碳出行,而 49.9%的居民尽管考虑过但很难做到,另有 20%以上的居民出行时未考虑这一问题(图 18)。而阻碍居民"低碳绿色出行"的主要障碍有:基础交通设施不完备、攀比、道路设计不合理阻碍非机动车的通行、缺少有效引导等因素。

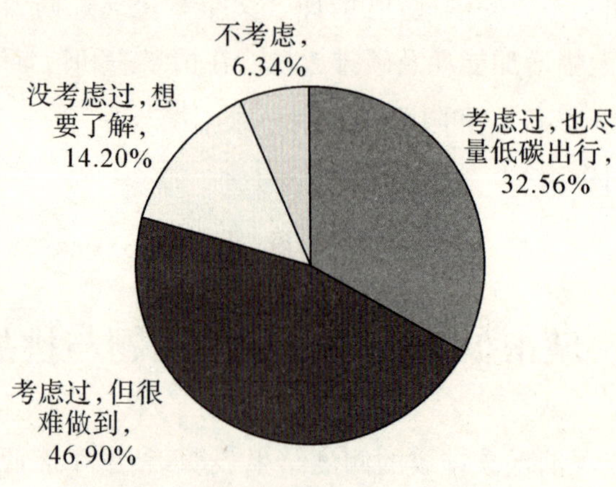

图 18 居民"低碳出行"的实施情况

3. 私家车出行比例高且排量偏大

随着居民生活水平日益提高，追求的交通工具也逐步多元化，但不可轻视的是选择以私家车作为主要出行方式的比例高达 35%以上（图 19），而且私家车排量偏大、使用频率偏高（图 20、图 21），但他们表示在车位难找、停车费高、堵车严重、燃油费高以及公交交通网发达的情况下会减少私家车使用。

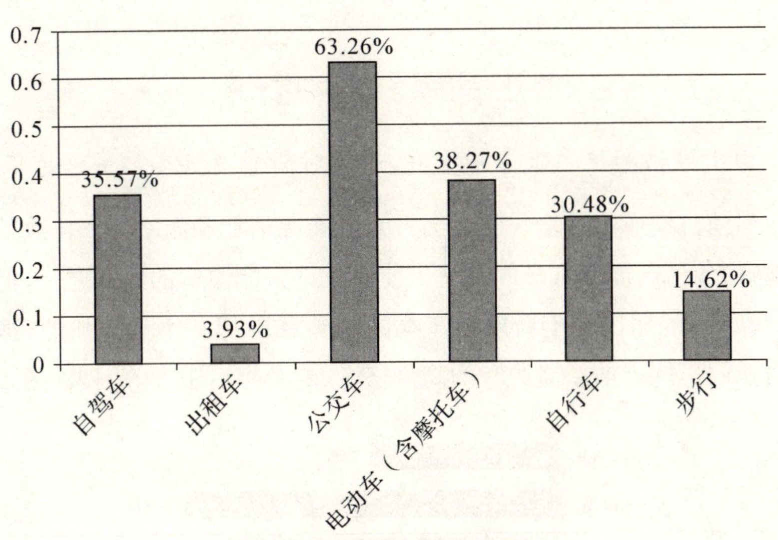

图 19　杭州居民出行方式选择

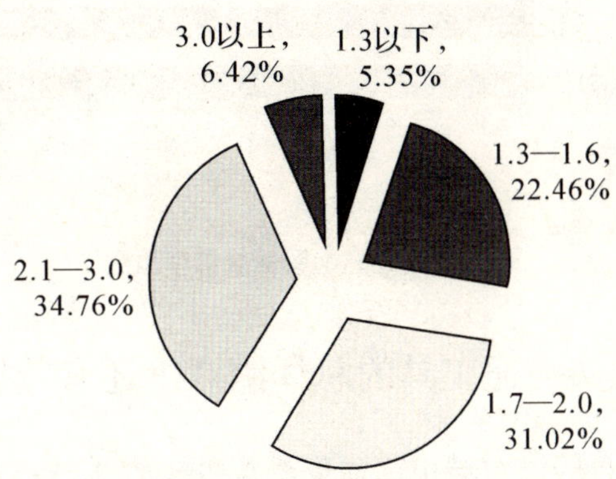

图 20　私家车排量分布图

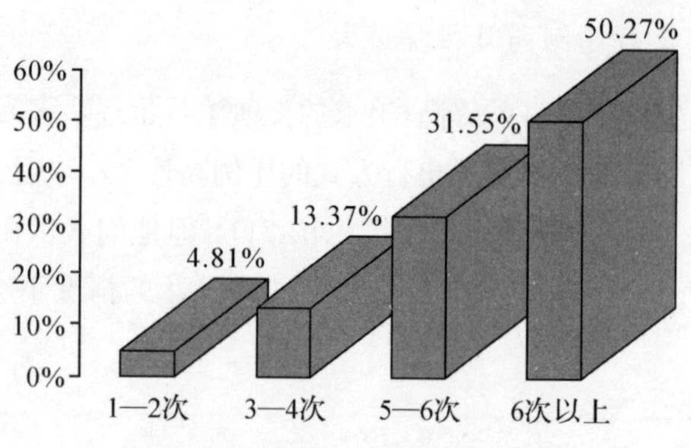

图 21　居民每周私家车出行次数

4. 由于价格和技术服务等障碍，居民对新能源汽车购买意愿不强

在当前机动车快速增长给社会带来的能源消耗和温室气体排放的症结难以破解之时，新能源汽车的发展与使用或许是能缓解的出路之一，但是当前有 56.25%的居民对于新能源汽车的购买意愿却并不十分强烈，这主要是因为他们担忧当前新能源车的高价格、性能及售后服务等因素(图 22)。

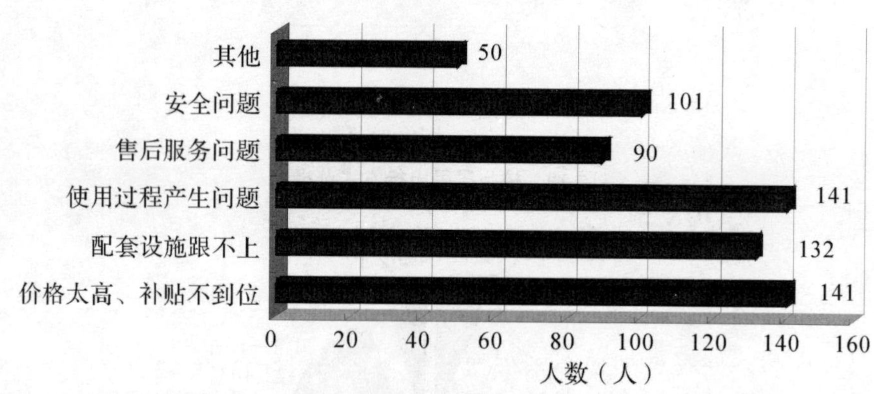

图 22　不愿意购买新能源车原因

(二)城市公共交通工具的总体满意度还有待提高

调查结果表明，居民对城市交通的满意度不容乐观，对城市交通非常满意的占比仅仅 0.9%，比较满意的也就 14%，感觉一般的为 39.9%，不太满意和极不满意的则分别为 35.8%和 9.4%，这说明城市交通状况离居民的

交通需求相差甚远。

1. 居民对公交服务的看法

公交车是城市公共交通的最重要交通工具之一。居民认为目前杭城公交车存在的主要问题依次表现为:太拥挤(66.21%)、间隔时间长(31.06%)、换乘不方便(20.82%)和车速慢(15.36%)等方面。

2. 居民对出租车的看法

出租车作为公共交通系统的一部分,在公共交通尚未能充分满足市民出行需求和私家车限行的举措下,出租车将是一种较优的替代。但由于各种原因,目前杭州市居民乘坐出租车的频率并不高,出租车没有充分发挥城市公共交通重要组成部分的效应。居民认为目前杭城出租车存在的主要问题为:打车难(61.60%)、打车贵(38.91%)、拒载乘客(17.06%)等方面。

3. 居民对公共自行车租赁服务的看法

公共自行车租赁作为杭城交通的一大特色已深入百姓生活,成为短途公共交通的重要补充。但居民认为目前杭城公共自行车租赁还存在高峰期借还车难(48.63%)、办卡不方便(24.06%)、缺少余量信息(23.21%)、站点服务人员少(15.02%)、自行车性能差(14.33%)等问题。

(三)市民对政府低碳交通政策的意愿较强

城市低碳交通的发展需要政府的大力支持,大部分市民认为政府在发展城市低碳交通方面最需要的是加强高架等道路建设、加强交通管理(占50.27%)和加大地铁/轻轨的建设投入(占41.18%)来缓解交通压力,以降低因为交通拥堵和私家车带来的碳排放,对于加大低碳出行的宣传、增加科研力度和增加公交扶持的呼声也很强(图 23)。

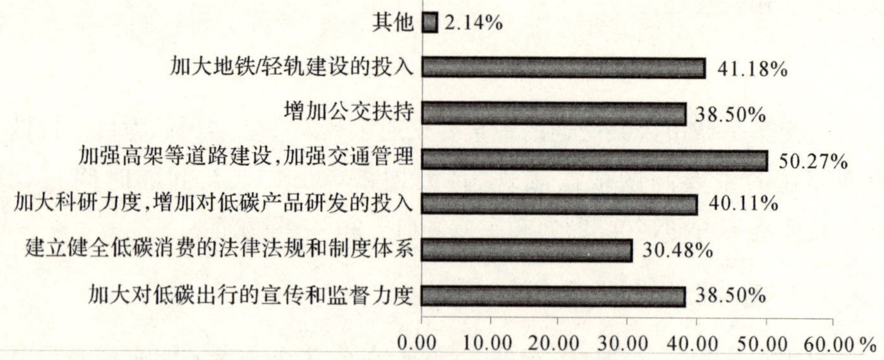

图 23　居民对政府低碳交通政策的期望

六、分析结论与政策建议

(一)研究结论

以杭州市为例，对城市交通发展现状、能源消耗碳排放的测度及其驱动因素进行分析，并结合系统动力学(SD)基本原理，建立城市交通能耗及碳排放 SD 模型，利用 Vensim-PLE 软件对 SD 模型进行动态仿真模拟与情景优化。主要结论如下：

第一，城际公路运输及私家车能源消耗碳排放占比极高，而城市水运能耗碳排放很低。交通能耗及碳排放测算结果表明：城市交通中公路与城市客运，尤其是私家车能耗及碳排放占整个城市交通能源消耗及碳排放总量比例较高，而水路运输的能耗及碳排放占比是最低的，这与近年来私家车迅猛增长及杭州市水运交通不够发达等原因有关。

第二，在交通能源消耗碳排放的驱动因素中，经济发展、城市化率及能源强度效应是最主要因子，而交通节能、减排效应极其微弱。能源消耗分解结果表明，能源消耗结构的影响对节能起着积极的作用，经济结构的影响对抑制能源消耗的作用并不明显，而经济活动的影响是导致能源消耗增长的主要因素；从交通碳排放的 LMDI 分解效应来看，经济发展、城镇化率和能源强度效应是城市交通业碳排放持续增加的最主要因素，表明我国经济发展方式尤其是城市交通业发展仍然是粗放型的，交通发展结构和运输方式亟须调整和优化，尤其是规划低碳交通基础设施和环境建设、加快城市慢行交通系统建设、提高城市交通智能化水平、鼓励低碳交通出行等。同时，交通节能、减排技术对降低交通碳排放的效应微弱，表明当前由于我国交通能源技术和设备不够先进，导致节能减排技术对于降低交通碳排放的作用还十分有限。

第三，大力发展公共交通并适度控制私家车出行需求，是减少城市交通能耗碳排放的有力措施。SD仿真模拟结果表明，在既提高公共交通出行分担率，又增投公交车数量的情况下，并不会导致交通总能源消耗量及碳排放量明显增加。鼓励“公交优先”、大力倡导居民选择公共交通出行等措施，有助于城市交通实现节能减排目标；同时限购和限行私家车政策也有助于减少城市交通能源消耗碳排放。

第四，当前城市低碳交通发展还存在理念薄弱、公共交通满意度较低及技术障碍等问题和挑战。调研结果表明，当前城市居民对低碳出行的理念还缺乏足够认识，对城市公共交通的服务满意度不高；价格和技术服务等障碍导致居民对新能源汽车购买意愿不强；基础交通设施不完备、道路设计不合理阻碍非机动车的通行、城市建设过于追求发展没有有效引导居民低碳出行方式等因素是“低碳出行”重要障碍；居民对政府加强高架等道路建设、加强交通管理和加大地铁/轻轨的建设投入、对于加大低碳出行的宣传、增加科研力度和增加公交扶持等措施发展低碳交通的政策呼声很强。

(二)城市低碳交通发展体系的构建对策

1.加大宣传，提升低碳交通发展理念

调查结果表明，目前居民对“低碳绿色出行”的了解途径主要还是电视新闻媒体，其他方面的途径仍存在较大的空白。因此，政府还可以通过报纸、杂志，在广场、小区或是学校等公共场所开展各种宣传活动、举行相关的比赛等途径加大宣传力度，让“绿色出行”进社区、学校和街道。同时，加大

对"公交周"等活动的宣传。

2. 合理抑制私家车的交通需求

(1)运用经济政策抑制私家车的过度需求。针对目前杭州私家车使用的过量和过度需求及大排量车盛行的现状,政府可适当加大私家车限购和限行的力度,并借鉴已有经验考虑加大大排量车的购置税费,同时适当提高燃油的从量价格,从而更大程度地减少私家车的过度使用,实现低碳出行。

(2)鼓励私家车"拼车合乘"。调查显示,当前城市私家车的实载率普遍不高。为提高小汽车的实载率,缓解城市交通拥堵,实现节能减排,拼车合乘是一种兼备公共交通和小汽车优点的较优出行方式,但需要政府完善相关法律和扶持政策,并解决保险等方面的潜在风险。

3. 优化公共交通系统

对私家车需求管理和抑制的前提是必须建立可替代的高效大运量公交系统。

(1)优化配置公交资源。杭州市民普遍的呼声是要求延长公交车的班次,缩短间隔时间,扩大覆盖面。建议公交公司可以对客流高峰和低谷时段做预测统计,在高峰段缩短公交车班次间隔,低谷段适当延长,并适当增加市郊或非中心区域的公交配置,尽量减少居民出行的公交换乘频率;同时更多地规划公交专用道,让公交车真正快起来。

(2)加强对出租车的管理,增加出租车的运力。出租车作为公共交通系统的一部分,在公共交通尚未能充分满足市民出行需求和私家车限行的举措下,出租车将是一种较优的替代。但由于出行费用高、打车难等原因,目前杭城出租车没有充分发挥城市公共交通重要组成部分的效应。建议增加出租车的运力,缓解当前打车难的问题,特别是在节假日和打车难区域增加出租车运力。同时提倡拼车出行,对乘客合理拼车给予相当的优惠,例如在高峰堵车的时候,拼载的出租车有优先通行或是进入公交专用道的权利。

(3)设立公共自行车服务点电子系统。在每个服务点设置具有"地图"功能的设备:显示与所在服务点距离由近及远的其他服务点;显示其他各个服务点的自行车的剩余数以及空车位的数量。这样就能为市民借、还自行车提供极大的便利。

(4)大力发展水上交通。目前,钱江沿岸的六和塔、滨江、钱江新城、八堡、下沙等区块都聚集了大量人口,区块之间的交通需求日益增加,但由于城市规划和道路网络等原因,居民区块之间的出行换乘多、耗时长,也大大增加了城市的车流量,加剧了交通拥堵和碳排放。为此,建议开展前期调研,如条件成熟开通"钱塘江水上巴士",根据高峰和平峰的交通需求设定适宜的航班运力,并加强"水上巴士"与"陆上巴士"的贯通。如此将会给沿江两岸的居民出行带来极大的便利,而且践行了绿色出行的理念。

4. 推动采用先进的车辆技术和清洁能源,实现技术节能减排

交通能源消耗驱动因素分解和 SD 实证分析结果表明,当前交通能源技术在降低城市交通能耗碳排放中还没有充分发挥应有的效应,清洁能源的使用将直接减少交通碳排放。因此,当前亟须通过价格优惠和完善新能源基础设施建设为新能源汽车提供市场销售动力,清除新能源车商业化进程中的价格和售后服务等障碍,并在改装设备和天然气燃料价格补贴方面实施适当的优惠措施,鼓励机动车使用清洁能源,实现技术节能减排。

课题负责人:周银香

[参考文献]

[1] IPCC. Climate change 2007: the physical science basis. Contribution of working group I to the fourth assessment report of the intergovernmental panel on climate change [M]. Cambridge: Cambridge University Press, 2007.

[2] IEA. CO_2 Emissions from Fuel Combustion[M]. Paris: International Energy gency, 2013.

[3] IPCC. 2006 IPCC Guidelines for National Greenhouse Gas Inventories [R]. Japan: IGES (Institute for Global Environmental

Strategies), 2006.

[4] Ang B W. Decomposition Methodology in Industrial Energy Demand analysis[J]. Energy,1995(20):1081—1095.

[5] Sun J W. Accounting for energy use in China,1980—94[J]. Energy , 1998(23): 835—849.

[6] 中国科学院可持续发展战略研究组.中国可持续发展报告:探索中国特色的低碳道路[M].北京:科学出版社, 2009.

[7] 蔡博峰,曹东,刘兰翠等.中国交通二氧化碳排放研究[J].气候变化研究进展,2011(5): 197—203.

[8] 张树伟,姜克隽,刘德顺.中国交通发展的能源消费与对策研究[J].中国软科学,2006(5): 58—62.

[9] 李连成,吴文化.我国交通运输业能源利用效率及发展趋势[J].综合运输,2008(3):16—20.

[10] 王庆云.2009能源数据—中国可持续能源项目参考资料[R].能源基金会,2009,10: 40—41.